"十四五"职业教育国家规划教材　　高职高专土建专业"互联网+"创新规划教材

国土空间规划原理与设计

（原《城乡规划原理与设计》）

第三版

主　编◎谭婧婧　董　凯
副主编◎项　冉　席晓萌　阎奕呈
参　编◎潘珍珍　杨红芬　周立军
　　　　王孝飞　赵庆红

内 容 简 介

本书根据高职高专院校城乡规划专业和建筑设计技术专业对"国土空间规划原理与设计"课程的实际需求,依据"实用、够用"原则悉心编写,共分为国土空间规划概述、国土空间规划类型、国土空间规划设计三个篇章,主要内容包括城市与城市的发展、现代城市规划学科的产生与发展、国土空间规划体系、国土空间总体规划、国土空间详细规划、国土空间相关专项规划、城市设计、城市历史文化遗产保护与再利用、国土空间规划管理与实施、居住区规划设计等。

本书突出职业教育特色,在内容编排上图文并重,以图助文,便于学生理解和掌握。在理论讲解的基础上,居住区规划设计部分更加注重实践练习,以帮助学生达到理论联系实际的目的。

本书既可作为高等职业院校城乡规划、建筑设计技术、房地产经营管理、环境艺术设计等专业的城乡规划原理专用教材,也可作为其他相关专业及工程技术人员的参考用书。

图书在版编目(CIP)数据

国土空间规划原理与设计/谭婧婧,董凯主编. --3版. --北京:北京大学出版社,2025.6. --(高职高专土建专业"互联网+"创新规划教材). --ISBN 978-7-301-36332-4

Ⅰ.F129.9

中国国家版本馆 CIP 数据核字第 2025DB9576 号

书　　　名	国土空间规划原理与设计(第三版)
	GUOTU KONGJIAN GUIHUA YUANLI YU SHEJI(DI-SAN BAN)
著作责任者	谭婧婧　董　凯　主编
策 划 编 辑	赵思儒　杨星璐
责 任 编 辑	赵思儒
数 字 编 辑	蒙俞材
标 准 书 号	ISBN 978-7-301-36332-4
出 版 发 行	北京大学出版社
地　　　址	北京市海淀区成府路 205 号　100871
网　　　址	http://www.pup.cn　新浪微博:@北京大学出版社
电 子 邮 箱	编辑部 pup6@pup.cn　总编室 zpup@pup.cn
电　　　话	邮购部 010-62752015　发行部 010-62750672　编辑部 010-62750667
印 刷 者	北京溢漾印刷有限公司
经 销 者	新华书店
	787 毫米×1092 毫米　16 开本　19.25 印张　468 千字
	2013 年 1 月第 1 版　2017 年 1 月第 2 版
	2025 年 6 月第 3 版　2025 年 6 月第 1 次印刷
定　　　价	58.00 元

未经许可,不得以任何方式复制或抄袭本书之部分或全部内容。
版权所有,侵权必究
举报电话: 010-62752024　电子邮箱: fd@pup.cn
图书如有印装质量问题,请与出版部联系,电话: 010-62756370

前言 Preface

本书自第一版《城市规划原理与设计》出版以来，受到广大读者的认可，第二版《城乡规划原理与设计》更是先后入选"十三五""十四五"职业教育国家规划教材。值此教材再版之际，谨向所有关心和支持本书的专家学者、师生同人致以诚挚的谢意。

当前，我国城乡发展已进入生态文明时代的高质量转型阶段。党的二十大报告明确提出"构建优势互补、高质量发展的区域经济布局和国土空间体系"，随着中共中央、国务院《关于建立国土空间规划体系并监督实施的若干意见》全面实施，标志着国土空间规划体系"四梁八柱"基本形成。中华人民共和国自然资源部相继发布《全国国土空间规划纲要（2021—2035年）》《省级国土空间规划编制技术规程》等系列文件，从而构建起覆盖全域全要素、统筹保护与发展的"五级三类"规划体系。这些重大变革对城乡规划学科发展和人才培养提出了全新的要求，为了更好地应对专业发展，结合最新国家政策，编者将教材更名为《国土空间规划原理与设计》。

本次再版紧密对接国家战略，重点强化以下四方面内容：一是全面融入国土空间规划新体系，系统阐释"双评价""三区三线"划定、用途管制等核心技术方法；二是突出生态文明导向，新增生态修复、耕地保护等内容，将"山水林田湖草沙"生命共同体理念贯穿规划全流程；三是强化数字化赋能，增补城市信息模型（CIM）、国土空间规划"一张图"实施监督系统等智慧规划技术；四是深化"政行企校"协同育人机制，联合自然资源主管部门、规划设计研究院、高中职院校等机构共同开发，引入最新案例、最新实践。

本书在编写过程中沿袭了高职高专一贯的教学要求，理论讲解以"实用、够用"为原则，以国土空间规划体系为内容框架，突出高职教育注重实际应用的特点，在内容组织上涵盖国土空间规划的各个方面，重点突出，注重学生实际动手能力的培养，面向高职院校学生，以详细规划为主要培养方向，重点培养学生编制详细规划的动手能力，同时融入了党的二十大精神。全面贯彻党的教育方针，把立德树人融入本教材，贯穿思想道德教育、文化知识教育和社会实践教育各个环节。

本书有如下特点。

（1）框架完整清晰。本书分为国土空间规划概述、国土空间规划类型和国土空间规划设计三个篇章，涵盖了国土空间规划的总体内容，能够帮助读者树立起对国土空间规划的总体认识。

（2）重点突出。在涵盖面广的基础上，针对高职高专的人才培养目标要求，挑选出总体规划、详细规划中的居住区规划作为本书的重点，着重培养学生的实际动手能力和理论联系实际的能力。

（3）规划设计指导实践性强。以第10章居住区规划设计为例，具体的规划设计要点讲解详尽清晰，设计方法讲解全面、新颖，设计指导任务书完整翔实，所选的设计地块具有普适性，能够帮助学生较好地适应将来的工作。

（4）案例生动、完整。本书所选的规划设计案例均为规划设计一线的规划师的设计方案，为了更好地理论联系实际，我们还特别邀请了中国城市规划设计研究院及施工单位的多名一线设计师参加本书的编写，他们为本书提供了大量的实际案例，保障了本书的实用性。

（5）案例持续更新，对接国土空间规划。

本书配有相应的教学课件供广大读者学习使用。另外，作为高职高专课程，我们建议每周学时安排为6～8学时，总学时安排为108～112学时。具体学时建议如下（仅供参考）。

章节	教学内容		建议学时
第1章	城市与城市的发展		4学时
第2章	现代城市规划学科的产生与发展		6学时
第3章	国土空间规划体系		4学时
第4章	国土空间总体规划		4学时
第5章	国土空间详细规划		4学时
第6章	国土空间相关专项规划		4学时
第7章	城市设计		2学时
第8章	城市历史文化遗产保护与再利用		4学时
第9章	国土空间规划管理与实施		4学时
第10章	居住区规划设计	理论讲解	12～16学时
		实践指导（以总平面的规划设计为主）	60学时

本书由日照职业技术学院谭婧婧、董凯担任主编，中国城市规划设计研究院项冉、日照职业技术学院席晓萌和日照市工业学校阎奕呈担任副主编。参编有日照职业技术学院潘珍珍、杨红芬、周立军，日照市城乡规划服务中心王孝飞，日照市应急管理局赵庆红。本书案例由日照市规划设计研究院集团有限公司韩晓明、苏静、董世会、王凤民、陶丽霞、王丽洁提供。本书具体编写分工如下：谭婧婧、董凯构建全书框架，具体第1、2章 董凯修订编写；第3章 谭婧婧、周立军编写；第4章 谭婧婧、项冉编写；第5章 王孝飞、赵庆红编写；第6章 杨红芬编写；第7章 谭婧婧编写；第8章 潘珍珍编写；第9章 阎奕呈编写；第10章 席晓萌、谭婧婧修订编写。全书由谭婧婧、董凯负责统稿。

由于编者水平有限，书中难免存在不妥之处，恳请广大读者批评指正，以便进一步修订完善。

编　者

2025年3月

目录

第一篇 国土空间规划概述

第1章 城市与城市的发展 … 3
1.1 城市的概念 … 4
1.2 城市的发展 … 13
1.3 城市化概述 … 20
1.4 城市与乡村 … 24
小结 … 27
习题 … 27

第2章 现代城市规划学科的产生与发展 … 29
2.1 中西方古代城市规划思想 … 30
2.2 现代城市规划学科的产生与发展 … 37
2.3 中国城市与城市规划发展 … 53
2.4 当代城乡规划的主要理论或理念及重要实践 … 58
小结 … 59
习题 … 60

第3章 国土空间规划体系 … 62
3.1 国土空间规划体系的建立 … 63
3.2 国土空间规划体系的构成 … 65
3.3 国土空间规划编制的基本方法 … 72
小结 … 80
习题 … 81

第二篇 国土空间规划类型

第4章 国土空间总体规划 … 85
4.1 省级国土空间规划编制内容 … 86
4.2 市级国土空间规划编制内容 … 96
4.3 县级国土空间规划编制内容 … 107
4.4 乡镇级国土空间规划编制内容 … 123
小结 … 133
习题 … 133

第5章 国土空间详细规划 … 135
5.1 控制性详细规划 … 136
5.2 修建性详细规划 … 152
5.3 村庄规划 … 154
小结 … 164
习题 … 164

第6章 国土空间相关专项规划 … 167
6.1 国土空间相关专项规划概述 … 168
6.2 专项规划的类型 … 169
小结 … 179
习题 … 179

第7章 城市设计 … 181
7.1 城市设计的含义与作用 … 182
7.2 城市设计的内容、类型及方法 … 183
7.3 城市设计方法在国土空间规划中的运用 … 184
小结 … 189
习题 … 189

第8章 城市历史文化遗产保护与再利用 … 191
8.1 城市历史文化遗产保护概述 … 192

8.2 世界城市历史文化遗产保护概况 …………… 197

8.3 我国城市历史文化遗产保护概况 …………… 201

8.4 我国历史遗产保护实例分析 ………………… 205

小结 …………………………… 218

习题 …………………………… 218

第 9 章 国土空间规划管理与实施 220

9.1 国土空间规划管理 ……………… 221

9.2 国土空间规划实施 ……………… 226

小结 …………………………… 237

习题 …………………………… 238

第三篇 国土空间规划设计

第 10 章 居住区规划设计 …………… 243

10.1 居住区概述 …………………… 244

10.2 居住区规划设计的成果、任务、原则、目标与要求 ………… 254

10.3 居住区的规划设计分类 …… 257

小结 …………………………… 298

习题 …………………………… 298

附录 AI 伴学内容及提示词 ………… 300

参考文献 ……………………………… 302

第一篇

国土空间规划概述

第 1 章 城市与城市的发展

教学要求

通过本章的学习,学生应掌握城市的概念,了解城市的形成与发展历程;掌握城市化的含义,熟悉城市化的发展过程及表现特征,并能够据此分析我国城市化发展的现状,预测我国城市化发展的未来,同时尝试分析并提出我国城市与农村发展差异的解决方案。

教学目标

能力目标	知识要点	权重
了解城市的形成	城市的形成过程	5%
掌握城市的含义	城市的含义、我国的设市标准	5%
了解城市的基本特征	城市的基本特征	5%
掌握城市的性质与职能	城市的性质、分类,城市的职能	10%
掌握城市的规模	人口规模、人口构成	10%
了解古代的城市发展	影响古代城市发展的因素及几个古代城市实例	5%
了解近代的城市发展	影响近代城市发展的因素及几个近代城市实例	10%
了解第二次世界大战后的城市发展	第二次世界大战后城市发展的总体概况	10%
掌握城市化的含义	城市化的含义	10%
熟悉城市化的发展过程及表现特征	城市化的发展过程曲线及表现特征	10%
了解我国的城市化历程回顾	我国的城市化发展历程回顾及前景展望	5%
了解城市与乡村的差别与联系	城市与乡村的差别、城市与乡村的联系	10%
熟悉我国城乡发展现状	我国城乡发展的现状及未来发展道路	5%

章节导读

城乡规划是建设城市和管理城市的基本依据,是实现城市经济和社会发展目标的重要手段之一。要想有效地进行城乡规划,我们必须首先掌握城市的概念,并了解城市是如何形成和发展的，熟悉城市与乡村的差别，掌握城市化的发展过程并能够预测城市未来的发展趋势。

城市是人类文明与进步的载体，我们应了解城市、发展城市、建设城市、热爱城市、建设人类美丽的家园。

1.1 城市的概念

引语

人类从随遇而栖、三五成群、渔猎而食的穴居到半穴居，再到地上居住，最后到今天的高楼林立，期间有怎样的历史进程？什么是城市？城市是从什么时候产生的？是如何产生的？

1.1.1 城市的形成

在原始社会漫长的岁月中，人类过着依附于自然的采集经济生活，随遇而栖、三五成群、渔猎而食，过着穴居、树居等群居生活，没有形成固定的居民点。在与自然的长期斗争中，人类创造了工具，群体的力量壮大，提高了自身的生存能力，渐渐出现了农业和畜牧业，形成了人类历史上第一次劳动大分工。到新石器时代的后期，农业成为主要的生产方式，开始逐渐产生了固定的居民点。

图 1.1 城

人类的生活与农业生产均离不开水，所以原始的居民点大都是靠近河流、湖泊，且位于向阳的河岸台地上。为了防御野兽的侵袭和其他部落的袭击，人类往往在原始居民点的外围挖筑壕沟，或用石、土、木等材料筑成墙及栅栏，从而形成了早期的村落。这些壕沟、墙、栅栏是一种防御性的构筑物，也是城（图 1.1）的雏形。世界上居民点形成较早的地区有中国的黄河中下游、埃及的尼罗河下游、西亚的两河流域等地区。

随着人类生产方式的改进，生产力不断提高，生产品有了剩余，就产生了交换的条件，也就是《易经》所说的："日中为市，致天下之民，聚天下之货，交易而退，各得其所。"随着交换量的增加和交换次数的频繁，就逐渐出现了专门从事交易的商人，交换场所也由临时的场所改为固定的"市"，如图 1.2 所示。由于原始部落中生产水平的提高，生产需求的多样化，劳动分工的加强，逐渐出现了一些专门的手工业者。这样就出现了人类的第二次劳动大分工——商业与手工业从农业中分离出来，推进了生产规模的扩大和劳动生产率的提高，形成了早期城市。

第三次劳动大分工是商业从农业和手工业中独立出来，更加促进了商品经济和城市的繁荣。其中以农业为主的就是农村，一些具有商业和手工业职能的就是城市。因此，也可以说城市是生产发展和人类劳动大分工的产物。

有了剩余产品就产生了私有制，原始社会制度解体，出现了阶级分化，人类步入奴隶社会。所以也可以说，城市是伴随着私有制和阶级分化，在原始社会向奴隶社会过渡时期出现的。城市的出现，是人类走向成熟和文明的标志，也是人类群居生活的高级形式。

图 1.2　市

知识链接

早期的城市

根据考古研究，世界上最早的城市主要出现在西亚的美索不达米亚平原（今伊拉克、叙利亚一带）和约旦河谷地区，时间可追溯至公元前 6000 年至前 4000 年。

我国最早的城市主要出现在长江流域和黄河流域，时间可追溯至新石器时代晚期（约公元前 3500 年—前 2000 年），主要有：1. 城头山古城，位于湖南省常德市澧县。城墙采用堆筑技术，兼具防洪和防御功能。布局分为宫殿区、墓葬区、手工业区。2. 良渚古城，位于浙江省杭州市余杭区。三重城垣结构（宫殿区、内城、外城），显示高度社会组织能力。3. 西山古城，位于河南省郑州市，是中原地区最早的夯土城址，属仰韶文化晚期。城墙兼具军事防御功能。4. 丹土古城，位于山东省日照市五莲县，亦为三重城垣结构。

1.1.2　城市的含义

城市的初始概念包含"城"与"市"两个含义。其中，"城"指城堡，具有防御功能，为防备野兽侵害及其他部落袭击而筑。"市"指市场，拥有商品交换的功能。随后，"城"与"市"合二为一，形成城市。城市是以非农业产业和非农业人口聚集为主要特征的居民点。在我国，城市是指按国家行政建制设立的直辖市、市和镇，一些以集镇命名的村落不属于城市范畴。

城市主要包括三方面的因素，即人口数量、产业构成及行政管辖。

1. 世界城市的设置标准

世界各国的城市设置标准存在很大差距，大体可分为以下几种类型。

（1）以某级行政中心所在地为标准。

（2）以居民点的人口数量划分。

（3）没有明确的标准来规定，由官方的公布明确。

（4）其他类型，如人口数量和密度指标相结合，以城镇特征为标准等。

2. 我国城市的设置标准

我国的城市，是指经国务院批准设市建制的城市市区，包括设区市的市区和不设区市的市区。设区市的市区，指市辖区人口密度在 1500 人/km² 及以上的，市区为区辖全部行政地域；市辖区人口密度不足 1500 人/km² 的，市区为市辖区人民政府和区辖其他街道办事处地域；市辖区人民政府驻地的城区建设已延伸到周边建制镇（乡）的部分地域，其市区还应包括该建制镇（乡）的全部行政地域。不设区市的市区，指市人民政府驻地和市辖其他街道办事处地域；市人民政府驻地的城区建设已延伸到周边建制镇（乡）的部分地域，其市区还应包括该建制镇（乡）的全部行政地域。设立地级市及县级市的标准见表 1-1 和表 1-2。

表 1-1　设立地级市的标准（1993 年国务院批准）

项　　目	标　　准
市区非农业人口/万人	＞25
市政府驻地具有非农业户口人口/万人	＞20
工农业总产值/亿元	＞30
工业产值占工农业总产值比重	＞80％
国内生产总值/亿元	＞25
第三产业产值占国内生产总值比重	35％以上并大于第一产业产值
地方本级预算财政收入/亿元	＞2

表 1-2　设立县级市的标准（1993 年国务院批准）

项　　目		标　　准		
人口密度/（人/km²）		≥400	100~400	<100
县政府驻地	非农业人口/万人	≥12	≥10	≥8
	其中具有非农业户口人口/万人	≥8	≥7	≥6
	自来水普及率	≥65％	≥60％	≥55％
	道路铺装率	≥60％	≥55％	≥50％
	城区基础设施较完善、排水系统好			
全县	非农业人口/万人	≥15	≥12	≥8
	非农业人口占总人口比重	≥30％	≥25％	≥20％
	乡镇以上工业产值/亿元	≥15	≥12	≥8
	乡镇以上工业产值占工农业总产值比重	≥80％	≥70％	≥60％
	国内生产总值/亿元	≥10	≥8	≥6
	第三产业产值占国内生产总值比重	≥20％	≥20％	≥20％
	地方本级预算内财政收入　总值/万元	≥6000	≥5000	≥4000
	地方本级预算内财政收入　人均/元	≥100	≥80	≥60

我国的镇，是指经批准设立的建制镇的镇区。镇区是指：①镇人民政府驻地和镇辖其他居委会地域；②镇人民政府驻地的城区建设已延伸到周边村民委员会的驻地，其镇区还应包括该村民委员会的全部地域。

城镇人口是指在市镇中居住半年及半年以上的常住人口。

我国的乡村，是指国家划定的城镇地区以外的其他地区。乡村包括集镇和农村。集镇是指乡、民族乡人民政府所在地和经县人民政府确认由集市发展而成的作为农村一定区域经济、文化和生活服务中心的非建制镇。农村指集镇以外的地区。此外，凡地处城镇地区以外的工矿区、开发区、旅游区、科研单位、大专院校等特殊地区，常住人口在3000人以上的，按镇划定；常住人口不足3000人的，按乡划定。

建制市及建制镇只是行政管辖意义的不同，不应只把有市建制的才称为城市。城市可按行政管辖划分成地级市、县级市等，在性质上并无本质区别，地级市可以管辖县级市。

> **特别提示**
>
> 各个国家的设市标准都不相同。例如，按照人口规模来设市，各国有以下标准：瑞典、丹麦为200人以上设市；澳大利亚、加拿大为1000人以上设市；法国、古巴为2000人以上设市；美国为2500人以上设市；比利时为5000人以上设市；日本为30000人以上设市；中国为非农业人口达2000人以上设镇，非农业人口达60000人以上设市。

我国现行的设市标准是1993年的试行标准，对于推动区域经济发展起到了积极作用，但已不能适应国家经济社会的进一步发展。例如标准偏低，指标体系不尽合理，设市模式不够完善等。

2019年1月1日起施行的《中华人民共和国行政区划管理条例》第十一条规定：市、市辖区的设立标准，由国务院民政部门会同国务院其他有关部门拟订，报国务院批准；镇、街道的设立标准，由省、自治区、直辖市人民政府民政部门会同本级人民政府其他有关部门拟订，报省、自治区、直辖市人民政府批准；批准设立标准时，同时报送国务院备案。

2020年1月1日起施行的《中华人民共和国行政区划管理条例实施办法》第四条规定：市、市辖区设立标准的内容应当包括人口规模结构、经济社会发展水平、资源环境承载能力、国土空间开发利用状况、基础设施建设状况和基本公共服务能力等。拟订镇、街道设立标准，应当充分考虑本省、自治区、直辖市经济社会和城镇化发展水平、城镇体系和乡镇布局、人口规模和资源环境等情况。组织拟订市、市辖区设立标准和镇、街道设立标准的民政部门，应当会同有关部门对标准的实施情况进行评估，并根据评估情况按照规定的权限和程序调整标准。

1.1.3 城市的基本特征、职能与性质

1. 城市的基本特征

城市是具有一定规模的非农业人口聚居的场所，是一定地域的社会、经济、文化中心。城市经济以非农产业活动，即第二、第三产业为活动主体。在城市，人口、建筑、产

业活动高度密集。城市更多地占有现代科学技术、先进工艺装备、高科技人才和技术熟练工人，因而较乡村能获得更高的经济社会效益。城市是区域的核心，具有多功能和动态性的特点，不仅可以辐射带动周围的区域，还能与外界产生广泛的交流，具体可总结为以下特点。

(1) 密集性。城市是人、物、社会经济活动的集中地。城市区域的人口密度都相当大，通常相当于乡村的十倍乃至数十倍。

(2) 高效性。城市经济活动以第二产业和第三产业为主，在地域上相对集中，表现为社会经济活动的高效率和高效益。

(3) 多元性。多元性指城市活动和城市职能的多功能和多类型。与乡村相比，城市社会经济活动的面要广阔得多，活动影响也要大得多。

(4) 动态性。城市是复杂的动态系统，几乎涵盖了社会、经济、生态环境的各个方面，其兴起和发展受到自然、经济、社会和人口多方面的影响。

(5) 系统性。城市是一个复杂、宏观和开放的大系统。城市大系统又由若干中小系统组成，一个系统的变化会影响到其他相关的系统。

2. 城市的职能与性质

城市的职能是指一个城市在政治、经济、文化、生活各方面所担负的任务和作用。其内涵包括两方面：一是城市在区域中的作用；二是城市为城市本身包括其居民提供服务的作用。城市职能中比较突出、对城市发展起决定作用的职能，称为城市的主要职能（即城市的性质）；城市职能中为主要职能服务的职能，称为城市的辅助职能。下面重点讲述城市的性质。

城市的性质是指各城市在国家经济和社会发展中所处的地位和所起的作用，可以确定各城市在城市网络以及更大范围内分工的主要职能。城市的性质体现城市的个性，反映其所在区域的政治、经济、社会、地理、自然等因素的特点。城市是随着科学技术的进步，社会、政治、经济的改革而不断变化的，因此，城市性质也是不断变化的动态过程，不会一成不变。但城市性质毕竟取决于它的历史、自然、区域的条件，因此在一段时期内有其稳定性，对于城市性质的认识，也必须建立在一定的时间范围内。城市是一个综合实体，其职能往往是多方面的，城市性质只是主要职能的反映。

城市性质的确立，可从两个方面去认识。一方面是从城市在国民经济的职能方面去认识，即指一个城市在国家或地区的政治、经济、社会、文化、生活中的地位和作用。城市应当按照基本经济规律，有计划地发展。城市的国民经济和社会发展计划，对这个城市的性质起着决定性的作用。市域规划及城镇体系规划规定了区域内城镇的合理分布、城市的职能分工和相应的规模，因此，市域规划及城镇体系规划是确定城市性质的主要依据。另一方面，从城市形成与发展的基本因素中去研究，认识城市形成与发展的主导因素也是确定城市性质的重要方面。

一个城市是由复杂的物质要素组成的。这些要素有工业、对外交通运输、仓库、居住和公共建筑、园林绿地、道路、广场、桥梁、自来水、下水道、能源供应等。其中，有些要素主要是为满足本市范围以外地区的需要而服务的，它的存在和发展对城市的形成和发展起着直接的决定作用。这种要素通常被称为城市形成和发展的基本因素。例如，由于工业生产发展引起人口集中和发展，因此，工业是城市最主要的基本因素之一。此外，如金融机构、企业总部、对外交通运输部门等，一切非地方性的政治、经济、文化教育及科学研究机构，基本建设部门，国防军事单位等都是城市发展的基本因素。

总之，城市性质就是由城市形成与发展的主要基本因素所决定的，并由该因素组成的基本部门的主要职能来体现。例如，大庆市的主要职能是全国的石油生产和石油化工基地之一，这也是它的城市性质。又如，三亚市既是热带海滨旅游城市，又具有疗养、海洋科学研究中心等多种职能，其中前者是主要职能，所以三亚市的城市性质是国家旅游城市。但对于多数城市，尤其发展到一定规模的城市，常常兼有经济、政治、文化、生活等职能，区别只是在于不同范围内的中心职能。确定城市性质一定要进行城市职能分析。

我国城市按性质分，大体有以下几类。

1）工业城市

工业城市的城市数量多，以工业生产为主，工业用地及对外交通运输用地占有较大的比例。不同性质的工业，在规划上会有不同的特殊要求。这类城市又可依工业构成情况分为以下两类。

（1）多种工业发展的城市，如株洲、常州。

（2）单一工业为主的城市：石油化工城市，如东营、玉门、茂名、大庆等；有色冶金工业城市，如攀枝花、金昌；森林工业城市，如伊春、牙克石等；矿业城市（采掘工业城市），如平顶山、淮南等。

2）交通港口城市

交通港口城市往往是由对外交通运输发展起来的，交通运输用地在城市中占有很大的比例。随着交通发展又兴建了工业，因而仓库用地、工业用地在城市中也都占有很大比例。这类城市根据运输条件，又可分为以下三类。

（1）铁路枢纽城市，如徐州、石家庄、鹰潭、襄阳、阜阳等。

（2）海港城市，如青岛、湛江、烟台、大连、秦皇岛、连云港等。

（3）内河港埠，如重庆、武汉、南京、裕溪口、宜昌、九江、张家港等。

3）商贸城市

商贸城市如义乌、台州的独立组团路桥区等。

4）科研、教育城市

科研、教育城市典型的就是大学城。大学城在国外颇多，如牛津、剑桥等，随着我国大力推进科教兴国，近年不少地方纷纷在建设大学城和高新技术产业示范区。例如，陕西以西北农林大学为核心的国家杨凌农业高新技术产业示范区。

5）综合中心城市

综合中心城市既有政治、文化、科研等非经济机构的主要职能，又有经济、信息、交通等方面的中心职能。其在用地组成与布局上较为复杂，城市规模较大。全国性的综合中心城市有北京、上海、天津、重庆等；地区性的综合中心城市有各省省会、自治区首府等。

6）县城

县城一般是县域的中心城市，多以地方优势资源的产业为主干产业，同时是联系广大农村的纽带、工农业物资的集散地。工业多为利用农副产品加工和为农业服务产业，同时又是县域政治、经济、文化中心。这类城市实际也是综合性中心，在我国城市中数量最多。

7) 特殊职能的城市

特殊职能的城市因其具有较特殊的职能，这种特殊职能在城市建设和布局上占据了主导地位，因而规划异于一般城市。它们又可划分为以下几类。

（1）革命纪念性城市，如延安、遵义、井冈山等。

（2）以风景旅游、疗养为主的城市，如桂林、黄山、三亚等。

（3）边贸城市，如二连浩特、满洲里、景洪、伊宁等。

城市性质既然是由城市形成与发展的主要基本因素所决定的，那么，一个城市实际上还兼有其他次要基本因素。因而，在规划同一类型的城市时，必须注意城市基本因素（或职能）的主要和次要两方面，并具体分析，区别对待，切合实际，反映该城市的特点。

城市有大小之别，2014年《国务院关于调整城市规模划分标准的通知》发布，以城区常住人口为统计口径，将城市划分为五类七档。

表 1-3 城市规模划分

城市规模		城区常住人口/人
小城市	Ⅰ型小城市	20万及以上，50万以下
	Ⅱ型小城市	20万以下
中等城市		50万及以上，100万以下
大城市	Ⅰ型大城市	300万及以上 500万以下
	Ⅱ型大城市	100万及以上，300万以下
特大城市		500万及以上 1000万以下
超大城市		1000万及以上

完整的城镇体系还应包括建制镇，它虽不称"市"，但在职能、经济结构的本质特征方面都具有城市的内涵。国外往往将超过几千人的聚居地纳入市镇系列。在城乡经济迅速发展、城乡关系更加密切的情况下，建制镇、集镇都应是城乡规划工作服务的范围。

城市性质对一个城市发展方向的定性合理与否，对一个城市的生产、生活及城市本身的发展与建设有着深远的影响。确定城市的性质具有重要的实际意义：①为城市总体规划提供科学依据，可使城市在区域范围内合理地发展，真正发挥一个城市的优势，扬长避短，协调发展；②为确定城市合理发展规模提供了科学依据；③可以明确城市重点发展项目及各部门之间的比例；④可以合理利用土地资源，提高土地有效利用率。

1.1.4 城市的规模

城市的规模通常以人口规模和用地规模来界定，即城市人口的多少与用地的大小。但城市人口规模的多少与用地规模的大小有着直接的联系，根据人口规模及人均用地的指标就能确定城市的用地规模，因而常以城市人口的多少来表示城市规模。在用地无明显约束条件下，一般先从预测人口规模着手研究，再根据城市的性质与用地条件加以综合协调，然后确立合理的人均用地指标，最后推算城市的用地规模。

1. 城市人口的含义

城市总人口包括市区人口和郊区人口。城市总人口中有农业人口和非农业人口之分。一般认为城市总人口中的非农业人口是城市人口，城市人口的总数称为城市人口规模，把到规划期末城市所能达到的人口总数称为城市人口发展规模。

从城乡规划的角度来看，城市人口应该是指那些与城市的活动有密切关系的人口，他们常年居住、生活在城市范围内，构成了该城市的社会主体，既是城市经济发展的动力和建设的参与者，又是城市服务的对象。他们依靠城市生存，是城市的主人。

各国依据本国生产力发展水平及当时的社会、政治条件，把在通过行政确认的城镇地区常年居住的人口称为城镇人口。设置城市的标准一般为人口规模、人口密度、非农业人口比重和政治、经济因素等。

2. 城市人口的调查与分析

城市人口的状态是在不断变化的。可以通过对一定时期城市人口的各种现象，如年龄、寿命、性别、婚姻、劳动、职业、文化程度、健康状况等方面的构成情况加以分析，反映其特征。对城市人口的调查与分析的内容应包括年龄、性别、文化等构成情况。

1) 年龄构成

年龄构成指城市人口各年龄组的人数占城市人口总数的比例。

据2021年国家统计局《第七次全国人口普查公报（第五号）》和《第六次全国人口普查主要数据公报（第1号）》显示，全国人口年龄构成与人口比重变化，如表1-4所示。

表1-4 全国人口年龄构成与人口比重变化（第七次与第六次全国人口普查）

年龄		第七次全国人口普查		第六次全国人口普查		人口比重变化/（%）
		人口数/人	比重/（%）	人口数/人	比重/（%）	
0～14岁		253383938	17.95	222459737	16.60	+1.35
15～59岁		894376020	63.35	939616410	70.14	−6.79
60岁及以上	60～64岁	73383486	5.20	58816996	4.39	+0.81
	65岁及以上	190635280	13.50	118831709	8.87	+4.63
总计		1411778724	100.00	1370536875	100.00	

在不同城市或不同年代，城市人口的年龄构成都不相同，但为了便于研究，常根据城市人口年龄统计资料制作人口年龄构成分析图，如图1.3和图1.4所示。

了解年龄构成，有以下意义。

(1) 通过比较成年组人口数与就业人数，可以了解就业情况和劳动力潜力。

(2) 掌握劳动后备军的数量，对研究经济有重要作用。

(3) 掌握学龄前儿童和学龄儿童的数量、发展趋向，是制定托、幼及中小学等公共设施规划指标的重要依据。

(4) 掌握老年组的人口数及比重，分析城市老龄化水平及发展趋势，是城市社会福利服务设施规划指标的主要依据。

(5) 分析年龄结构，可以判断城市人口自然增长变化趋势；分析育龄妇女人口数量，是预测人口自然增长的主要依据。

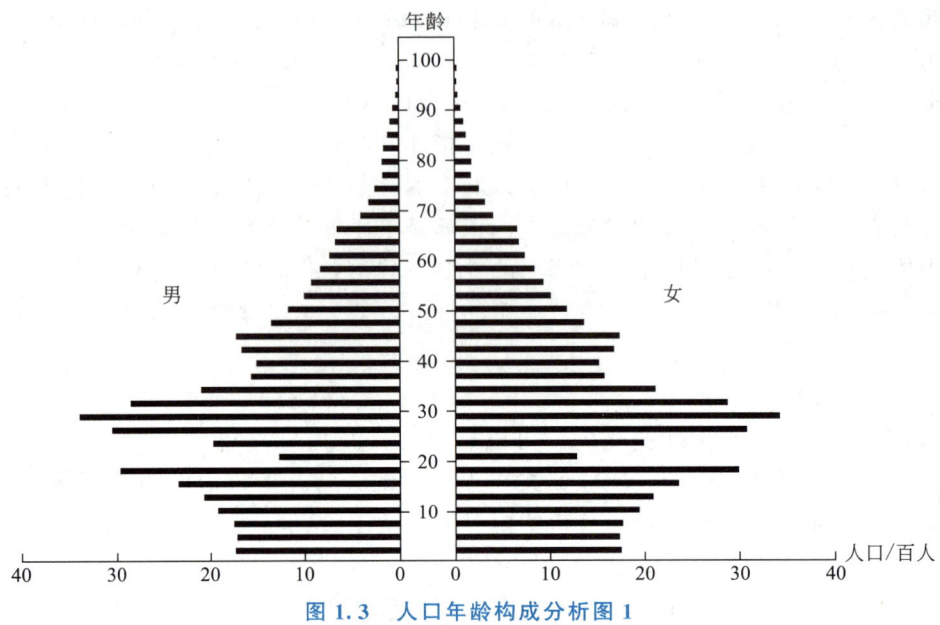

图 1.3 人口年龄构成分析图 1

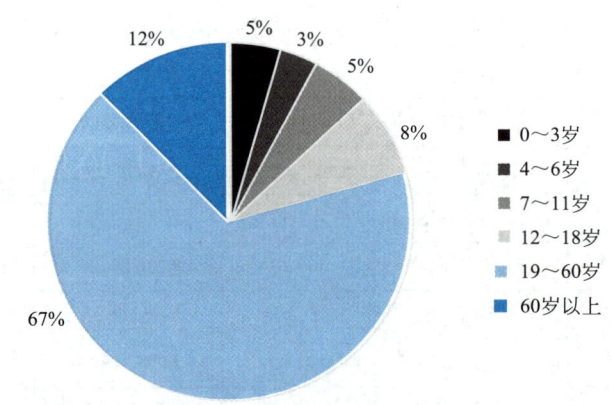

图 1.4 人口年龄构成分析图 2

2）性别构成

性别构成反映人口的男女数量和性别比例关系。它直接影响城市人口的结婚率、育龄妇女生育率和就业结构。在城乡规划工作中，必须考虑男女性别比例的基本平衡。一般说来，在矿区城市和重工业城市，男职工占职工总数中的大部分；而在纺织和一些其他轻工业城市，女职工可能占职工总数中的大部分。因此，分析职工性别构成，对于男女职工适当平衡有着重要意义。

据 2021 年国家统计局《第七次全国人口普查公报（第四号）》显示，全国人口性别构成，如表 1-5 所示，与 2010 年第六次全国人口普查基本持平。性别构成情况较为合理。

3）文化构成

随着知识经济的兴起，现代科学技术的普及，城市人口的文化素质、劳动力的质量直接影响城市社会经济的发展。人口的文化构成将成为城市发展的重要制约因素。

表1-5 全国人口性别构成（第七次全国人口普查）

性别	人口数/人	比重/（%）	总人口性别比
男	723339956	51.24	105.07
女	688438768	48.76	100

人口受教育程度成为衡量人口素质的重要指标，据2021年国家统计局《第七次全国人口普查公报（第六号）》显示，全国人口受教育情况，如表1-6所示。从普查结果看人口受教育程度明显提高。

表1-6 全国人口受教育情况（第七次与第六次全国人口普查）

文化程度	第七次全国人口普查		第六次全国人口普查		文化程度变化
	人口数/人	人口数/ （人/10万人）	人口数/人	人口数/ （人/10万人）	人口数/ （人/10万人）
大学（指大专及以上）	218360767	15467	119636790	8930	+6537
高中（含中专）	213005258	15088	187985979	14032	+1056
初中	487163489	34507	519656445	38788	-4281
小学	349658828	24767	358764003	26779	-2012

注：以上各种受教育程度的人包括各类学校的毕业生、肄业生和在校生。

分析人口的文化构成不仅是研究城市产业发展战略及对策的重要工作，同时，也是在城乡规划中如何落实社会、经济发展战略的重要方面。

【观察与思考】
全国各地在兴建大学城，其主要目的是什么？是经济因素还是文化因素？

1.2 城市的发展

引语

城市在人类的生产生活中扮演着什么样的角色？城市的发展受到哪些因素的影响？城市经历了什么样的发展历程？城市终归走向何方？

城市的发展包括两方面的内容：一是人口向城市的集中，城市规模的扩大，城市功能的加强，城市在国家和地区中的地位逐渐提高；二是城市内涵的提升过程，城市基础设施逐步完善，城市产业结构不断优化，城市对地区的辐射带动功能显著加强。

纵观历史，城市的发展大致可以分为两个大的社会发展阶段，即农业社会和工业社会，也可以称为前工业化时代和工业化时代，也可以称为古代的城市和近代的城市。

1.2.1　古代的城市发展

1. 防御要求对城市的影响

人类最初的固定居民点就要求具有防御功能。最初是防止野兽侵袭，后来由于原始部落之间的战争进而加强了防御设施。陕西半坡村（图1.5）、姜寨等原始居民点外围的深沟，就是防御设施，其他原始居民点也有石头垒成的墙或木栅栏等防御设施。

图1.5　陕西半坡村遗址

早在春秋战国时期，《墨子》中就记载了有关于城市建设与攻防战术的内容，还记载了城市规模大小如何与城郊农田和粮食的储备保持对应的关系，以有利于城市的防守。春秋战国之际，各诸侯国之间攻伐频繁，也正是在这个时期，形成了中国古代历史上一个筑城的高潮，淹城就是这一时期著名的城市，如图1.6所示。

欧洲中世纪时期，主要从防御要求出发，将封建主的城堡选在山顶或湖边、河边，或在其外围开人工水沟、架设吊桥；从防守要求出发，则在城市的平面布置中，考虑了组织多层次、多方位的设计等问题，如图1.7所示。

图1.6　春秋战国时期的淹城

图1.7　欧洲中世纪时期的城堡

兵器技术的进步也影响到城市建设。在我国宋代，火药已大量用于战争，且直接影响到城市建设，使一些城墙或加厚，或在土墙外包砖。

2. 社会形态发展对城市的影响

社会的阶级分化与对立在城市建设方面也有明显的反映。在中国的古代城市中，统治阶级专用的区域居中心位置并占据很大面积。曹魏邺城以一条东西干道将城市划分为南北两部分：北半部分为贵族专用，其西为铜雀园，正中为举行典礼的宫殿，其东为王侯居住和办公的宫廷，再向东为贵族专用居住区——戚里；南半部分为一般居住区（图1.8）。隋唐长安城，中间靠北为统治阶级专用宫城，其南为集中设置中央办公机构及驻卫军的皇城，均有城墙与其他东、南、西三面的一般居住坊里严格分开。坊里有坊墙、坊门，早开晚闭实行宵禁，以便于管制。

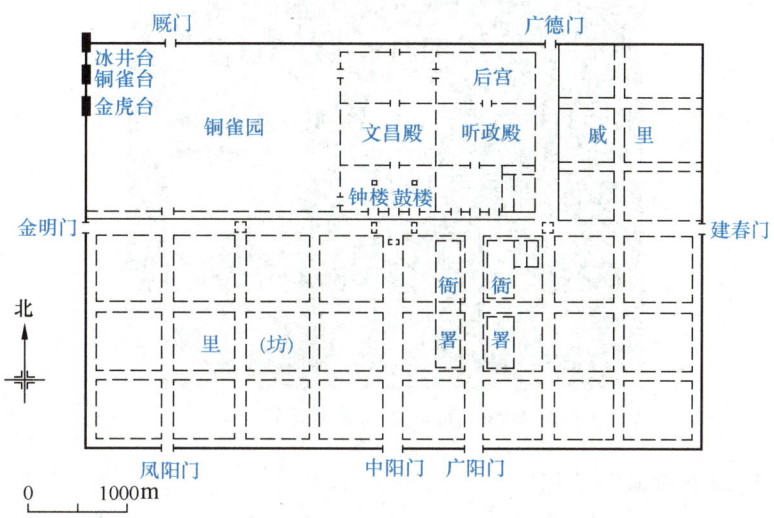

图1.8　曹魏邺城平面推测图

埃及公元前2500年为修建金字塔而建造的卡洪城是奴隶制时期的典型城市，如图1.9所示，城为长方形，用墙分为两部分，墙西为贫民居住区，挤满250多个小屋；墙东路北为贵族居住区，面积与贫民区相同，约有11个大院，墙东路南为中等阶层居住区。

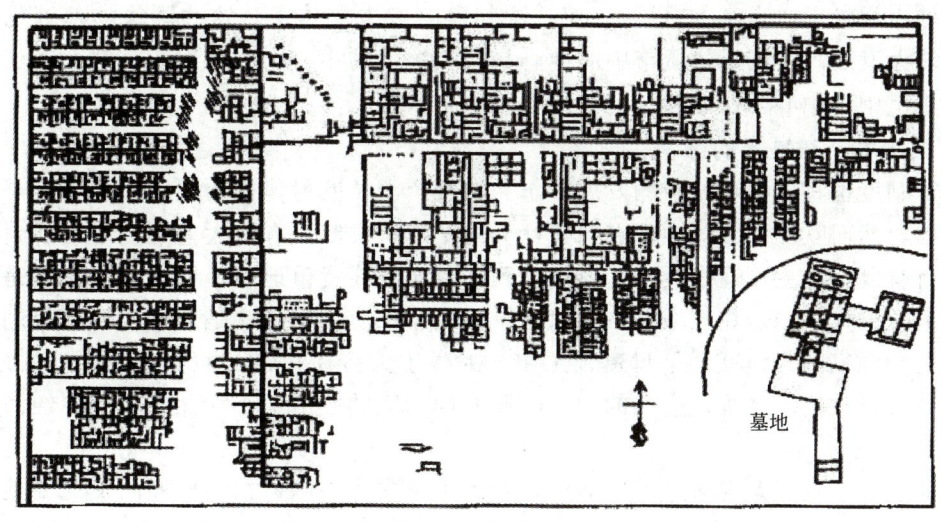

图1.9　卡洪城

欧洲中世纪时期，在封建主的城堡外围发展起来的城市很多。市民要向封建主纳税并受其统治。随着生产的发展，市民阶层的人数不断增加，市区也不断扩大。通过市民阶层与封建主的不断斗争，市民阶层摆脱了封建主的政治统治，代表市民力量的市政厅逐渐取代了封建城堡的地位，而成为城市政治和生活的中心，如图1.10所示。有的城市完全摆脱封建统治而成为自由市，如位于波兰的格但斯克和德国的汉堡等。

图1.10　市政厅成为城市的中心

3. 社会政治体制对城市的影响

社会政治体制对城市建设也有直接影响。中国的封建社会，自秦始皇统一全国，实行郡县制后，直至清王朝，大多数朝代是统一的中央集权国家，各朝代的都城规模都很大，有几个朝代还在新王朝建立之际，就按照规划兴建规模很大、布局严整的都城，如隋唐长安城、东都洛阳、元大都、明清北京城（图1.11）。这些都城都是集中全国的财力、物力，以超经济的手段，役使人民在短期内建成的。欧洲的封建社会，在很长时期内分裂成许多小国，城市规模小，直至17世纪，英、法建立君权专制国家，这些国家的都城伦敦、巴黎才有较大发展。中国封建城市中的中心是政权统治的中心，如宫殿、官府、衙门。而欧洲封建城市中的中心往往是神权统治的中心——教堂。

4. 经济发展对城市的影响

经济制度也直接影响城市的发展形态。在整个漫长的封建社会中，小农经济是社会的经济基础，然而欧洲国家与中国在封建社会的土地所有制上有很大差别。中国的封建社会是地主所有制，地主可通过其代理人向农民征收实物或货币地租，地主阶级尤其是大中地主可以离开农村集中居住在城市，而封建统治的官僚阶级本身就是地主阶级或他们的代表人物。欧洲国家的封建社会是封建领主制，封建主大多住在自己的城堡或领地的庄园中。中国的城市是政治、经济、生活的中心，而欧洲国家的政治中心往往在城堡，经济中心在城市。

商品经济的发展是促进城市发展的主要因素。古代中国，在一些商路交通要地、河流的交汇点等地区，因商业发达、手工业集中，便形成了众多的商业都会，如苏州、扬州、

第1章 城市与城市的发展

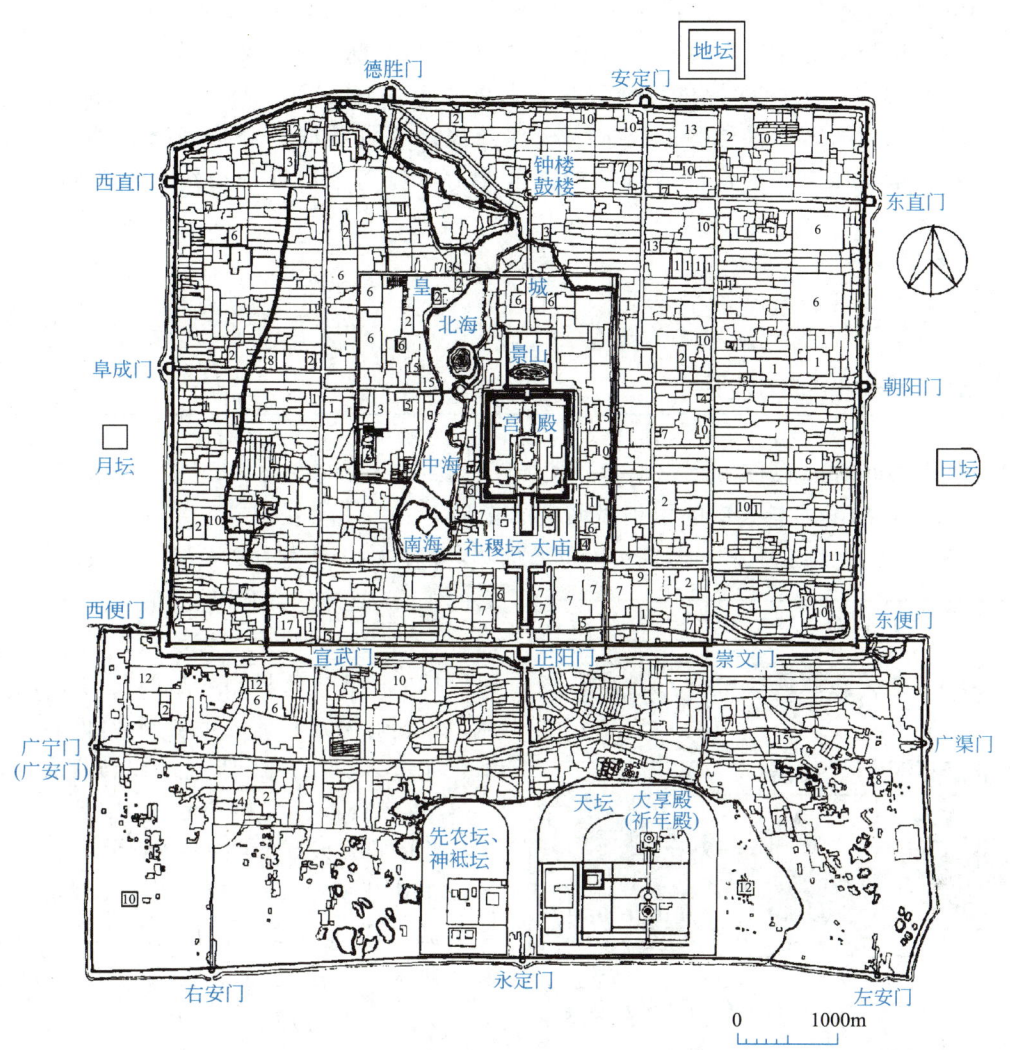

1—亲王府；2—佛寺；3—道观；4—清真寺；5—天主教堂；6—仓库；7—衙署；8—历代帝王庙；9—满洲堂子；
10—官手工业局及作坊；11—贡院；12—八旗营房；13—文庙、学校；14—皇史宬（档案库）；15—马圈；
16—牛圈；17—驯象所；18—义地、养育堂。

图1.11 明清北京城布局

成都、广州等。隋代大运河修通后，在运河沿线，发展了繁荣的商业都会，如汴州（今开封）、泗州、淮阴、扬州、苏州、杭州等。元代后，建都北京，南北大运河仍为经济命脉。天津、沧州、德州、临清、济宁等地也相继繁荣起来，与原来已有的一些商业城市形成一个沿运河的城市带，并与长江中下游的一些商业城市，如汉口、九江、芜湖、安庆、南京、镇江联系起来，成为中国经济发达地带。

中国虽有很长的海岸线，航海技术也较发达，但始终未把海外贸易作为发展经济的重要手段。在宋元时期，沿海城市如泉州、广州、明州（今宁波），由于海外贸易的发展，曾一度繁荣。但自明中叶后，为防御海寇侵扰，政府在沿海城市修筑大量防卫的卫所，并实行闭关政策，所以沿海城市未能作为发展的重点。反而内地沿江河的城市或地区性的中心城市则成为发展的重点，这一点与欧洲和美洲有很大差异。

欧洲罗马帝国盛期，地中海沿岸尽为罗马的版图，这些地区很早就发展了海上交通，一些港口城市逐渐成为商旅交通繁荣的中心。中世纪后，随着手工业及商业的发展，特别是14—15世纪开辟印度和美洲的新航线后，刺激了商品经济和海上贸易，城市的发展较快，城市数目也有所增加，这些航路成为一些殖民国家称霸海上和掠夺殖民地的交通命脉，沿海一些港口城市成为他们所统治的商业中心。城市发展往往由沿海城市带动内陆城市。

【观察与思考】

中西方城市发展的异同点有哪些？

1.2.2　近代的城市发展

近代的工业革命，也称为产业革命，使城市产生了巨大的变化。

1. 城市工业的发展与人口的聚集对城市的影响

一般把英国人瓦特发明第一台有实用价值的蒸汽机作为工业革命的标志。这是能源和动力的革命，它使人们开始摆脱依赖风力、水力等天然能源的约束。有了人工的能源就有可能把生产集中于城市，从而使加工工业在城市迅速发展，并随之带动商业和贸易的发展，城市人口迅速膨胀，就如马克思所说："人口也像资本一样集中起来。"1840—1929年伦敦的自发发展如图1.12所示。

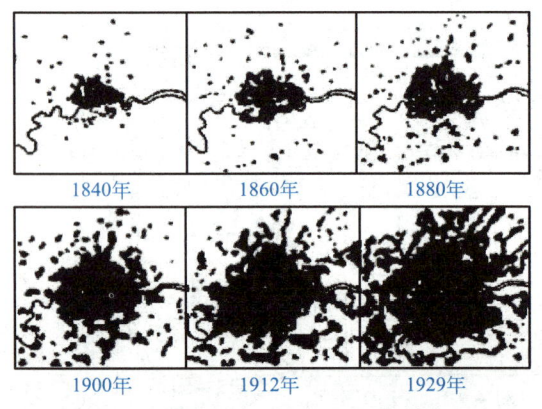

图1.12　1840年—1929年伦敦的自发发展

工业化吸收了大量农业工人，使之转化为城市人口，城市扩展也吞并了周围的农业用地，失去土地的农民流入城市，成为工人，这些都加速了城市化。

2. 城市布局对城市的影响

工业化初期，在工厂的外围修建了简陋的工人居住区，也相应地聚集了为工人生活服务的面包房、裁缝铺等，以后又在外面修建工厂及工人住宅区，这样圈层式地向外扩张，成为工业化初期城市发展的典型形态。

工业发展使产业的部类也逐渐增多，如工业需要大量的原料，产品要运输至外地，原料及产品均需要储运，就出现了城市仓储用地。

城市人口的聚集、生活水平的提高和需求的多样化，使许多新型商业及公共建筑应运而生。由于经济活动的增加、金融机构的产生，城市中又出现了商务贸易活动地区。

火车、轮船的出现成为城市对外交通运输的主要工具，铁路、车站、码头均有着自己的用地选址要求，这些也大大地改变了城市的结构布局。19世纪末，汽车逐渐成为城市的主要交通工具，给原来马车时代的道路系统带来了很大冲击，从而导致城市的道路系统布局发生很大变化。

城市的类型也相应增加，出现了港口贸易城市、矿业城市、交通枢纽城市，或以某种产业为主的城市等。原来的一些大城市则发展成为具有工业、商业、金融、贸易等综合功能的经济中心。

3. 环境对城市的影响

城市面积的扩展,市民与城郊田野的距离增加,城市越大,市民接触自然环境的距离就越远。城市扩展的过程,就是自然环境变为人工环境的过程,城市成为人类改造自然最彻底的地方,也使城市居民减少或丧失了原有的与自然密切接触的种种优点和乐趣。城市中的工业在生产过程中产生的废水、废气、废渣等多是有害的,对居民的生活环境、身体健康等产生很多不利影响,城市居民生活水平和消费水平逐渐提高,也伴生了很多生活污水和生活垃圾,影响城市整体环境。如何在城市化、城市发展过程中处理好人工环境与自然环境的关系,就成为现代城乡规划学科的重要课题。

4. 科学技术发展对城市的影响

生产和人口的聚集,促使城市发展,带来了前所未有的生产力的集中,创造了巨大的物质财富。工业的发展、工业门类的增加、科技的交流、科技的进步、多种产业的协作,为城市带来巨大的聚集效益和规模效益。

商品的交流和集散、人口的集中和流动、信息的发达,使城市成为物流、人流、信息流的中心。

科技的发展,促进了市政工程及城市公用设施的发展,自来水、电灯、电话、煤气、公共汽车、电车、地下铁道、污水处理系统等技术上的不断改进,使城市的物质生活达到很高的水平。学校、剧院、图书馆、博物馆、娱乐设施的集中也使城市的文化生活水平不断提高。

工业社会使城市高度发展,是社会经济发展的必然结果,是社会进步的表现,但同时也出现了由于工业化及人口增加产生的土地问题、住房问题、交通问题、环境污染问题及社会问题等。这些问题在城乡规划中不断地解决,也不断出现新的问题。

【观察与思考】
为什么近代我国的城市发展几乎停滞不前?

1.2.3 第二次世界大战后的城市发展

第二次世界大战中,欧亚大陆许多城市受到战火的严重破坏。第二次世界大战后(以下简称"战后")一段时间,城市都面临着恢复重建的境况,许多城市都制定了重建及发展的城市规划,其中也不乏一些创新的思路。至20世纪50年代中期,世界范围内经过了经济恢复,进入新的发展时期。

经济的恢复,工业的发展,也带来了城市化进程的加快,城市人口规模不断扩大,至2008年,世界城市人口已经达到总人口的50%,全球开始进入城市时代。

城市的集中发展虽然在创造较高的经济效益,具有某些高水平的物质、文化生活质量。但同时也出现城市远离自然、城市建设对自然环境的改造,所带来的一些生态环境问题,如大气及水质的恶化、热岛效应、人口的拥挤等。所以在城市集中发展的同时,也出现城市分散发展的理论和实践,如在郊区建造卫星城、英国的新城运动等。

城市的对外交通发展也有很大变化,飞机、汽车取代了火车及轮船的远程或马车的市际客运的地位,机场及航空港与火车站一样成为城市的"大门"。经济全球化使海上货运有很大发展，船体的大型化、集装箱化，使城市及大型工业靠海发展，致使港口城市的结构布局发生变化。

战后在一些发达国家，如美国等，由于城市中心居住环境的恶化，以及汽车交通的发达，出现了郊迁的现象，包括住宅区及一些工业企业，原来的城市中心地区出现衰退现象。但由于这些地区的区位优势，以及城市产业结构的转化，近年来一些城市由政府及企业采取土地置换、产业更新及财政政策与税收政策倾斜的措施，力使老城市中心地区"复苏"，如将原来的码头仓储用地再开发改为商贸或居住用地等。

各国经济发展的不平衡，在城市的发展上也出现较大差异，一些发达国家已高度城市化，城市的空间扩展已逐渐为城市内部更新改造所代替。在一些发展中国家，城市化的进程还要加快，城市的外延发展已成为重要的发展形式，并呈现不同的发展形态：①大城市呈中心向外圈层式发展的形态；②单中心沿交通干线的放射发展的形态；③中心城与周边卫星城的发展形态；④多中心开放组合式的发展形态；⑤以中心城为核心形成紧密联系的城镇群的形态等。

战后世界经济的发展，世界经济的一体化趋势、跨国公司企业集团的发展，使一些发达的城镇密集地区的影响更大，如美国的东北部、芝加哥地区、西海岸城市带，日本的阪神地区，英国的东南部地区，欧洲的中部地区等。中国的城镇密集地区有以上海为中心的长江三角洲地区、以广州为中心的珠江三角洲地区、京津唐地区、辽中南地区、成都地区等。

由于经济的高度发展，人类对自然的改造及对地球资源的开发利用，渐渐发展到对环境的破坏，也危及人类自身的生存环境，人们在残酷的事实中逐渐认识到"只有一个地球"的现实，1992年联合国在巴西里约热内卢召开的政府首脑会议上发表宣言，提出了关于可持续发展的号召，规划工作者也逐渐认识到要把环境与城市结合并持续发展的思想体现在城市与区域的发展规划之中。

在种种因素的影响之下，城市的发展形态、发展模式必将发生变化。

1.3　城市化概述

引语

通常，城市化水平越高代表生活质量越高、社会生产力水平越高，但是城市化水平越高就越好吗？城市化水平多高合适？什么是过城市化？

城市化是工业革命后的重要现象，城市化速度的加快已成为历史的趋势。城市化有其一定的规律，研究各国的城市化历程，结合我国国情，预测城市化的趋势及水平对当前的社会经济发展及迎接新的大规模的城市化具有重要意义。

参考视频

1.3.1 城市化的含义

城市化一般简单地释义为农业人口及土地向非农业的城市人口及土地转化的现象及过程，具体的分析包括以下几个方面。

(1) 人口职业的转变。即由农业转变为非农业的第二、第三产业，表现为农业人口不断减少，非农业人口不断增加。

(2) 产业结构的转变。工业革命后，工业不断发展，第二、第三产业的比重不断提高，第一产业的比重相对下降，工业化的发展也带来农业生产的现代化，农村多余人口转向城市的第二、第三产业。

(3) 土地及地域空间的变化。农业用地转化为非农业用地，由比较分散、密度低的居住形式转变为较集中成片的、密度较高的居住形式，从与自然环境接近的空间转变为以人工环境为主的空间形态。

比较集中的用地及较高的人口密度，便于建设较完备的基础设施，包括铺装的路面、上下水道、其他公用设施，可以有较多的文化设施，这与农村的生活质量相比有较大的提高。

城市化又称城镇化或都市化，因为城市与镇均是城市型居民点，均以第二、第三产业为主，其区别仅是文字使用的习惯或其规模的不同，在我国"市"和"镇"尚有行政建制的区别。

城市化水平是指城市（镇）人口占总人口的百分比。它的实质是反映了人口在城乡之间的空间分布，具有很高的实用性。计算公式为

$$PU = U/P$$

式中：PU——城市化水平；
U——城市（镇）人口；
P——总人口。

人口按其从事的职业一般可分为农业人口与非农业人口（第二、第三产业人口），按目前的户籍管理办法又可分为城镇人口与农村人口。

城市化水平也可以反映社会发展的水平，表示工业化的程度。

1.3.2 城市化的发展过程及表现特征

城市化的发展过程大体分为3个阶段，如图1.13所示。

初期阶段——生产力水平尚低，城市化的速度较缓慢，较长时期才能达到城市人口占总人口的30%左右。

加速阶段——由于经济实力明显增加，城市化的速度加快，在不长的时期内，城市人口占总人口的比例就达到70%或以上。

稳定阶段——农业现代化的过程已基本完成，农村的剩余劳动力已基本上转化为城市人口。随着城市中工业的发展、技术的进步，一部分工业人口又转向第三产业。

城市化的发展过程中有以下表现特征。

(1) 城市人口占总人口的比重不断上升。

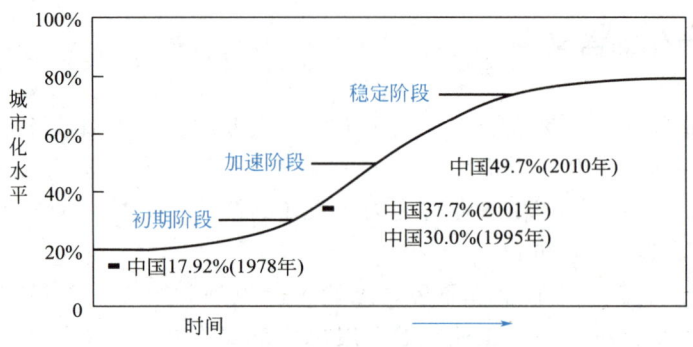

图 1.13　城市化发展过程曲线

（2）产业结构中，农业、工业及其他行业的比重此消彼长，不断变化。农业的比重持续下降，不可逆转；工业的比重有一个上升的时期，也有停滞或下降；第三产业的比重增加。

（3）城市化水平与人均国民生产总值的增长成正比。城市化水平也是一个经济发达程度及居民生活水平高低的表现。城市化水平越高，其国民生产总值也越高，居民的生活水平也越高，同时也表明第二、第三产业的人均产值高于第一产业。

（4）城市化水平高，不仅是建立在第二、第三产业发展的基础上，也是农业现代化的结果。农业人口的减少产生在农业发展的基础上，农业人口的剩余也成为城市化的推动力。

1.3.3　城市化的现状及发展趋势

城市早在原始社会向奴隶社会转变的时期就出现了。但是，在相当长的历史时期中，城市的发展和城市人口的增加极其缓慢。在 1800 年，全世界的城市人口只占总人口的 3％。但到了近代，随着工业革命的兴起，机器大工业和社会化大生产的出现，资本主义生产方式的产生和发展，才涌现出许多新兴的工业城市和商业城市，使得城市人口迅速增长，城市人口比例不断上升。1800—1950 年，地球上的总人口增加 1.6 倍，而城市人口却增加了 23 倍。在美国，1780—1840 年的 60 年间，城市人口占总人口比例仅从 2.7％上升到 8.5％。1870 年美国开始工业革命时，城市人口所占的比例不过 20％，而到了 1920 年，其比例骤然上升到 51.4％。从整个世界看，全球城市化率如图 1.14 所示。所以，城市化过程是随现代工业的出现、资本主义的产生而开始的。

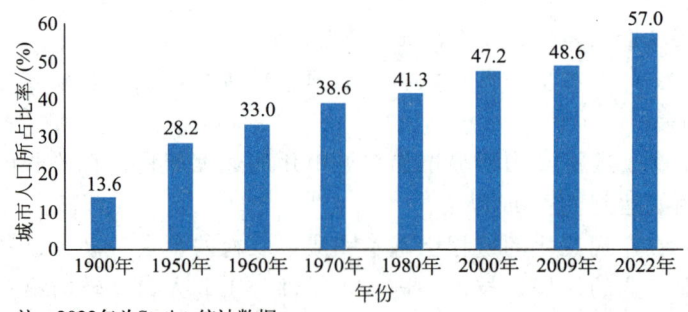

注：2022 年为 Statista 统计数据。

图 1.14　全球城市化率

我国的城市化主要开始于 20 世纪 70 年代后期，即改革开放后。2010 年第六次全国人口普查主要数据公布，中国城市人口比重为 49.68%。

2021 年第七次全国人口普查主要数据公布，中国城市人口比重为 63.89%，（1996—2023）年我国城市人口与农村人口比重，如图 1.15 所示。

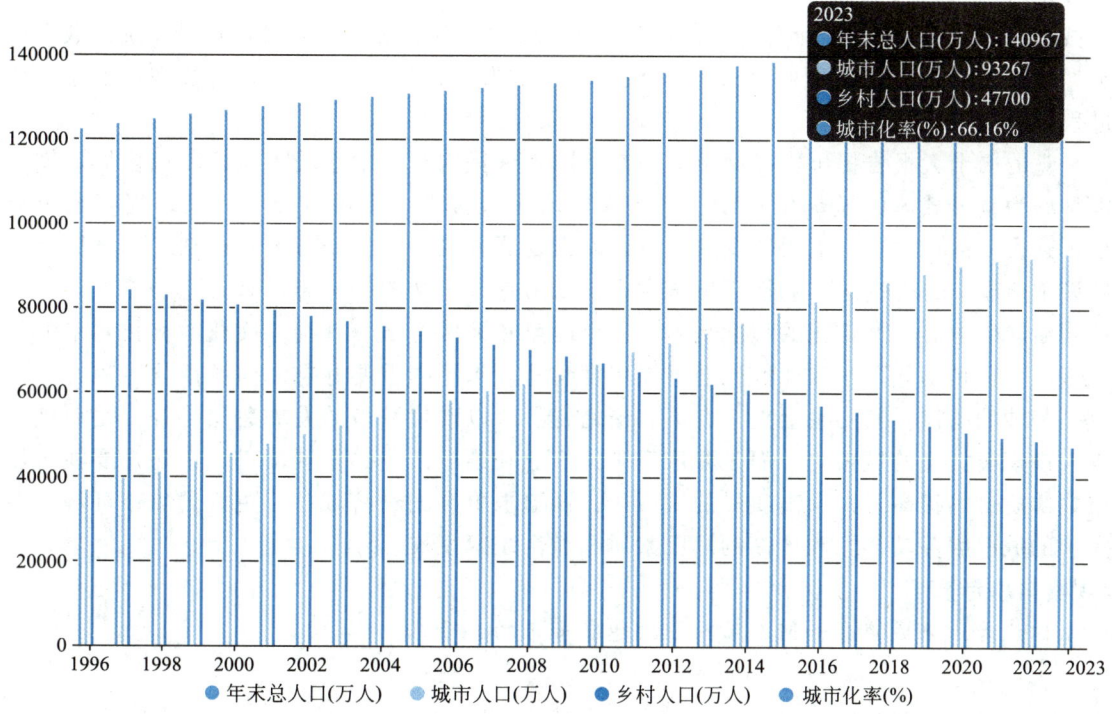

图 1.15　（1996—2023）年我国城市人口与农村人口比重（数据来源：国家统计局）

城市居民的比例超过农村居民，这标志着中国数千年来以农村人口为主的城乡人口结构发生了逆转，中国从一个具有几千年农业文明历史的农民大国，进入以城市社会为主的新成长阶段，城市化成为继工业化之后推动经济社会发展的新引擎。中国社会科学院社会学研究所于 2011 年 12 月 19 日发布的 2012 年社会蓝皮书《2012 年中国社会形势分析与预测》认为，这种变化不是一个简单的城市人口百分比的变化，它意味着人们的生产方式、职业结构、消费行为、生活方式、价值观念都将发生极其深刻的变化。（据国家统计局统计，2023 年末，全国常住人口城市化率为 66.16%，比上年年末提高 0.94 个百分点）。

1.3.4　我国城市化历程回顾

（1）中华人民共和国成立时，城市化率仅为 10.6%，中国的工业基础和城市化水平十分落后。据估计，1949 年全国工业化率仅为 12.57%。工业和城市的空间分布呈现出东部沿海地区居多，而分布于广阔内地的城市基本上都是行政性和消费性的，人口规模和工业生产能力都很小。

中华人民共和国成立后，城市化水平得到了逐步提高，并建立起世界上最全面、最完善的工业体系。

(2) 改革开放后，城市化率迅速提高，改革开放初期，在从 1980 年到 1994 年的 14 年间，全国城镇人口年均增长率为 4.73％，城市化水平年均增长超过 0.5 个百分点，这期间城市数量增长也比较快，平均每年增加城市 33 个。

据国内有关机构统计，我国 1995 年城市人口为 3.52 亿人，乡村人口为 8.59 亿人，城市化水平为 29.04％。2004 年我国城市人口为 5.4 亿人，城市化水平为 41.80％。2015 年城市化已达 56.10％，而据 2021 年 5 月国家统计局第七次全国人口普查最新统计数字显示，居住在城市的人口为 9.02 亿人，城市化水平为 63.89％，从统计数据看我国的城市化进程持续稳步健康增长。

党的二十大报告提出：以城市群、都市圈为依托构建大中小城市协调发展格局，推进以县城为重要载体的城镇化建设。坚持人民城市人民建、人民城市为人民，提高城市规划、建设、治理水平，加快转变超大特大城市发展方式，实施城市更新行动，加强城市基础设施建设，打造宜居、韧性、智慧城市。城市是人类文明的标志，是人们经济、政治和社会活动的中心。城市化的程度是衡量一个国家和地区经济、社会、文化、科技水平的重要标志，也是衡量国家和地区社会组织程度和管理水平的重要标志。但城市化过程并不一直是美妙的韵律，其中也会夹杂有不和谐之音。所以现代城市的发展总趋势并不是单纯追求人口规模意义的城市化，而是要依靠第二产业和第三产业的发展促进城市化，要注重城市整体质量的提高。追求高质量的城市化，即追求更高的经济效益、更好的城市环境、更完善的城市服务功能，和更高的居民素质和城乡统筹发展。

【观察与思考】

你认为未来城市会如何发展？请设想它未来的样子。

1.4　城市与乡村

引语

城市与乡村是一对美丽的词汇，一个生活便利、公共服务设施齐全，另一个风光旖旎、空气清新，两者是不同的生活方式，不应该有高下之别。

1.4.1　城市与乡村的差别与联系

1. 城市与乡村的基本差别

人类活动要素的不同组合（空间上的组合、种类上的组合、数量上的组合等）形成了各种聚落景观。聚落因其基本职能和结构特点及所处地域的不同，基本被分为城市聚落和乡村聚落。

城市和乡村作为两个相对的概念，存在着一些基本的差别。

(1) 集聚规模的差异。城市与乡村的首要差别主要体现在空间要素的集中（分散）程度上。

（2）生产效率的差异。城市的经济活动是高效率的，而高效率的取得，不仅是人口、资源、生产工具和科学技术等物质要素的高度集中，更主要的是高度的组织。因此可以说，城市的经济活动是一种社会化的生产、消费、交换的过程，它充分发挥了工商、交通、文化、军事和政治等机能，属于高级生产或服务性质；相反，乡村经济活动则还依附于土地等初级生产要素。

（3）生产力结构的差异。城市是以非农业人口为主的居民点，因而在职业构成上是不同于乡村的。这也造成了城乡生产力的根本区别。

（4）职能差异。城市一般是工业、商业、交通、文教的集中地，是一定地域的政治、经济、文化的中心，在职能上是有别于乡村的。

（5）物质形态差异。城市具有比较健全的市政设施和公共设施，在物质空间形态上不同于乡村。

（6）文化观念差异。城市与乡村不同的社会关系，使得两者之间产生了很多文化内容、意识形态、风俗习惯、传统观念等差别。

城市与乡村如图1.16所示。

图1.16　城市与乡村

2. 城市与乡村的基本联系

尽管城市与乡村有着很多不同之处，但它们是一个统一体，并不存在截然的界限。尤其是随着社会经济的发展及各种交通、通信技术条件的支撑，城乡一体发展的现象愈发明显。

实际上，城乡联系包含的内容非常丰富，见表1-7。城乡要素与资源的配置、城乡联系方式的选择是多样的，对于不同城乡联系模式的具体选择，完全取决于不同国家、不同地区的具体情况和城乡发展的基本战略。

表1-7　城乡联系

联系类型	要　素
物质联系	公路网、水网、铁路网、生态相互联系
经济联系	市场形式、原材料和中间产品流、资本流动、生产联系、消费和购物形式、收入流、行业结构和地区间商品流动
人口移动联系	临时和永久性人口流动、通勤
技术联系	技术相互依赖、灌溉系统、通信系统
社会作用联系	访问形式、亲戚关系、仪式、宗教行为、社会团体相互作用
服务联系	能量流和网络、信用和金融网络、教育培训、医疗、职业、商业和技术服务形式、交通服务形式
政治、行政组织联系	结构关系、政府预算流、组织相互依赖性、权力-监督形式、行政区间交易形式、非正式政治决策关系

资料来源：曾菊新. 现代城乡网络化发展模式［M］. 北京：科学出版社，2001：166.

1.4.2　我国城乡发展现状

1. 我国城乡差异的基本现状

城乡关系是我国国民经济和社会发展系统中最重要的一对关系。城乡之间的良性互动和相互开放，必然推动国民经济的全面发展；反之，城乡之间的隔离甚至对立，则必然导致国民经济发展的失衡，甚至使国民经济发展的进程停滞不前或倒退。长期以来，我国呈现出城乡分割，人才、资本、信息单向流动，城乡居民生活差距加大，城乡关系不均等、不和谐等发展状况。

（1）城乡结构"二元化"。长期以来，我国一直实行"城乡分治，一国两策"的二元经济社会体制和"城市偏向，工业优先"的战略和政策选择。改革开放以后，尽管这种制度有所松动，但要根本消除二元结构体制还需一个相当长的过程。

（2）城乡收入差距呈缩小趋势。考虑到相关因素，目前我国城乡居民的实际收入差距在逐步缩小，随着乡村振兴、加强农业的深入推进，农村居民收入增长明显快于城镇居民。2021年，农村居民人均可支配收入名义增长和实际增长分别为10.5%、9.7%，分别快于城镇居民2个百分点以上，城乡居民人均可支配收入比为2.5，比上年降低0.06。尽管城乡居民收入差距在不断缩小，但依然较大，农民收入增长缓慢，不仅直接影响国内需求，而且已成为制约整个国民经济实现良性循环的障碍。

（3）优势发展资源向城市单向集中。由于我国城乡差距较大，城市一直是我国各类生产要素集聚的中心，人才、技术、资金等向农村流动量少、进程慢，因此，城乡资源流动单向化、不均衡现象较为明显。

（4）城乡公共产品供给体制的不均衡。各级政府为增进自身绩效都尽可能地上收财权、下放事权，下级政府得到的财权与事权相比明显失衡。失衡的分配体制决定了失衡的义务教育、基础设施和社会保障等公共产品供给体制，农村公共服务体系尚未建立，农民与城市居民享受的公共服务差距较大。

我国目前正处在一个从城乡二元经济结构向城乡一体化发展阶段迈进的历史转折点，综合运用市场和非市场力量，积极促进城乡产业结构调整、人力资源配置、金融资源配置和社会发展等各个领域的良性互动和协调发展，具有长远而重要的战略意义。

【观察与思考】
导致我国城乡差距拉大的原因是什么？

2. 科学发展观与城乡统筹

党的二十大报告指出，要全面推进乡村振兴。坚持农业农村优先发展，坚持城乡融合发展，畅通城乡要素流动。统筹乡村基础设施和公共服务布局，建设宜居宜业和美乡村。

（1）统筹城乡经济资源，实现城乡经济协调增长和良性互动。平等的市场主体应该享有平等地接近和享用经济要素的权利，保证农民平等地享用经济资源，是统筹城乡经济资源的关键。

（2）统筹城乡政治资源，实现城乡政治文明共同发展。必须统筹城乡政治资源，使农民具有同城镇居民平等的政治地位，使其真正地参与国家、社会事务的管理，体现和维护自身利益。统筹城乡政治资源最为重要的是体制和政策的转换问题。

(3) 统筹城乡社会资源，实现城乡精神文明共同繁荣。努力实现城乡社会资源的统筹安排、有序使用，促进城乡精神文明的共同进步。

小 结

本章对城市的概念、城市的发展、城市化、城市与乡村做了较详细的阐述，包括城市是如何产生并发展的、城市的基本含义、城市的基本特征与性质、城市的规模、古代的城市发展、近代的城市发展、第二次世界大战后的城市发展、城市化的含义、城市化的发展过程及表现特征、我国的城市化现状及前景、我国城市与乡村的差别与联系及发展现状等主要内容。

其中重点是城市化、城市的性质、城市的规模，要求能够按照城市的实际情况对城市进行分类，并能够设想该城市的发展前景；能够正确地认识到城市化现象对城市发展、社会发展、生产生活等带来的深刻影响。

习 题

一、单项选择题

1. 城市形成的原因不包括（   ）。
   A. 军事防御   B. 商品买卖   C. 集体耕作   D. 产业分工
2. 下列关于城市发展的表述，错误的是（   ）。
   A. 集聚效益是城市发展的根本动力
   B. 城市与周围广大区域保持着密切联系
   C. 城市与乡村的划分越来越清晰
   D. 信息技术的发展将改变城市的未来
3. 城市的本质特点是集聚，但集聚的要素中不包含（   ）。
   A. 空间   B. 建筑   C. 人口   D. 信息
4. 下列对城市和乡村的表述，不正确的是（   ）。
   A. 城市与乡村是一个统一体，不存在截然的界限
   B. 城乡联系包括物质联系、经济联系、人口移动联系、技术联系等
   C. 城乡基本差异主要包括集聚规模、生产效率、职能、物质形态、文化观念等
   D. 城乡联系模式的选择，不会因国家和地区的不同而不同
5. 我国的市制实行的是哪种行政区划建制模式（   ）。
   A. 广域型   B. 集聚型   C. 市带县型   D. 城乡混合型
6. 下列关于城市发展与区域发展关系的表述，不准确的是（   ）。
   A. 城市的形成和发展受到相关区域的资源条件的制约
   B. 城市是区域增长、发展的基础和背景
   C. 社会经济不断发展，城市与区域的关系更加紧密
   D. 城市与区域发展的整体水平越高，二者之间的相互作用就越强
7. 下列关于城镇化基本内涵的说法，不正确的是（   ）。

A. 农业人口转为非农业人口 B. 乡村地域转为城镇地域
D. 乡和村庄转为街道和社区 C. 农业活动转为非农业活动

8. 下列关于城市特征的说法，正确的是（　　）。

A. 城市发展是增量化的 C. 城市发展与区域发展相互制约
B. 城市发展是动态和连续的 D. 城市发展是持续集聚的

二、多项选择题

1. 目前我国的城镇化呈现与西方不同的区域特征，下列哪些现象符合我国目前发展的实际？（　　）

A. 我国大多数城市已进入工业化的后期阶段
B. 我国城镇化的总趋势是人口向中小城市集中
C. 东部沿海地区人口的集聚呈现都市连绵带的态势
D. 中部地区人口向城市的集中多于向镇的集中
E. 西部地区人口向大城市的集中明显强于向中小城市的集中

2. 城镇化的阶段包括（　　）。

A. 集聚城镇化阶段 B. 郊区化阶段 C. 逆城镇化阶段
D. 再城镇化阶段 E. 新型城市化阶段

3. 依据国务院颁布的《关于调整城市规模划分标准的通知》，以下属于大城市的有（　　）。

A. 城市建成区人口 50 万 B. 城市建成区人口 100 万
C. 城市建成区人口 200 万 D. 城市建成区人口 400 万
E. 城市建成区人口 800 万

三、思考题

1. 简述城市的形成过程。
2. 简述城市的分类方式及类别。
3. 影响城市发展的因素有哪些？
4. 中西方城市发展的差别和相同点有哪些？
5. 什么是城市化？城市化的表现特征有哪些？
6. 简述我国城市与乡村的差别与联系。
7. 导致我国城乡居民收入差距过大的因素有哪些？如何改变？

在线答题

第 2 章 现代城市规划学科的产生与发展

教学要求

通过本章的学习,学生应熟悉中西方古代城市规划思想,掌握现代城市规划学科产生与发展的历程,了解我国城市规划现状,掌握当代城乡规划的理论发展与实践。

教学目标

能力目标	知识要点	权重
熟悉我国古代城市规划思想	礼制思想、自然至上的理念、街巷制	10%
熟悉西方古代城市规划思想	古希腊、古罗马、中世纪、文艺复兴、绝对君权时期的城市布局	10%
了解现代城市规划理论产生的背景	历史背景及历史渊源	10%
了解早期的城市规划思想	田园城市、现代城市、有机疏散及其他早期的城市规划思想	15%
掌握现代城市规划理论探索	城市发展理论、城市空间组织理论、城市规划方法论等	15%
了解城市规划宪章	《雅典宪章》《马丘比丘宪章》	10%
了解我国城市与城市规划发展	我国近代—新中国成立—改革开放初期—20世纪90年代后,各个城市规划发展状况	10%
掌握当代城乡规划的理论发展及实践	从城乡规划到环境规划、经济全球化与城市和区域发展、都市村庄模式、紧凑发展模式、产业园区等	20%

章节导读

城市规划的思想自城市产生之时便出现了,但形成理论的时间较晚。我国古代的城市规划思想多散见于《周礼》《管子》《商君书》等古籍,没有专门的城市规划专著。随着工业化的发展,近代西方社会出现了一系列的社会问题,城市规划随之形成体系,并逐渐发展起来。城市规划学科致力于改善城市的生活环境、提高人们的生活便利度,建设人类美好家园。

2.1 中西方古代城市规划思想

2.1.1 中国古代城市规划思想

1. 礼制思想及典型代表

中国古代有关城市规划和房屋建造的论述散见于《周礼》《商君书》《管子》《墨子》等政治、伦理和经史书中。城市规划思想最早形成于周代，周代是中国古代城市规划思想的多元化时代，具有深远历史影响的儒家、道家和法家都自此形成并发展。

中国古代早在西周时期就形成了完整的社会等级制度和宗庙法制关系，对于城市布局模式也有相应的严格规定。

成书于春秋战国之际的《周礼·考工记》记载了关于周代王城建设空间布局的描述："匠人营国，方九里，旁三门，国中九经九纬，经涂九轨，左祖右社，前朝后市，市朝一夫。"周代王城如图2.1所示。该古代都城的形制，充分体现了社会等级和宗法礼制。同时，书中还记述了按照封建等级，不同级别的城市，如"都""王城"和"诸侯城"，在用地面积、道路宽度、城门数目、城墙高度等方面的级别差异；还有关于城外的郊、田、木、牧地的相关关系的论述。《周礼·考工记》记述的周代城市建设的空间布局制度对中国古代城市规划实践活动产生了深远的影响。

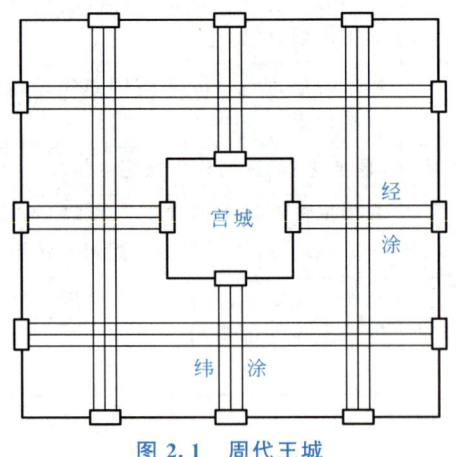

图 2.1　周代王城

下面以典型的城市格局如唐代长安城、元大都和明清北京城为例来介绍中国古代城市规划思想。

唐代长安城由宇文恺负责制定规划，长安地区的农民利用农闲时间修筑完成，修筑过程为测量定位、筑城墙、埋管道、修道路、划定坊里。整个城市布局严谨、分区明确，充分体现了以宫城为中心，"官民不相参"和便于管制的指导思想。唐代长安城的主要特点为中轴线对称格局，东西两市，方格式路网，城市核心是皇城，三面为居住里坊所包围，108个坊中都考虑了城市居民丰富的社会活动和寺庙用地，如图2.2所示。

图2.2 唐代长安城平面复原想象图

明清北京城和元大都的主要特点为三套方城，宫城居中，轴线对称，如图2.3和图1.11所示。

元大都是中国历史上另一个全部按城市规划修建的都城。城市布局更强调中轴线对称，如在几何中心建中心阁，且在很多方面体现了《周礼·考工记》上记载的王城的空间布局制度。同时，城市规划中又结合了当时的经济、政治和文化发展的要求，并反映了元大都选址的地形、地貌特点。

明代北京城是在元大都地基上稍向南移建成的新都城。街道、胡同沿用元大都之旧，皇城、宫城、宫殿则全部新建。中轴线仍为设计北京都城格局的依据，紫禁城内象征皇权的前后六大殿也都在这条中轴线上。皇城、宫城在城内中轴线上稍偏南部。中轴线穿过皇城、宫城的正门、主殿，出皇城墙北以钟楼、鼓楼为结束。"左祖右社，前朝后市"的两个基本点依然为都城格局的要点。明代北京城计有36坊，其中，内城有28坊，外城有8坊。坊内外棋盘式的道路网络仍是北京城交通体系的整体格局，仅有个别地方因为自然条

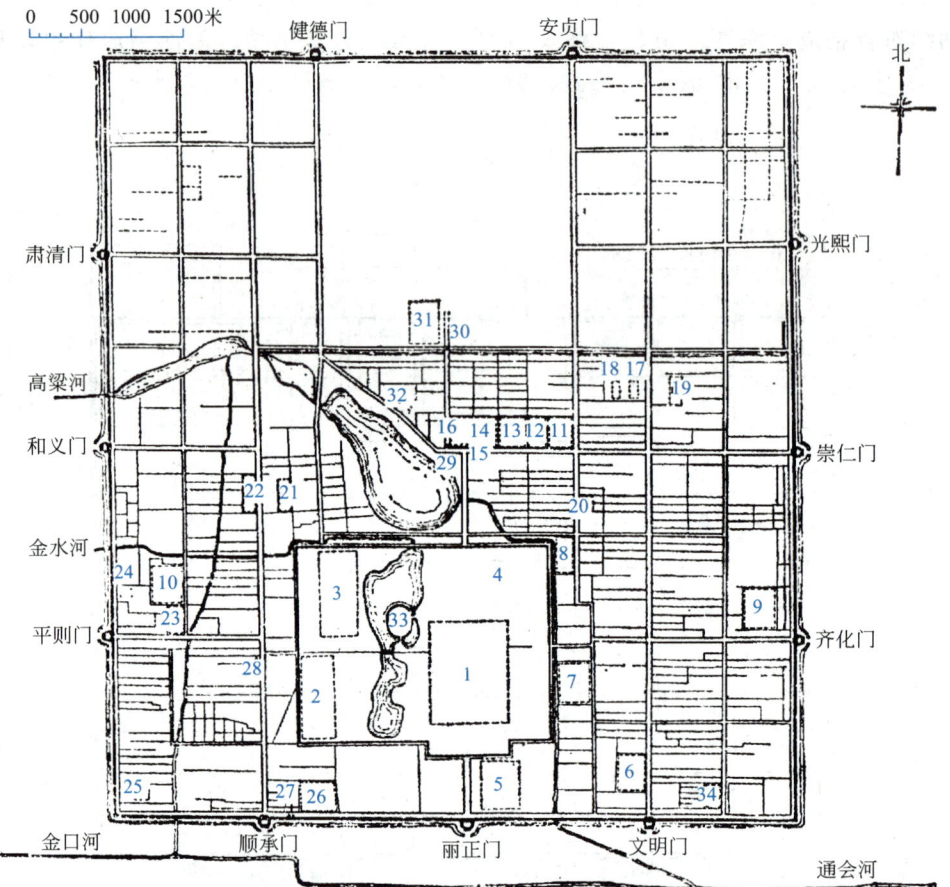

1—大内；2—隆福宫；3—兴圣宫；4—御苑；5—南中书省；6—御史台；7—枢密院；8—崇真万寿宫；9—太庙；10—社稷；11—大都路总管府；12—巡警二院；13—倒钞库；14—大天寿万宁寺；15—中心阁；16—中心台；17—文宣王庙；18—国子监学；19—柏林寺；20—太和宫；21—大崇国寺；22—大承华普庆寺；23—大圣寿万安寺；24—大永福寺；25—都城隍庙；26—大庆寿寺；27—海云可巷双塔；28—万松老人塔；29—鼓楼；30—钟楼；31—北中书省；32—斜街；33—琼华岛；34—太史院。

图 2.3　元大都平面复原想象图

件的局限或历史发展的要求形成一些斜街。清代北京城基本延续了明代北京城的格局，未做重大的改变，保存至今，成为 2000 多年中国封建王朝保存下来的唯一都城。明清北京城对于元大都的继承与改建，已将北京城建设成为中国古代历史上最突出的都城范例。

2. 自然至上的理念

《管子·度地篇》中，已有关于居民点选址要求的记载："高勿近阜而水用足，低勿近水而沟防省。"《管子》中提到"因天材，就地利，故城郭不必中规矩，道路不必中准绳"，从思想上完全打破了《周礼》单一模式的束缚。《管子》中还提到，必须将土地开垦和城市建设统一协调起来，农业生产的发展是城市发展的前提。对于城市内部的空间布局，《管子》中提到应采用功能分区的制度，以发展城市的商业和手工业。《管子》是中国古代城市规划思想发展史上一本革命性的也是极为重要的著作，它的意义在于打破了城市单一的周制布局模式，从城市功能出发，将理性思维和自然环境和谐的准则确立起来，其影响极为深远。

3. 街巷的开放

《清明上河图》（局部）展示了商品经济和世俗生活的发展，如图 2.4 所示。从宋代开始，中国城市建设延续了千年的里坊制度逐渐废除，出现了开放的街巷制。此外，中国古代民居多以家族聚居，多采用木结构的底层院落式住宅，院落组群需分清主次尊卑。

参考视频

图 2.4 《清明上河图》（局部）

在大量的城市规划布局中，由于考虑当地地质、地理、地貌的特点，城墙不一定是方的，轴线也不一定是一条直线，自由的外在形式下面是富于哲理的内在联系。

中国古代城市规划强调整体观念和长远发展，强调人工环境与自然环境的和谐，强调严格有序的城市等级制度。这些理念在中国古代的城市规划和建设实践中得到了充分的体现，同时也影响了日本、朝鲜等东亚国家的城市建设实践。

2.1.2 西方古代城市规划思想

公元前 5 世纪—公元 17 世纪，欧洲经历了从以古希腊和古罗马为代表的奴隶制社会到封建社会的中世纪、文艺复兴和巴洛克几个历史时期。随着社会和政治背景的变迁，不同的政治势力接连占据主导地位，不仅带来不同城市的兴衰，也使城市格局表现出相应的不同特征。古希腊城邦的城市公共场所、古罗马城市的炫耀和享乐场所、中世纪的城堡及教堂的主导地位、文艺复兴时期的古典广场和君主专制时期的城市放射轴线都是不同社会和政治背景下的产物。

1. 古典时期的社会与城市

1) 古希腊时期的城市

古希腊是欧洲文明的发祥地，在公元前 5 世纪，古希腊经历了奴隶制的民主政体，形成了一系列城邦国家。在该时期，城市布局上出现了以方格网的道路系统为骨架，以城市广场为中心的希波丹姆模式。该模式充分体现了民主、平等的城邦精神和市民民主文化的要求。在米利都城该模式得到了最为完整的体现，如图 2.5 所示。广场是市民集聚的空间，围绕着广场建设有一系列的公共建筑，它们共同组成城市生活的核心。同时，在城市空间组织中，神庙、市政厅、露天剧院和市场是市民生活的重要场所，也是城市空间组织的关键性节点。

2) 古罗马时期的城市

古罗马时期是西方奴隶制发展的繁荣阶段。在罗马共和国的最后 100 年中，随着国势强盛、领土扩张和财富敛集，除了修建道路、桥梁、城墙和输水道等城市设施，还大量建造了公共浴池、斗兽场和宫殿等供奴隶主享乐的设施。到了罗马帝国时期，城市建设更是进入了鼎盛时期。除了继续建造公共浴池、斗兽场和宫殿，城市还成了帝王宣扬功绩的工具，广场、铜像、凯旋门和纪功柱逐渐成为城市空间的核心和焦点。古罗马城是这一时期城市建设特征最为集中的体现，城市中心是共和时期和帝国时期形成的广场群，广场上耸立着帝王铜像、凯旋门和纪功柱，城市各处散布着公共浴池和斗兽场，如图 2.6 所示。

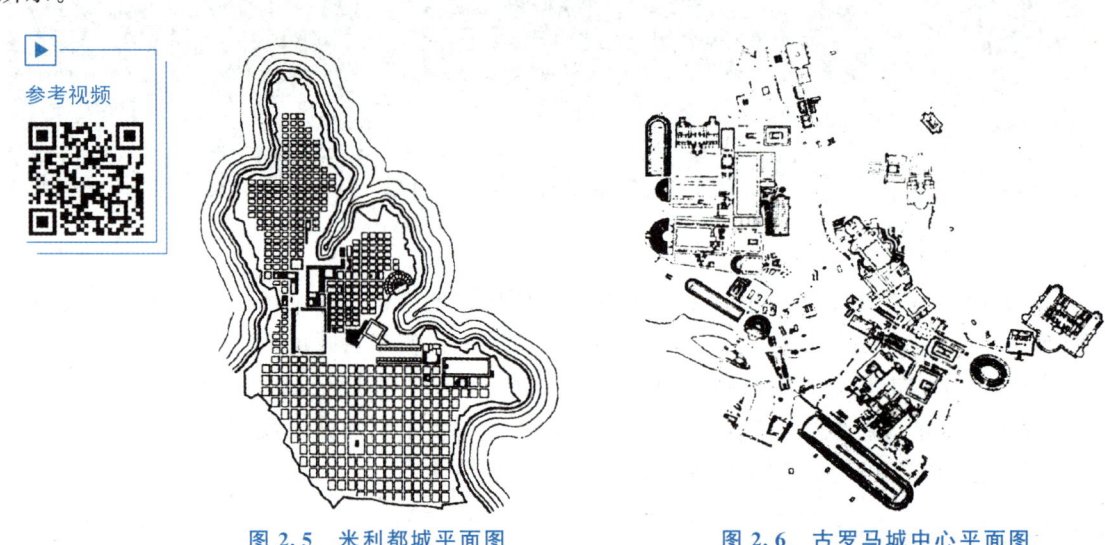

图 2.5　米利都城平面图　　　　　图 2.6　古罗马城中心平面图

2. 中世纪的社会与城市

西罗马帝国的灭亡标志着西欧进入封建社会。在此时期，欧洲分裂成为许多小的封建领主王国，封建割据和战争不断，使经济和社会生活中心转向农村，手工业和商业十分萧条，城市处于衰落状态。

在中世纪，由于神权和世俗封建权力的分离，在教堂周边形成了一些市场，并从属于教会的管理，进而逐步形成为城市。教堂渐渐占据了城市的中心位置，教堂的庞大体量和高耸的尖塔成为城市空间和天际轮廓的主导因素。在教会控制的城市之外，大量农村地区为了应对战争的冲击，一些封建领主建设了许多具有防御作用的城堡，围绕着这些城堡也形成了一些城市。就整体而言，城市基本上多为自发生长，很少有按规划建造的；同时，由于城市是因公共活动的需要而逐步形成的，因此，城市发展的速度较为缓慢，从而形成了城市中围绕着公共广场组织各类城市设施，及狭小、不规则的道路网结构，构成了中世纪欧洲城市的独特魅力。

由于中世纪频繁的战争，城市的防御要求提到较高的地位，也出现了一些以城市防御为出发点的规划模式。10 世纪以后，随着手工业和商业的逐渐兴起和繁荣，行会等市民自治组织的力量得到了较大的发展，许多城市开始摆脱封建领主和教会的统治，逐步发展成为自治城市。在这些城市，公共建筑如市政厅、关税厅和行业会所等成为城市活动的重要场所，并在城市空间中占据主导地位。与此同时，城市不断地向外扩张。例如，意大利的佛罗伦萨，曾两度突破城墙向外扩展，并修建了新的城墙，如图2.7所示。

图2.7 佛罗伦萨城市平面图

3. 文艺复兴时期的社会与城市

14世纪以后，封建社会内部产生了资本主义萌芽，新生的城市资产阶级实力不断壮大，在有的城市中占到了统治性的地位。以复兴古典文化来反对封建的中世纪文化——文艺复兴运动蓬勃兴起，在此时期，艺术、技术和科学都得到飞速发展。

许多中世纪城市，已经不能适应新的生产及生活发展变化的要求，故城市进行了局部地区的改建。这些改建主要是在人文主义思想的影响下，建设了一系列具有古典风格、构图严谨的广场和街道，以及一些世俗的公共建筑。其中具有代表性的有威尼斯的圣马可广场、罗马的圣彼得大教堂广场（图2.8）。

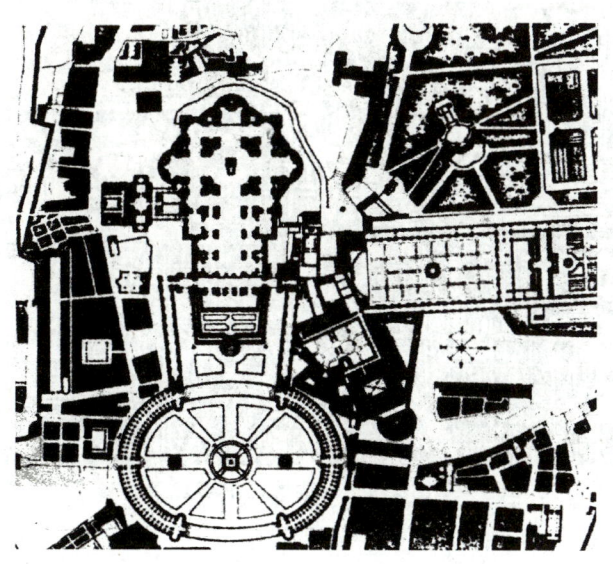

图2.8 罗马的圣彼得大教堂广场

4. 绝对君权时期的社会与城市

从 17 世纪开始，新生的资本主义迫切需要强大的国家机器提供庇护，资产阶级与国王结成联盟，反对封建割据和教会实力，建立了一批中央集权的绝对君权国家，形成了现代国家的基础。这些国家的首都，如巴黎、伦敦、柏林、维也纳等，均发展成为政治、经济、文化中心型的大城市。

随着资本主义经济的发展，这些城市的改建、扩建规模超过以前任何时期。在这些城市的改建中，巴黎的城市改建影响最大。在古典主义思潮的影响下，轴线放射的街道（如香榭丽舍大道）、宏伟壮观的宫殿花园（如凡尔赛宫，如图 2.9 所示）和公共广场（如协和广场）成为那个时期城市建设的典范。

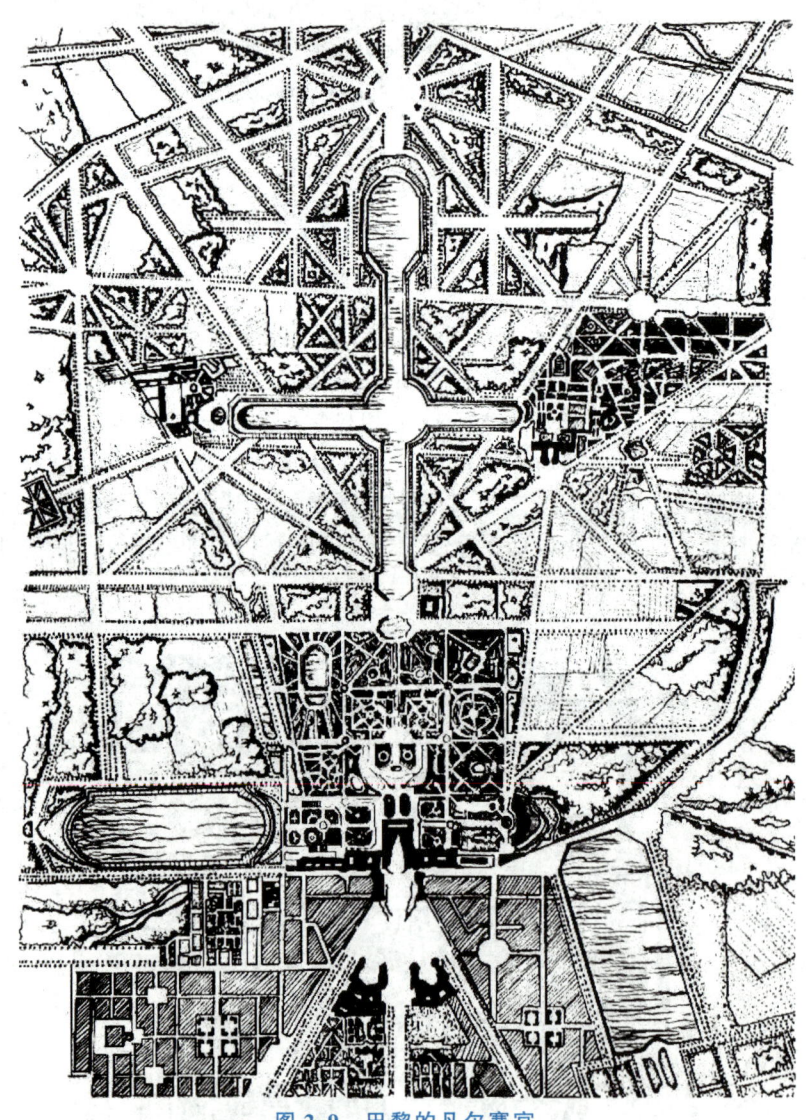

图 2.9　巴黎的凡尔赛宫

2.2 现代城市规划学科的产生与发展

2.2.1 现代城市规划理论产生的背景

1. 现代城市规划形成的历史背景

18世纪，以瓦特发明改良蒸汽机为标志在英国起步的工业革命，极大地改变了人类居住地的模式，城市化进程迅速推进。工业化的加速发展，吸引了大量农村人口向城市集中，同时，农业生产劳动效率的提高和圈地法的实施，又迫使大量破产农民涌入城市。中心城市人口快速增长，如伦敦的人口在19世纪增长了5.5倍，从1801年的100万人左右增长到1901年的650万人。而一些工业城市的人口增长更为明显，如曼彻斯特在同期增长高达7倍，从7.5万人发展到60万人。

> **知识链接**
>
> **工业革命**
>
> 工业革命（the Industrial Revolution），又称产业革命，发源于英格兰中部地区，是指资本主义工业化的早期历程，即资本主义生产完成了从工场手工业向机器大工业过渡的阶段。工业革命是以机器取代人力，以大规模工厂化生产取代个体工场手工生产的一场生产与科技革命。18世纪中叶，英国人瓦特改良蒸汽机之后，由一系列技术革命引起了从手工劳动向动力机器生产转变的重大飞跃。随后向英国乃至整个欧洲大陆传播，19世纪传至北美。由于蒸汽机的改良及运用成为这个时代的标志，因此历史学家称这个时代为"蒸汽时代"。

由于城市人口的急剧增长，城市开始凸显出一系列问题。例如，各项设施严重不足，城市"摊大饼"式无序建设，导致建设用地混乱而紧张，交通堵塞，住宅短缺，环境恶化。旧的居住区沦为贫民窟，工人住宅粗制滥造；工厂与居住区混杂，霍乱等传染疾病流行。在房地产投机和城市政府对住宅缺乏重视的状况下，住房设施不仅严重缺乏，连基本的通风、采光条件都得不到满足，而且人口密度极高，有的地区一间住房中住了十几个人或更多，公共厕所、垃圾站等场所严重短缺，排水系统年久失修且容量严重不足，造成粪便和垃圾堆积，19世纪三四十年代蔓延于英国和欧洲大陆的霍乱就是从这些地区开始爆发的。在社会和有关当局的惊恐中，社会各界人士开始关注上述问题。从19世纪中叶开始，出现了一系列有关城市未来发展方向的讨论。这些讨论在很多方面是对过去城市发展讨论的延续，同时又开拓了新的领域和方向，为现代城市规划的形成和发展在理论上、思想上进行了充分的准备。

2. 现代城市规划形成的历史渊源

现代城市规划是在解决工业城市所面临问题的基础上，综合了各类思想和实践而逐步形成的。在形成的过程中，一些思想体系和具体实践发挥了重要作用，并直接规定了现代城市规划的基本内容。回溯现代城市规划史可以看到，现代城市规划发展基本是过去这些不同方面的思想体系和具体实践的延续和进一步的深化和扩展。

1) 现代城市规划形成的思想基础——空想社会主义

空想社会主义主要是针对理想的社会组织结构等方面的架构，提出了理想的社区和城市模式，尽管这些设想被认为只是"乌托邦式"的理想，但空想社会主义者从解决最广大劳动者的工作、生活等问题出发，从城市整体的重新组织入手，将城市发展问题放在更为广阔的社会背景中进行考察，并且将城市物质环境的建设和对社会问题的最终解决结合在一起，从而能够解决更为实在和较为全面的城市问题，由此引起了社会改革家和工程师们的热情和想象。在这样的基础上，出现了许多城市发展的新设想和新方案。

近代历史上的空想社会主义源自莫尔的"乌托邦"概念。他期望通过对理想社会组织结构等方面的改革来改变当时他认为不合理的社会，并描述了他理想中的建筑、社区和城市。近代空想社会主义的代表人物欧文和傅里叶等人不仅通过著书立传来宣传、阐述他们对理想社会的信念，同时还通过一些实践来推广这些理想。例如，欧文于1817年提出了"协和村"的方案并进行建设；傅里叶在1829年提出了以"法朗吉"为单位建设由1500～2000人组成的社区，废除家庭小生产，以社会大生产来替代。戈丁按照傅里叶的设想建造了吉斯工人社区，社区中每组建筑群包括3个居住组团，有托儿所、幼儿园、剧场、学校、公共浴室和洗衣房。

2) 现代城市规划形成的法律实践——英国关于城市卫生和工人住房的立法

19世纪中叶，英国城市尤其是伦敦和一些工业城市所出现的种种问题迫使英国政府采取一系列的法规来管理和改善城市的卫生状况，直接孕育了英国住房、城镇规划等法的通过，从而标志着现代城市规划的确立。

参考视频

3) 现代城市规划形成的行政实践——法国巴黎改建

针对巴黎城市问题的严重性，从1853年开始，政府直接参与和组织，对巴黎进行了全面的改建。这项改建以道路切割来划分整个城市的结构，并将塞纳河两岸地区紧密地连接在一起。在街道改建的同时，为满足整齐、美观的街景建设的需要，出现了标准的住房布局方式和街道设施。在城市的两侧建造了两个森林公园，在城市中配置了大量的大面积公共开放空间，从而为当代资本主义城市的建设确立了典范，成为19世纪末20世纪初欧洲和美洲大陆城市改建的样板。

4) 现代城市规划形成的技术基础——城市美化

城市美化源自文艺复兴后的建筑学和园艺学。自18世纪后，中产阶级对城市中四周由街道和连续的联列式住宅所围成的居住街坊中只有点缀性的绿化表示出极端的不满。在此情形下兴起的"英国公园运动"，试图将农村的风景引入城市之中。这一运动的进一步发展演变出围绕城市公园布置联列式住宅的布局方式，并将住宅坐落在不规则的自然景色中的现象运用到如画的城镇景观布局中。对城市空间和建筑设施进行美化的各方面思想和实践，在美国的城市得到了全面的推广。1909年完成的芝加哥规划则被称为第一份城市范围的总体规划。

5) 现代城市规划形成的实践基础——公司城建设

公司城建设是为了就近解决工厂中工人的居住问题，提高工人的生产能力，由资本家出资建设、管理的小型城镇。例如，美国在芝加哥南部所建的城镇，工人住宅区的独立住宅和供出租的公寓房相分离，有一个很大的公共使用的公园，一个集中的两层楼的商业区，还包括剧场、图书馆、学校、公园和游戏场等。城镇边缘还有铁路供工人上下班使用。公司城的建设对霍华德田园城市理论的提出和实践具有重要的借鉴意义。

2.2.2 早期的城市规划思想

1. 田园城市理论

在19世纪中期以后的种种改革思想和实践的影响下，霍华德于1898年出版了以《明天：通往真正改革的和平之路》为名的论著，提出了田园城市的理论。霍华德针对当时的城市，尤其是像伦敦这样的大城市，所面临的拥挤、卫生等方面的问题，提出了一个兼有城市和乡村优点的理想城市——田园城市，并构建了一套比较完整的理论体系和实践框架。"田园城市"的提出，标志着现代城市规划思想的形成。

1) 田园城市的概念

田园城市是为健康、生活及产业而设计的城市，它的规模足以提供丰富的社会生活；四周要有永久性农业地带围绕；城市的土地归公众所有，由委员会受托管理。

2) 田园城市方案模式

田园城市思想主张的是城市分散发展的模式，即希望通过新建城市来解决过去城市，尤其是大城市中所出现的问题。根据霍华德这一设想，田园城市包括城市和乡村两个部分。田园城市的居民生活于此，工作于此，在田园城市的边缘地区设有工厂、企业。城市的规模必须加以限制，每个田园城市的人口限制为3.2万人，一旦超过了这一规模，就需要建设另一个新的城市，目的是保证城市不会因过度集中和拥挤而产生各类大城市所产生的弊病，同时也可使每户居民都能极为方便地接近乡村自然空间。田园城市实质上就是城市和乡村的结合体，每一个田园城市的城区用地占总用地的1/6，若干个田园城市围绕着中心城市（中心城市人口规模为5.8万人）呈圈状布置，借助于快速的交通工具（铁路）穿梭于各田园城市与中心城市之间。城市之间是农业用地，包括耕地、牧场、果园、森林及农业学院、疗养院等，作为永久性保留的绿地，农业用地永远不得改作他用，从而"把积极的城市生活的一切优点同美丽乡村和各种福利结合在一起"，并形成一个"无贫民窟无烟尘的城市群"，如图2.10所示。

田园城市城区平面呈圆形，中央是一个中心公园，6条主干道路从中心向外辐射，把城市分成6个扇形区域。在其核心部位布置一些独立的公共建筑（市政厅、音乐厅、图书馆、剧场、医院和博物馆），在公园周围布置一圈玻璃廊道用做室内散步场所，与这条廊道连接的是一个个商店。在城市直径线外的1/3处设一条环形的林荫大道，并以此形成补充性的城市公园，在此两侧均为居住建筑区。在居住建筑区中，布置学校和教堂。在城区的最外围地区建设各类工厂、仓库和市场，与最外层的环形道路和环形的铁路支线相呼应，交通非常方便。

3) 田园城市规划实践

霍华德不仅提出了田园城市的设想，以图解的形式描述了理想城市的原型，而且他还为实现这一设想进行了细致的考虑，他对资金的来源、土地的分配、城市财政的收支、田

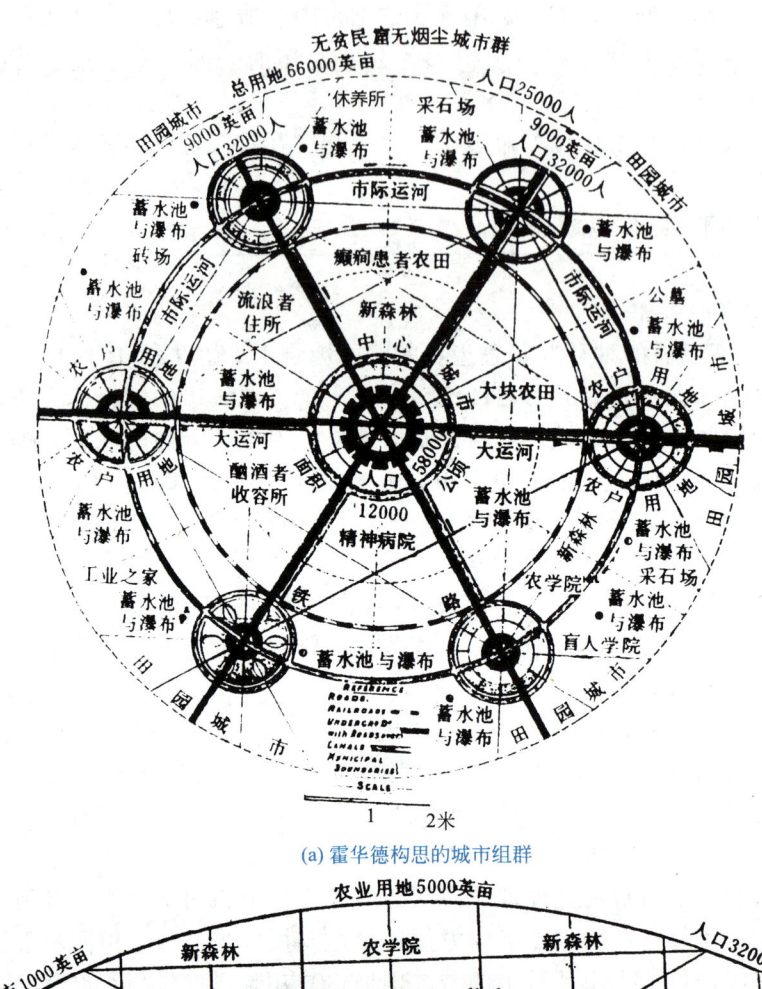

(a) 霍华德构思的城市组群

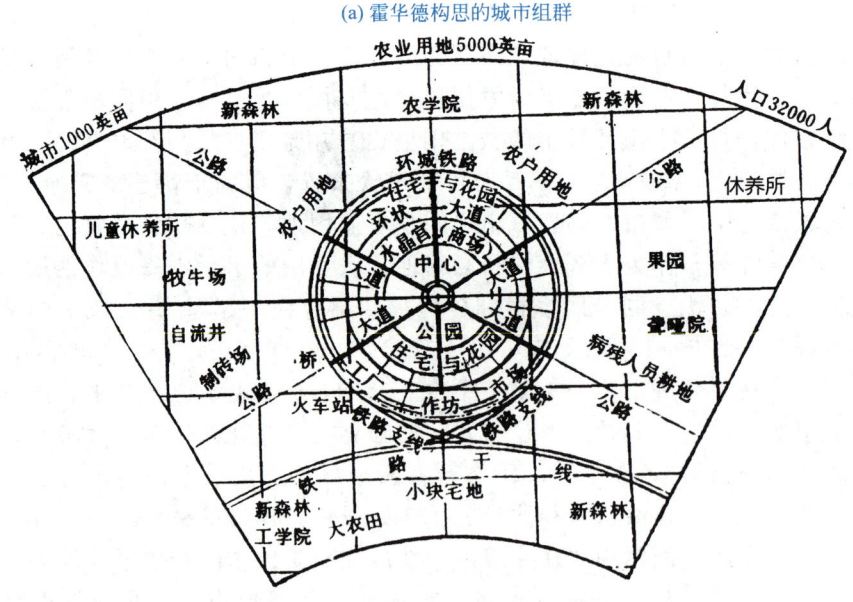

(b) 城乡结合的田园城市简图

图 2.10 田园城市规划方案设想图

园城市的经营管理等都提出了具体的建议。他认为，工业和商业不能由公营垄断，要给私营以发展的条件。但是，城市中的所有土地必须归全体居民集体所有，使用土地必须交付租金。城市的收入全部来自租金,在土地上进行建设、聚居获得的增值仍归集体所有。

霍华德于1899年组办田园城市协会,宣传他的主张。1903年创办了"田园城市有限公司",筹措资金,在距伦敦东北56km的地方购置土地,建立了第一座田园城市——莱彻沃斯,人口规模为18000人。

4)田园城市理论的发展

20世纪初,大城市的恶性膨胀,使如何控制及疏散大城市人口成为突出的问题。霍华德的"田园城市"理论由他的追随者恩维进一步发展,他在大城市的外围建立卫星城市,以疏散人口,控制大城市的恶性膨胀,并在1922年提出一种理论方案。

卫星城市是不断发展的:1912—1920年,巴黎制定了郊区的居住建筑规划,形成了典型的"卧城";1918年沙里宁在赫尔辛基新区规划设计了半独立卫星城镇;20世纪60年代,英国建造了独立新城。卫星城市的职能不断扩展,其规模也逐渐扩大,如图2.11所示。

2. 现代城市设想

与霍华德希望通过新建城市来解决过去城市,尤其是大城市中所出现的问题的设想完全不同,柯布西耶则希望通过对过去城市,尤其是大城市本身的内部改造,使这些城市能够适应城市社会发展的需要。柯布西耶在"明天的城市"和"光辉的城市"的规划方案中,通过对大城市的结构重组,在人口进一步集中的基础上,在城市内部通过技术的手段解决城市问题,体现了城市集中发展的思想。

1)"明天的城市"

1922年,现代建筑运动的重要代表人物之一——柯布西耶发表了"明天的城市"的规划方案。在方案中,他提供了一个300万人口的城市规划图,如图2.12所示。城市中央为中心区,除了各种必要的机关、商业和公共设施、文化和生活服务设施,有将近40万人居住在24栋60层高的摩天大楼中,高楼周围有大片的绿地,建筑仅占地5%。在其外围是环形居住带,有60万居民住在多层的板式住宅内。最外围的是可容纳200万居民的花园住宅。在该项规划中,柯布西耶还特别强调了大城市交通运输的重要性。在中心区,规划了一个地下铁路车站,车站上面布置直升机起降场。中心区的交通干道由三层组成:地下走重型车辆,地面用于市内交通,高架道路用于快速交通。市区与郊区由地铁和郊区铁路线来联系。

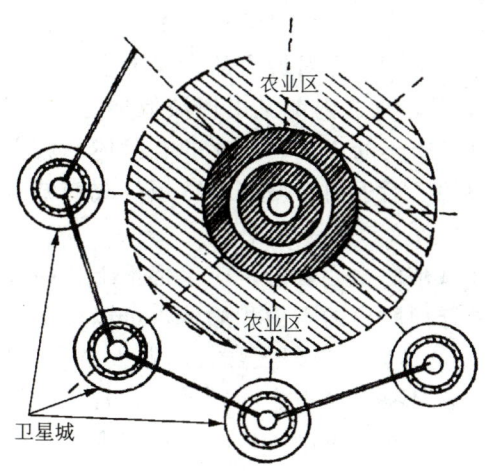

图2.11 卫星城市示意图

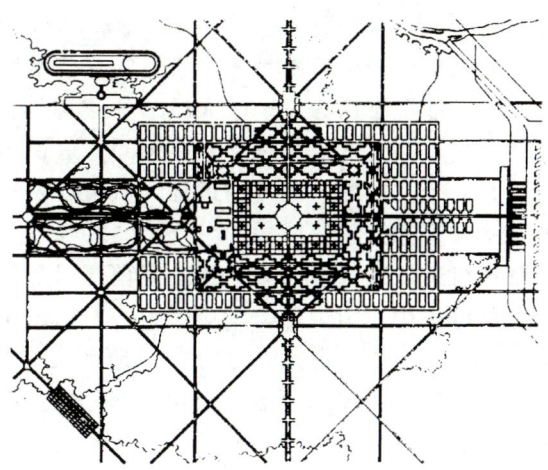

图2.12 柯布西耶现代城市设想草图

该方案阐述了柯布西耶从功能和理性角度对现代城市的基本认识，从现代建筑运动的思潮中所引发的关于现代城市规划的基本构思。整个城市的平面是严格的几何形构图，矩形的和对角线的道路交织在一起。规划的中心思想是提高市中心的密度，改善交通，全面改造城市地区，形成新的城市布局，提供充足的绿地、空间和阳光。

2）"光辉的城市"

1931年，柯布西耶发表了"光辉的城市"规划方案，这一方案是他对以前城市规划方案的进一步深化，同时也是他的现代城市规划和建设思想的集中体现。他认为，城市必须集中，只有集中的城市才有生命力，由于拥挤而带来的城市问题是完全可以通过技术手段解决的，这种技术手段就是采用大量的高层建筑来提高密度和建立一个高效率的城市交通系统。高层建筑是柯布西耶心目中象征着大规模的工业社会的图腾，在技术上也是"人口集中、避免用地日益紧张、提高城市内部效率的一种极好手段"，同时为保证城市有充足的阳光、空间和绿化，在高层建筑之间应保持有较大比例的空旷地。他的理想状态是在机械化的时代里，所有的城市应当是"垂直的花园城市"，而不是水平的，每家每户都拥有花园的田园城市。城市的道路系统应当保持行人的极大方便，这种系统由地铁和人车完全分离的高架道路组成。车行道路全部架空，城市的全部地面均可由行人支配，建筑屋顶设花园，地下通地铁，距地面5m高处设汽车运输干道和停车场。

3）规划设计实践

柯布西耶作为现代城市规划原则的倡导者和执行者，他的上述设想充分体现了他对现代城市规划的一些基本问题的探讨，通过这些探讨，逐步形成了理性功能主义的城市规划思想。这些思想集中体现在由他主持撰写的《雅典宪章》（1933年）之中，该书深刻地影响了第二次世界大战后全球范围的城市规划和城市建设。而他本人的实践活动，直到20世纪50年代初，应印度总理之邀，主持昌迪加尔的规划时才得以充分施展。该项规划在20世纪50年代初，由于严格遵守《雅典宪章》并且布局规整有序，而得到普遍的赞誉，如图2.13所示。

3. 有机疏散理论

针对大城市过分膨胀所带来的各种"弊病"，沙里宁在1934年发表了《城市——它的发展、衰败与未来》一书，提出了有机疏散理论。

有机疏散理论并不是一个具体的或技术性的指导方案，而是对城市的发展带有哲理性的思考。沙里宁认为，一些大城市一边向周围迅速扩展，一边内部又出现被他称为"瘤"的贫民窟，而且贫民窟是不断蔓延的，这说明城市是一个不断成长和变化的有机体。城市建设是一个长期的、缓慢的过程，城市规划也是动态的。而根治"城市病"须从改变城市的结构和形态开始。

有机疏散理论认为城市行政管理部门必须设置在城市的中心位置，应该把重工业和轻工业从城市中心疏散出去。城市中心地区由于工业外迁而腾出的大面积用地，可以用来增加绿地，也可以供必须在城市中心地区工作的技术人员、行政管理人员、商业人员居住，让他们就近享受家庭生活。很大一部分事业部门，尤其是挤在城市中心地区的日常生活供应部门将随着城市中心的疏散，离开拥挤的中心地区。挤在城市中心地区的许多家庭疏散到新区去，将得到更适合的居住环境。中心地区的人口密度也就会降低。

他还认为应该把联系城市主要部分的快车道设在带状绿地系统中，也就是说把高速交

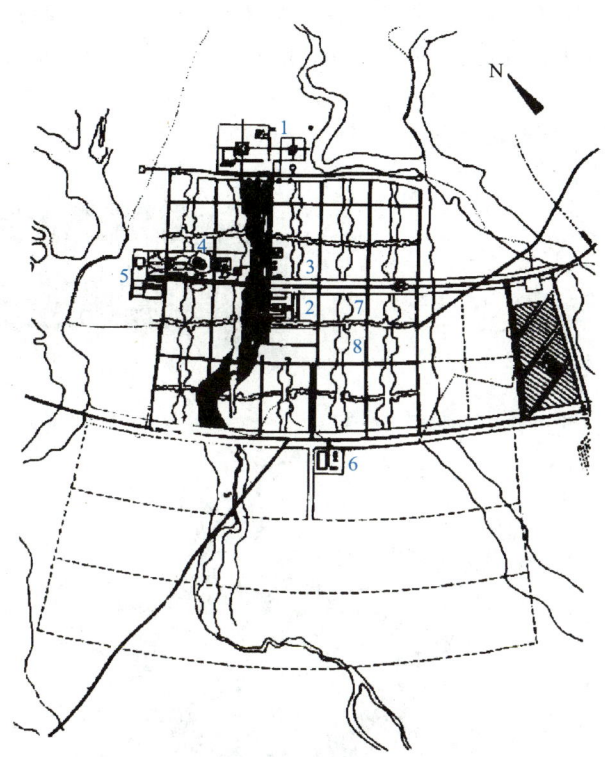

1—行政中心；2—商业中心；3—接待中心；4—博物馆与运动场；
5—大学；6—市场；7—绿化带与游憩设施；8—商业街。

图 2.13 柯布西耶昌迪加尔规划平面图

通集中在单独的干线上，使其避免穿越和干扰住宅区等需要安静的场所。在他的著作中还从土地产权、价格、城市立法等方面论述了有机疏散的必要和可能。

1918 年受一位私人开发商的委托，沙里宁与荣格在赫尔辛基新区明克尼米-哈格提出了一个 17 万人口的扩展方案。这一实践是其城市疏散思想的延续。有机疏散理论在第二次世界大战后的许多城市规划工作中得到应用，但是 20 世纪 60 年代以后，也有许多学者对这种把其他学科里的规律简单套用到城市规划中的做法提出了尖锐的质疑。

4. 其他理论与实践

1）线（带）形城市理论

线（带）形城市理论是由西班牙工程师索里亚·马塔于 1882 年首先提出的。当时是铁路交通大规模发展的时期，铁路线把遥远的城市连接了起来，并使这些城市得到了很快的发展。在各个大城市内部及其周围，地铁线和有轨电车线的建设改善了城市地区的交通状况，加强了城市内部及与其腹地之间的联系，从整体上促进了城市的发展。按照索里亚·马塔的想法，那种传统的从核心向外扩展的城市形态已经过时，它们只会导致城市拥挤和卫生恶化，在新的集约运输方式的影响下，城市将依赖交通运输线组成城市的网络。而线形城市就是沿交通运输线布置的长条形的建筑地带，如图 2.14 所示。"只有一条宽 500m 的街区，要多长就有多长——这就是未来的城市"，城市不再是一个一个分散的不同地区的点，而是由一条铁路和道路干道相串联在一起的、连绵不断的城市带。位于这个城市中的居民，既可以享受城市型的设施，又不脱离自然，并可以使原有城市中的居民回到自然中去。后来，索里亚·马塔提出了"线形城市的基本原则",第一条原则,也是最主要的原则,即"城市建设的一切问题,均以城市交通问题为前提",这也是线形城市理论的出发点。

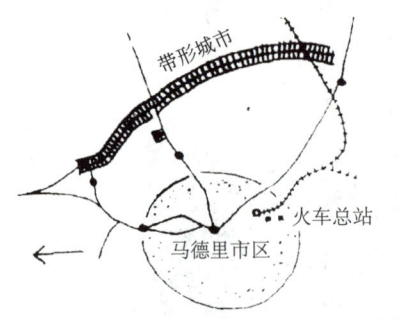
(a) 索里亚马塔在马德里外围建成4.8km的带形城市

(b) 索里亚马塔的带形城市方案

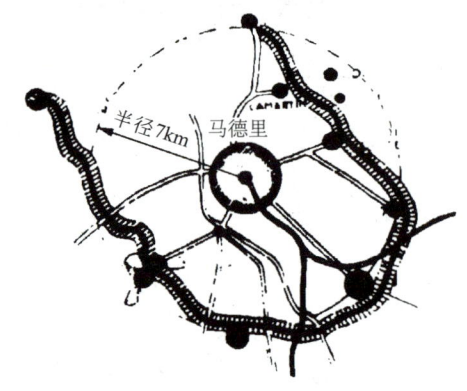
(c) 索里亚马塔在马德里周围规划的马蹄形带形城市方案

图 2.14 线(带)形城市示意图

线形城市理论对20世纪的城市规划和城市建设产生了重要影响。20世纪30年代,当时苏联提出了线形工业城市等模式,并在斯大林格勒(今伏尔加格勒)等城市的规划实践中得到运用。在欧洲,哥本哈根的指状式发展(1948年规划)和巴黎的轴向延伸(1971年规划)等都是线形城市模式的发展。

2) 工业城市理论

工业城市理论是法国建筑师戈涅于20世纪初提出的。戈涅1904年在巴黎展出了这一方案的详细内容,1917年出版了名为《工业城市》的专著,阐述了他对工业城市的具体设想。该"工业城市"是一个假想城市的规划方案,位于山岭起伏地带的河岸的斜坡上,人口规模为35000人。城市的选址要考虑"靠近原料产地或附近有提供能源的某种自然资源,或便于交通运输"等要素。在城市内部的布局中,强调按功能划分为工业、居住、城市中心等,各项功能之间是相互分离的,以便于今后各自的扩展需要。同时,工业区靠近交通运输方便的地区,居住区布置在环境良好的位置,市中心区应联系工业区和居住区,在工业区、居住区和市中心区之间有方便快捷的交通服务。

戈涅在"工业城市"中提出的功能分区思想,直接孕育了《雅典宪章》所提出的功能分区的原则,这一原则对于解决当时城市中因工业居住混杂而带来的种种弊病具有重要的、积极的意义。同时,与霍华德的田园城市相比较就可以看到,工业城市以重工业为基础,具有内在的扩张力量和自主发展的能力,因此更具有独立性;而田园城市在经济上仍然具有以轻工业和农业为基础的依赖性。在一定的意识形态和社会制度的条件下，对于强调工业发展的国家和城市而言，工业城市的设想会产生重要影响。

3）关于城市形态的研究

19世纪末，城市空间的组织基本上延续着由文艺复兴后形成的长距离轴线、对称，追求纪念性和宏伟气派的特点。另外，由于资本主义市场经济的发展，对土地经济利益的过分追逐，出现了死板僵硬的方格城市道路网、笔直漫长的街道、呆板乏味的建筑轮廓线和开敞空间的严重缺乏，因此引来了人们对城市空间组织的不满。因此，1889年奥地利建筑师西特出版的《城市建设艺术》一书，就被人形容为"好似在欧洲的城市规划领域炸开了一枚爆破弹"，成为当时对城市空间形态组织进行研究的重要著作。

西特考察了古希腊、古罗马、中世纪和文艺复兴时期许多优秀建筑群的实例，针对当时城市建设中出现的忽视城市空间艺术性的状况，提出"我们必须以确定的艺术方式形成城市建设的艺术原则。我们必须研究过去时代的作品，并通过寻求出古代作品中美的因素来弥补当今艺术传统方面的损失，这些有效的因素必须成为现代城市建设的基本原则"，西特强调人的尺度、环境的尺度与人的活动及感受之间的协调，从而建立起城市空间的丰富多彩和人的活动空间的有机构成。西特认为中世纪的建设是"自然而然、一点一点生长起来的"，而不是在图板上设计完成后再到现实中去实施的，因此城市空间更应符合人的视觉感受。

同时，西特也清楚地认识到，在社会发生结构性变革的条件下，"我们很难指望用简单的艺术规则来解决我们面临的全部问题"，而是要把社会经济因素作为艺术考虑的给定条件，在这样的条件下来提高城市的空间艺术性。

4）关于区域规划和城市规划方法的研究

英国的格迪斯作为一个生物学家，最早注意到工业革命、城市化对人类社会的影响，通过对城市进行生态学的研究，强调了人与环境的相互关系，并揭示了决定现代城市成长和发展的动力。格迪斯的研究显示，人类居住地与特定地点之间存在的关系是一种已经存在的、由地方经济性质所决定的精致的内在联系。因此，他认为场所、工作和人是结合为一体的。在格迪斯1915年出版的著作《进化中的城市》中，他把对城市的研究建立在对客观现实研究的基础之上，周密分析地域环境的潜力、局限对于居住地布局形式与地方经济体系的影响关系，突破了当时常规的城市概念。他提出把自然地区作为规划研究的基本框架，将城市和乡村的规划纳入同一体系之中，使规划包括若干个城市及它们周围所影响的整个地区。这一思想形成了以后对区域的综合研究和区域规划。

格迪斯认为城市规划是社会改革的重要手段，因此城市规划要取得成功就必须充分运用科学的方法来认识城市。他的名言是"先诊断后治疗"，由此形成了影响至今的现代城市规划过程的公式，即"调查—分析—规划"，通过对城市现实状况的调查，分析城市未来发展的可能，预测城市中各类要素之间的相互关系，然后依据这些分析和预测，制定规划方案。

2.2.3 现代城市规划理论探索

1. 城市发展理论

1）城市化理论

城市的发展始终是与城市化的过程结合在一起的。所谓城市化，是指人类生产和生活方式由乡村型向城市型转化的历史过程，表现为乡村人口向城市人口转化，以及城市不断发展和完善的过程。城市化是一个不断演进的过程，在不同的阶段显示出不同的特征，但也应该看到，"城市化不是一个过程，而是许多过程；不考虑社会其余部分的趋向就不可能设计出成功的城市系统。不发达国家如果不解决他们的乡村问题，其城市问题也就不能够得到解决"。

从城市兴起和成长的过程来看，其前提条件在于城市所在区域的农业经济得到发展，其中，农业生产力的发展是城市兴起和成长的第一前提。现代城市化发展的最基本的动力是工业化。工业化促进了大规模机器生产的发展，以及在生产过程中对成本、利益、生产专业化和规模经济的追求，使得大量的生产集中在城市之中。在农业生产效率不断提高的条件下，由于城乡之间存在预期收入的差异，从而导致了人口向城市集中。而随着人口的不断集中，城市的消费市场也在不断扩张。随着生产和消费的不断扩张和分化，第三产业的发展也成为城市化发展的推动力量。

2）城市发展原因的解释

城市发展的区域理论认为，城市是区域环境中的一个核心。无论将城市看作一个地理空间、一个经济空间，还是一个社会空间，城市的形成和发展始终是在与区域环境的相互作用过程中逐渐进行的，是整个区域环境的一个组成部分，是一定区域环境的中心。因此，有关城市发展的原因就需要从城市和区域的相互作用中去寻找。城市和区域之间的相互关系可以概括为，区域产生城市，城市反作用于区域。城市的中心作用强，带动周围区域社会经济向上发展；区域社会经济水平高，则促使中心城市更加繁荣。

3）城市发展模式的理论探讨

现代城市的发展存在着两种主要的趋势，即分散发展和集中发展。因此，在对城市发展模式的理论探讨中，也主要针对这两种现象展开。相对而言，城市分散发展更得到理论探讨的重视，因此出现了比较完整的理论陈述。而关于城市集中发展的理论探讨则主要处于对现象的解释方面。

(1) 城市分散发展理论。城市分散发展理论实际上是霍华德田园城市理论的不断深化和运用，即通过建立小城市来分散向大城市集中，其中主要的理论包括霍华德的田园城市理论、恩维的卫星城理论、英国的新城理论、沙里宁的有机疏散理论及赖特的广亩城理论等。

参考视频

1944年，大伦敦规划中在伦敦周围建立8个卫星城，以达到疏解伦敦拥挤的目的，从而对现代城市规划产生了深远的影响，如图2.15所示。在第二次世界大战后至20世纪70年代之前的西方经济和城市快速发展时期，西方大多数国家都有不同规模的卫星城建设，其中以英国、法国、美国及中欧地区最为典型。卫星城的概念强化了与中心城市（又称母城）的依赖关系，在其功能上强调对中心城市的疏解，因此往往被作为中心城市某一功能疏解的接受地，由此出现了工业卫星城、科技卫星城甚至卧城等类型。经过一段时间的实践，人们发现这些卫星城带来了一些问题，而这些问题的来源就在于对中心城市的依赖，因此开始强调卫星城的独立性。在这种卫星城中，居住与就业岗位之间相互协调，具有与大城市相近似的文化福利设施配套，可以满足卫星城居民的就地工作和生活需要，从而形成一个职能健全的独立城市。从20世纪40年代中期开始，人们将这类按规划设计建设的新建城市统称为"新城"，不再使用"卫星城"的名称。伦敦周围的卫星城根据其建设时期前后而称为第一代新城、第二代新城和第三代新城。新城的概念更强调了城市的相对独立性,它基本上是一定区域范围内的中心城市,为其本身周围的地区服务,并且可与中心城市发生相互作用,成为城镇体系中的一个组成部分,对涌入大城市的人口起到一定的截流作用。

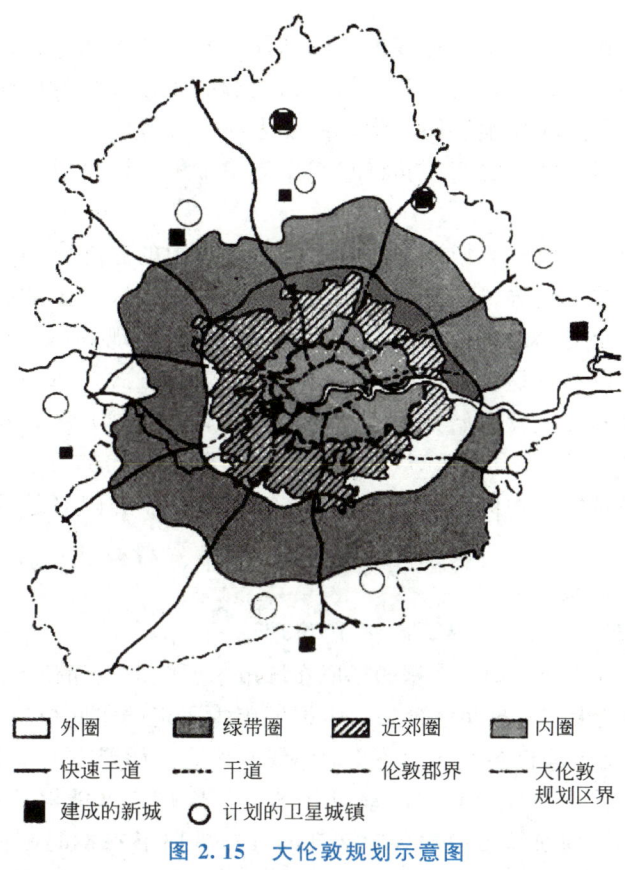

图 2.15 大伦敦规划示意图

【观察与思考】

试评析大伦敦规划的优缺点,以及对我国城乡规划的启示。

(2) 城市集中发展理论。城市集中发展理论的基础在于经济活动的聚集,这是城市经济的最根本特征之一。在聚集效应的推动下,城市不断地集中,发挥出更大的作用。以引导城市集中的要素而论,多种产业类型的集中和城市的集中发展之间有着明显的相关性,并且与城市的整体经济密切相关,也就是说,对于工业的整体而言,城市的规模只有达到一定的程度才具有经济性。当然,对于聚集就产出而言是经济的,而就聚集成本而言也可能是不经济的,这类不经济主要表现在地价或建筑面积租金的昂贵和劳动力价格的提高,以及环境质量的下降等方面。根据卡利诺的研究成果,城市人口少于 330 万人时,聚集经济超过不经济;当城市人口超过 330 万人时,则聚集不经济超过经济。当然,这项研究是针对制造业而进行的,而且是一般情况下的。很显然,各类产业都可以找到不同的聚集经济和不经济之间的关系,如服务业需要有更为聚集的城市人口支持,这也是大城市服务业发达的原因。

城市的集中发展到一定程度之后会出现大城市和超大城市的现象，这是由聚集经济的作用使大城市的中心优势得到了广泛实现所产生的结果。随着大城市的进一步发展，出现了规模更为庞大的城市现象，即出现了世界经济中心城市，也就是所谓的世界城市（国际城市或全球城市）。

4) 城市发展模式的辩证关系

城市的分散发展和集中发展只是城市发展过程中的不同方面，任何城市的发展都是这两个方面作用的综合，或者说，是分散与集中相互对抗而形成的暂时平衡状态。因此，只有综合地认识城市的分散和集中发展，将它们视为同一过程的两个方面来考察城市与城市之间、城市与区域之间、城乡之间，并将它们作为一个统一体来进行认识，才能真正认识城市发展的实际状况。

就宏观整体来看，广大的区域范围内存在向城市集中的趋势，而在每个城市尤其是大城市中又存在向外扩散的趋势。在实际的发展中也可以看到，英国的城市扩散是以新城的建设为主要特征的，而美国的城市扩散是以郊区化的方式实现的，但它们的发展始终是相对集中的。新城的建设本身是一种扩散中相对集中的建设方式，每一个新城都是一定地域范围内的增长极；而郊区化发展始终是围绕着城市的周边而展开的，从区域角度来看则导致了城市建成区范围的进一步扩大，从而导致了更大范围的大都市区。即使是在郊区的建设中也始终存在着相对集中的倾向，20世纪80年代以后在美国兴起的新都市主义更表明了这种趋势的变化。

2. 城市空间组织理论

1) 城市组成要素空间布局的基础——区位理论

区位，是指为进行某种活动所占据的场所在城市中所处的空间位置。城市是人与各种活动的聚集地，各种活动大多有聚集的现象，占据城市中固定的空间位置，形成区位分布。这些区位（活动场所）加上连接各类活动的交通路线和设施，便形成了城市的空间结构。

区位理论的目的就是为各项城市活动寻找到最佳区位，即能够获得最大利益的区位。根据区位理论，城市规划对城市中的各项活动的分布掌握了基本的衡量尺度，以此对城市土地使用进行分配和布置，使城市中的各项活动都处于最适合于它的区位，因此，可以说区位理论是城市规划进行土地使用配置的基础理论。

自20世纪50年代以来，在社会经济结构发生巨大变化的状况下，区位理论的研究也发生了重大的变化。对国家范围和区域范围的经济条件和自然条件进行了更为具体的考虑。结合经济规划和经济政策、资本的形成条件、交通通信方式的变化和社会经济发展的各类要素的组合条件与方式，运用现代数学、计算机技术和决策理论等成果，使区位理论的研究具有更为宏观、动态和综合性的特征，同时也使区位理论的研究从过去只关注市场机制逐步向市场运作和政府干预、规划调节相结合转变。就整体而言，这些研究的目的已经不在于求得纯粹的理论公式，而在于针对具体地区错综复杂的社会经济因素相互作用下的实际问题的解答，为各类产业空间的选址提供依据。

2) 城市整体空间的组织理论

区位理论解释了城市各项组成要素在城市中如何选择各自最佳区位，但当这些要素选择了各自的区位之后，如何将它们组织成一个整体，即形成城市的整体结构，从而发挥各自的作用，则是城市整体空间组织的核心。城市各项组成要素在位置选择时往往是从各自的活动需求、成本等要求出发的，对同一位置的不同使用可能较少考虑与周边用地的关系，城市规划就需要从城市整体利益和保证城市有序运行的角度出发，协调好各要素之间的相互关系，满足城市生产和生活发展的需要。城市整体空间组织理论有从城市功能组织出发、从城市土地使用形态出发、从经济合理性出发、从城市道路交通出发、从空间形态出发、从城市生活出发的各种空间组织理论。

3. 城市规划方法论

1）综合规划方法论

综合规划方法论的理论基础是系统思想及其方法论，也就是认为，任何一种存在都是由彼此相关的各种要素所组成的系统，每个要素都按照一定的联系性而组织在一起，从而形成一个有结构的有机统一体。系统中的每个要素都执行着各自独立的功能，而这些不同的功能之间又相互联系，以此完成整个系统对外界所承担的功能。在这样的思想基础上，综合规划方法论通过对城市系统的各个组成要素及其结构的研究，揭示这些要素的性质、功能及这些要素之间的相互联系，全面分析城市存在的问题和相应对策，从而在整体上对城市问题提出解决的方案。这些方案具有明确的逻辑结构。

综合规划方法论是建立在理性的基础上的，从某种角度来看，综合规划方法论所强调的是，在思维内容上是综合的，需要考虑各个方面的内容和相互的关系；在思维方式上强调理性，即运用理性的方式来认识和组织该过程中所涉及的种种关系，而这些关系的质量是建立在对对象的运作及其过程的认知的基础之上的。

2）分离渐进方法论

分离渐进方法论的理论基础是理性主义和实用主义思想的结合。这种方法在日常的决策过程中被广泛地运用，它尤其适合于解答规模较小或局部性的问题，在针对较大规模或全局性的问题时，主要是通过将问题分解成若干个小问题，甚至可以将它们分解到不可分解为止，然后逐一进行解决，从而使所有问题都得到解决。这一方法最大的好处是可以直接面对当时当地急需解决的问题，采取即时的行动，而无须对战略问题进行反复探讨和对各种可能方案进行比较、评估。

3）混合审视方法论

就整体而言，综合规划方法论和分离渐进方法论是规划方法中的两个极端，一个是强调由零到整地提出解决方案，一个是强调由整到零地逐个解决问题。混合审视方法不像综合规划方法那样对领域内的所有部分都进行全面、详细的检测，而只是对研究领域中的某些部分进行非常详细的检测，对其他部分进行非常简略的观察，以获得一个概略的、大体的认识；它也不像分离渐进方法那样只关注当前面对的问题，单个地予以解决，而是从整体的框架中寻找解决当前问题的方法，使对不同问题的解决能够相互协同，以共同实现整体的目标。因此，运用混合审视方法的关键在于确定不同审视的层次。在最概略的层次上，要保证主要的选择方案不被遗漏，而在最详细的层次上，则应保证被选择的方案是能够进行全面研究的。

混合审视方法由基本决策和项目决策两部分组成。所谓基本决策是指宏观决策，不考虑细节问题，着重于解决整体性的、战略性的问题。这种决策主要探索城市发展的战略、规划的目标和与此相应的规划方案，在此过程中主要是运用简化了的综合规划方法来进行。但在运用综合规划方法的时候，只关注其中行动者认为是最重要的目标，而不是对整体的所有目标都进行考察，同时，也只注意城市发展过程中一些重要的变量之间的关系，而不是面面俱到地研究其中所有的要素，并省略了对细节和特殊内容的考虑。所谓项目决策是指微观决策，也称为小决策。这是基本决策的具体化，受基本决策的限定，在此过程中，是依据分离渐进方法来进行的。这里运用的分离渐进方法是在基本决策的整体框架之中进行的，从而保证了项目决策是为实现基本决策服务的。因此，从整个规划的过程中可以看到，"基本决策的任务在于确定规划的方向，项目决策则是执行具体的任务"。

4）连续性城市规划方法论

连续性城市规划方法论是关于城市规划过程的理论，立论点在于对过去的总体规划所注重的终极状态的批判。成功的城市规划应当是统一地考虑总体的和具体的、战略的和战术的、长期的和短期的、操作的和设计的、现在的和终极的状态等情况。在对城市发展的预测中，应当明确区分城市中的某些因素需要进行长期的规划，某些因素只要进行中期规划，某些因素甚至不需要对其做出预测，而不是对所有因素进行统一的以 20 年为期的规划。

5）倡导性规划方法论

倡导性规划方法论认为规划是通过选择的序列来决定适当的未来行动的过程。规划行为由这些必要的因素组成，即目标的实现、选择的运用、未来导向，以及行动和综合性。在这种意义上的规划过程中，选择出现在三个层次上：第一是目标和准则的选择；第二是鉴别一组与总体规定相一致的备选方案，并选择一个想要的方案；第三则是引导行动实现已确定的目标。所有这些选择都涉及判断，判断贯穿着整个规划过程。无论对于社会而言还是对于规划师而言，都意味着判断会受到种种条件的限制，而这些限制本身又是难以克服的。规划师进行判断，又是基于规划师对未来性质的预测之上，这就限制了人们对未来的追求。同样，规划师的价值判断反映了规划师的价值观，而不是社会大众的判断，规划师不能以自己认为是正确的或错误的这种意识来决定社会的需求。因此，规划的终极目标应当是扩展选择。从 20 世纪 60 年代开始普遍开展的城市规划中的公众参与，就是建立在这样的理论基础之上的。

2.2.4 城市规划宪章

现代城市规划的发展在对现代城市的整体认识的基础上，以及在对城市社会进行改造的思想导引下，通过对城市发展的认识和城市空间组织的把握，逐步地建立了现代城市规划的基本原理和方法，同时也界定了城市规划学科的领域，形成了城乡规划的独特认识和思想，在城市发展和建设的过程中发挥其所担负的作用。《雅典宪章》和《马丘比丘宪章》这两部在现代城市规划发展过程中起了重要作用的文献，是对当时的规划思想的总结，并为未来的城市规划发展指明了重要的方向，从而成为城市规划发展的历史性文献。从中我们可以追踪城市规划整体的发展脉络，建立起城市规划思想发展的基本框架。

1.《雅典宪章》

20 世纪上半叶，现代城市规划是追随着现代建筑运动而发展的。20 世纪 20 年代末，现代建筑运动走向高潮，在国际现代建筑协会第一次会议的宣言中，提出了现代建筑和建筑运动的基本思想和准则。其中认为，城市规划的实质是一种功能秩序，对土地使用和土地分配的政策要求有根本性的变革。1933年召开的第四次会议的主题是"功能城市",会议发表了《雅典宪章》。

《雅典宪章》依据理性主义的思想方法,对城市中普遍存在的问题进行了全面分析,提出了城市规划应当处理好居住、工作、游憩和交通的功能关系,并把该宪章称为"现代城市规划的大纲"。

《雅典宪章》认识到城市中广大人民的利益是城市规划的基础,因此它强调"对于从事城市规划的工作者,人的需要和以人为出发点的价值衡量是一切建设工作成功的关键"。宪章在内容上也从分析城市活动入手提出了功能分区的思想和具体做法,并要求以人的尺度和需要来估量功能分区的划分和布置,为现代城市规划的发展指明了"以人为本"的方向,建立了现代城市规划的基本内涵。但很显然,《雅典宪章》的思想方法是建立在物质空间决定论的基础之上的,这一思想的实质在于通过物质空间变量的控制形成良好的环境,而这样的环境就能自动地解决城市中的社会、经济、政治问题,促进城市的发展和进步。这是《雅典宪章》所提出来的功能分区及其间机械联系的思想基础。

《雅典宪章》最为突出的内容就是提出了城市的功能分区,而且对之后的城市规划的发展影响也最为深远。它认为,城市活动可以划分为居住、工作、游憩和交通四大活动,提出这是城市规划研究和分析的"最基本分类",并提出"城市规划的4个主要功能要求各自都有其最适宜发展的条件,以便实现生活、工作、游憩和交通的秩序化"。功能分区在当时有着重要的现实意义和历史意义,它主要针对当时大多数城市无计划、无秩序发展过程中出现的问题,尤其是工业和居住混杂、工业污染等导致的严重的卫生问题、交通问题和居住环境问题等,而功能分区方法的使用确实可以起到缓解和改善这些问题的作用。

另外,从城市规划学科的发展过程来看,《雅典宪章》所提出的功能分区是一种革命。它依据城市活动对城市土地使用进行划分,对传统的城市规划思想和方法进行了重大的改革,突破了过去城市规划追求图面效果和空间气氛的局限,引导了城市规划向科学的方向发展。

功能分区的做法在城市组织中由来已久,但现代城市功能分区的思想显然是产生于近代理性主义的思想观点,这也是决定现代建筑运动发展路径的思想基础。《雅典宪章》运用了这样的思想方法,从对城市整体的分析入手,通过对城市活动进行分解,然后对各项活动及其用地在现实的城市中所存在的问题予以揭示,并针对这些问题,提出了各自改进的具体建议,然后期望通过一个简单的模式将这些已分解的部分结合在一起,从而复原成一个完整的城市,这个模式就是功能分区和其间的机械联系。这一点在著名建筑师柯布西耶发表于20世纪二三十年代的一系列规划方案中发挥得最为淋漓尽致,并且在他主持的印度新城市昌迪加尔的规划中,得到了具体的实践。

现代城市规划从一开始就继承了传统规划对城市理想状况进行描述的思想,并遵循与发展了建筑学的思维方式和方法,认为城市规划就是要描绘城市未来的蓝图。这种空间形态是期望通过城市建设活动的不断努力而达到的,它们本身是依据建筑学原则而确立的,是不可更改的、完美的组合。因此,物质空间规划成了城市建设的蓝图,其所描述的是旨在达到的未来终极理想状态。柯布西耶则从建筑学的思维习惯出发,将城市看成了一种产品的创造,因此也就敢于将巴黎市中心区进行几乎全部推倒重来的改建规划。《雅典宪章》虽然认识到影响城市发展的因素是多方面的,但仍强调"城市规划是一种基于长宽高三度空间的科学"。该宪章所确立的城市规划工作者的主要工作是"将各种预计作为居住、工作、游憩的不同地区，在位置和面积方面作一个平衡，同时建立一个联系三者的交通网"；此外就是"订立各种计划，使各区按照它们的需要并有纪律的发展"；"建立居住、工作、游憩的各地区间的联系，使这些地区的日常活动可以在最经济的时间内完成"。从《雅典宪章》中可以看到，城市规划的基本任务就是制定规划方案，而这些规划方案的内容都是关于各功能分区的"平衡状态"和建立"最合适的关系"，它鼓励的是对城市发展终极状态下各类用地关系的描述，并"必须制定必要的法律以保证其实现"。

2.《马丘比丘宪章》

20世纪70年代后期，国际现代建筑协会鉴于当时世界城市化趋势和城市规划过程中出现的新内容，于1977年在秘鲁的利马召开了国际性的学术会议。与会的建筑师、规划师和有关官员以《雅典宪章》为出发点，总结了近半个世纪以来尤其是第二次世界大战后的城市发展和城市规划思想、理论和方法的演变，展望了城市规划进一步发展的方向，在古文化遗址马丘比丘山上签署了《马丘比丘宪章》。该宪章申明：《雅典宪章》仍然是这个时代的一项基本文件，它提出的一些原理今天仍然有效，但随着时代的进步，城市发展面临着新的环境，而且人类认识的进步对城市规划也提出了新的要求，《雅典宪章》的一些指导思想已不能适应当前形势的发展变化，因此需要进行修正。

《马丘比丘宪章》首先强调了人与人之间的相互关系对于城市和城市规划的重要性，并将理解和贯彻这一关系视为城市规划的基本任务。"与《雅典宪章》相反，我们深信人的相互作用与交往是城市存在的基本根据。城市规划必须反映这一现实"。在考察了当时城市化快速发展和遍布全球的状况之后，《马丘比丘宪章》要求将城市规划的专业和技术应用到各级人类居住点上，即邻里、乡镇、城市、国家等，并以此来指导建设。而这些规划都"必须对人类的各种需求做出解释和反应"，并"应该按照可能的经济条件和文化意义提供与人民要求相适应的城市服务设施和城市形态"。从人的需要和人之间的相互作用关系出发，《马丘比丘宪章》针对《雅典宪章》和当时城市发展的实际情况，提出了一系列具有指导意义的观点。

《马丘比丘宪章》在对40多年的城市规划理论探索和实践进行总结的基础上，指出《雅典宪章》所崇尚的功能分区"没有考虑城市居民人与人之间的关系，结果使城市患了'贫血症'，在那些城市里建筑物成了孤立的单元，否认了人类活动所需的流动的、连续的空间这一事实"。确实，《雅典宪章》以后的城市规划基本上都是依据功能分区的思想而展开的，尤其在第二次世界大战后的城市重建和快速发展阶段中，按规划建设的许多新城和一系列的城市改造中，由于对纯粹功能分区的强调而导致了许多问题，人们发现经过改建的城市社区竟然不如改建前或一些未改造的地区充满活力，新建的城市则又相当的冷漠、单调，缺乏生气。对于功能分区持反对意见的学者认为功能分区并不是一种组织良好城市的方法，并提出了以人为核心的人际交往思想及流动、生长、变化的思想，为城市规划的新发展提供了新的起点。《马丘比丘宪章》提出了"在今天，不应当把城市当作一系列的组成部分，简单拼凑在一起考虑，而必须努力去创造一个综合的、多功能的环境"，并且强调，"在1933年，主导思想是把城市和城市的建筑分成若干组成部分，在1977年，目标应当是把已经丧失掉的相互依赖性和相互关联性，以及已经失去活力和含义的组成部分重新统一起来"。

《马丘比丘宪章》认为城市是一个动态系统，要求"城市规划师和政策制定人必须把城市看作在连续发展与变化的过程中的一个结构体系"。20世纪60年代以后，系统思想和系统方法在城市规划中得到了广泛的运用，直接改变了过去将城市规划视为对终极状态进行批判的观点，而更强调城市规划的过程性和动态性。在对物质空间规划进行革命的过程中，社会文化主要从认识论的角度进行批判，而系统方法论则从实践的角度进行建设，尽管两者在根本思想上并不一致，但对城市规划的发展都起到了积极的作用。最早运用系统思想和方法的规划研究当属开始于美国20世纪50年代末的运输-土地使用规划。这些研究突破了物质空间规划对建筑空间形态的过分关注，而将重点转移至发展的过程和不同要素间的关系，以及要素的调整与整体发展的相互作用之上。《马丘比丘宪章》在总结的基础上做了进一步的发展，提出"区域和城市规划是个动态过程，不仅要包括规划的制定，而且要包括规划的实施。这一过程应当能适应城市这个有机体的物质和文化的不断变化"。在这样的意义上，城乡规划就是一个不断模拟、实践、反馈、重新模拟的循环过程，只有通过这样不间断的连续过程才能更有效地与城市系统相协同。

自20世纪60年代中期开始，城市规划的公众参与就成为城市规划发展的一个重要内容，同时也成为此后城市规划进一步发展的动力。其基本的意义在于，不同的人和不同的群体具有不同的价值观，规划不应当以一种价值观来压制其他多种价值观，而应当为多种价值观的体现提供可能；规划师就是要表达不同的价值判断，并为不同的利益团体提供技术帮助。城市规划的公众参与，就是在规划的过程中要让广大的城市市民，尤其是受到规划内容所影响的市民参加规划的编制和讨论，规划部门要听取各方意见，并且要将这些意见尽可能地反映在规划决策之中，成为规划行动的组成部分，而真正全面和完整的公众参与则要公众能真正参与到规划的决策过程之中。1973年，联合国世界环境会议通过的宣言，明确提出："环境是人们创造的"，这就为城市规划中的公众参与提供了政治上的保证。城市规划过程的公众参与现已成为许多国家城市规划立法和制度的重要内容和步骤。《马丘比丘宪章》不仅承认公众参与对城市规划的极端重要性，而且更进一步地推进其发展。《马丘比丘宪章》提出，"城市规划必须建立在各专业设计师、城市居民，以及公众和政治领导人之间的、系统的、不断互相协作配合的基础上"，并"鼓励建筑使用者创造性地参与设计和施工"。在讨论建筑设计时更为具体地指出，人们必须参与设计的全过程，要使用户成为建筑师工作整体中的一个部门，并提出了一个全新的概念，即"人民建筑是没有建筑师的建筑"，充分强调了公众对环境的决定性作用，而且"只有当一个建筑设计能与人民的习惯、风格自然地融合在一起的时候，这个建筑才能对文化产生最大的影响"。

2.3 中国城市与城市规划发展

2.3.1 中国近代城市发展背景与主要规划实践

1. 历史背景

1840年鸦片战争爆发后，随着西方对中国的入侵和资本主义工商业的产生与发展，中国逐渐由一个独立的封建国家变成半殖民地半封建国家。同时，中国的城市也出现了巨大的变化：一方面，许多历史悠久的城市在近代面临着现代化的冲击与挑战，被迫出现转型，而这种转型向着多元化方向发展；另一方面，由于现代科学技术、工业、交通的发展，新因素推动了一批新兴城市的诞生和崛起。

2. 主要实践类型

中国传统城市规划有着丰富的历史积淀及辉煌的成就，但在新的社会经济条件下，针对城市产生的巨大变化，需要有更具时代特征的先进规划思想来进行具体的应对。中国近代城市规划的发展基本上是西方近现代城市规划不断引进和运用的过程。

（1）19世纪末至20世纪初，在开埠通商口岸的城市，西方列强依据各国的城市规划体制和模式，对其控制的地区、城市进行规划设计。其中最为典型的是上海、广州等租界区及青岛、大连、哈尔滨等城市。

（2）20世纪20年代末，南京国民政府成立后，在推行市政改革进程中，一部分主要城市如上海、南京、重庆、天津、杭州、成都、武昌、郑州、无锡等或运用西方近现代城市规划理论，或在欧美专家的指导下进行了城市规划设计。其中公布于1929年的南京"首都计划"和上海的"大上海计划"最具有代表性。

（3）日本在侵华战争期间，出于加强军事占领和大规模掠夺战略物资的意图，对其占领的一些城市也进行了不少的城市规划。

参考资料

（4）抗日战争临近结束时，国民政府为战后重建颁布了《都市计划法》。抗战结束后，一些城市在恢复和重建中据此编制新的发展规划。这些规划借鉴并引进了当时西方已经开始成熟的现代城市规划理论、方法和西方的实践经验，对城市发展进行了分析，编制了较为系统、完整的城市规划方案，其中上海的《大上海都市计划》（三稿）和重庆的《陪都十年建设计划》最具代表性。

2.3.2 中国现代城市规划思想与发展历程

1. 计划经济体制时期的城市规划思想与实践

1949年10月，中华人民共和国成立，从此城市规划和建设进入了一个崭新的历史时期。

（1）中华人民共和国成立之初，为了适应城市经济的恢复和发展，城市建设工作主要是整治城市环境，改善广大劳动人民的居住条件，增加建制市，建立城市建设管理机构，加强城市的统一管理。中国的城市建设工作开始了统一领导、按规划进行建设的新时期。

改革开放之前，全国主要城市先后进行了城市规划编制。如西安、兰州、太原、洛阳、包头、成都、郑州、哈尔滨、吉林、沈阳等城市的总体规划和部分详细规划，使城市建设能够按照规划，有计划、按比例地进行。1956年，国家基本建设委员会颁布的《城市规划编制暂行办法》（以下简称《办法》），是新中国第一部重要的城市规划立法。该《办法》共分7章44条，包括城市规划基础资料、规划设计阶段、总体规划和详细规划等方面的内容，以及设计文件及协议的编订办法。在此期间，城市规划的实践主要是根据工业建设的需要，开展联合选择厂址工作，并组织编制城市规划。

1974年，国家基本建设委员会下发《关于城市规划编制和审批意见》和《城市规划居住区用地控制指标》，作为城乡规划编制和审批的依据。在此期间，在唐山市地震后的重建工作及上海的金山石化基地和四川的攀枝花钢铁基地建设等方面的规划和探索，为城市规划理论与实践发展做出了重要的贡献。

2. 改革开放初期的城市规划思想与实践

改革开放后，中国进入了一个新的历史发展时期。1978年12月，中共十一届三中全会做出了把党的工作重点转移到社会主义现代化建设上来的战略决策，以这次会议为标志，我国进入了改革开放的新阶段。

（1）1978年3月，国务院召开了第三次全国城市工作会议，中共中央批准下发执行会议制定的《关于加强城市建设工作的意见》。该文件强调了城市在国民经济发展中的重要地位和作用，要求城市适应国家经济发展的需要，并指出要控制大城市规模，多发展小城镇，城市建设要为实现新时期的总任务做出贡献。要求全国各城市，包括新建城镇，都要根据国民经济发展计划和各地区的具体条件，认真编制和修订城市的总体规划、近期规划和详细规划，以适应城市建设和发展的需要，并进一步明确"城市规划一经批准，必须认真执行，不得随意改变"，并对规划的审批程序做出了规定。

（2）1980年10月，国家基本建设委员会召开全国城市规划工作会议，会议要求城市规划工作要有一个新的发展。同年12月，国务院批转《全国城市规划工作会议纪要》（以下简称《纪要》）下发全国实施。《纪要》第一次提出要尽快建立我国的城市规划法制，也第一次提出城市市长的主要职责，是"把城市规划、建设和管理好"。《纪要》对城乡规划的"龙头"地位，城市发展的指导方针，规划编制的内容、方法和规划管理等内容都做了重要阐述。

1984年，国务院颁布了《城市规划条例》（以下简称《条例》）。这是新中国成立以来，城市规划专业领域的第一部基本法规，标志着我国的城市规划步入了法制管理的轨道。在《条例》颁布实施后，许多省、自治区、直辖市相继制定和颁发了相应的条例、细则或管理办法，如上海市、北京市、天津市等。这些法规文件的规定，有效地保证了在我国经济体制改革时期，城市建设按规划有序进行。

1989年12月26日，全国人大常委会通过了《中华人民共和国城市规划法》（以下简称《城市规划法》）并于1990年4月1日开始施行（于2008年废止）。该法完整地提出了城市发展方针、城市规划的基本原则、城市规划制定和实施的制度，以及法律责任等。《城市规划法》的颁布和实施，标志着中国城市规划正式步入了法制化的道路。

（3）1980年全国城市规划工作会议之后，各城市即逐步开展了城市规划的编制工作。《北京城市建设总体规划方案》于1983年7月由中共中央、国务院原则批准，为各城市编制城市总体规划起到了很好的示范作用。至20世纪80年代中期，全国绝大部分城市和县城基本上都已完成了城市总体规划的编制，并经相关程序批准，成为城市建设开展的重要依据。

20世纪80年代初开始，由江苏的常州、苏州、无锡等城市开始实施"统一规划、综合开发、配套建设"的居住小区建设方式，其形成生活方便、配套设施齐全、整体环境协调的整体面貌，对全国各地的城市居住小区建设影响很大。此后，又在济南、天津、无锡等地进一步试点推广，城市居住小区成为全国各个城市建设居住区的主要模式。温州、上海等城市在经济体制改革过程中，面临着市场经济下城市规划如何发挥作用的问题，经过积极探索，逐步形成了控制性详细规划的雏形。

1982年国务院批准了第一批共24个国家级历史文化名城，此后分别于1986年、1994年相继公布了第二、第三批共75个国家级历史文化名城，近年来又分别批准了山海关、凤凰县等为国家级历史文化名城，为历史文化遗产的保护起到了重要的推动作用，并从制度上提供了可操作的手段。1983年召开了历史文化名城规划与保护座谈会，由此推动了历史文化名城保护规划作为城市规划中的重要内容并得到全面的开展。

3. 20世纪90年代以来的城市规划思想与实践

（1）进入20世纪90年代，一方面社会经济体制的改革不断深化，社会主义市场经济的体制初步确立，推进了社会经济快速而持续的发展；另一方面，在经济全球化等的不断推动下，城市化的发展和城市建设进入了快速时期。

面对新的形势和任务，1991年9月，原建设部召开全国城乡规划工作会议，提出"城市规划是一项战略性、综合性强的工作，是国家指导和管理城市的重要手段。实践证明，制定科学合理的城市规划，并严格按照规划实施，可以取得好的经济效益、社会效益和环境效益"。1996年5月国务院发布了《关于加强城市规划工作的通知》，在总结了前一阶段经验的基础上，指出"城乡规划工作的基本任务是统筹安排城市各类用地及空间资源，综合部署各项建设，实现经济和社会的可持续发展"，并明确规定要"切实发挥城市规划对城市土地及空间资源的调控作用，促进城市经济和社会协调发展"。

1999年12月，原建设部召开全国城乡规划工作会议。国务院领导要求城乡规划工作应把握10个方面的问题：统筹规划，综合布局；合理和节约利用土地和水资源；保护和改善城市生态环境；妥善处理城镇建设和区域发展的关系；促进产业结构调整和城市功能的提高；正确引导小城镇和村庄的发展建设；切实保护历史文化遗产；加强风景名胜的保护；精心塑造富有特色的城市形象；把城乡规划工作纳入法制化轨道。提出"必须尊重规律、尊重历史、尊重科学、尊重实践、尊重专家"。强调"城乡规划要围绕经济和社会发展规划，科学地确定城乡建设的布局和发展规模、合理配置资源。在城市规划区内，以及村庄和集镇规划区内，各种资源的利用要服从和符合城市规划、村庄和集镇规划"。会后，国务院下发《国务院办公厅关于加强和改进城乡规划工作的通知》，强调要"充分认识城乡规划的重要性，进一步明确城乡规划工作的基本原则"，进一步明确了新时期规划工作的重要地位，"城乡规划是政府指导和调控城乡建设和发展的基本手段，是关系我国社会主义现代化建设事业全局的重要工作"，并重申"城市人民政府的主要职责是抓好城市的规划、建设和管理，地方人民政府的主要领导，特别是市长、县长，要对城乡规划负总责"。

（2）进入21世纪后，全国各地出现了新一轮基本建设和城市建设过热的状况，国务院在实施宏观调控之初，首先就强调通过城乡规划来进行调控。

2002年5月15日，国务院发出《国务院关于加强城乡规划监督管理的通知》，提出要进一步强化城乡规划对城乡建设的引导和调控作用，健全城乡规划建设的监督管理制度，促进城乡建设健康有序发展。通知要求城乡规划和建设要加强城乡规划的综合调控，严格控制建设项目的建设规模和占地规模，加强城乡规划管理监督检查等。

2002年8月2日，国务院九部委联合发出《关于贯彻落实〈国务院关于加强城乡规划监督管理的通知〉的通知》，根据国务院通知精神，对近期建设规划、强制性规划及建设用地的审批程序、历史文化名城保护等内容提出具体要求,初步确立了城乡规划作为宏观调控的手段和公共政策的基本框架。原建设部此后即制定了《近期建设规划工作暂行办法》和《城市规划强制性内容暂行规定》,明确了近期建设规划及各类规划中的强制性内容的具体要求,从而使宏观调控的要求能够更具操作性。在此基础上,《城市规划编制办法》于 2005 年进行了调整和完善,明确了城市规划的基本内容和相应的编制要求,该办法自 2006 年 4 月 1 日起施行。

2005 年 10 月,中共十六届五中全会首次提出"科学发展观是我国深化社会经济改革的基本方针"。科学发展观,第一要义是发展,核心是以人为本,基本要求是全面协调可持续,根本方法是统筹兼顾。会议明确提出了建设社会主义新农村是我国现代化进程中的重大历史任务,要按照"生产发展、生活宽裕、乡风文明、村容整洁、管理民主"的要求,扎实稳步地加以推进。要统筹城乡经济社会发展,推进现代农业建设,全面深化农村改革,大力发展农村公共事业,千方百计增加农民收入。坚持大中小城市和小城镇协调发展,按照循序渐进、节约土地、集约发展、合理布局的原则,促进城镇化健康发展。要加快建设资源节约型、环境友好型社会,大力发展循环经济,加大环境保护力度,切实保护好自然生态。从 2006 年开始执行的"国民经济和社会发展第十一个五年规划"明确提出了"要加快建设资源节约型、环境友好型社会",既为城乡规划的发展指明了方向,同时,全面、协调和可持续的发展观的确立,也为城乡规划作用的发挥奠定了基础。

2006 年年初,《中共中央 国务院关于推进社会主义新农村建设的若干意见》下发,实质性地启动了新农村建设。这是我国统筹城乡发展,解决"三农"问题的重大举措,也是推进健康城镇化的重要内容,各地都开展新农村建设规划。城乡统筹在城乡规划的各个阶段都得到了有效的贯彻。

2007 年 10 月 28 日,第十届全国人民代表大会常务委员会第三十次会议通过《中华人民共和国城乡规划法》(以下简称《城乡规划法》),并自 2008 年 1 月 1 日起施行。《城乡规划法》标志着城乡规划新时期的开始,具有深远的历史意义与重大的现实意义:一是落实科学发展观,统筹城乡协调发展,通过立法,打破传统的城乡二元结构发展模式,建立起统一的城乡规划体系;二是提高城乡规划制定的科学性,保障规划实施的严肃性;三是明确了城乡规划强制性内容,切实体现保障社会和公共利益;四是形成事权统一的强有力的规划行政管理体制,保证城乡规划的有效实施。

参考资料

(3)国土空间探索。2014 年 12 月,国家发展改革委、国土资源部、生态环保部和住房和城乡建设部联合开展了榆林、广州、厦门等 28 个市县"多规合一"试点工作,为新时代国土空间规划体系建立提供了有益探索。2019 年 5 月中共中央、国务院发布《关于建立国土空间规划体系并监督实施的若干意见》,分级分类建立国土空间规划,明确各级国土空间总体规划编制重点,强化对专项规划的指导约束作用,在市县及以下编制详细规划。全面展开国土空间规划新篇章。

2021 年 03 月,"十四五"规划纲要提出完善城镇化空间布局。发展壮大城市群和都市圈,分类引导大中小城市发展方向和建设重点,形成疏密有致、分工协作、功能完善的城镇化空间格局。

党的二十大报告中进一步明确要深入实施新型城镇化战略,构建优势互补、高质量发展的区域经济布局和国土空间体系。推进以人为核心的新型城镇化,加快农业转移人口市民化。

2.4 当代城乡规划的主要理论或理念及重要实践

2.4.1 当代城乡规划的理论发展背景

跨入 21 世纪,城市未来面临可持续发展、知识经济、经济全球化和信息化等人类普遍关注的议题。城乡规划理论的发展也与这些议题密切相关。

1. 经济、社会和环境的可持续发展

1987 年,联合国环境与发展委员会发表了《我们共同的未来》,全面阐述了可持续发展的理念。可持续发展是指既满足当代人需要,又不对后代人满足其需要的能力构成危害的发展。

可持续发展包括经济、社会和环境之间的协调发展。第一,经济与环境的可持续发展,强调经济增长方式必须具有环境的可持续性,即最少地消耗不可再生的自然资源,环境影响绝对不可危及生态体系的承载极限;第二,社会与环境的可持续发展,强调不同国家、地区和社群能够享受平等的发展机会。

1992 年,联合国世界环境发展大会通过《全球 21 世纪议程》,标志着可持续发展开始成为人类的共同行动纲领。该纲领主要涉及经济与社会的可持续发展、可持续发展的资源利用与环境保护、社会公众与团体在可持续发展中的作用、可持续发展的实施手段和能力建设等方面。另外,该纲领还把人类住区的可持续发展作为一个重要的组成部分。

1994 年,我国发布了《中国 21 世纪议程——中国 21 世纪人口、环境与发展白皮书》。文件根据中国国情,阐述了中国可持续发展的战略和对策,分别涉及可持续发展总体战略、社会可持续发展、经济可持续发展和环境的合理利用与保护。

2. 知识经济、信息社会和经济全球化

知识经济的概念出现在 20 世纪 90 年代初。经济合作与发展组织在《1996 年度科学、技术和产业展望》中提出"以知识为基础的经济"概念,其定义是"知识经济直接以生产、分配和利用知识与信息为基础"。

知识经济与信息社会和经济全球化之间是密切联系的:知识的传播对经济作用起主导作用,而信息化对经济起关键作用。经济全球化是指各国之间在经济上越来越相互依存,各种发展资源(如信息、技术、资金和人力)的跨国流动规模越来越扩大。

2.4.2 当代城乡规划的主要理论或理念

1. 从城乡规划到环境规划

现代城乡规划的核心是土地资源配置,目的是控制人类的土地利用活动可能产生的消

极外部效应（特别是环境影响）。所以，可持续发展将在城乡规划中发挥特殊作用，同时可持续发展也引起了各国规划师的广泛关注。

1990年，英国城乡规划协会成立了可持续发展研究小组，经过三年的深入研究工作，于1993年发表了《可持续环境的规划对策》，提出将可持续发展的概念和原则引入城乡规划实践的行动框架，称为环境规划。这就是将环境要素管理纳入各个层面的空间规划。

环境规划具有预警性、整合性和战略性。该规划主要倡导通过公共交通、缩短出行距离、节约和有效利用土地，减少对自然生态的破坏和对自然资源的消耗，减少能源的浪费，更多地采用可再生能源，减少污染排放，提高废弃物的再生利用程度，等等。

2. 经济全球化与城市和区域发展

经济全球化进程中城市和区域的演化已成为一个重要的研究领域，可以分为两个方面的发展，分别是城市体系的结构重组和不同层面的城市内部结构重组。具体有以下表现。

（1）在发达国家和部分新兴工业化国家/地区形成一系列全球性和区域性的经济中心城市，其对全球和区域经济的主导作用越来越显著。

（2）制造业资本的跨国投资促进了发展中国家的城市迅猛发展，同时也越来越成为跨国公司的制造/装配基地。

（3）在发达国家出现一系列科技创新中心和高科技产业基地，而发达国家的传统工业城市普遍衰退，只有少数城市成功地经历了产业结构转型。

2.4.3 当代城乡规划的重要实践

1. 基于可持续发展理念的城乡规划实践——都市村庄模式

美国规划师对于第二次世界大战后的郊区化进行了反思，提出了一种基于可持续发展理念的住区发展模式，称为都市村庄。

都市村庄模式具有以下特点：其形态紧凑、密度适当、混合用地，以公共交通为主导，街道面向步行者，以及建设调适性较强的建筑。

2. 基于可持续发展理念的城乡规划实践——紧凑发展模式

欧洲出现了建立在多用途紧密结合的"都市村庄"模式基础上的"紧凑城市"，美洲则出现了以传统欧洲小城市空间布局模式的"新都市主义"。其基本的目标相当一致，即建立一种人口相对比较密集，限制小汽车使用和鼓励步行交通，具有积极城市生活和地区场所感的城市发展模式。

3. 在知识经济、信息社会和经济全球化的背景下的城乡规划实践——产业园区

产业园区建设成为当地城乡规划的重要实践，同时也包括了发达国家的高科技园区和发展中国家的出口加工区。

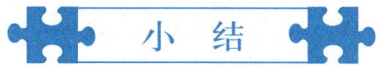

小　结

本章由中外古代社会和政治体制下城市的典型格局、现代城乡规划学科的产生与发展、中国近现代城市规划理论发展与实践，以及当代城乡规划理论和实践发展4部分组成。在中外古代社会和政治体制下城市的典型格局中，应该掌握中国古代城市的典型格局

特征，分清外国不同时期的城市特征；在现代城市规划学科的产生与发展中，应该重点掌握早期城市规划思想及城市规划宪章；了解我国近现代城市规划的理论发展与实践；了解在可持续发展、知识经济、信息社会及经济全球化背景下，当代城乡规划的理论发展与主要实践。

一、单项选择题

1. 下列关于欧洲古典时期城市的表述，正确的是（　　）。
A. 古希腊城邦国家城市布局上出现了以放射状的道路系统为骨架，以城市广场为中心的希波丹姆模式
B. 希波丹姆模式充分体现了民主和平等的城邦精神和市民民主文化的要求
C. 雅典卫城最为完整地体现了希波丹姆模式
D. 广场群是希波丹姆模式城市中市民集聚的空间和城市生活的核心

2. 现代城市规划形成的思想基础源于（　　）。
A. 索里亚·马塔的带形城市理论
B. 欧文、傅里叶等的空想社会主义思想与实践
C. 霍华德的田园城市理论
D. 戈涅的工业城市方案

3. 关于我国古代城市的表述，错误的是（　　）。
A. 夏代的一些城市已经有了一定的排水系统
B. 战国时期的都城形成了大小套城的布局模式
C. 宋开封城居住用地布局采用的是里坊制
D. 元大都基本体现了《周礼·考工记》的城市形制

4. 关于我国古代城市的表述，不正确的是（　　）。
A. 唐长安城宫城的外围被皇城环绕
B. 商都殷城以宫廷区为中心，其外围是若干居住聚落
C. 曹魏邺城的北半部为贵族专用，只有南半部才有一般居住区
D. 我国古代城市的城墙是按防护要求修建的

5. 《周礼·考工记》记载："匠人营国，方九里，旁三门，国中九经九纬，经涂九轨，左祖右社，前朝后市，市朝一夫。"主要是中国古代对哪种城市布局的规定？（　　）
A. 关城　　　　B. 府城　　　　C. 王城　　　　D. 县城

二、多项选择题

1. 下列关于《周礼·考工记》的说法，正确的是（　　）。
A. 记载了城市的郊、田、林、牧地的相关关系规则
B. 汉长安体现了《周礼》的功能分区
C. 唐长安体现了《周礼》记载的城市形制规则
D. 宋汴梁城采用里坊制，严格管制，朝开夕闭
E. 元大都很多方面体现了《周礼》记载的王城空间布局制度

2. 下列关于欧洲古代城市格局的表述中，正确的是（   ）。
A. 古雅典城区是严格的方格网布局，卫城的布局是不规整的
B. 古罗马城以广场、公共浴池、宫殿为中心，形成轴线放射的整体布局结构
C. 古罗马时期建设的营寨城，大多为方形或长方形，中间为十字形街道
D. 中世纪城市发展缓慢，形成了狭小、不规则的道路网
E. 文艺复兴时期的城市建设了一系列具有古典风格、构图严谨的广场和街道

3. 以下哪些属于当代城乡规划的重要实践？（   ）
A. 都市村庄模式
B. 紧凑发展模式
C. 产业园区
D. 环境规划理论
E. 经济全球化下的城市体系结构重组

三、思考题

1. 简述周代王城空间布局特征。
2. 简述田园城市理论的主要内容。
3. 简述有机疏散理论的主要内容。
4. 简述马塔、格迪斯、西特的主要规划思想。
5. 对比分析《雅典宪章》和《马丘比丘宪章》的异同点。
6. 简述可持续发展的含义及对城乡规划的影响。

第3章 国土空间规划体系

教学要求

通过本章的学习，掌握国土空间规划体系的产生、意义、分类等内容；掌握编制国土空间规划的原则、内容及编制程序，更好地统筹规划国土空间的开发和保护，避免规划冲突和遗漏，提高规划的科学性和有效性，为实现可持续发展和美丽中国的目标奠定坚实的基础。

教学目标

能力目标	知识要点	权重
了解国土空间规划体系建立的背景	国土空间规划体系的产生	5%
了解国土空间规划体系的建立原则	国土空间规划体系的建立原则	10%
了解国土空间规划体系的特点及意义	国土空间规划体系的特点及意义	10%
掌握国土空间规划体系的"五级"	国家级、省级、市级、县级、乡镇级国土空间规划的主要内容	15%
掌握国土空间规划体系的"三类"	总体规划、详细规划、相关专项规划	15%
掌握国土空间规划体系的"四体系"	编制审批体系、实施监督体系、法规政策体系、技术标准体系	15%
掌握国土空间规划编制的基本要求	体现战略性、提高科学性、加强协调性、注重操作性	10%
掌握国土空间规划编制的基本原则	多规合一、全域管控等	10%
掌握国土空间规划的管控方法	国土空间用途管制等	10%

章节导读

2019年3月，习近平总书记在参加十三届全国人民代表大会内蒙古代表团审议时再次强调，"要坚持底线思维，以国土空间规划为依据，把城镇、农业、生态空间和生态保护红线、永久基本农田保护红线、城镇开发边界作为调整经济结构、规划产业发展、推进城镇化不可逾越的红线，立足本地资源禀赋特点、体现本地优势和特色"。

3.1 国土空间规划体系的建立

3.1.1 国土空间规划体系建立的背景

过去我国的城乡规划体系中各级各类空间规划在支撑城镇化快速发展、促进国土空间合理利用和有效保护方面发挥了积极作用，然而，对同一空间对象从不同角度开展的各类空间规划，必然各有侧重，导致在规划内容和工作程序上产生一定的交叉重叠，或遗漏等情况，同时存在编制管理机构分散、层级结构和编制标准不统一，规划目标相抵触、内容相矛盾等弊端。针对规划领域存在的这些问题，中央进行了一系列探索。2013年中共十八届三中全会通过的《中共中央关于全面深化改革若干重大问题的决定》提出"建立空间规划体系，划定生产、生活、生态空间开发管制界限，落实用途管制"。2014年12月，由国家发展改革委、国土资源部、环保部及住房和城乡建设部分别牵头，选取全国28个市县陆续开展了"多规合一"或"省级空间规划"试点，试图探索完善省、市、县空间规划体系，建立规划协调机制。2016年10月，习近平总书记在中央全面深化改革领导小组第二十八次会议上发表重要讲话，强调开展省级空间规划试点，为实现"多规合一"、建立健全国土空间开发保护制度积累经验。

2018年3月，以国土资源部为主体，将分散在多个部门的空间规划职能都划归到新组建的自然资源部。方案提出，将国土资源部的职责，国家发展和改革委员会的组织编制主体功能区规划职责，住房和城乡建设部的城乡规划管理职责，水利部的水资源调查和确权登记管理职责，农业部的草原资源调查和确权登记管理职责，国家林业局的森林、湿地等资源调查和确权登记管理职责，国家海洋局的职责，国家测绘地理信息局的职责整合，组建自然资源部，作为国务院组成部门，统一行使全民所有自然资源资产所有者职责，统一行使所有国土空间用途管制和生态保护修复职责，着力解决自然资源所有者不到位、空间规划重叠等问题，实现山水林田湖草整体保护、系统修复、综合治理。

2019年5月中共中央、国务院发布了《中共中央 国务院关于建立国土空间规划体系并监督实施的若干意见》（中发〔2019〕18号），指出国土空间规划是国家空间发展的指南、可持续发展的空间蓝图，是各类开发保护建设活动的基本依据。建立国土空间规划体系并监督实施，将主体功能区规划、土地利用规划、城乡规划等空间规划融合为统一的国土空间规划，实现"多规合一"，强化国土空间规划对各专项规划的指导约束作用，是党中央、国务院作出的重大部署。

3.1.2 国土空间规划体系的建立原则

1. 落实"多规合一"

将主体功能区规划、土地利用规划、城乡规划、海洋功能区规划等空间规划融合为统一的国土空间规划,统筹优化陆海、城乡、区域国土空间,形成战略引领和刚性管控的国土空间规划"一张图",细化落实发展规划提出的国土空间开发保护要求。

2. 坚持底线思维

从资源环境承载能力和国土空间开发适宜性出发,严格控制开发强度,把城镇、农业、生态空间和生态保护红线、永久基本农田保护红线、城镇开发边界作为调整经济结构、规划产业发展、推进城镇化不可逾越的红线。延续历史文脉、加强风貌管控,突出地域特色。

3. 践行绿色发展

坚持保护优先、节约集约、严控增量、盘活存量,引导城镇发展由外延扩张向内涵提升转变,提高国土空间利用质量,提升自然资源节约集约利用水平。

4. 强化规划传导

建立规划纵向传递和横向传导的空间管控机制。国土空间总体规划指导约束各专项规划,统筹各相关专项领域的空间需求。下级国土空间规划要服从上级国土空间规划,专项规划、详细规划要服从总体规划。

3.1.3 国土空间规划体系的特点及意义

1. 国土空间规划体系的特点

(1) 综合性。综合性是国土空间规划工作的重要特点。国民经济社会发展、空间环境中的各项要素,既互为依据,又相互制约,国土空间规划需要对各项要素进行统筹安排,使之各得其所、协调发展。

(2) 政策性。国土空间规划既是对国土空间保护与利用的战略部署,又是合理组织生产、生活环境的手段,几乎涉及国家经济社会的各个部门,因此必然成为政府公共政策的组成部分之一。而当国土空间规划的成果通过一定的审批程序以后,它又成为具有一定行政约束力的地方法规,对城市与区域发展、城乡建设等具有鲜明而重要的引导或控制作用。

(3) 地方性。国土空间规划是一个庞大的层级体系,越往下越具有地方性事务的特点,国土空间规划要根据地方特点、经济社会发展水平,因地制宜地进行编制。在工作中,既要遵循国土空间演化的科学规律,遵循国土空间规划的有关要求,又要尊重当地人民的意愿。国土空间规划要努力体现地方特色(尤其是一些具有生态价值、历史文化价值、景观风貌价值的地区),国土空间规划的成果要尽量切合地方操作的实际。

(4) 长期性。国土空间规划是对国土空间发展演变过程的动态管控,它是一项长期性和经常性的工作。国土空间规划既要解决当前的矛盾和问题,又要充分估计未来长远的发展要求;既要有现实性,又要有前瞻性。随着社会经济环境的不断变化,国土空间规划也不可能是一成不变的,应该根据实践的发展和外界因素的变化,持续加以调整和补充,不断适应发展的需要。

有必要指出的是,虽然国土空间规划需要不断地调整和补充,但每一时期的国土空间规划都是建立在当时的政策和经济社会发展计划的基础上,经过深入调查研究而制定的,是一定时期内统筹国土空间保护与利用的依据。所以国土空间规划一经批准,必须保持其相对的稳定性和严肃性。

(5) **实践性**。首先，国土空间规划的实践性在于它的基本目的是为国家、地方的可持续发展与高质量发展服务，规划方案要充分反映国家、地方实践中的问题和要求，有很强的现实性；其次，编制国土空间规划的目的是给实施管理提供依据，编制规划不是目的，实现对国土空间规划的有效实施管理才是目的；最后，国土空间规划实践的难度不仅在于要对各项保护、利用的内容在时空方面做出符合规划的安排，而且要积极地协调在实践中不断出现的现实要求和矛盾。

2. 国土空间规划体系的意义

各级各类空间规划在支撑城镇化快速发展，促进国土空间合理利用和有效保护方面发挥了积极作用，但也存在规划类型过多、内容重叠冲突、审批流程复杂、周期过长、地方规划朝令夕改等问题。建立全国统一、权责清晰、科学高效的国土空间规划体系，整体谋划新时代国土空间开发保护格局，综合考虑人口分布、经济布局、国土利用、生态环境保护等因素，科学布局生产空间、生活空间、生态空间，是加快形成绿色生产方式和生活方式、推进生态文明建设、建设美丽中国的关键举措，是坚持以人民为中心、实现高质量发展和高品质生活、建设美好家园的重要手段，是保障国家战略有效实施、促进国家治理体系和治理能力现代化、实现"两个一百年"奋斗目标和中华民族伟大复兴中国梦的必然要求。

3.2 国土空间规划体系的构成

2019年5月印发的《中共中央 国务院关于建立国土空间规划体系并监督实施的若干意见》，标志着我国国土空间规划体系顶层设计"四梁八柱"基本形成，可概括为"五级三类四体系"的构架（图3.1）。

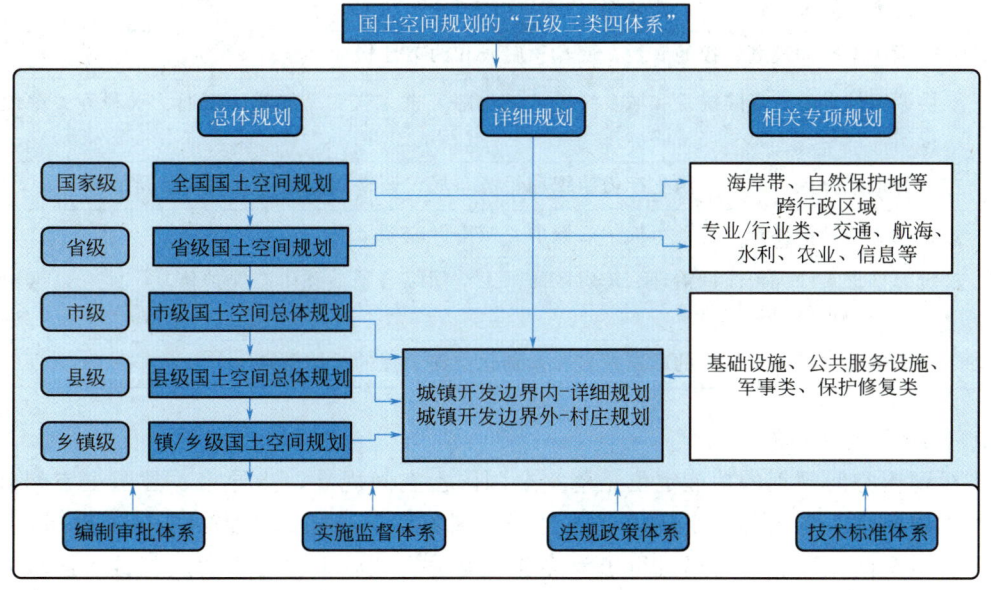

图3.1 国土空间规划框架图

国土空间规划是对一定区域国土空间开发保护在空间和时间上作出的安排，包括总体规划、详细规划和相关专项规划。国家、省、市、县编制国土空间总体规划，各地结合实际编制镇/乡国土空间规划。相关专项规划是指在特定区域（流域）、特定领域，为体现特定功能，对空间开发保护利用作出的专门安排，是涉及空间利用的专项规划。国土空间总体规划是编制详细规划的依据、相关专项规划的基础；相关专项规划要相互协同，并与详细规划做好衔接。

3.2.1 国土空间规划体系的"五级"

国土空间规划分为国家级、省级、市级、县级、乡镇级五级。五级规划分别对应五个行政管理层级，实现一级政府、一级事权、一级规划。五级规划自上而下编制，下级规划服从、服务于上级规划，不得违背上级规划确定的约束性内容。不同层级规划体现了不同的空间尺度和编制深度要求。

1. 国家级国土空间规划

国家级国土空间规划由自然资源部会同相关部门组织编制，其功能定位是对全国国土空间作出全局安排，是全国国土空间保护、开发、利用、修复的政策和总纲领。国家级国土空间规划侧重战略性，即落实国家安全战略、区域协调发展战略和主体功能区战略，明确全国国土空间发展目标策略，优化全国国土空间格局，制定和分解规划的约束性指标，确定国土空间开发利用整治保护的重点地区和重大项目，提出空间开发的政策指南和空间治理的总体原则。国家级国土空间规划的重点内容如表3-1所示。

表3-1 国家级国土空间规划的重点内容

序号	重点内容
1	体现国家意志导向，维护国家安全和国家主权，谋划顶层设计和总体部署，明确国土空间开发保护的战略选择和目标任务
2	明确国土空间规划管控的底数、底盘、底线和约束性指标
3	协调区域发展、海陆统筹和城乡统筹，优化部署重大资源、能源、交通、水利等关键性空间要素
4	进行地域分区，统筹全国生产力组织和经济布局，调整和优化产业空间布局结构
5	合理规划城镇体系，合理布局中心城市、城市群或城市圈
6	统筹推进大江大河流域治理、跨省区的国土空间综合整治和生态保护修复，建立以国家公园为主体的自然保护地体系
7	提出国土空间开发保护的政策宣言和差别化空间治理的总体原则

2. 省级国土空间规划

省级国土空间规划的功能定位是落实全国国土空间规划，指导市、县国土空间规划编制，侧重协调性。省级国土空间规划既要落实国家发展战略、主体功能区战略等的要求，也要对省域空间发展保护格局进行统筹部署，促进省域城镇化健康发展、城乡区域协调发展，它还是指导市县等下一层次空间规划的基本依据，具有战略性、综合性和协调性。纵向上，要落实上位规划的目标和战略，明确本级规划的底线和重点，提出对下位规划的控制与引导要求；横向上，要统筹省级有关部门的各类空间规划（相关专项规划），明确各部门的空间使用和管理边界。省级国土空间规划的重点内容如表3-2所示。

表3-2　省级国土空间规划的重点内容

序号	重点内容
1	落实国家级国土空间规划的重大战略、目标任务和约束性指标
2	综合考虑区域发展战略、空间结构优化、空间发展与保护、空间统筹与管制、城镇体系组织、乡村振兴等"一揽子"要求，提出省域国土空间组织的总体方案
3	合理配置国土空间要素，在省域内因地制宜地划定地域分区，突出永久基本农田集中保护区、生态保育区、旅游休闲区、农业复合区等功能区，明确相应的用途管制要求；明确国土空间整治修复的空间区域与总体要求
4	提出省域内重大资源、能源、交通、水利等关键性空间要素的布局方案，突出对历史文化、风貌特色保护与塑造等方面的要求
5	强化国土空间区际协调，对跨省区边界区域、跨市县行政区域的重大空间要素配置、自然资源保护与利用、基础设施协调建设等，提出相应的建议或要求
6	制定保证省级国土空间规划实施的保障政策

3. 市级国土空间规划

市级国土空间规划由相应层级人民政府组织编制，其功能定位是细化落实上级国土空间规划要求，对本行政区域国土空间开发和保护作出具体安排，注重保护和发展的底线划定及公共资源的配置安排，重点突出市域中心城市的空间规划，合理确定中心城市的规模、范围和结构。市级国土空间规划发挥空间引导功能和承上启下的控制作用，侧重实施性。市级国土空间规划的重点内容如表3-3所示。

表3-3　市级国土空间规划的重点内容

序号	重点内容
1	落实国家级和省级国土空间规划的重大战略、目标任务和约束性指标，提出提升城市能级和核心竞争力、实现高质量发展、创造高品质生活的战略指引
2	确定市域国土空间保护、开发、利用、修复、治理的总体格局，构建与市域自然环境、发展实际相契合的可持续的城乡国土空间总体格局
3	确定市域总体空间结构、城镇体系结构，明确中心城市性质、职能与规模，落实生态保护红线，划定市级城镇开发边界、城市周边基本农田保护区等有关强制性区界
4	落实省级国土空间规划所提出的山水林田湖草等各类自然资源保护、修复的规模和要求，明确约束性指标，并对下位规划提出传导要求
5	统筹安排市域交通、水利、电力等基础设施布局和廊道控制要求，明确重要交通枢纽地区选址和轨道交通走向；提出公共服务设施建设标准和布局要求；统筹安排重大资源、能源、水利交通等关键性空间要素

续表

序号	重点内容
6	对城乡风貌特色、历史文脉传承、城市更新、社区生活圈建设等提出原则性要求,塑造以人为本的宜居城乡环境,满足人民群众对美好生活的需求
7	建立健全从全域到功能区、社区、地块,从总体规划到详细规划、相关专项规划,从地级市县(县级市、区)到乡(镇)的规划传导机制,明确下位规划需要落实的约束性指标、管控边界、管控要求等
8	在规划期内提出分阶段规划的实施目标和重点任务,明确保障支撑国土空间规划实施的有关政策机制

4. 县级国土空间规划

县级国土空间规划除了落实上位规划的战略要求和约束性指标,还要重点突出空间结构布局,突出生态空间修复和全域整治,突出乡村发展和活力激发,突出产业对接和联动开发。县级国土空间规划要在开发、保护、利用方面提出可操作的实施方案,实现全域全要素规划管控。县级国土空间规划的重点内容如表3-4所示。

表3-4 县级国土空间规划的重点内容

序号	重点内容
1	落实国家和省域重大战略决策部署,落实区域发展战略、乡村振兴战略、主体功能区战略和制度,落实省级国土空间规划和市级国土空间规划的目标任务和约束性指标
2	划分国土空间用途分区,确定开发边界内集中建设地区的功能布局,明确城市主要发展方向、空间形态和用地结构
3	以县域内的城镇开发边界为限,划定县域集中建设区与非集中建设区,分别构建"指标+控制线+分区"的管控体系,集中建设区重点突出土地开发模式引导
4	确定县域镇村体系、村庄类型和村庄布点原则,明确县域镇村体系组织方案,统筹布局综合交通、基础设施、公共服务设施、综合防灾体系等
5	划定乡村发展和振兴的重点区域,提出优化乡村居民点空间布局的方案,提出激活乡村发展活力、推进乡村振兴的路径策略
6	明确国土空间生态修复目标、任务和重点区域,安排国土综合整治和生态保护修复重点工程的规模、布局和时序
7	根据县情实际、发展需要和可能,在县域内因地制宜地划定国土空间规划单元,明确单元规划编制的指引;明确国土空间用途管制、转换和准入规则
8	健全规划实施的动态监测、评估、预警和考核机制,提出保障规划落地实施的政策措施

5. 乡镇级国土空间规划

乡镇级国土空间规划是乡村建设规划许可的法定依据,重在体现落地性、实施性和管控性,突出土地用途和全域管控,充分融合原有的土地利用规划和村庄建设规划,对具体地块的用途作出确切安排,对各类空间要素进行有机整合。乡镇级国土空间规划的重点内容如表3-5所示。

表 3-5 乡镇级国土空间规划的重点内容

序号	重点内容
1	落实县级国土空间规划的战略、目标任务和约束性指标
2	统筹生态保护修复，统筹耕地和永久基本农田保护，统筹乡村住房布局，统筹历史文化传承与保护，统筹产业发展空间，统筹基础设施和基本公共服务设施布局，制定乡村综合防灾减灾规划
3	根据需要因地制宜地进行国土空间用途编定，制定详细的用途管制规则，全面落实国土空间用途管制制度
4	根据需要并结合实际，在乡（镇）域范围内以一个行政村或几个行政村为单元编制"多规合一"的实用性村庄规划

3.2.2 国土空间规划体系的"三类"

国土空间规划分为总体规划、详细规划、相关专项规划三类。三类国土空间规划的相互关系如图 3.2 所示。

1. 总体规划

总体规划强调综合性，是对一定区域（如行政区全域）范围所涉及的国土空间保护开发、利用、修复等进行的全局性安排。

国家级国土空间总体规划对国土空间开发、资源环境保护、国土综合整治和保障体系建设等作出总体部署与统筹安排，对涉及国土空间开发、保护、整治的各类活动具有指导和管控作用，对国土空间相关专项规划具有引领和协调作用，是战略性、综合性、基础性的规划。国家级国土空间总体规划由自然资源部会同相关部门组织编制，经全国人大常委会会议审议后报中共中央、国务院审批。

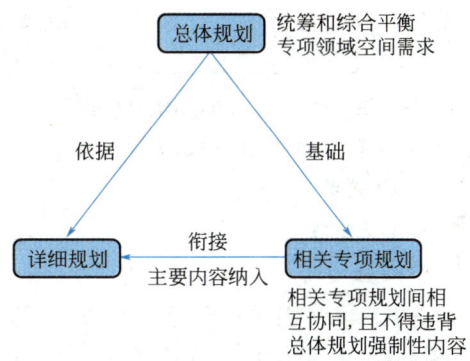

图 3.2 三类国土空间规划的相互关系

省级国土空间总体规划是对全省国土空间保护、开发、利用、修复的总体安排和政策总纲，是编制省级相关专项规划、市县级国土空间总体规划的总依据。省级国土空间总体规划由省人民政府组织编制，经省人大常委会审议后报国务院审批。

市县级国土空间总体规划是市县域的空间发展蓝图和战略部署，是落实新发展理念、实施高效能空间治理、促进高质量发展和高品质生活的空间政策，是市县域国土空间保护、开发、利用、修复和指导各类建设的全面安排、综合部署和行动纲领。市县级国土空间总体规划要体现综合性、战略性、协调性、基础性和约束性，落实和深化上位规划要求，为编制下位国土空间总体规划、详细规划、相关专项规划和开展各类开发保护建设活动、实施国土空间用途管制提供基本依据。市县级国土空间总体规划一般包括市县域和中心城区两个层次。市县域要统筹全域全要素规划管理，侧重国土空间开发保护的战略部署和总体格局；中心城区要细化土地使用和空间布局，侧重功能完善和结构优化。市县域与中心城区都要落实重要管控要素的系统传导要求，并做好上下衔接。市县级国土空间总体规划由市、县（市）人民政府组织编制，除需报国务院审批的城市国土空间总体规划外，其他市县级国土空间总体规划经同级人大常委会审议后，逐级上报省人民政府审批。

乡镇级国土空间总体规划是对上级国土空间总体规划以及相关专项规划的细化落实，允许乡镇级国土空间总体规划与市县级国土空间总体规划同步编制。各地可因地制宜地将几个乡（镇、街道）作为一个规划片区，由其共同的上一级人民政府组织编制片区（乡镇级）国土空间总体规划。中心城区范围内的乡镇级国土空间总体规划经同级人大常委会审议后，逐级上报省人民政府审批；其他乡镇级国土空间总体规划由省人民政府授权设区市人民政府审批。

2. 详细规划

详细规划强调实施性，一般是在市、县以下组织编制，以总体规划为依据，是对具体地块用途、开发强度、管控要求等作出的实施性安排。详细规划是实施国土空间用途管制、核发城乡建设项目规划许可、进行各项建设的法定依据。

各地应当根据国土空间开发保护利用活动的实际，合理确定详细规划的编制单元和时序，按需编制。根据生态、农业、城镇空间的不同特征，依总体规划确定的规划单元分类编制详细规划。在城镇开发边界内的详细规划（主要是控制性详细规划），由市、县（市）自然资源主管部门组织编制，报同级人民政府审批；在城镇开发边界外的乡村地区，以一个或几个行政村为单元，由乡镇人民政府组织编制"多规合一"的村庄规划（详细规划）报上一级人民政府审批。根据实际需要，还可以编制郊野单元、生态单元、特定功能单元等其他类型的详细规划，由市、县（市）自然资源主管部门或由市、县（市）自然资源主管部门会同属地乡镇人民政府、管委会组织编制，报同级人民政府审批。

3. 相关专项规划

相关专项规划是在总体规划的指导约束下，针对特定区域（流域）或特定领域，针对国土空间开发保护、利用作出的专门安排。一般包括自然保护地、湾区、海岸带、都市圈（区）等区域（流域）的空间规划，以及交通、水利、能源、公共服务设施、军事设施、生态修复、环境保护、文物保护、林地湿地等领域的专项规划。除法律法规已经明确编制审批要求的专项规划外，其他专项规划一般由所在区域自然资源主管部门或相关行业主管部门牵头组织编制，经国土空间规划"一张图"审查核对后报本级人民政府审批，批复后统一纳入国土空间规划"一张图"及其信息系统。

3.2.3 国土空间规划体系的"四体系"

"四体系"是指国土空间规划的编制审批体系、实施监督体系、法规政策体系和技术标准体系。

1. 编制审批体系

编制审批体系强调不同层级、类别规划之间的协调与配合，体现了一级政府一级事权，实现全域全要素规划管控。规划的编制审批体系涉及各级各类规划的编制主体、审批主体和重点内容。根据《中共中央 国务院关于建立国土空间规划体系并监督实施的若干意见》，全国国土空间规划由自然资源部会同相关部门组织编制，由党中央、国务院审定后印发；省级国土空间规划由省级人民政府组织编制，经同级人大常委会审议后报国务院审批；国务院审批的城市国土空间总体规划，由市级人民政府组织编制，经同级人大常委会审议后，由省级人民政府报国务院审批；其他市、县及乡镇国土空间规划的审批内容和程序省级人民政府具体规定。海岸带、自然保护地等专项规划及跨行政区域或流域的国土空间规划，由所在区域或上一级自然资源主管部门牵头组织编制，报同级人民政府审批。

国土空间规划的编制审批体系如表3-6所示。

表3-6 国土空间规划的编制审批体系

"三类"规划	"五级"规划		编制机构	审批机构
总体规划	全国国土空间规划		自然资源部会同相关部门	党中央、国务院
	省级国土空间规划		省级人民政府	同级人大常委会审议后报国务院
	市县乡镇	国务院审批的城市国土空间总体规划	市级人民政府	同级人大常委会审议后，由省级人民政府报国务院
		其他市县和乡镇国土空间规划	市级人民政府	省级人民政府明确编制审批内容和程序要求
相关专项规划	海岸带、自然保护地等专项规划及跨行政区域或流域的国土空间规划		所在区域或上一级自然资源主管部门	同级政府
	以空间利用为主的某一领域的专项规划		相关主管部门	国土空间规划"一张图"核对
详细规划	城镇开发边界内		市县国土空间规划主管部门	市县人民政府
	城镇开发边界外的乡村地区的村庄规划		乡镇人民政府	市县人民政府

2. 实施监督体系

实施监督体系，依托国土空间基础信息平台，以国土空间规划为依据，对所有国土空间分区分类实施用途管制；按照"谁组织编制、谁负责实施""谁组织审批、谁负责监管"的原则，建立健全国土空间规划动态监测评估预警和实施监管机制，逐层授权、层层监督；按照"以空间定计划、以存量定计划、以效率定计划、以占补定计划"的要求，加强用地、用海、用林、用矿等自然资源要素配置的区域统筹力度，完善自然资源利用年度计划管理，保障规划稳步实施；强化国土空间规划的底线约束和刚性管控，制定各类空间控制线的管控要求，并开展各类空间控制线划区定界工作。

3. 法规政策体系

完善法规政策体系，加快国土空间规划相关法律法规建设。梳理与国土空间规划相关的现行法律法规和部门规章，对"多规合一"改革涉及的突破现行法律法规规定的内容和条款，按程序报批，取得授权后施行，并做好过渡时期的法律法规衔接。完善适应主体功能区要求的配套政策，保障国土空间规划有效实施。

4. 技术标准体系

国土空间规划是"多规合一"的规划，需要对城乡规划、土地利用规划、主体功能区规划等原有技术标准体系进行重构，构建统一的国土空间规划技术标准体系，并制定各级各类国土空间规划编制技术规程。为了保障国土空间规划所要求的精准传导、有效实施、及时监控，国家建立了统一底板、统一数据标准、分层分级管理的国土空间规划信息平台，在信息平台上统一进行规划编制与实施管理。由自然资源部会同相关部门负责构建统一的国土空间规划技术标准体系，修订完善国土资源现状调查和国土空间规划用地分类标准，制定各级各类国土空间规划编制办法和技术规程。

3.3 国土空间规划编制的基本方法

3.3.1 国土空间规划编制的基本要求

1. 体现战略性

全面落实党中央、国务院重大决策部署，体现国家意志和国家发展规划的战略性，自上而下编制各级国土空间规划，对空间发展作出战略性系统性安排。落实国家安全战略、区域协调发展战略和主体功能区战略，明确空间发展目标，优化城镇化格局、农业生产格局、生态保护格局，确定空间发展策略，转变国土空间开发保护方式，提升国土空间开发保护质量和效率。

2. 提高科学性

坚持生态优先、绿色发展，尊重自然规律、经济规律、社会规律和城乡发展规律，因地制宜开展规划编制工作；坚持节约优先、保护优先、自然恢复为主的方针，在资源环境承载能力和国土空间开发适宜性评价的基础上，科学有序地统筹布局生态、农业、城镇等功能空间，划定生态保护红线、永久基本农田、城镇开发边界等空间管控边界以及各类海域保护线，强化底线约束，为可持续发展预留空间。坚持山水林田湖草生命共同体理念，加强生态环境分区管治，量水而行，保护生态屏障，构建生态廊道和生态网络，推进生态系统保护和修复，依法开展环境影响评价。坚持陆海统筹、区域协调、城乡融合，优化国土空间结构和布局，统筹地上地下空间综合利用，着力完善交通、水利等基础设施和公共服务设施，延续历史文脉，加强风貌管控，突出地域特色。坚持上下结合、社会协同，完善公众参与制度，发挥不同领域专家的作用。运用城市设计、乡村营造、大数据等手段，改进规划方法，提高规划编制水平。

3. 加强协调性

强化国家发展规划的统领作用，强化国土空间规划的基础作用。国土空间总体规划要统筹和综合平衡各相关专项领域的空间需求。详细规划要依据批准的国土空间总体规划进行编制和修改。相关专项规划要遵循国土空间总体规划，不得违背总体规划强制性内容，其主要内容要纳入详细规划。

4. 注重操作性

按照谁组织编制、谁负责实施的原则，明确各级各类国土空间规划编制和管理的要点。明确规划约束性指标和刚性管控要求，同时提出指导性要求。制定实施规划的政策措施，提出下级国土空间总体规划和相关专项规划、详细规划的分解落实要求，健全规划实施传导机制，确保规划能用、管用、好用。

3.3.2 国土空间规划编制的基本原则

1. 多规合一、全域管控

国土空间规划体系延续和优化主体功能区的战略导向和制度，土地利用规划的耕地保护和集约用地，城乡规划的综合部署和建设管理，以及作为维护社会公平、保障公共安全和公众利益的重要公共政策属性。将各类空间性规划（主体功能区规划、土地利用规划、城乡规划等空间规划）融合为统一的国土空间规划，实现"多规合一"，实现海陆和城乡空间规划全域覆盖、全要素管控。将各相关专项规划叠加到统一的国土空间基础信息平台上，形成"一张图"。强化国土空间规划对各专项规划的指导和约束作用。对建设用地、非建设用地、未利用地等所有国土空间进行全域管控，对山水林田湖草沙生命共同体进行国土资源管控，通过与内、外部纵横衔接协调，跨区域合作，提升国土空间治理体系和治理能力的现代化水平。

> **知识链接**
>
> **传统国土规划的主要内容**
>
> 国土规划的概念是随着时代的变化而不断发展的。考虑到国土规划的任务、内容及其在整个规划体系中的特色和地位，可以将国土规划概括为：国土规划是对较大区域范围国土空间内的人口、资源、环境，以及经济、社会的综合协调，是以促进国土资源和环境的可持续利用为目标的区域性规划，是属于国家最高层次的区域规划。
>
> 原国家计划委员会1987年颁布的《国土规划编制办法》指出，国土规划的具体任务是，确定本地区主要自然资源的开发规模、布局和步骤；确定人口、生产、城镇的合理布局，明确主要城镇的性质、规模及其相互关系；合理安排交通、通信、动力和水源等区域性重大基础设施；提出环境治理和保护的目标与对策。
>
> 国土规划的内容一般应包括：自然条件和国土资源评价；社会、经济现状分析和远景预测；国土开发整治的目标和任务；自然资源开发的规模、布局和步骤；人口、城市化和城市布局；交通、通信、动力和水源等基础设施的安排；国土整治和环境保护；综合开发的重点地域；宏观效益估价；实施措施。国土规划中应规定国土开发整治的规划指标，如耕地保有面积、耕地灌溉面积、治理水土流失面积、沙漠化防治面积、盐碱化治理面积、森林覆盖率、水资源供需平衡、水能资源开发利用率、大江大河防洪标准、城市化水平等。

2. 底线约束、绿色发展

坚持保护优先、集约节约，在资源环境承载能力与国土空间开发适宜性评价的基础上，优先划定不能进行开发建设的空间范围，严格落实上级规划的管控性要求和约束性指标，严守生态安全、国土安全、粮食安全和历史文化保护线，推动形成绿色发展方式和生活方式。

知识链接

深圳市国土规划

新一轮国土规划的试点城市为深圳。其国土规划的成功编制为其他高密度城市化地区国土规划的编制提供了宝贵的经验。深圳市国土规划成果分为总报告、专题报告和理论研究报告三部分。总报告主要包括前言、（上篇）条件与基础、（下篇）目标与规划及后记 4 个部分内容。其中，前言主要阐述工作背景、意义、思路和方法；（上篇）条件与基础包括城市发展的自然基础、城市发展的现状基础、国土资源开发利用综合评价、城市发展面临的机遇与挑战 4 个单元；（下篇）目标与规划包括城市发展目标与策略、资源合理开发与有效利用、生态安全与环境保护、城市空间结构与功能布局、空间分区管理 5 个单元；后记则是关于实施保障。

深圳市国土规划是以资源承载力和环境容量研究为支撑，以综合发展策略为指导，以空间利用为规划落脚点，对深圳市国土资源、国土环境及其开发利用保护进行了系统的研究。其主要内容为资源承载力与环境容量、城市发展现状与趋势、城市发展目标、城市发展策略、空间开发与管理、环境建设与资源利用。具体规划工作流程图如图 3.3 所示。

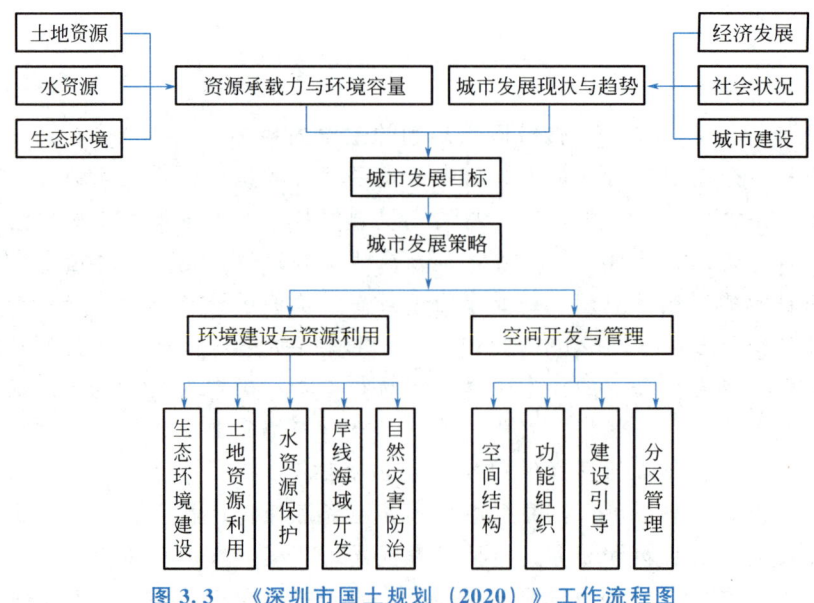

图 3.3 《深圳市国土规划（2020）》工作流程图

3. 承上启下、统筹协同

国土空间规划以空间治理和空间结构优化为主要内容，细化落实发展规划对国土空间开发保护的要求，是实施国土空间用途管制和生态保护修复的重要依据，对专项规划具有空间性指导和约束作用。国土空间规划向上对接发展规划，向下指导和约束专项规划，在国家规划体系中具有承上启下的重要作用。以自然资源部门为引领，协同发展改革委、住房和城乡建设部、国家林草局、农业农村部、交通运输部、生态环境部等部门，在发展战略和目标、空间结构优化、重大生产力布局等问题上，加强部门联合攻关，推进主要规划目标、重大项目部署等方面的衔接，建立上下层级清晰、部门分工明确的国土空间规划体系。

规划编制应同步推进，自上而下、上下联动；协同划定生态保护红线、永久基本农田、城镇开发边界。坚持城乡协同，推进城乡基本公共服务均等化；坚持区域联动，控制全域国土空间总体开发强度，促进都市圈、城市群有序发展。

知识链接

经济区的类型

经济区也可以划分为以下多种类型。

（1）聚类经济区，国外称之为均质区。其中，有的是经济发展水平或发展速度相类似的聚类经济区，也有的是经济结构特征或产业优势和发展方向相似的聚类经济区。

（2）经济协作区。其是根据各地区经济发展条件、经济联系而组织起来的地域单元。经济协作区是加强区域经济横向联合的一种重要形式。它和经济发展区域化的趋势相适应。

（3）经济特区。它是享有较多优惠政策，有一定相对独立性和特殊管理的地域，如出口加工区、保税区、经济技术开发区、工业开发区等。

（4）部门经济区。其是根据某些资源或产业相对集中，或者按主导产业为标志划分出来的地域，如工业区、农业区、能源区、矿区、加工工业区、风景旅游区、商业贸易区等。

（5）综合经济区，即通常一般所说的经济区。其经济门类较多，内部有紧密的联系，都有经济中心城市和广阔的乡镇结合在一起的区域。

4. 摸清家底、因地制宜

国土空间规划在资源环境承载力和国土空间开发适宜性评价的基础上全面摸清国土空间家底，分析区域资源禀赋与环境条件，研判国土空间开发利用问题和风险，找出优势与短板，识别生态保护极重要区，明确农业生产、城镇建设的最大合理规模和适宜空间。为编制国土空间规划，优化国土空间开发保护格局，完善区域主体功能定位，要做到"宜农则农，适城则城，必保则保"。根据城镇空间、农业空间、生态空间（三区）科学合理划定生态保护红线、永久基本农田、城镇开发边界三条控制线（三线），为实施国土空间生态修复和国土综合整治重大工程提供基础性依据。"三区三线"划定流程图和"三区三线"示意图如图3.4、图3.5所示。

5. 底线约束、保护优先

坚持最严格的生态环境保护制度、耕地保护制度和节约用地制度，维护国土安全。三条控制线作为调整经济结构、规划产业发展、推进城镇化不可逾越的红线，是中华民族永续发展的基础。以底线思维为出发点，根据各类控制线的相关法律法规、政策要求，科学合理地划定生态保护红线、永久基本农田、城镇开发边界，同步划定历史文化、各类海域及矿产资源等其他需要保护和控制的底线并提出相应控制要求，为可持续发展预留空间。

6. 逐级传导、分类编制

国土空间规划分为五级三类，规划自上而下编制，规定下级规划要服从上级规划，按

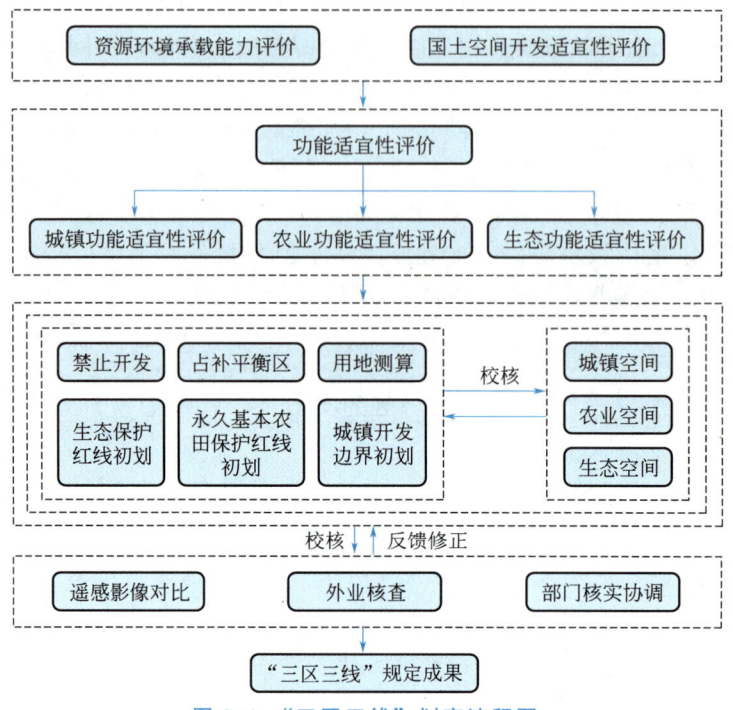

图 3.4 "三区三线"划定流程图

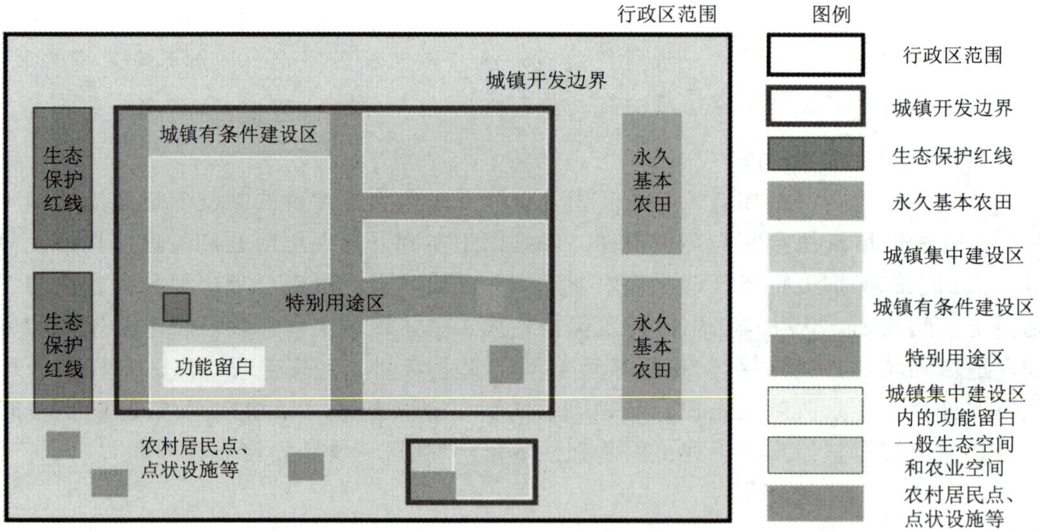

图 3.5 "三区三线"示意图

照"国家—省—市—县—镇（乡）"五级层层传导落实，各级总体规划在规划传导手段上，采取分区传导、指标控制、边界管控、名录管理、政策规定等方法。

7. 以人为本、提升品质

坚持以人民为中心，优化国土空间功能和布局，统筹生产、生活、生态空间，增加开敞空间和公共活动空间，改善人居环境，实现高质量发展、高品质生活。把群众满意度作为衡量规划水平的标准。

8. 多方参与、科学决策

按照"政府组织、专家领衔、部门合作、公众参与、科学决策"的工作组织方式，坚持落实责任、部门协同，坚持"开门编规划"，强化规划全过程公众参与，扩大公众和社会各界参与程度，不断完善公众参与制度，建立专家咨询机制，发挥不同领域专家的作用，提高规划科学决策水平。

3.3.3 国土空间规划的管控方法

1. 国土空间用途管制

对所有国土空间分区分类实施用途管制，对于城镇开发边界内的建设，实行"详细规划＋规划许可"的管制方式；对于城镇开发边界外的建设，按照主导用途分区，实行"详细规划＋规划许可"和"约束指标＋分区准入"的管制方式。对以国家公园为主体的自然保护地、重要海域和海岛、重要水源地、文物等实行特殊保护制度。因地制宜制定用途管制制度，为地方管理和创新活动留有空间。

（1）设置空间准入条件。根据不同类型国土空间的自然与经济属性制定差别化的用途管制规则，根据保护目标和开发利用特点制定不同的空间准入和用途转用规定。上级政府要制定符合未来发展要求的开发利用与保护条件（如建设规模、强度、布局、环境保护等），并要求各级政府、职责部门严格依法进行项目预审和审批，确保使用者具有依据管制规则开发利用国土空间的能力和意识。

（2）限制国土空间用途转用。统筹各类国土空间保护与合理利用，实现耕地保有量、森林覆盖率、自然岸线保有率、环境质量等同步提升。通过严格限制国土空间用途转用，维护在市场竞争中处于劣势的开发与保护活动，同时维护国土空间规划的严肃性，保证各类开发利用活动符合资源环境承载力和国土空间开发适宜性的要求。增强刚性约束力和弹性调节灵活性，总量严格管控与年度规模动态调整相结合，以保障重大建设项目落地。建立严格用途转用下的弹性调节方法。对基本农田、自然资源岸线、生态红线内区域要强化其管制刚性，原则上禁止改变用途；对其他一般性农用地、生态空间等，允许根据社会经济发展需求进行合理调整，但必须设置严格的调整规定。同时，对土地要探索以"盘活存量"取代"占补平衡"的调节方式，鼓励以"盘活存量"的方式来满足城乡新发展空间的需求。

（3）强化开发利用监管。要想实现国家国土空间开发与保护的利益目标，必须加强对国土开发利用的严格监管，对开发利用者各种偏离国家利益的倾向形成威慑，约束开发利用行为，使国土空间开发利用符合规划预期的目标。对国土空间开发利用活动的全过程进行监管，在区域层面上，加强对各级行政区域范围内城镇建设、农业生产、生态保护三类国土空间的综合监管，侧重对约束性指标数量和质量的双重考核；在功能区层面上，加强对各类功能区内开发与保护现状的监管，尤其是对城镇空间、农业空间、生态空间的实际开发与保护绩效进行评价和监管；在地块层面上，重视对项目落地实施情况的监管，完善建设项目用地或用海控制指标，加强对使用者执行空间准入前置条件的考核（包括建设项目容积率、投资强度、绿地率等具体指标，以及生态修复项目的实施成效等）。

2. 资源环境承载力和国土空间开发适宜性评价

按照《中共中央 国务院关于建立国土空间规划体系并监督实施的若干意见》要求，

资源环境承载能力和国土空间开发适宜性评价（简称"双评价"）是编制国土空间规划、完善空间治理的基础性工作，是优化国土空间开发保护格局、完善区域主体功能定位，划定生态保护红线、永久基本农田、城镇开发边界，确定用地用海等规划指标的参考依据。

资源环境承载是基于特定发展阶段、经济技术水平、生产生活方式和生态保护目标，一定地域范围内资源环境要素能够支撑农业生产、城镇建设等人类活动的最大合理规模。

国土空间开发适宜性是在维系生态系统健康和国土安全的前提下，综合考虑资源环境等要素条件，特定国土空间进行农业生产、城镇建设等人类活动的适宜程度。

编制县级以上国土空间总体规划，应先行开展"双评价"形成专题成果，随同级国土空间总体规划一并论证报批入库。县级国土空间总体规划可直接使用市级评价运算结果，强化分析，形成评价报告，也可有针对性地开展补充评价。双评价工作流程图如图3.6所示。

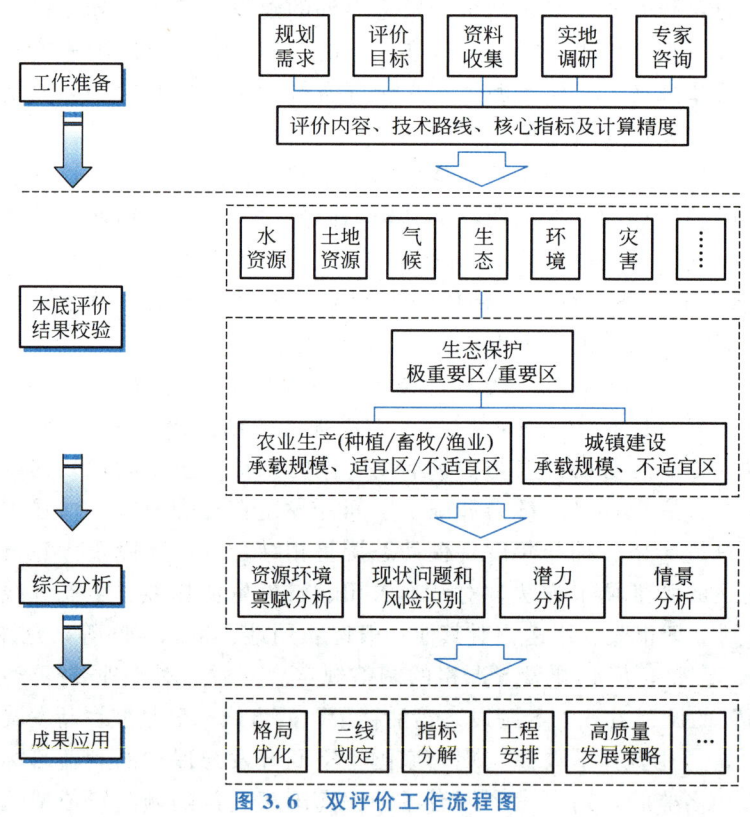

图 3.6　双评价工作流程图

3. 主体功能空间划定与区界管控

所谓空间的主体功能，是指基于不同区域的资源环境承载力、现有开发密度、未来发展潜力等因素综合考虑，将特定区域确定为某种特定主体功能定位类型（但并不排斥并兼容一定的其他功能）的一种空间单元。

在国土空间规划中划定各类不同功能空间的区界，是实现国土空间分层分级分类管控的重要抓手，其中最主要的是"三区三线"的内涵与特征，如表3-7所示。"三区三线"是要求严格管控的国土空间边界区域，亦是一定时期内的安全底线、约束界线和发展边界。其中，划定生态保护红线，实行最为严格的生态保护制度，是维护国家生态安全和实现可持续发展的安全底线；划定永久基本农田控制线，严控城镇化快速进程中对耕地尤其是对城市周边地区优质耕地的挤占，是维护国家粮食安全的约束界线；划定城镇开发边界控制线，是限制城市无序蔓延和优化国土开发空间格局的发展边界。"三区三线"作为国土空间规划的"底图"，是国土空间用途管制的基础。"三区三线"空间上互不重叠，但功能上相互渗透，其首要任务是对国土空间进行主体功能的划分。除主体功能外，三类空间范围内依然存在着一定的其他功能，如农业空间主要承担农产品供给，但区内仍会有一些生活功能和生态功能；城镇空间、生态空间亦然。

表 3-7 "三区三线"的内涵与特征

各类管控空间		内涵	特征
三区	生态空间	具有自然属性、以提供生态服务或生态产品为主体功能的国土空间，包括森林、草原、湿地、河流、湖泊、滩涂等各类生态要素	承担生态服务和生态系统维护等功能，以自然生态景观为主划定。该空间配套严格的保护规程，明确所禁止的开发建设行为，确保建立高标准的保护格局
	农业空间	以农业生产和农村居民生活为主体功能，承担农产品生产和农村生活功能的国土空间，包括永久基本农田、一般农田等农业生产用地，以及村庄等农村生活用地	承担农业生产和农村生活等功能。该空间已形成严格的农田保护体系，明确所保留的乡村居民点布局导向，以及允许适度的开发建设内容，维护田园生态格局
	城镇空间	以城镇居民生产、生活为主体功能的国土空间，包括已建和规划建设的城镇区域、产业集聚区块，以及开发建设需要管控的区域	承担城镇建设和发展城镇经济等功能。该空间要明确城市化空间布局，提出产业、基础设施、公共服务配套等建设导向，形成高效生产力布局
三线	生态保护红线	依法在重点生态功能区、生态环境敏感区和脆弱区等区域划定的严格管控边界	圈定生态空间范围内具有特殊或重要生态功能、必须强制性严格保护的区域，是保障和维护国家生态安全和实现可持续发展的底线和生命线
	永久基本农田控制线	需要永久性保护的基本农田区域	是农业生产空间中高产优质的耕地，是维护国家粮食安全的基本用地空间
	城镇开发边界控制线	城市周边独立、连续的管控界线，用以限制城市无序蔓延、管理城镇用地	根据城镇规划用地规模和国土开发强度控制要求，兼顾城镇布局和功能优化的弹性，应包括城镇建设用地规模控制区域和城镇潜在增长空间

4. 建立国土空间规划数据平台

国土空间规划数据平台要以国土资源、测绘地理信息等各类数据为基础。聚合集成政府和社会各类国土空间相关数据，覆盖国土空间规划、建设、运行治理等全生命周期。为各类与国土空间相关的规划、管理、决策、服务提供有力的信息支撑，有效提升国土空间治理能力的现代化水平。

（1）建立全面、翔实、准确的权威性国土空间数据资源体系。
（2）建立统一的国土空间数据资源信息化标准。
（3）建立国土空间基础信息云管理与服务平台。
（4）建立并完善国土空间基础信息应用服务的有效机制。

知识链接

国土空间基础信息平台建设总体框架

国土空间基础信息平台以云管理与服务平台为支撑，按照"共建、共用、互联、共享"的原则，建设国土空间基础信息资源体系和管理与服务体系，为国土空间规划编制、行政审批、空间开发利用监测监管、空间决策分析等工作提供空间数据和信息技术保障。

（1）接入基础测绘、遥感、土地、地质、矿产资源、地质环境、不动产等信息资源。
（2）共享发展改革委、生态环境部、住房和城乡建设部、交通运输部、水利部、农业农村部、国家林草局等部门国土空间相关信息。
（3）建成贯穿国家、省、市、县四级，部门联动、开放共享、安全可靠的分布式国土空间基础信息平台。

5. 一张蓝图、贯彻到底

通过编制国土空间规划可统一规划期限、基础数据、坐标系统、用地分类、目标指标和管控分区等规划基础；通过基础评价摸清国土空间的家底，进而科学划定"三区三线"，并将各类空间性规划的管控要素落到统一的一张底图上，由此实现开发保护的协调统一。规划一经批复，任何部门和个人不得随意修改、违规变更。坚持先规划后实施，不得违反国土空间规划进行各类开发建设活动，坚持"多规合一"，不在国土空间规划体系外另设其他空间规划，让所有的规划都能在一张蓝图上进行落地实施。

小 结

本章主要介绍了国土空间规划体系的产生、意义、分类、编制等内容。从不同层级的规划内容到规划的编制原则，再到规划的数据平台建立，旨在为国土空间的合理利用和有效保护提供科学、高效的管理手段。

国土空间规划体系的意义在于支撑城镇化健康发展，促进国土空间的合理利用和有效保护，推进生态文明建设和美丽中国的建设。这个体系包括了五级：国家级、省级、市级、县级和乡镇级的国土空间规划；三类：总体规划、详细规划、相关专项规划这三种类别；以及"四体系"：编制审批体系、实施监督体系、法规政策体系和技术标准体系。

国土空间规划体系是一个全国统一、权责清晰、科学高效的规划体系，它的建立对于推动我国经济社会可持续发展具有重要而深远的意义。

一、单项选择题

1. 下列关于国土空间规划体系中详细规划的表述，正确的是（　　）。
   A. 详细规划的主要内容要纳入相关专项规划
   B. 详细规划要统筹和综合平衡各相关专项领域的空间要求
   C. 详细规划要依据批准的国土空间总体规划进行编制和修改
   D. 详细规划要发挥统领作用

2. 根据《中共中央 国务院关于建立国土空间规划体系并监督实施的若干意见》，下列关于国土空间规划的说法中，不正确的是（　　）。
   A. 国土空间规划是对一定区域国土空间开发保护在空间和时间上作出的安排
   B. 国土空间规划包括总体规划、详细规划和相关专项规划
   C. 全国国土空间规划侧重协调性
   D. 市县和乡镇国土空间规划侧重实施性

3. 根据《中共中央 国务院关于建立国土空间规划体系并监督实施的若干意见》，下列关于专项规划的说法中，不正确的是（　　）。
   A. 自然保护地等专项规划跨行政区域或流域的国土空间规划，由所在区域或上一级自然主管部门牵头组织编制，报同级政府审批
   B. 相关专项规划要服从总体规划、详细规划
   C. 相关专项规划要遵循国土空间总体规划，不得违背总体规划强制性内容，其主要内容要纳入详细规划
   D. 不同层级、不同地区的专项规划结合实际选择编制的类型和精度

4. 下列关于国土空间规划编制目的的表述，不准确的是（　　）。
   A. 促进城乡差异化发展
   B. 坚持绿色、可持续发展
   C. 优化国土空间结构和布局
   D. 提升国土空间开发、保护的质量和效率

5. 下列体系中，不属于国土空间规划体系组成的是（　　）。
   A. 规划编制体系　　　　　　B. 实施监督体系
   C. 法规政策体系　　　　　　D. 技术标准体系

6. 下列关于全国国土空间规划作用和编制要求的表述，错误的是（　　）。
   A. 由自然资源部会同相关部门组织编制
   B. 落实全国主体功能区规划
   C. 是对全国国土空间作出的全局安排
   D. 是全国国土空间保护、开发、利用、修复的政策和总纲

二、多项选择题

1. 编制国土空间规划应（　　）。
   A. 体现战略性　B. 提高科学性　C. 加强协调性　D. 强化指导性　E. 注重操作性

2. 下列关于国土空间总体规划审批事项的表述，正确的有（   ）。
A. 全国国土空间规划由国务院审批
B. 省级国土空间规划经同级人大常委会审议后报国务院审批
C. 市级国土空间总体规划由省级政府审批
D. 县级国土空间规划由省级政府确定规划审批程序
E. 乡镇国土空间规划由市级政府确定规划审批程序

3. 我国的国土空间用途管制的具体措施包括哪些？（   ）
A. 对城镇开发边界内实行"详细规划＋规划许可"管制
B. 探索以"盘活存量"取代"占补平衡"的土地调节方式
C. 建立区域、功能区、地块三个层级的开发利用监管机制
D. 对国家公园、重要水源地等区域实行特殊保护制度
E. 允许动态调整永久基本农田控制线以满足发展需求

三、思考题

1. 简述我国国土空间规划的"五级三类四体系"都包括哪些内容。
2. 简述"五级"国土空间规划的主要内容。
3. 简述"三类"国土空间规划的主要内容。
4. 简述国土空间规划的基本要求。

在线答题

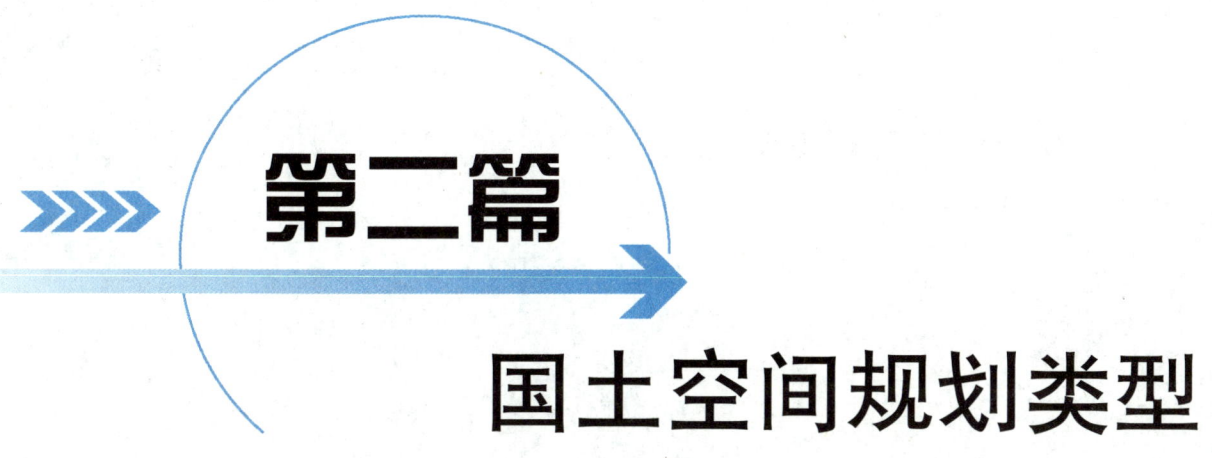

第二篇
国土空间规划类型

第 4 章 国土空间总体规划

教学要求

通过对省级、市级、县级、乡镇级国土空间总体规划主要内容的学习,掌握各级总体规划编制的规划总则、基础研究、方案编制、成果构成及要求、规划强制性内容、成果应用等技术细则。

教学目标

能力目标	知识要点	权重
掌握省级国土空间规划编制内容	规划总则、准备工作、基础研究、方案编制、方案论证、成果构成及要求、成果应用	25%
掌握市级国土空间规划编制内容	规划总则、基础研究、方案编制、规划强制性内容、公众参与和多方协同、成果构成及要求、审查要求	25%
掌握县级国土空间规划编制内容	规划总则、基础研究、方案编制、成果构成及要求、规划强制性内容、成果提交、成果报批、规划实施	25%
掌握乡镇级国土空间规划编制内容	规划总则、基础研究、方案编制、规划强制性内容、成果构成及要求、成果提交、规划实施	25%

章节导读

全面启动国土空间规划编制,实现"多规合一"

各级自然资源主管部门要将思想和行动统一到党中央的决策部署上来,按照《中共中央 国务院关于建立国土空间规划体系并监督实施的若干意见》要求,主动履职尽责,建立"多规合一"的国土空间规划体系并监督实施。按照自上而下、上下联动、压茬推进的原则,抓紧启动编制全国、省级、市县和乡镇国土空间规划(规划期至 2035 年,展望至 2050 年),尽快形成规划成果。

各地不再新编和报批主体功能区规划、土地利用总体规划、城镇体系规划、城市(镇)总体规划、海洋功能区划等。已批准的规划期至 2020 年后的省级国土规划、城镇体系规划、主体功能区规划,城市(镇)总体规划,以及原省级空间规划试点和市县"多规合一"试点等,要按照新的规划编制要求,将既有规划成果融入新编制的同级国土空间规划中。

——《自然资源部关于全面开展国土空间规划工作的通知》2019年5月28日

4.1 省级国土空间规划编制内容

省级国土空间规划的编制主体为省级人民政府,由省级自然资源主管部门会同相关部门开展具体编制工作。按照政府主导、专家领衔、部门合作、公众参与、科学决策的方式进行规划。编制主要包括准备工作、基础研究、方案编制、方案论证、规划公示、成果报批、规划公告等主要程序。结合《省级国土空间规划编制指南(试行)》以及《省级国土空间规划编制技术规程》,省级国土空间规划编制包含以下基本内容。

4.1.1 规划总则

1. 规划定位

省级国土空间规划是对全国国土空间规划纲要的落实和深化,是一定时期内省域国土空间保护、开发、利用、修复的政策和总纲,是编制省级相关专项规划、市县等下位国土空间规划的基本依据,在国土空间规划体系中发挥承上启下、统筹协调作用,具有战略性、协调性、综合性和约束性。

2. 规划任务

(1)落实全国国土空间规划纲要的目标任务,做好规划传导,明确省域国土空间保护、开发、利用、修复的战略目标;

(2)在全面摸清省域国土空间本底条件的基础上,通过开展资源环境承载能力和国土空间开发适宜性评价,确定优化国土空间布局的总体要求,统筹落实耕地和永久基本农田,生态保护红线城镇开发边界三条控制线(以下简称三条控制线),明确省域地震、地质灾害、洪涝等自然灾害综合风险重点防控区域,明确农业、生态和城镇空间总体格局,优化完善县级行政区主体功能定位,推动主体功能区战略传导落地的整体安排;

(3)提出优化国土空间开发保护布局和土地利用结构的方案,明确农业、生态、城镇、海洋等功能空间布局优化方向、重点任务和主要指标;

(4)提出保障和支撑省域新型城镇化和乡村振兴、促进区域协同发展的城镇空间布局,优化人地关系和多元空间形态;

(5)保护、传承、利用文化遗产和自然遗产,明确省域内国家遗产保护的空间框架和彰显地域自然人文特色的总体方案;

(6)强化交通、水利、能源、防灾减灾等支撑体系建设,衔接并细化全国国土空间规划纲要和国家级相关专项规划要求;

(7)提出促进区域协调发展的空间指导约束政策,加强省际的协调对接,以及省域重点地区的协调指引；

（8）提出有效的规划传导和规划实施保障措施。

3. 编制原则

1）坚守底线、绿色发展

统筹发展和安全，严守粮食、生态、水资源、能源资源等安全底线，落实最严格的耕地保护制度、最严格的节约用地制度、最严格的水资源管理制度和最严格的生态环境保护制度。坚持人与自然和谐共生，协调人口资源环境关系，优化国土空间开发保护格局，促进形成绿色低碳发展方式和生产生活方式。

2）区域协调、城乡融合

统筹落实区域重大战略、区域协调发展战略、主体功能区战略和新型城镇化、乡村振兴战略，加强区域、流域、城乡、陆海统筹协调，促进城乡融合，解决国土空间的突出矛盾冲突，形成主体功能约束有效、国土开发有序的空间格局，支撑新发展格局。

3）以人为本、品质提升

以满足人民对美好生活的向往为目标，坚持增进人民福祉，改善人居环境，提升国土空间品质。践行绿水青山就是金山银山的理念，建设美丽国土，促进形成生产、生活、生态相协调的空间格局，推动高质量发展，满足高品质生活。

4）因地制宜、彰显特色

立足省域资源禀赋、发展阶段、重点问题和治理需求，尊重自然规律和经济规律，发挥比较优势，体现地域文化和自然特色，保护传承历史文化遗产，确定国土空间开发利用保护修复多目标平衡的空间方案。

5）数据驱动、共建共治

充分利用大数据等技术手段，推动规划数字化转型，依托国土空间基础信息平台和国土空间规划"一张图"实施监督信息系统，实现互联互通。加强社会协同和公众参与，充分听取公众意见，发挥专家作用，实现共建共治共享。

4. 规划范围

行政管辖区内的全部国土空间，包括陆地国土和省管辖海域。

5. 规划期限

规划期限一般为15年，近期安排一般为5年，并与全国国土空间规划纲要衔接一致。

6. 编制依据

规划编制依据为自然资源管理、国土空间规划等相关的法律法规，全国国土空间规划纲要及有关政策文件。

4.1.2 准备工作

1. 组织准备

制订工作方案，明确决策机制、工作目标、任务分工、时间进度、经费保障等安排。开展部门协作，与相关部门联动，研究规划重大问题，共同推进规划编制工作。组建涵盖国土空间规划、生态环境、经济社会、历史文化、防灾减灾等多领域多行业的国土空间规划编制专家咨询团队和技术支撑团队。

2. 技术准备

1) 收集整理基础资料

收集整理自然地理、自然资源、生态环境、经济、社会、文化、基础设施、城乡建设、国防安全、灾害风险等方面的基础数据和资料，以及相关规划成果、审批数据。涉密数据按照保密要求进行收集和管理。

2) 规划底图底数

国土空间现状数据以实景三维中国为统一的时空基底，以全国国土调查成果和规划基期年法定国土变更调查成果为基础，充分结合地理国情、森林、草原、湿地、海洋等专项调查数据以及其他测绘地理信息数据。经济社会发展等数据以人口普查、经济社会统计年鉴和其他专业统计年鉴为基础。

4.1.3 基础研究

1. 研究目的

梳理编制背景和战略任务要求，确定规划编制技术路线，见图 4.1，对专项研究和规划编制主体内容提出综合设计方案。开展现状评价与风险评估，综合考虑人口结构、经济发展、科技进步、气候变化等趋势，识别国土空间开发利用主要问题、面临的机遇和挑战，明确省域空间发展定位和战略目标。

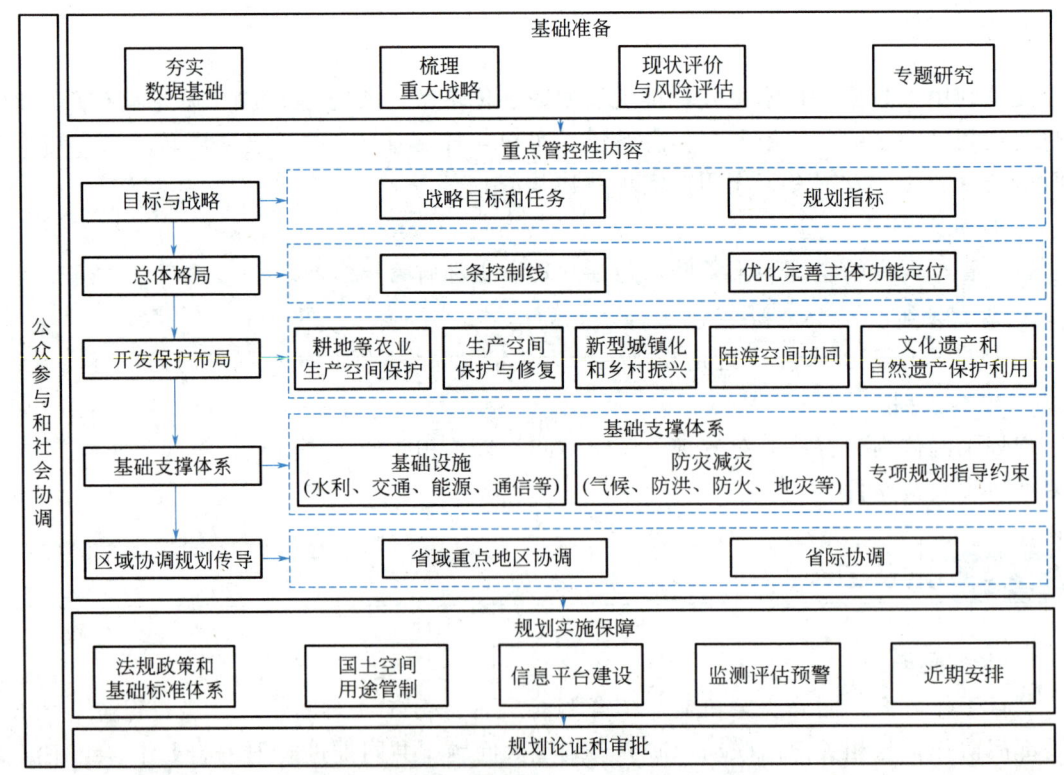

图 4.1 省级国土空间规划编制技术路线图

2. 研究主要内容

基础研究的主要内容应包括：
（1）背景分析；
（2）总体要求和框架；
（3）总体技术方案；
（4）规划重大问题专题研究方案；
（5）规划实施保障措施。

3. 现状评价与风险评估

通过资源环境承载能力和国土空间开发适宜性评价，分析区域资源环境禀赋特点，识别省域重要生态系统，明确生态功能极重要和极脆弱区域，提出农业生产、城镇发展的承载规模和适宜空间。

从数量、质量、布局、结构、效率等方面，评估国土空间开发保护现状问题和风险挑战。结合城镇化发展、人口分布、经济发展、科技进步、气候变化等趋势，研判国土空间开发利用需求；在生态保护、资源利用、自然灾害、国土安全等方面识别可能面临的风险，并开展情景模拟分析。

4. 专题研究

各地可结合实际，开展国土空间开发保护重大问题研究，如国土空间目标战略、城镇化趋势、开发保护格局优化、人口产业与城乡融合发展、空间利用效率和品质提升、基础设施与资源要素配置、历史文化传承和景观风貌塑造、生态保护修复和国土综合整治、规划实施机制和政策保障等。要加强水平衡研究，综合考虑水资源利用现状和需求，明确水资源开发利用上限，提出水平衡措施。量水而行，以水定城、以水定地、以水定人、以水定产，形成与水资源、水环境、水生态、水安全相匹配的国土空间布局。沿海省份应开展海洋相关专题研究。

4.1.4 方案编制

1. 战略目标和任务

落实国家发展规划和全国国土空间规划纲要确定的国土空间开发保护战略目标和重大任务要求。

（1）立足省域资源环境禀赋和经济社会发展阶段特征，针对国土空间开发保护突出问题和演化趋势，明确省域国土空间发展的总体定位；

（2）统筹发展和安全，统筹陆海国土空间开发保护，严守国土空间安全底线，协调人地关系，优化城镇体系，促进城乡融合，提升国土空间资源利用效率，彰显文化和自然特色，整体谋划省域国土空间开发保护总体格局；

（3）完善规划指标体系，明确省级国土空间开发保护的量化指标，并将重要指标分解到下一层级；国土空间规划指标体系表见表4-1。

表 4-1 国土空间规划指标体系表

序号	名称	单位	属性
1	耕地保有量	hm²	约束性
2	永久基本农田保护面积	hm²	约束性
3	生态保护红线面积	km²	约束性
4	大陆自然岸线保有率	%	约束性
5	自然保护地陆域面积占陆域国土面积比例	%	预期性
6	森林覆盖率	%	预期性
7	草原综合植被盖度	%	预期性
8	湿地保护率	%	预期性
9	水域空间保有量	hm²	预期性
10	用水总量	m³	约束性
11	单位国内生产总值建设用地使用面积下降	%	预期性

2. 总体格局

1）安全发展的空间基础

将耕地和永久基本农田、生态保护红线、城镇开发边界三条控制线作为构建国土空间开发保护总体格局的基础。按照耕地和永久基本农田、生态保护红线、城镇开发边界划定优先序，统筹确定省域优化国土空间的布局结构。

根据省域特点，细化三条控制线管控规则，确保以三条控制线为基础编制市县乡级国土空间规划。

强化自然灾害综合风险防控、能源和战略性矿产资源保障、历史文化遗产保护等其他安全发展的空间基础。

2）国土空间开发保护格局的构建和优化

按照全国国土空间规划纲要确定的国土空间开发保护格局和主体功能区战略格局，基于耕地和永久基本农田、生态保护红线、城镇开发边界三条控制线划定成果，提出省域承载多种功能、优势互补、区域协同的主体功能综合布局方案，统筹确定农产品主产区、重点生态功能区和城市化地区格局优化的重点区域。

3）农业生产空间保护

耕地和永久基本农田保护红线围合的空间是农业空间保护的主要部分。严格落实全国国土空间规划纲要确定的耕地和永久基本农田保护任务，确保数量不减少、质量不降低、生态有改善、布局有优化。

4）生态空间保护与修复

生态保护红线围合的空间是生态空间保护的主要部分，广义的生态空间涵盖承担城乡生态功能的空间。严格落实全国国土空间规划纲要确定的生态保护红线保护任务，依据生态功能重要性、脆弱性评价结果，围绕提升陆海生态系统的原真性、完整性和连通性，优化生态空间布局，加强重点生态系统保护修复。

第4章 国土空间总体规划

5)新型城镇化和乡村振兴

结合主体功能区优化完善方案,综合考虑经济社会、产业发展、人口与资源环境等因素,落实乡村振兴战略和城乡融合发展要求,促进形成以城市群和都市圈、中心城市为主要形态,大中小城市和小城镇协调发展的城乡空间结构。

6)陆海空间协同

按照陆海统筹要求,优化海洋空间布局,促进陆海空间协同发展。

7)文化遗产和自然遗产保护利用

确保重要文化遗产和自然遗产得到系统性保护,延续历史文脉,突出地方特色。

8)基础支撑体系

落实国家重大水利、交通、能源资源、信息通信等基础设施项目,明确空间布局和规划要求。明确省级重大基础设施项目及建设时序安排,确定重点项目表。明确省级综合防灾减灾重大项目布局及时序安排,并纳入重点项目表。综合统筹相关专项规划的空间需求,协调空间矛盾冲突,保障合理用地需求。各类涉及空间利用的专项规划应做好与国土空间规划的协调衔接,并纳入同级国土空间规划"一张图"。

9)区域协调发展的空间指引

(1)省域重点地区协调。

省域重点地区协调的内容主要包括:①省内重要生态空间和流域统筹,协调空间矛盾冲突,明确分区发展指引和管控要求,促进整体保护和修复;②明确省域重点区域的引导和协调方向,提出资源要素配置和空间布局结构优化要求,重点区域主要包括城市群、都市圈、人口流失城市、资源枯竭型城市、传统工矿城市、革命老区等;③对保障粮食安全、生态安全、经济安全、边疆安全、文化安全、能源资源安全等具有特殊功能的区域,优化细化主体功能定位,提出差别化管控要求,促进各类要素合理流动和高效集聚;④加强规划编制军地统筹协调,加强与各省军区(卫戍区、警备区)的对接协调,兼顾军事设施保护建设的需要,并按照规定书面征求有关军事机关的意见。

(2)省际协调。

与相邻省份在跨省流域协调管控、水资源管控、生态保护、环境治理、产业发展、公共服务、基础设施等方面进行协商对接,根据区域空间组织与空间营造特点,拟定需要共同遵守的空间管控规则,确保省际生态格局完整、环境协同共治、产业优势互补、基础设施互联互通、公共服务共建共享。

10)规划实施保障

(1)健全配套政策机制。

省级国土空间规划编制,要完善细化主体功能区配套政策和制度安排,建立健全自然资源调查监测、资源资产管理、有偿使用、用途管制、生态保护修复等方面的规划实施保障机制及政策措施。

(2)完善国土空间基础信息平台建设。

将现状数据及规划数据纳入省级国土空间基础信息平台,汇总市县基础数据和规划数据。依托国土空间基础信息平台,构建国土空间规划"一张图",推动实现数据的互联互通。

(3)建立规划监测评估预警制度。

省级自然资源主管部门会同有关部门动态监测省级国土空间规划实施情况,定期评估省级国土空间规划主要目标、空间布局、重大工程等执行情况，以及各市县对省级国土空间规划的落实情况，对规划实施情况开展动态监测、评估和预警。

（4）近期安排。

结合发展规划确定的"十四五"规划重点任务，明确近期规划安排。确定约束性和预期性指标，并分解下达至下级规划，明确推进措施。

11）规划环境影响评价

规划环境影响评价应遵循客观公正、充分协调、可操作性原则，在规划编制的早期阶段介入，在规划前期研究和方案编制、论证、审定等关键环节和过程中充分互动。其包括生态环境与资源利用现状分析、环境影响预测评价、规划方案环境合理性论证和优化调整建议等内容，采用定性与定量相结合的方法。

4.1.5 方案论证

规划编制应遵循自然、经济和社会发展规律，充分听取专家、部门和公众意见，并对规划中的重大问题和规划成果进行论证，提高规划的科学性和可行性。

（1）充分发挥各行业和各领域专家的作用，就规划编制中的重大问题、重要专题和规划方案开展专家咨询论证；

（2）征求发展改革、财政、生态环境、住房和城乡建设、交通运输、水利、农业农村、应急管理、林草等部门（单位）意见，共同完善规划方案；

（3）推动公众参与国土空间规划，在规划编制的主要阶段，采取举行座谈会、听证会等方式，利用报刊、网络等平台，广泛听取公众的意见和建议，协调各方利益，拓宽规划思路，充实规划内容，提高社会认知程度。

4.1.6 成果构成及要求

1. 规划文本

（1）战略目标和任务；
（2）总体格局；
（3）农业生产空间保护；
（4）生态空间保护与修复；
（5）新型城镇化和乡村振兴；
（6）陆海空间协同（沿海省份）；
（7）文化遗产和自然遗产保护利用；
（8）基础支撑体系；
（9）区域协调发展的空间指引；
（10）规划实施保障。

2. 规划附表

规划附表应包括规划指标表、耕地和永久基本农田保护面积指标表、生态保护红线面积表、城镇开发边界扩展倍数指标表、国家级和省级主体功能区名录、历史文化保护名录表、无居民海岛分区分类一览表、重点项目安排表、大陆自然岸线保有率指标表、自然保护地一览表、战略性矿产保障区名录一览表、特别振兴区名录一览表，各地可结合实际情况增加。

3. 规划图集

图集按照统一的图件基本要求和要素构成规划图集，规划图集应包括基础分析图和规划成果图。

1）基础分析图包括：
（1）区位分析图；
（2）地形地貌图；
（3）行政区划图；
（4）国土空间用地用海现状图；
（5）矿产资源分布图；
（6）自然保护地现状图；
（7）城镇体系现状图；
（8）综合交通现状图；
（9）历史文化保护现状图；
（10）水利基础设施现状图；
（11）地质、水文、灾害、海洋环境质量等其他现状图；
（12）资源环境承载能力和国土空间开发适宜性评价图（包括单因子评价和综合承载能力评价图）等。

2）规划成果图包括：
（1）国土空间开发保护格局图；
（2）耕地和永久基本农田保护红线图；
（3）生态保护红线图；
（4）城镇开发边界图；
（5）三条控制线图；
（6）国家级和省级主体功能区分布图；
（7）农产品主产区格局优化图；
（8）重点生态功能区格局优化图；
（9）城市化地区格局优化图；
（10）主要灾害重点防控区域规划图；
（11）海洋空间功能布局图；
（12）文化遗产与自然遗产整体保护空间体系图；
（13）自然保护地体系规划图；
（14）生物多样性保护规划图；
（15）水资源安全保障和水源涵养保护规划图；
（16）重点基础设施规划图；
（17）海岸带保护利用规划图；
（18）生态修复和国土综合整治规划图；

（19）能源资源安全保障规划图；
（20）陆海统筹战略格局图；
（21）其他相关图件。

4. 规划说明

规划说明是对规划文本的补充，主要包含以下内容。

（1）规划编制基础。编制背景、依据，数据采用情况等。

（2）规划协调衔接。与相关规划在发展定位、规划目标、空间格局等方面的衔接情况。

（3）规划目标定位。规划定位和战略的确定依据，规划目标确定和规划指标体系构建依据，规划指标测算和分解的依据。

（4）规划空间格局。国土空间格局的确定依据，国家级和省级主体功能区优化完善的确定依据。

（5）国土空间布局。农业空间、生态空间、城镇空间、海洋空间优化布局，以及陆海协同、区域协调的依据和分级分类管控的思路。

（6）历史文化传承。整体保护、系统活化利用文化遗产和自然遗产的思路和举措，包括构建国家遗产保护空间体系、完善空间保障和管控政策、合理利用风景名胜资源的综合价值等。

（7）支撑体系。资源、能源、基础设施、防灾减灾等支撑体系的确定思路。

（8）规划方案论证。对规划方案进行组织可行性、技术可行性、经济可行性论证的结论，以及规划方案实施后可能产生的社会经济影响评价。

（9）规划环境影响评价。分析省域主要生态环境问题及成因，对规划实施可能造成的环境影响和风险进行分析、预测和评估，提出预防或减缓不良环境影响的对策和措施。

（10）其他。规划需要具体说明的其他重要问题。

5. 国土空间规划"一张图"实施监督信息系统评估报告

评估国土空间规划"一张图"实施监督信息系统的数据是否完备、是否符合有关数据库要求、是否具备初步规划审查功能，评价系统功能模块的完整性和实际管理应用情况，以及支撑国土空间规划编制审批、实施监管全周期管理的能力。

6. 专题报告

根据规划主要内容要求，结合区域国土空间开发利用存在的问题和区域特点，开展国土空间规划专题研究形成的成果集，包括专题研究报告、基础研究数据集、分析图等相关成果。

7. 其他资料

其他资料包括规划编制过程中形成的工作报告、基础资料、会议纪要、部门意见、专家论证意见、公众参与记录等。

4.1.7 成果应用

国土空间规划经批准后，对社会进行公告。对市县执行、落实情况进行动态评估、监测和预警。规划经批准后不得随意调整，确需调整的，需遵照有关规定进行。

4.1.8 成果案例

以《山东省国土空间规划（2021—2035年）》公示稿为例，山东省国土空间开发保护格局图如图4.2所示。

图 4.2　山东省国土空间开发保护格局图

规划范围为山东省行政辖区内的全部国土空间，包括陆域国土和省管辖海域。规划期限为2021—2035年，近期至2025年，远景展望至2050年。主要目录如下：

前言
第一章　规划背景
第二章　指导思想和战略目标
第三章　基于"三区三线"构建国土空间新格局
第四章　打造高质高效农业空间
第五章　保育永续利用生态空间
第六章　建设强核聚力城镇空间
第七章　构筑和谐多元海洋空间
第八章　塑造齐风鲁韵魅力空间
第九章　夯实安全韧性基础支撑
第十章　加强区域开放协调联动
第十一章　规划实施监督保障

【观察与思考】
省级国土空间规划注重协调性，如何理解协调性？与市级国土空间规划如何衔接？

4.2 市级国土空间规划编制内容

市级国土空间总体规划，作为"五级三类"规划体系中非常重要的一级，承上启下，事关国家战略部署的落实与民生的改善。相对于国家和省级国土空间规划，市级国土空间总体规划更侧重实施性。基于市级政府的事权及其在国家治理体系中的重要地位，市级国土空间总体规划的实施性具有复合性的特点，既具有战略引领性，也具有刚性管控作用，还具有指导规划建设的引导性。

目前市级国土空间规划相关政策规范主要有《市级国土空间总体规划编制指南（试行）》《市级国土空间总体规划数据库规范（试行）》《市级国土空间总体规划制图规范（试行）参考样图集》。

4.2.1 规划总则

1. 规划定位

市级总规是城市为实现"两个一百年"奋斗目标制定的空间发展蓝图和战略部署，是城市落实新发展理念，实施高效能空间治理，促进高质量发展和高品质生活的空间政策，是市域国土空间保护、开发、利用、修复和指导各类建设的行动纲领。市级总规要体现综合性、战略性、协调性、基础性和约束性，落实和深化上位规划要求，为编制下位国土空间总体规划、详细规划、相关专项规划和开展各类开发保护建设活动、实施国土空间用途管制提供基本依据。

2. 工作原则

1）贯彻新时代新要求

坚持以人民为中心的发展思想，从社会全面进步和人的全面发展出发，塑造高品质城乡人居环境，不断提升人民群众的获得感、幸福感、安全感；坚持底线思维，在习近平生态文明思想和总体国家安全观指导下编制规划，将城市作为有机生命体，探索内涵式、集约型、绿色化的高质量发展新路子，推动形成绿色发展方式和生活方式，增强城市韧性和可持续发展能力；坚持陆海统筹、区域协同、城乡融合，落实区域协调发展、新型城镇化、乡村振兴、可持续发展和主体功能区等国家战略；坚持一切从实际出发，立足本地自然和人文禀赋以及发展特征，发挥比较优势，因地制宜开展规划编制工作，突出地域特点、文化特色、时代特征。

2）突出公共政策属性

坚持体现市级总规的公共政策属性，坚持问题导向、目标导向、结果导向相结合，坚持以战略为引领，按照"问题—目标—战略—布局—机制"的逻辑，针对性地制定规划方案和实施政策措施，确保规划能用、管用、好用，更好发挥规划在空间治理能力现代化中的作用。

3）创新规划工作方法

坚持开门编规划，践行群众路线，将共谋、共建、共享、共治贯穿规划工作全过程，广泛凝聚社会智慧；强化城市设计、大数据、人工智能等技术手段对规划方案的辅助支撑作用，提升规划编制和管理水平。

3. 规划范围、期限和层析

规划范围包括市级行政辖区内全部陆域和管辖海域国土空间；本轮规划目标年为2035年，近期至2025年，远景展望至2050年。

市级总规一般包括市域和中心城区两个层次。市域要统筹全域全要素规划管理，侧重国土空间开发保护的战略部署和总体格局；中心城区要细化土地使用和空间布局，侧重功能完善和结构优化；市域与中心城区要落实重要管控要素的系统传导和衔接。

4.2.2 基础研究

1. 统一底图底数

各地应在第三次国土调查的基础上，按照国土空间用地用海分类、城区范围确定等部门有关标准规范，形成符合规定的国土空间利用现状和工作底数。统一采用2000国家大地坐标系和1985国家高程基准作为空间定位基础，形成坐标一致、边界吻合、上下贯通的工作底图。沿海地区要增加所辖海域海岛底图底数。

各地应根据需要开展补充调查，并充分应用基础测绘和地理国情监测成果，收集自然资源、生态环境、经济产业、人口社会、历史文化、基础设施、城乡发展、区域协调、灾害风险、水土污染、海洋空间保护和利用等相关资料，以及相关规划成果、土地利用审批、永久基本农田等数据，加强基础数据分析。

2. 分析自然地理格局

研究当地气候和地形地貌条件、水土等自然资源禀赋、生态环境容量等空间本底特征，分析自然地理格局、人口分布与区域经济布局的空间匹配关系，开展资源环境承载能力和国土空间开发适宜性评价（以下简称"双评价"），明确农业生产、城镇建设的最大合理规模和适宜空间，提出国土空间优化导向。

3. 重视规划实施和灾害风险评估

开展现行城市总体规划、土地利用总体规划、市级海洋功能区划等空间类规划及相关政策实施的评估，评估自然生态和历史文化保护、基础设施和公共服务设施、节约集约用地等规划实施情况；结合自然地理本底特征和"双评价"结果，针对不确定性和不稳定性，分析区域发展和城镇化趋势、人口与社会需求变化、科技进步和产业发展、气候变化等因素对国土空间的影响，系统梳理国土空间开发保护中存在的问题，开展灾害风险评估。

4. 加强重大专题研究

重大专题研究可包括但不限于：（1）研究人口规模、结构、分布以及人口流动等对空间供需的影响和对策；（2）研究气候变化及水土资源、洪涝等自然灾害因素对空间开发保护的影响和对策；（3）研究重大区域战略、新型城镇化、乡村振兴、科技进步、产业发展等对区域空间发展的影响和对策;(4)研究交通运输体系和信息技术对区域空间发展的影响和对策;(5)研究公共服务、基础设施、公共安全、风险防控等支撑保障系统的问题和对策;(6)研究建设用地节约集约利用和城市更新、土地整治、生态修复的空间策略;(7)研究自然山水和人工环境的空间特色、历史文化保护传承等空间形态和品质改善的空间对策;(8)研究资源枯竭、人口收缩城市振兴发展的空间策略;(9)综合研究规划实施保障机制和相关政策措施。

5. 开展总体城市设计研究

将城市设计贯穿规划全过程。基于人与自然和谐共生的原则,研究市域生产、生活、生态的总体功能关系,优化开发保护的约束性条件和管控边界,协调城镇乡村与山水林田湖草海等自然环境的布局关系,塑造具有特色和比较优势的市域国土空间总体格局和空间形态。基于本地自然和人文禀赋,加强自然与历史文化遗产保护,研究城市开敞空间系统、重要廊道和节点、天际轮廓线等空间秩序控制引导方案,提高国土空间的舒适性、艺术性,提升国土空间品质和价值。

4.2.3 方案编制

1. 落实主体功能定位,明确空间发展目标战略

强化总体规划的战略引领和底线管控作用,促进国土空间发展更加绿色安全、健康宜居、开放协调、富有活力并各具特色。

(1)围绕"两个一百年"奋斗目标和上位规划部署,结合本地发展阶段和特点,并针对存在问题、风险挑战和未来趋势,确定城市性质和国土空间发展目标,提出国土空间开发保护战略。

(2)落实上位规划的约束性指标要求,结合经济社会发展要求,确定国土空间开发保护的量化指标(见表4-2、表4-3)。

表4-2 规划指标表　　　　　　　　　　　单位:km²

指标	规划基期年	规划近期目标年	规划目标年	指标属性
耕地保有量				
永久基本农田保护面积				
生态保护红线面积				
……				

表4-3 规划指标体系表

编号	指标项	指标属性	指标层级
一、空间底线			
1	生态保护红线面积(km²)	约束性	市域
2	用水总量(亿 m³)	约束性	市域
3	永久基本农田保护面积(km²)	约束性	市域

续表

编号	指标项	指标属性	指标层级
4	耕地保有量（km²）	约束性	市域
5	建设用地总面积（km²）	约束性	市域
6	城乡建设用地面积（km²）	约束性	市域
7	林地保有量（km²）	约束性	市域
8	基本草原面积（km²）	约束性	市域
9	湿地面积（km²）	约束性	市域
10	大陆自然海岸线保有率（%）	约束性	市域
11	自然和文化遗产（处）	预期性	市域
12	地下水水位（m）	建议性	市域
13	新能源和可再生能源比例（%）	建议性	市域
14	本地指示性物种种类	建议性	市域
二、空间结构与效率			
15	常住人口规模（万人）	预期性	市域、中心城区
16	常住人口城镇化率（%）	预期性	市域
17	人均城镇建设用地面积（m²）	约束性	市域、中心城区
18	人均应急避难场所面积（m²）	预期性	中心城区
19	道路网密度（km/km²）	约束性	中心城区
20	轨道交通站点800m半径服务覆盖率（%）	建议性	中心城区
21	都市圈1小时人口覆盖率（%）	建议性	市域
22	每万元GDP水耗（m³）	预期性	市域
23	每万元GDP地耗（m²）	预期性	市域
三、空间品质			
24	公园绿地、广场步行5分钟覆盖率（%）	约束性	中心城区
25	卫生、养老、教育、文化、体育等社区公共服务设施步行15分钟覆盖率（%）	预期性	中心城区
26	城镇人均住房面积（m²）	预期性	市域
27	每千名老年人养老床位数（张）	预期性	市域
28	每千人口医疗卫生机构床位数（张）	预期性	市域
29	人均体育用地面积（m²）	预期性	中心城区
30	人均公园绿地面积（m²）	预期性	中心城区
31	绿色交通出行比例（%）	预期性	中心城区
32	工作日平均通勤时间（分钟）	建议性	中心城区

续表

编号	指标项	指标属性	指标层级
33	降雨就地消纳率（%）	预期性	中心城区
34	城镇生活垃圾回收利用率（%）	预期性	中心城区
35	农村生活垃圾处理率（%）	预期性	市域

注：各地可因地制宜增加相应指标。

2. 优化空间总体格局，促进区域协调、城乡融合发展

落实国家和省的区域发展战略、主体功能区战略，以自然地理格局为基础，形成开放式、网络化、集约型、生态化的国土空间总体格局。

(1) 完善区域协调格局。注重推动城市群、都市圈交通一体化，发挥综合交通对区域网络化布局的引领和支撑作用，重点解决资源和能源、生态环境、公共服务设施和基础设施、产业空间和邻避设施布局等区域协同问题。城镇密集地区的城市要提出跨行政区域的都市圈、城镇圈协调发展的规划内容，促进多中心、多层次、多节点、组团式、网络化发展，防止城市无序蔓延。其他地区在培育区域中心城市的同时，要注重发挥县城、重点特色镇等节点城镇作用，形成多节点、网络化的协同发展格局。

(2) 优先确定生态保护空间。明确自然保护地等生态重要和生态敏感地区，构建重要生态屏障、廊道和网络，形成连续、完整、系统的生态保护格局和开敞空间网络体系，维护生态安全和生物多样性。

(3) 保障农业发展空间。优化农业（畜牧业）生产空间布局，引导布局都市农业，提高就近粮食保障能力和蔬菜自给率，重点保护集中连片的优质耕地、草地，明确具备整治潜力的区域，以及生态退耕、耕地补充的区域。沿海城市要合理安排集约化海水养殖和现代化海洋牧场空间布局。

(4) 融合城乡发展空间。围绕新型城镇化、乡村振兴、产城融合，明确城镇体系的规模等级和空间结构，提出村庄布局优化的原则和要求。完善城乡基础设施和公共服务设施网络体系，改善可达性，构建不同层次和类型、功能复合、安全韧性的城乡生活圈。

(5) 彰显地方特色空间。发掘本地自然和人文资源，系统保护自然景观资源和历史文化遗存，划定自然和人文资源的整体保护区域。

(6) 协同地上地下空间。提出地下空间和重要矿产资源保护开发的重点区域，处理好地上与地下、矿产资源勘查开采与生态保护红线及永久基本农田等控制线的关系。提出城市地下空间的开发目标、规模、重点区域、分层分区和协调连通的管控要求。

(7) 统筹陆海空间。沿海城市应按照陆海统筹原则确定生态保护红线，并提出海岸带两侧陆海功能衔接要求，制定陆域和海域功能相互协调的规划对策。

(8) 明确战略性预留空间，应对未来发展的不确定性。

3. 强化资源环境底线约束，推进生态优先、绿色发展

基于资源环境承载能力和国土安全要求，明确重要资源利用上限，划定各类控制线，作为开发建设不可逾越的红线。

(1) 落实上位国土空间规划确定的生态保护红线、永久基本农田、城镇开发边界（以下简称"三条控制线"）等划定要求，统筹划定"三条控制线"。各地可结合地方实际，

提出历史文化、矿产资源等其他需要保护和控制的底线要求。

（2）制定水资源供需平衡方案，明确水资源利用上限。按照以水定城、以水定地、以水定人、以水定产原则，优化生产、生活、生态用水结构和空间布局，重视雨水和再生水等资源利用，建设节水型城市。

（3）制定能源供需平衡方案，落实碳排放减量任务，控制能源消耗总量。优化能源结构，推动风、光、水、地热等本地清洁能源利用，提高可再生能源比例，鼓励分布式、网络化能源布局，建设低碳城市。

（4）基于地域自然环境条件，严格保护低洼地等调蓄空间，明确海洋、河湖水系、湿地、蓄滞洪区和水源涵养地的保护范围，确定海岸线、河湖自然岸线的保护措施。明确天然林、生态公益林、基本草原等为主体的林地、草地保护区域。

4. 优化空间结构，提升连通性，促进节约集约、高质量发展

依据国土空间开发保护总体格局，注重城乡融合、产城融合，优化城市功能布局和空间结构，改善空间连通性和可达性，促进形成高质量发展的新增长点。

（1）按照主体功能定位和空间治理要求，优化城市功能布局和空间结构，划分规划分区。其中，中心城区和沿海城市的海洋发展区应细化至二级规划分区。

（2）落实上位规划指标，以盘活存量为重点明确用途结构优化方向，确定全域主要用地用海的规模和比例，制定市域国土空间功能结构调整表。提出城乡建设用地集约利用的目标和措施。优先保障住房和各类重要公共服务设施用地，以及涉及军事、外事、殡葬等特殊用地。

（3）确定中心城区各类建设用地总量和结构，制定中心城区城镇建设用地结构规划表。提出不同规划分区的用地结构优化导向，鼓励土地混合使用。

（4）优化建设用地结构和布局，推动人、城、产、交通一体化发展，促进产业园区与城市服务功能的融合，保障发展实体经济的产业空间，在确保环境安全的基础上引导发展功能复合的产业社区，促进产城融合、职住平衡。

（5）提高空间连通性和交通可达性，明确综合交通系统发展目标，促进城市高效、安全、低能耗运行，优化综合交通网络，完善物流运输系统布局，促进新业态发展，增强区域、市域、城乡之间的交通服务能力。

（6）坚持公交引导城市发展，提出与城市功能布局相融合的公共交通体系与设施布局。优化公交枢纽和场站（含轨道交通）布局与集约用地要求，提高站点覆盖率，鼓励站点周边地区土地混合使用，引导形成综合服务节点，满足人民需求。

5. 完善公共空间和公共服务功能，营造健康、舒适、便利的人居环境

结合不同尺度的城乡生活圈，优化居住和公共服务设施用地布局，完善开敞空间和慢行网络，提高人居环境品质。

（1）基于常住人口的总量和结构，提出分区分级公共服务中心体系布局和标准，针对实际服务管理人口特征和需求，完善服务功能，改善服务的便利性。确定中心城区公共服务设施用地总量和结构比例。

（2）优化居住用地结构和布局，改善职住关系，引导政策性住房优先布局在交通和就业便利地区，避免形成单一功能的大型居住区。确定中心城区人均居住用地面积。严控高层高密度住宅建设。

（3）完善社区生活圈，针对人口老龄化、少子化趋势和社区功能复合化需求，重点提出医疗、康养、教育、文体、社区商业等服务设施和公共开敞空间的配置标准和布局要求，建设全年龄友好健康城市，以社区生活圈为单元补齐公共服务短板。

（4）按照"小街区、密路网"的理念，优化中心城区城市道路网结构和布局，提高中心城区道路网密度。

（5）构建系统安全的慢行系统，结合街道和蓝绿网络，构建连通城市和城郊的绿道系统，提出城市中心城区覆盖地上地下、室内户外的慢行系统规划要求，建设步行友好城市。

（6）结合市域生态网络，完善蓝绿开敞空间系统，为市民创造更多接触大自然的机会。确定结构性绿地、城乡绿道、市级公园等重要绿地以及重要水体的控制范围，划定中心城区的绿线、蓝线，并提出控制要求。

（7）在中心城区提出通风廊道、隔离绿地和绿道系统等布局和控制要求。确定中心城区绿地与开敞空间的总量、人均用地面积和覆盖率指标，并着重提出包括社区公园、口袋公园在内的各类绿地均衡布局的规划要求。

6. 保护自然与历史文化，塑造具有地域特色的城乡风貌

加强自然和历史文化资源的保护，运用城市设计方法，优化空间形态，突显本地特色优势。

（1）挖掘本地历史文化资源，梳理市域历史文化遗产保护名录，明确和整合各级文物保护单位、历史文化名城名镇名村、历史城区、历史文化街区、传统村落、历史建筑等历史文化遗存的保护范围，统筹划定包括城市紫线在内的各类历史文化保护线。保护历史性城市景观和文化景观，针对历史文化和自然景观资源富集、空间分布集中的地域和廊道，明确整体保护和促进活化利用的空间要求。

（2）提出全域山水人文格局的空间形态引导和管控原则，对滨水地区（河口、海岸）、山麓地区等城市特色景观地区提出有针对性的管控要求。

（3）明确空间形态重点管控地区，提出开发强度分区和容积率、密度等控制指标，以及高度、风貌、天际线等空间形态控制要求。明确有景观价值的制高点、山水轴线、视线通廊等，严格控制新建超高层建筑。

（4）对乡村地区分类分区提出特色保护、风貌塑造和高度控制等空间形态管控要求，发挥田野的生态、景观和空间间隔作用，营造体现地域特色的田园风光。

7. 完善基础设施体系，增强城市安全韧性

统筹存量和增量、地上和地下、传统和新型基础设施系统布局，构建集约高效、智能绿色、安全可靠的现代化基础设施体系，提高城市综合承载能力，建设韧性城市。

（1）以协同融合、安全韧性为导向，结合空间格局优化和智慧城市建设，优化形成各类基础设施一体化、网络化、复合化、绿色化、智能化布局。提出市域重要交通廊道和高压输电干线、天然气高压干线等能源通道空间布局，以及市域重大水利工程布局安排。提出中心城区交通、能源、水系统、信息、物流、固体废弃物处理等基础设施的规模和网络化布局要求，明确廊道控制要求，鼓励新建城区提出综合管廊布局方案。

（2）基于灾害风险评估，确定主要灾害类型的防灾减灾目标和设防标准，划定灾害风险区。明确防洪（潮）、抗震、消防、人防、防疫等各类重大防灾设施标准、布局要求与防灾减灾措施，适度提高生命线工程的冗余度。针对气候变化影响，结合城市自然地理特

征，优化防洪排涝通道和蓄滞洪区，划定洪涝风险控制线，修复自然生态系统，因地制宜推进海绵城市建设，增加城镇建设用地中的渗透性表面。沿海城市应强化因气候变化造成海平面上升的灾害应对措施。

（3）以社区生活圈为基础构建城市健康安全单元，完善应急空间网络。结合公园、绿地、广场等开敞空间和体育场馆等公共设施，提出网络化、分布式的应急避难场所、疏散通道的布局要求。

（4）预留一定应急用地和大型危险品存储用地，科学划定安全防护和缓冲空间。

（5）确定重要交通、能源、市政、防灾等基础设施用地控制范围，划定中心城区重要基础设施的黄线，与生态保护红线、永久基本农田等控制线相协调。在提出控制要求的同时保留一定弹性，为新型基础设施建设预留发展空间。

8. 推进国土整治修复与城市更新，提升空间综合价值

针对空间治理问题，分类开展整治、修复与更新，有序盘活存量，提高国土空间的品质和价值。

（1）生态修复应坚持山水林田湖草生命共同体的理念，按照陆海统筹的原则，针对生态功能退化、生物多样性减少、水土污染、洪涝灾害、地质灾害等问题区域，明确生态系统修复的目标、重点区域和重大工程，维护生态系统完整性，改善生态功能。

（2）土地整治应以乡村振兴为目标，结合村庄布局优化要求，推进乡村地区田水路林村全要素综合整治，针对土壤退化等问题，提出农用地综合整治、低效建设用地整治等综合整治目标、重点区域和重大工程，建设美丽乡村。

（3）城市更新应根据城市发展阶段与目标、用地潜力和空间布局特点，明确实施城市有机更新的重点区域，根据需要确定城市更新空间单元，结合城乡生活圈构建，注重补短板、强弱项，优化功能布局和开发强度，传承历史文化，提升城市品质和活力，避免大拆大建，保障公共利益。

9. 建立规划实施保障机制，确保一张蓝图干到底

保障规划有效实施，提出对下位规划和专项规划的指引；衔接国民经济和社会发展五年规划，制定近期行动计划；提出规划实施保障措施和机制，以"一张图"为支撑完善规划全生命周期管理。

1）区县指引

对市辖县（区、市）提出规划指引，按照主体功能区定位，落实市级总规确定的规划目标、规划分区、重要控制线、城镇定位、要素配置等规划内容。制定市辖县（区、市）的约束性指标分解方案，下达调控指标，确保约束性指标的落实。

各地可根据实际情况，在市级总规基础上，大城市可以行政区或规划片区为单元编制分区规划（相当于县级总规），中小城市可直接划分详规单元，加强对详细规划的指引和传导。涉及中心城区范围的县（区、市）的国土空间总体规划，应落实市级总规对中心城区的国土空间安排。

2）专项指引

明确专项规划编制清单。相关专项规划应在国土空间总体规划的指导约束下编制，落实相关约束性指标，不得违背市级总规的强制性内容。经依法批准后纳入市级国土空间基础信息平台，叠加到国土空间规划"一张图"上。

3）近期行动计划

衔接国民经济和社会发展五年规划，结合城市体检评估，对规划近期做出统筹安排，制定行动计划。编制城市更新、土地整治、生态修复、基础设施、公共服务设施和防洪排涝工程等重大项目清单，提出实施支撑政策。

4）政策机制

落实和细化主体功能区等政策，提出有针对性、可操作的财政、投资、产业、环境、生态、人口、土地等规划实施政策措施，保障规划目标的实现，促进国土空间的优化和空间资源的资产价值实现。鼓励探索主体功能区制度在基层落实的途径，各地可依法制定相应配套措施。

5）国土空间规划"一张图"建设

形成市级总规数据库，作为市级总规的成果组成部分同步上报。建立各部门共建共享共用、全市统一、市县（区）联动的国土空间基础信息平台，并做好与国家级平台对接，积极推进与其他信息平台的横向联通和数据共享。基于国土空间基础信息平台同步建设国土空间规划"一张图"实施监督信息系统，为城市体检评估和规划全生命周期管理奠定基础。基于国土空间基础信息平台，探索建立城市信息模型（CIM）和城市时空感知系统，促进智慧规划和智慧城市建设，提高国土空间精治、共治、法治水平。

4.2.4 规划强制性内容

市级总规中涉及的安全底线、空间结构等方面内容，应作为规划强制性内容，并在图纸上有准确标明或在文本上有明确、规范的表述，同时提出相应的管理措施。

市级总规中强制性内容应包括：

（1）约束性指标落实及分解情况，如生态保护红线面积、用水总量、永久基本农田保护面积等；

（2）生态屏障、生态廊道和生态系统保护格局，自然保护地体系；

（3）生态保护红线、永久基本农田和城镇开发边界三条控制线；

（4）涵盖各类历史文化遗存的历史文化保护体系，历史文化保护线及空间管控要求；

（5）中心城区范围内结构性绿地、水体等开敞空间的控制范围和均衡分布要求；

（6）城乡公共服务设施配置标准，城镇政策性住房和教育、卫生、养老、文化体育等城乡公共服务设施布局原则和标准；

（7）重大交通枢纽、重要线性工程网络、城市安全与综合防灾体系、地下空间、邻避设施等设施布局。

4.2.5 公众参与和多方协同

贯彻落实"人民城市人民建，人民城市为人民"理念，坚持开门编规划，建立全流程、多渠道的公众参与和社会协同机制。在规划编制阶段，广泛调研社会各界意见和需求，深入了解人民群众所需所急所盼；充分调动和整合各方力量，鼓励各类相关机构参与规划编制；健全专家咨询机制，组建包括各相关领域专家的综合性咨询团队；完善部门协作机制,共同推进规划编制工作。在方案论证阶段,要形成通俗易懂、可视化的中间成果,充分征求有关部门、社会各界意见。规划获批后,应在符合国家保密管理和地图管理等有关规定的基础上及时公开,并接受社会公众监督。

4.2.6 成果构成及要求

规划成果包括规划文本及附表、图件、规划说明、基础/专题研究报告、其他相关成果等。

1. 规划文本及附表

规划文本是具有法律效力的规划文件,由内容清晰、简洁明了的控制性条文构成,全面反映了国土空间规划的编制内容。市级国土空间规划文本主要包括国土空间现状分析、规划总则、国土空间发展战略、国土空间管控体系、规划实施措施、附表等内容。

1) 国土空间现状分析

重点归纳总结规划地区的国土空间开发保护现状以及存在的主要问题,分析国土空间规划面临的形势。

2) 规划总则

规划总则包括规划目的、规划依据、规划期限、规划范围、规划地位和作用等内容。

3) 国土空间发展战略

国土空间发展战略包括国土空间发展定位、国土空间开发保护目标、国土空间开发保护战略、发展指标及空间结构等内容。其中,发展定位要科学合理地确定国土空间保护与发展的总体定位;国土空间开发保护目标要从经济社会发展、资源环境约束、国土空间保护、空间利用效率、生态修复等方面提出规划目标,同时,规划目标要包括近期目标、远期目标和远景目标,由此构建系统的规划目标体系;国土空间开发保护战略要从保护和开发协调进行的角度出发,提出国土空间开发保护的总体战略,为进一步的规划布局和开发保护提供总体框架和行动方向;发展指标是规划管控要求的具体化,既要能落实上级规划的管控要求和指标,又可将主要要求和指标分解到下级规划;空间结构应包括空间发展战略格局和城乡居民点体系等主要内容。

4) 国土空间管控体系

国土空间管控体系主要包括四个层面:一是城镇、农业、生态三类空间划定及其国土空间开发强度控制指标确定,提出差异化的空间管控措施;二是生态保护红线、永久基本农田和城镇开发边界三大控制线划定,结合规划地区的特点可以划定其他空间控制线,如产业区块控制线、历史文化遗产保护控制线等,要明确各类控制线的边界、规模及其管控措施;三是土地用途规划管控,在市级国土空间规划中,要做到全域、全要素、全地类的规划管控;四是要素设施配置,主要包括产业布局、综合交通、资源能源、基础设施、公共服务和防灾减灾等重大设施布局。

5) 规划实施措施

规划实施措施包括编制重大项目库、制定规划实施的措施等内容。

6) 附表

附表包括规划指标一览表、国土空间管控一览表、重大项目库一览表等。

2. 图件

国土空间规划图件主要包括现状图和规划图。现状图主要包括区位关系图、土地用途现状图、生态资源现状分布图、综合交通体系现状图、国土空间开发适宜性评价图、公共设施分布现状图等；规划图主要包括国土空间结构规划图、国土空间分区规划图、国土空间控制线规划图、土地用途规划图、国土整治与生态保护修复布局规划图、城镇体系（镇村体系）规划图、综合交通体系规划图、重大设施布局规划图、综合防灾体系规划图、近期重大项目布局规划图等。根据各个规划地区的具体情况，还可以增加相应图纸，以便能更清晰完整地表达规划编制成果。

3. 规划说明

国土空间规划的说明是对规划成果的具体阐释和分析，主要阐述规划编制的基础依据、技术分析和编制内容，是规划实施中配合规划文本和规划图集使用的重要参考。

4. 基础/专题研究报告

基础研究报告主要包括现行规划实施评估、资源环境承载力评价、国土空间开发适宜性评价、国土空间风险评估等内容。

根据规划需要和规划区的特殊情况，也可以开展针对相关重大问题的专题研究，如国土空间发展战略研究、产业布局研究、土地资源保护利用研究、水资源开发与配置研究、生态保护修复研究、区域协调发展研究、乡村振兴研究、城乡一体化研究等。专题研究设置见表4-4。

表4-4 专题研究设置

序号	专题研究名称
1	现行空间类规划实施评估
2	资源环境承载能力和国土空间开发适宜性评价
3	人口城镇化研究
4	城镇开发边界划定与三条控制线协调优化研究
5	市县空间发展战略研究
6	国土综合整治和生态保护修复研究
7	城镇体系布局与城乡统筹研究
8	村庄布局与乡村振兴战略研究
9	重大基础设施布局研究
10	水资源保障研究
11	自然资源保护和合理利用研究
12	历史文化保护与传承发展研究（历史文化名城设置）
13	海域海岛和海岸线保护利用研究（沿海市县设置）
14	产业发展与空间布局优化研究
15	城乡风貌特色研究
16	……

备注：现行空间类规划实施评估、人口城镇化研究、城镇开发边界划定与三条控制线协调优化研究为必选专题；"双评价"专题设区市必须编制，县（县级市）可根据需要编制；其他专题研究各市县可根据实际情况和需求选择编制。

5. 其他相关成果

规划数据库是国土空间规划成果数据的集成,是国土空间信息平台的支撑内容,也是连接空间规划成果与信息平台的纽带。规划数据库的格式一般应为标准的矢量数据格式,坐标应采用 2000 国家大地坐标系。

其他材料主要包括规划编制过程中产生的一些相关材料,如各个部门对规划的意见、有关规划编制的会议纪要、规划论证评审意见、公众参与记录和相关建议、政府审查审批文件等。

上述内容由于规划地区的特殊性,在具体实践中,也会增加相应的编制成果,以便更清晰、更完整地表达规划编制内容。

4.2.7 审查要求

在方案论证阶段和成果报批之前,审查机关应组织专家参与论证和进行审查。审查要件包括市级总规相关成果。报国务院审批城市的审查要点依据《自然资源部关于全面开展国土空间规划工作的通知》(自然资发〔2019〕87 号),其他城市的审查要点可结合实际参照执行。

4.2.8 成果案例

以《日照市国土空间总体规划(2021—2035 年)》为例,规划范围分为市域和中心城区两个层次。

市域:包括日照市行政辖区内的全部陆域和海域。

中心城区:以日照、石臼、秦楼、北京路、奎山、卧龙山、两城、岚山头、安东卫 9 个街道和河山镇、虎山镇、涛雒镇的城镇开发边界为基础,结合自然地物和人工地物边界形成的闭合范围。

参考图文

规划期限为 2021—2035 年,基期年为 2020 年,近期至 2025 年,远景展望至 2050 年。

主要目录如下:

第一章　总则
第二章　规划基础
第三章　目标定位与空间发展策略
第四章　优化国土空间总体格局
第五章　保障现代农业空间
第六章　保护修复生态空间

参考图文

4.3　县级国土空间规划编制内容

县级国土空间规划是在县(市、区)行政辖区范围内对国土空间保护、开发、利用、修复的总体安排和综合部署,是对省级、市级国土空间总体规划和相关专项规划的细化落实,侧重实施性和操作性,是编制乡镇(片区)国土空间总体规划、相关专项规划、详细规划以及实施国土空间规划用途分区管制的重要依据。县级国土空间规划除落实上位规划的战略要求和约束性指标以外,要重点突出空间结构布局,突出生态空间修复和全域整治,突出乡村发展和活力激发,突出产业对接和联动开发。参照《山东省市县国土空间总体规划编制导则(试行)》,县级国土空间规划的重点内容包括以下方面(山东省将市县总体规划合并要求,读者可参考,具体可依据各地实际因地制宜)。

4.3.1 规划总则

编制市县国土空间总体规划应以习近平新时代中国特色社会主义思想为指导,全面贯彻党的十九大和十九届二中、三中全会精神,紧紧围绕统筹推进"五位一体"总体布局和协调推进"四个全面"战略布局,牢牢把握"走在前列"目标定位,坚持新发展理念,坚持以人民为中心,坚持一切从实际出发,按照高质量发展要求和新旧动能转换重大决策部署,统筹安排国土空间开发保护,体现战略性、提高科学性、强化权威性、加强协调性、注重操作性,推动形成生产空间集约高效、生活空间宜居适度、生态空间山清水秀,安全和谐、富有竞争力和可持续发展的国土空间格局。

1. 规划原则

1)战略性原则

全面落实党中央、国务院重大决策部署,落实国家安全战略、区域协调发展战略和主体功能区战略,围绕"两个一百年"奋斗目标,深入实施全省新旧动能转换、乡村振兴、海洋强省、三大攻坚战、军民融合、打造对外开放新高地、区域协调发展、重大基础设施建设八大发展战略,对市县空间发展作出战略性系统性安排,明确空间发展目标,确定空间发展策略,优化空间格局,转变国土空间开发保护方式,提升国土空间开发保护质量和效率。

2)科学性原则

坚持生态优先、绿色发展,尊重自然规律、经济规律、社会规律和城乡发展规律,因地制宜开展规划编制工作。坚持节约优先、保护优先、自然恢复为主的方针,在资源环境承载能力和国土空间开发适宜性评价的基础上,划定生态保护红线、永久基本农田、城镇开发边界等空间管控边界以及各类海域保护线,科学有序统筹布局生态、农业、城镇等功能空间。坚持山水林田湖草生命共同体理念,强化陆海统筹、区域协调和城乡融合,优化国土空间结构和布局,统筹地上地下空间综合利用。鼓励运用大数据、人工智能等技术手段,改进规划方法,提高规划编制水平。

3)协调性原则

严格遵守国家和省有关法律法规,强化发展规划的统领作用,强化国土空间规划的基础作用,统筹和综合平衡各相关专项领域的空间需求。充分吸收原土地利用总体规划、城市总体规划、"多规合一"试点、海洋功能区划等空间类规划先进工作经验,形成"一本规划、一张蓝图",实现国土空间规划管理全域覆盖、全要素管控。

4)操作性原则

立足市县自然禀赋、地方特色和发展阶段,突出问题和目标导向,合理确定规划目标。明确规划约束性指标和刚性管控要求,同时提出指导性要求。探索规划"留白"机制，协调好保护与发展、刚性与弹性、存量与增量、政府与市场、近期与远期关系。强化规划实施的政策措施，提出乡镇国土空间总体规划和相关专项规划、详细规划等的分解落实要求，健全规划实施传导机制，确保规划能用、管用、好用。

2. 规划范围

规划范围包括市县行政辖区范围的陆域和管辖海域。

3. 规划期限

规划期限至 2035 年。其中，规划基期为 2019 年，近期至 2025 年，远景展望至 2050 年。

4. 编制主体

市县国土空间总体规划编制主体为市县人民政府。市县自然资源主管部门会同有关部门开展具体编制工作。

5. 组织机制

成立市县主要领导为组长、相关部门主要负责人为成员的国土空间总体规划编制领导小组，建立重大问题决策机制。成立自然资源主管部门牵头、多部门参与的工作小组，建立部门协调联动机制。有条件的市县可成立规划编制工作专班，协调工作有序推进。

6. 工作方式

编制市县国土空间总体规划，应当坚持"政府主导、专家领衔、部门合作、公众参与、科学决策"的工作方式，按照国家、省有关规定和市县人民政府要求，建立协调机制，在规划编制各环节充分征求政府、专家、公众和驻地军事机关的意见。

4.3.2 基础研究

1. 基础数据

以第三次全国国土调查为基础数据，以地理国情普查、地质环境调查和海洋、森林、草原、湿地、矿产等专项自然资源调查监测成果为补充，统一采用 2000 国家大地坐标系和 1985 国家高程基准作为空间定位基础。陆海分界线以最新的海岸线修测成果（平均大潮高潮线）为标准。

2. 基础调研

收集行政区划、自然环境、经济社会、人文历史、土地利用、城乡建设、民生设施等方面的基础资料和调查评价数据，以及各行业、各部门的空间类规划、行政审批等数据，夯实规划底数与底图。通过现场踏勘、部门走访、座谈交流、问卷调查等方式，深入了解当地发展实际与诉求，掌握各部门有关政策要求、各行业发展趋势与目标等。

3. 评估评价

开展现行空间规划实施评估、资源环境承载能力和国土空间开发适宜性评价等基础工作。对现行土地利用总体规划、城市（县城）总体规划、海洋功能区划等国土空间规划实施情况进行评估，分析规划实施成效和存在问题，为规划编制提供借鉴和参考。按照国家关于资源环境承载能力和国土空间开发适宜性评价技术指南要求，充分考虑土地、矿产、水、生态环境等资源环境禀赋条件，统筹把握自然生态整体性和系统性，客观全面评价资源环境本底状况，明确空间发展潜力规模及分布范围，为规划编制奠定基础。县（市）编制国土空间总体规划可直接使用设区市"双评价"结果，也可根据需要单独开展"双评价"工作。

4. 专题研究

专题研究是指结合地方特点和规划编制需求，对有关重大问题开展专题研究。其内容包括区域协调发展、陆海统筹、三条控制线优化调整、城镇化与人口变化趋势、重大基础设施布局、城乡融合发展、村庄布局与乡村振兴、海域海岛和海岸线保护利用、矿产资源保护利用、国土整治与生态保护修复等，为规划编制提供方向性、基础性支撑。

4.3.3 方案编制

1. 战略目标

紧紧围绕"两个一百年"奋斗目标，统筹推进"五位一体"总体布局和协调推进"四个全面"战略布局，落实国家、省重大战略决策部署，深入实施新旧动能转换、乡村振兴、海洋强省等八大发展战略，按照省国土空间规划要求，综合确定市县发展总体定位和目标。

依据总体定位，科学制定国土空间发展战略，提出近远期国土利用结构调整和国土空间发展目标，建立可统计、可考核、可监督的规划指标体系，规划指标体系表见表4-5。指标分为约束性和预期性指标两类，耕地保有量、永久基本农田保护面积、生态保护红线控制面积、城镇开发边界面积、国土开发强度、建设用地规模、河湖水面率、自然岸线保有率、用水总量等作为约束性指标。各市县可结合自身特点和地方实际，增加补充其他空间性指标。

市县国土空间总体规划近期目标要与国民经济和社会发展"十四五"规划做好衔接。各阶段目标值应与省国土空间规划分解指标一致，不得突破约束性指标要求。

表4-5 规划指标体系表

类别		具体指标	现状值	规划值		备注
				近期	远期	
社会经济发展	1	常住人口规模（万人）				预期性
	2	常住人口城镇化率（%）				预期性
	3	三次产业结构				预期性
	4	海洋产业生产总值占地区生产总值比重（%）				预期性
	5	城乡居民可支配收入（元）				预期性
	6	R&D经费支出占地区生产总值比重（%）				预期性
资源环境约束	1	生态保护红线控制面积（hm²）				约束性
	2	永久基本农田保护面积（hm²）				约束性
	3	城镇开发边界面积（hm²）				约束性
	4	耕地保有量（hm²）				约束性
	5	城乡建设用地规模（hm²）				约束性
	6	国土开发强度（%）				约束性

续表

类别		具体指标	现状值	规划值		备注
				近期	远期	
资源环境约束	7	河湖水面率（%）				约束性
	8	湿地保有量（hm^2）				预期性
	9	森林覆盖率（%）				约束性
	10	用水总量（亿 m^3）				约束性
	11	水功能区水质达标率（%）				约束性
	12	自然岸线保有率（%）				约束性
	13	近岸海域水质优良（一、二类）比例（%）				约束性
空间利用效率	1	人均农村居民点用地面积（m^2/人）				预期性
	2	人均城镇建设用地面积（m^2/人）				预期性
	3	单位建设用地二、三产业增加值（万元/hm^2）				预期性
	4	单位地区生产总值地耗（hm^2/万元）				约束性
	5	单位地区生产总值能耗（t 标准煤/万元）				预期性
	6	省级及以上开发区产出效率（万元/亩）				预期性
城乡品质提升	1	城乡社区 15 分钟生活圈覆盖率（%）				约束性
	2	城镇人均公园绿地面积（m^2/人）				约束性
	3	城镇人均公共服务设施用地面积（m^2/人）				约束性
	4	城乡千人医疗卫生机构床位数（床/千人）				约束性
	5	历史文化风貌保护面积（hm^2）				预期性
	6	城镇道路网密度（km/km^2）				预期性
	7	城市公共交通占全方式出行比重（%）				预期性
	8	城乡生活垃圾无害化处理率（%）				约束性
	9	城乡污水处理率（%）				约束性
	10	城市人均紧急避难场所面积（m^2/人）				约束性
国土整治修复	1	新增国土生态修复面积（hm^2）				预期性
	2	历史遗留矿山综合治理面积（hm^2）				预期性
	3	整治与修复海岸线长度（km）				预期性
	4	高标准农田建设面积（hm^2）				预期性
	5	城乡建设用地增减挂钩规模（hm^2）				预期性
	6	存量土地供应占比（%）				预期性

备注：市县可根据实际情况对预期性指标进行调整，其中省级及以上历史文化名城应增加历史文化名城保护相关指标，沿海市县应增加海域、海岛和海岸线保护利用相关指标。有条件的市县可选择部分预期性指标作为约束性指标。

2. 市县国土空间格局

以"双评价"为基础，按照主体功能定位和市县国土空间发展目标，统筹生态、农业、海洋、历史文化等重要保护区域和廊道，合理安排城镇、产业开发轴带和重要节点、重大交通基础设施网络，因地制宜确定市县国土空间保护、开发、利用、修复、治理总体格局，构建多规合一、协调发展的国土空间格局。

1）陆海生态安全格局

明确自然保护区、海洋特别保护区、海洋公园、森林公园、地质公园、湿地公园等各类自然保护地范围和保护要求。以自然保护地和重要山体林地、河流水系、滩涂湿地、海域海岛、海岸线等为重点，发挥农田生态基质功能，构造生态屏障、生态廊道和生态系统有机统一的生态安全格局，系统保护山水林田湖草和海洋生态资源。

2）国土空间开发利用格局

严格落实上级国土空间规划分解下达指标，按照严控增量、盘活存量、释放流量、提高质量原则，合理确定城乡开发利用总量。与人口转移趋势相适应，与资源环境承载能力相一致，统筹安排城镇生产、生活空间，合理优化城乡产业结构和城镇功能结构，建立集群集聚、高质高效的现代产业布局体系和规模合理、和谐宜居的全域城乡体系，促进新旧动能转换和高质量发展。沿海市县应明确提出陆海统筹的开发保护措施和策略，以海岸带为重点，构建陆海一体化的国土空间开发利用格局。

3）农用地保护利用和乡村振兴

以耕地保护为重点，强化农用地资源保护利用，明确农用地供给总量和结构优化、布局调整目标，确定粮食生产功能区、重要农产品生产功能区、特色农产品生产功能区以及渔业资源保护区布局，提出农村一二三产业融合发展用地需求和引导策略，保障设施农业和农业产业园发展合理空间，建立适应乡村振兴战略要求的农用地空间结构和利用方式，加快推进农业转型升级。综合考虑农业现代化趋势和乡村城镇化进程，因地制宜提出市县村庄分类引导策略、布局原则和建设标准，统筹推进农村人居环境整治和美丽村居建设，打造乡村振兴"齐鲁样板"。

4）统筹划定落实三条控制线

以"双评价"为基础，落实省级国土空间规划关于三条控制线划定有关要求，在全域范围内（设区市为市辖区），统筹划定落实生态保护红线、永久基本农田、城镇开发边界等重要控制线以及各类海域保护线，严格管控措施。设区市还应对下辖各县（市）三条控制线划定提出要求，明确划定各县（市）中心城区的城镇开发边界。

三条控制线划定和管控要求应与市县主体功能定位相一致，符合国家和省有关规定。各类自然保护地核心区、水源涵养区等生态功能重要区域和生态环境敏感脆弱区域应优先划入生态保护红线；粮棉油生产基地内的耕地，高标准农田等集中连片、质量较高的耕地，优先划入永久基本农田；城镇规划建设区、各类新区、开发区等人口产业集聚区，划入城镇开发边界。

5）全域规划分区及管制策略

围绕战略目标和开发保护总体格局，结合市县地域特征和经济社会发展水平，按照全域覆盖、陆海统筹、功能明确、便于实施的原则，在三条控制线划定和上级国土空间总体规划基本分区基础上，按照《市县国土空间规划基本分区与用途分类指南》和《山东省国土空间规划用地、用海、用岛分类标准》，进一步细化市县国土空间规划分区（表4-6），分别明确各分区的核心管控目标、政策导向与准入规则。乡镇国土空间规划与市县合并编制的，内容深度应达到乡镇国土空间规划编制相关技术规范要求。

表4-6 规划基本分区对应关系

目标	市域基本分区	市辖区、县（市）域规划分区	含义
保护与保留	生态保护区	生态保护区	具有特殊生态功能或生态环境敏感脆弱、必须保护的陆地和海洋自然区域，包括陆域生态保护红线、海洋生态保护红线集中区域，以及需进行生态保护与生态修复的其他陆地和海洋自然区域
	自然保留区	自然保留区	不具备开发利用与建设条件，也不需要特别保护的陆地和海洋自然区域
	永久基本农田集中区	永久基本农田集中区	永久基本农田相对集中需严格保护的区域
开发与利用	城镇发展区	城镇集中建设区	为了满足城镇居民生产、生活需要集中连片建设的区域，是在城镇开发边界内允许开展城镇开发建设行为的核心区域
		城镇弹性发展区	为了应对未来发展的不确定性，增强规划的适应性，在城镇开发边界内预留的特定条件下城镇集中建设区可调整的范围
		特别用途区	为了优化城镇空间格局与功能布局，保障城镇生态功能与环境品质、居民休闲游憩、设施安全与防护隔离，提升居民生活质量等需要，划入城镇开发边界内进行管控的各类生态、人文景观等开敞空间
	农业农村发展区	村庄建设区	城镇开发边界外，规划重点发展的村庄用地
		一般农业区	以农业生产发展为主要利用功能导向划定的区域
		林业发展区	以规模化林业生产为主要利用功能导向划定的区域
		牧业发展区	以草原畜牧业发展为主要利用功能导向划定的区域
	海洋发展区	渔业利用区	以渔业基础设施建设和增养殖等渔业利用为主要功能导向的海域
		交通运输用海区	以港口建设、航道利用、锚地利用、路桥建设等为主要功能导向的海域
		工业用海区	以临海工业利用为主要功能导向的海域
		矿产与能源用海区	以油气和固体矿产等勘探、开采，以及盐田和可再生能源利用等为主要功能导向的海域

续表

目标	市域基本分区	市辖区、县（市）域规划分区	含义
开发与利用	海洋发展区	旅游休闲娱乐用海区	以开发利用滨海和海上旅游资源为主要功能导向的海域
		特殊利用区	以海底管线铺设、污水达标排放、倾倒、军事等特殊利用为主要功能导向的海域
		无居民海岛利用区	允许适度开展开发利用活动的无居民海岛
		海洋预留区	规划期内为重大项目用海用岛预留的后备发展区域

备注：大遗址及地下文物埋藏区、矿产资源发展区等具有特殊保护与利用价值或意义的特定政策管理区，应根据所在基本分区，叠加规划意图和管制规定，形成复合控制区并统一实施规划管理。

3. 中心城区空间布局

中心城区界定为城市（县城）集中建设区域，是需要加强规划引导、划分功能分区、细化管理的区域，可以是市县主要开发边界的围合区域，也可以是围合区域及其相关控制区域。城市周边的各类开发区、新城、新区，以及组团式城市的主城和副城，应纳入中心城区统一规划。中心城区空间布局应强调主要功能导向，通过结构控制、指标控制、分区控制和底线控制，实现刚性和弹性有机结合。

1）城市空间结构

以"双评价"和城市开发边界划定为基础，结合地形地貌、河湖水系、自然生态、地质灾害防御、重大设施廊道控制、空间布局演进特征、区域协同等因素，综合确定规划期内城市主要发展方向。统筹考虑现状用地情况和人口集聚态势，合理确定城市集中建设区范围和城市建设用地规模，引导城市从外延扩张转向内涵集约发展。按照职住平衡、精明增长理念，统筹新区与旧区、生活区与生产区、建设空间与生态空间关系，优化城市空间结构和形态。

2）城市用地构成和功能分区

（1）**城市用地构成**。深入研究城市各类用地现状和问题，从节约集约用地要求出发，综合考虑人口结构变化和需求特征，明确中心城区用地结构调整方向，合理确定住宅、工业、公共设施、道路交通、绿地广场等主要用地的比例结构。

（2）**城市功能分区**。按照"职住平衡、功能混合"理念，确定城市主要功能布局，将城市集中建设区分为居住生活区、综合服务区、商业服务区、工业物流区、绿地休闲区、交通枢纽区、公用设施集中区、战略预留区、特色功能区等功能分区，明确各类分区可兼容和不可兼容的土地用途，鼓励预留"白地"并提出"白地"管理办法，通过建立功能分区与用途分类的混合配比约束关系，实现规划向下有效传导，体现总体规划的战略引领和刚性控制作用。

3）城市存量更新和地下空间利用

（1）**城市存量更新**。深入调研和分析城市建设用地使用情况，按照"严控增量、盘活存量"要求，明确城区存量用地挖潜目标、原则和措施，划定老城区保护、整治、改造、重建重点区域，制定存量更新重点项目和时序安排，配套存量更新政策和制度，有效提高空间资源利用效率。

(2) 地下空间利用。开展城市资源、环境、空间等多要素地质调查，查清城市地质结构、地下空间状况。按照安全、高效、适度的原则，统筹地上地下空间利用，提出城市地下空间利用的原则和目标，明确地下空间总体规模、功能布局、竖向分层和分期实施要求，积极发展公共服务、公共交通、市政设施等用途，逐步推进地下综合管廊建设。

4) 城市重要控制线管控

在城镇开发边界内明确划定城市黄线、蓝线、绿线、紫线，建立城市线控体系，提出分级管控和规划传导要求。城市重大交通、市政基础设施和公共安全设施控制线，结构性水域（4级及以上河流、其他具有历史文化等特殊价值的重要水体）岸线，结构性防护绿地和大型公共绿地（面积≥2hm²）控制线，历史文化街区及大型遗址、重要文物的保护控制线等应纳入线控范围。大城市、特大城市应提出城市通风廊道格局和控制要求。城市黄线、蓝线、绿线、紫线一经划定不得随意调整，因发展条件和发展环境发生重大变化确需调整的，须经原审批机关同意，调整后按总体规划报批程序报批，并同步报送调整后的规划数据库。未纳入城市绿线、蓝线、黄线范围的其他绿地、水域、基础设施及其他用地布局调整，应确保相关服务功能不降低、相应用地面积不减少，经本级人大常委会审议批准，调整后成果报省自然资源厅备案。

4. **自然资源保护和合理利用**

按照"山水林田湖草"系统保护要求，统筹耕地、森林、河流、湖泊、湿地、海洋及矿产等各类自然资源的保护与利用，确定自然资源保护底线和利用上限，提出各类自然资源供给总量、结构优化、布局调整的重点和方向，以及时序安排等。

1) 水资源保护与利用

提高水资源保障能力，优化河湖湿地和水网格局，明确具体管护要求。坚守水资源承载能力底线，确定取用水总量、水质达标率等控制目标和配置方案，统筹重点河湖岸线及周边土地保护利用。明确水源地保护要求和保护范围。

2) 森林资源保护与利用

加强森林资源管护，明确森林覆盖率、林地保有量、重点公益林占比等控制目标，完善林地用途管制。强化林地利用监督管理，提出严格执行森林采伐限额、有偿使用林地、加强野生动物和珍稀植物保护等措施与要求。

3) 耕地资源保护与利用

健全耕地保护责任制度，切实落实耕地保有量、永久基本农田保护面积等控制目标和任务要求，划定永久基本农田保护区，确定永久基本农田储备区。提出高标准农田建设和土地整治工程指引，提高耕地和永久基本农田质量。严格实行监督检查制度，提出耕地动态监测、综合监管、联合执法等系列措施。提出耕地后备资源开发利用时序，严格耕地占补平衡责任，落实耕地"先补后占""占优补优"要求。

4) 海域、海岛和海岸线资源保护与利用

(1) 海域。贯彻集约节约用海和生态用海要求，统筹保护海洋资源和海陆生态环境，合理确定各类海洋保护利用分区及主要功能导向，提出差异化用途管制要求，明确海洋特殊保护区、海洋保留区、各类建设用海规模等控制目标，优化海域使用结构。海域利用区可根据具体使用功能进一步细分为渔业利用区、交通运输用海区、工业与城镇用海区、矿产与能源用海区、旅游休闲娱乐用海区、特殊利用区。严格限制在生态脆弱敏感、自净能力弱的海域实施围填海行为。

(2) **海岛**。以保护为核心，合理利用海岛自然资源。强化海岛分类管理，突出主导功能，科学保护海岛及其周边海域生态系统，优化利用有居民海岛，保护性利用无居民海岛，严格保护特殊用途海岛。因岛制宜发展特色海岛生态经济。严禁国家产业政策淘汰类、限制类项目在岛上布局。

(3) **海岸线**。按照"自然为主、因岸制宜、适度开发、集约利用"原则，对海岸线资源保护利用实施分类管控。强化自然岸线保护，落实上级国土空间规划确定的自然岸线保有率等约束指标，明确需要保护的自然岸线。协调保护好海岸线地区河口、沙滩、岛礁、滩涂、湿地、沿海防护林等生态资源，强化海岸带在缓冲陆海交互作用、抵御海洋自然灾害、维护区域生态安全中的关键作用。与资源环境承载能力相适应，统筹陆海布局，合理安排海岸线旅游、渔业、城镇、港口等功能，加强海岸线地区城市设计，提升整体品质。

沿海市县应单独编制海域、海岛和海岸线资源保护与利用专章。

5) 矿产资源保护与利用

明确矿产资源开发与生态环境保护关系，统筹矿产资源勘查开发利用与保护，合理划分矿产资源重点勘查区、集中开采区、战略性紧缺性资源调查评价区、绿色矿业发展示范区等，优化资源开采布局，提高矿产资源利用效率，防治矿山地质灾害，推动清洁能源、绿色矿山建设等转型升级，提出矿产资源开发格局、时序安排、总量调控目标。

5. 城乡品质提升和特色塑造

1) 提升交通通达能力

提出市县综合交通发展目标和策略，确定城乡综合交通体系，明确公路、铁路、航运等重要交通走廊，以及机场、港口、铁路站场等重要交通枢纽设施布局和控制要求。坚持窄马路、密路网和完整街道理念，完善城市道路网结构和布局，提出城市快速路和主次干路等级、功能及走向、红线宽度和交叉口控制要求；确定城市轨道交通等大、中运量公交系统线网并提出廊道用地控制要求；提出城市综合交通枢纽功能、布局和用地规模；明确机动车停车差异性分区供给目标；以社区生活圈为基础，提出城市慢行系统布局指引，明确公交系统与慢行系统衔接原则与要求。

2) 提升公共服务水平

适应人口转移和年龄结构变化趋势，明确城乡公共服务体系构成及建设要求，确定住房保障、文化、教育、卫生、体育和社会福利等涉及民生的主要公共服务设施配置标准，明确重要公共服务设施布局。建立城乡社区生活圈体系，明确社区生活圈建设标准和要求，全面推进社区服务全覆盖和基本公共服务均等化。中心城区应考虑实际服务人口需求，预留公共服务设施和基础设施保障能力。

3) 提升市政保障水平

以问题为导向，补齐市政基础设施建设短板，确定各类市政基础设施的建设目标，预测城乡供水、排水、供电、燃气、供热、垃圾处理、通信需求总量，确定各类设施建设标准、规模和重大设施布局，明确重要市政基础设施廊道和重大邻避设施控制要求。

4) 强化历史文化保护

梳理市县范围内历史文化名城、名镇、名村、历史文化街区、省级以上文物保护单位、历史建筑,以及各级各类传统村落,提出市县历史文化保护体系和保护格局,明确保护目标、原则和具体要求。省级及以上历史文化名城明确中心城区历史文化保护框架、保护原则和重点,提出古城格局、风貌和高度控制、城市紫线等历史文化名城保护规划核心内容,完整保护和展现不同历史时期发展积淀形成的城市空间脉络和历史文化风貌。

5)完善绿地水系布局

立足本地河流、湿地、山体等自然本底要素,提出需要保护的山水格局,确定市县整体景观风貌架构,明确城市绿地系统、主要河湖水系及岸线的布局和建设要求,构建高品质公共空间网络。与蓝绿空间有机衔接,提出海绵城市建设目标与要求。

6)塑造城乡风貌特色

结合山水林田湖草海整体形态格局和地方文化特色,开展总体城市设计,确定城市风貌特色定位与总体要求。划定城镇开发强度分区,明确容积率、密度等控制指标;提出城市公共空间体系构建原则、重要生态及景观廊道布局和控制要求、城市天际轮廓线控制要点;研究确定城乡特色风貌保护和建设的重点区域,提出高度、风貌等空间形态控制要求;对城市设计重点地区进行设计引导。

7)增强防灾减灾能力

按照提升城市安全和韧性的理念,系统分析评估影响本地长远发展的重大灾害风险类型,提出减缓和适应未来灾害的措施,提高抗灾应急能力。针对本地主要灾害风险类型及存在的主要安全防灾问题,明确防灾减灾目标、设防标准、防灾分区,确定各类防灾基础设施和应急服务设施布局方案,提出防洪(潮)排涝、消防、人防、抗震、地质灾害防治等规划措施,制定危险品存储设施用地布局方案及安全管控要求。

6. 国土整治和生态保护修复

1)土地综合整治

根据"双评价"结论,结合国土空间开发保护格局优化要求,明确土地综合整治目标任务、策略路径、重点方向与重点区域。统筹推进农村土地综合整治,提出高标准农田、田水路林村综合整治、城乡建设用地增减挂钩重点工程和措施要求。开展耕地后备资源评估,明确补充耕地集中整备区规模和布局。实施城乡建设用地存量更新,明确重点工程及项目,有效盘活农村闲散土地、城镇工业用地、老旧小区和城中村等存量低效用地。

2)土壤污染治理和水生态修复

综合运用源头控制、隔离缓冲、土壤改良等措施,提出农业污染源治理、土壤污染治理、农田生态建设、污染土地无害化利用等措施。提出水环境质量提升目标、重点区域污染负荷削减措施。以持续改善河湖水质为中心,提出重点水源、岸线修复、流域整治、水系连通、库湖调蓄、农田水利等重点工程。深入分析影响水生态恢复的主要因素,提出不同区域水生生物多样性保护的主要措施等。

3)矿山环境整治修复

积极推进矿山环境治理恢复,以重要生态区、居民生活区、采空塌陷区、废弃矿山治理为重点,明确矿产资源综合整治的空间布局、类型和规模,提出矿山废弃地开发利用可能与方向;修复交通沿线敏感矿山山体,加大对植被破坏严重、岩坑裸露矿山的复绿力度;提出矿山企业改造升级、绿色矿山建设目标与规模,从源头上减轻矿产开发活动对生态环境的负面影响。

4) 海洋生态保护和修复

以侵蚀海滩修复、入海河口海域整治、海岛生态修复、淤泥质海岸（砂质海岸）原生生态修复、海水养殖生态修复、滨海湿地修复等为重点，加强海岸带和近岸海域整体保护与修复，提出海岛、海湾、海岸修复重点工程和海洋珍稀、濒危物种资源保护措施。

5) 生态环境综合修复

以各类自然保护地，具有典型生态效用的自然遗迹、水源涵养、饮用水源地、自然湿地，以及其他重要生态功能区、生态敏感区、生态脆弱区为目标单元，对集中连片、破碎化严重、功能退化的生态系统进行修复和综合整治，提出封山育林、退耕还林、退耕还湿、退化公益林修复、山体综合整治、生态景观林带建设等重点工程和措施，逐步恢复生态系统功能。

7. 任务分解和指标传导

适应新时代国土空间规划体系建立需要，对市县国土空间总体规划核心指标和主要内容进行分解，提出下级国土空间总体规划和相关专项规划、详细规划的落实要求。

1) 下级国土空间总体规划分解落实要求

（1）县（市）传导。 设区市明确下辖县（市）国土空间总体规划中落实的约束性指标、管控边界和管控要求。将生态保护红线控制面积、永久基本农田保护面积、城镇开发边界面积、建设用地规模等主要约束指标分解下达至各县（市），提出各县（市）国土利用结构调整优化目标，确定县（市）中心城区开发边界。基于市域统筹角度，对县（市）发展定位、人口城镇化、城镇体系布局、生态保护与建设、重大基础设施协调布局等提出引导要求，强化县（市）边界地区用途管制、流域污染协同治理、跨县（市）基础设施廊道预留等内容传导。

（2）乡镇传导。 明确市辖区或县（市）域范围内须单独或联合编制国土空间规划的乡镇（街道）。将城镇开发边界、生态保护红线、永久基本农田等重要控制线、国土空间主体功能、国土开发保护方向、国土整治与生态修复等管控要求以及准入、退出和转换规则向乡镇级国土空间规划传导，明确各乡镇（街道）国土利用结构调整目标，提出乡镇驻地主要发展方向和建设用地规模控制要求，乡村空间优化、品质提升要求，以及重要公共服务设施和基础设施布局要求。

2) 相关专项规划分解落实要求

市县国土空间总体规划应提出需要编制的相关专项规划及任务要求，明确专项规划深化细化的方向和重点，切实发挥总体规划对各相关专项规划的指导约束作用。海岸带、自然保护地等特定区域（流域），跨县（市）组群城市或城镇圈，交通、能源、水利、农业、信息、市政等基础设施，各类公共服务设施，军事设施，以及涉及生态环境保护修复、历史文化和文物保护、国土整治、矿产资源保护利用、安全防灾等需在空间上进行细化安排的特定领域，应当编制专项规划。

3) 详细规划分解落实要求

按照有利于规划意图向下传导并最终落地实施的原则，确定中心城区详细规划编制单元划分方案，明确需要向各编制单元传导的功能定位、核心指标、管控边界和要求。其中建设用地规模、容积率、建筑密度以及绿地和水域面积、道路网密度等应作为约束性指标向下传递，城市黄线、蓝线、绿线、紫线以及城市快速路和主次干路的走向、红线宽度应作为刚性要素层层落实。总体规划层面无法具体落实到位的公共服务设施和市政基础设施，应对总量、结构、布局等提出分解落实要求。根据不同编制单元主导功能，提出差异化的引导要求，生活区应突出不同等级社区生活圈的构建，生产区应突出土地效能的提升，生态区应突出生态价值的发挥。还应对高度、风貌等空间形态、历史遗产保护、城市设计及其他内容提出控制引导要求。

4.3.4 成果构成及要求

1. 成果形式

市县国土空间总体规划应按照"管什么就批什么"要求，形成规划成果，由省人民政府批准并监督实施。总体规划报国务院审批的城市，成果须满足相应要求。鼓励有条件的市县编制群众易于接受的公众读本。

2. 成果构成

1) 规划文本

规划文本应当以条款格式表述规划结论，包括文本条文、必要的表格。文本条文应法条化，表述准确规范，简明扼要，突出政策性、针对性和规定性。

2) 规划图件

规划图件统一采用2000国家大地坐标系作为空间基准，以第三次全国国土调查作为现状基础数据。图件比例尺应根据第三次全国国土调查工作实际，采用1∶5000或1∶2000。海域的图纸比例尺可为1∶50000或1∶100000。图件应符合相关制图规范要求，明确标示项目名称、图名、图号、比例尺、图例、绘制时间等。具体规划主要图纸见表4-7。

表4-7 规划主要图纸

类别	序号	图件名称	规划成果
规划成果图	1	市域城镇体系布局规划图（设区市绘制）	√
	2	市域国土空间规划分区图（设区市绘制）	√
	3	市县国土空间开发保护格局规划图	√
	4	市县城乡体系规划图	√
	5	市县"三条控制线"规划图	√
	6	市县国土空间规划分区图	√
	7	中心城区主导功能规划分区图	√
	8	中心城区重要控制线管控规划图	√
	9	市县历史文化保护规划图（省级及以上历史文化名城绘制）	√
	10	市县重要自然资源和生态保护规划图	√
	11	市县重要公共服务设施布局规划图	√
	12	市县综合交通体系规划图	√
	13	市县重要市政基础设施（含综合防灾）布局规划图	√

续表

类别	序号	图件名称	规划成果
规划成果图	14	市县国土综合整治与生态修复规划图	√
	15	市县海岸带保护和综合利用规划图（沿海市县绘制）	√
	16	县（市）规划指引（设区市绘制）	√
	17	乡镇规划指引（系列）	√
	18	中心城区单元规划指引（系列）	√
现状分析图	1	区位图、现状影像图、行政区划图、地形地貌图	
	2	市县国土利用现状图	√
	3	市县矿产资源分布图	
	4	市县生态资源分布图	√
	5	市县城镇（村）体系现状图	
	6	市县综合交通现状图	
	7	地质、水文、矿山、地灾、海洋等其他现状图	
评价分析图	1	市县资源环境承载能力评价图	√
	2	市县国土空间开发适宜性评价图	√
	3	市县经济社会与人口分析图	
	4	……	

备注：标"√"图纸为必备图件，其他图纸可根据市县实际情况选择绘制。

3）规划数据库

规划数据库包括基础空间数据和属性数据，按照统一的国土空间规划数据库标准与规划编制工作同步建设、同步报批，并逐级报自然资源部备案，形成国土空间规划"一张图"。

4）附件

附件是对规划文本、图件的补充解释，包括规划说明、专题研究报告以及规划编制情况说明、专家论证意见及修改说明、人民代表大会常务委员会审议意见的采纳情况、公众和有关部门意见及采纳情况等。现行空间类规划实施评估、"双评价"（县市可选）、城镇开发边界划定与三条控制线协调优化研究以及人口城镇化研究作为必选专题，应与总体规划成果一并上报。其他需要向审批机关呈报的文件和情况说明，也应当作为上报的附属文件。

4.3.5 规划强制性内容

规划应明确表达强制性内容，包括：耕地保有量、永久基本农田保护面积、生态保护红线控制面积、国土开发强度、河湖水面率、自然岸线保有率、城乡建设用地规模、用水总量等规划指标体系中的约束性指标，各类约束性指标的向下分解调控指标；生态保护红线、永久基本农田、城镇开发边界及管控要求；自然保护地体系、重要生态廊道及生态系统保护控制要求；城市绿线、城市蓝线、城市紫线、城市黄线以及管控要求；城镇政策性住房和城乡文化、教育、卫生、体育和社会福利等主要公共服务设施布局原则和标准；重大交通枢纽、重要线性工程网络、城市安全与综合防灾体系、地下空间、邻避设施等设施布局；其他法律法规规定或规划认为必须强制实施的事项。

强制性内容应当可实施、可检查、可监督。城市绿线、城市蓝线、城市黄线、道路红线和主要公共服务设施布局等可分为在规划文本、图件中明确表达的内容和需要在详细规划、相关专项规划中落实的内容。需下位规划落实的，规划文本应对总量、结构、布局等提出可落实、可监管的要求，实现规划强制性内容的层级落实和传导。

4.3.6　成果提交

规划成果应以纸质文档和数字化文件两种形式提交。

纸质文档采用 A4 幅面竖开本装订，规划图纸可采用 A3 幅面印制并折页装订。

数字化文件采用通用的文件存储格式。规划文本可采用 *.wps、*.doc（*.docx）、pdf 格式，图纸采用 *.jpg 格式，矢量数据采用 *.shp 格式。

4.3.7　成果报批

规划成果编制完成后，按程序征求有关部门意见、组织专家论证和公示，报本级人大常委会审议。经省国土空间规划委员会审查通过后，报省人民政府批准。国务院审批的城市国土空间总体规划，由省人民政府审查同意后，报国务院审批。规划成果经批准后，应对规划目标、规划期限、规划范围等内容依法公告。

4.3.8　规划实施

1. 近期实施重点

围绕总体定位和目标，结合经济社会发展规划，综合考虑现有基础、宏观调控政策和城乡发展需求态势，对近期国土空间开发保护做出统筹安排，提出近期实施目标和重点任务，建立近期项目库，明确近期约束性指标、管控边界和管控要求。

2. 实施保障措施

从提升规划信息化水平、健全规划传导机制、建立国土空间用途管制制度、完善相关配套政策、加强规划实施监测评估等方面制定措施，确保规划落到实处。

（1）提升规划信息化水平。整合自然资源、经济社会、空间规划等相关数据，构建国土空间规划大数据体系。建立国土空间基础信息平台，对国土空间规划数据进行实时更新和动态维护，新批相关专项规划、详细规划有关成果及时纳入平台，逐步形成国土空间规划"一张图"。

（2）健全规划传导机制。完善市县国土空间规划体系，制定下位规划的编制计划，建立健全从全域到分区、社区、地块，从总体规划到相关专项规划、详细规划，从市县到乡镇的规划传导机制，强化审查审批管理，确保市县国土空间总体规划核心内容向下有效传递。

(3) **建立国土空间用途管制制度**。对所有国土空间分区分类实施用途管制，因地制宜明确分区准入、用途转换等管制规则。城镇开发边界内实行"详细规划＋规划许可"；城镇开发边界外按照主导用途分区，实行"详细规划＋规划许可"和"约束指标＋分区准入"。严格耕地、自然保护地、生态保护红线、海岸线、生态敏感脆弱区等特殊区域的用途管制。

(4) **完善相关配套政策**。健全自然资源有偿使用、生态补偿制度，完善增减挂钩、增存挂钩、人地挂钩等政策工具，创新人口、产业、财税、金融等体制机制，构建有利于市县国土空间总体规划实施的政策体系。

(5) **加强规划实施监测评估**。建立规划实施评估指标体系和"一年一体检，五年一评估"定期评估制度，同步建设国土空间规划监测评估预警系统，健全规划实施动态监测、评估、预警、考核和动态调整机制。

4.3.9 成果案例

以《五莲县国土空间总体规划（2021—2035年）》公开稿为例，日照市五莲县因境内秀美的五莲山而得名，有中国最美县域、国家重点生态功能区、全国休闲农业和乡村旅游示范县、山东省"绿水青山就是金山银山"实践创新基地、省部共同打造乡村振兴齐鲁样板示范县之称（图4.3）。

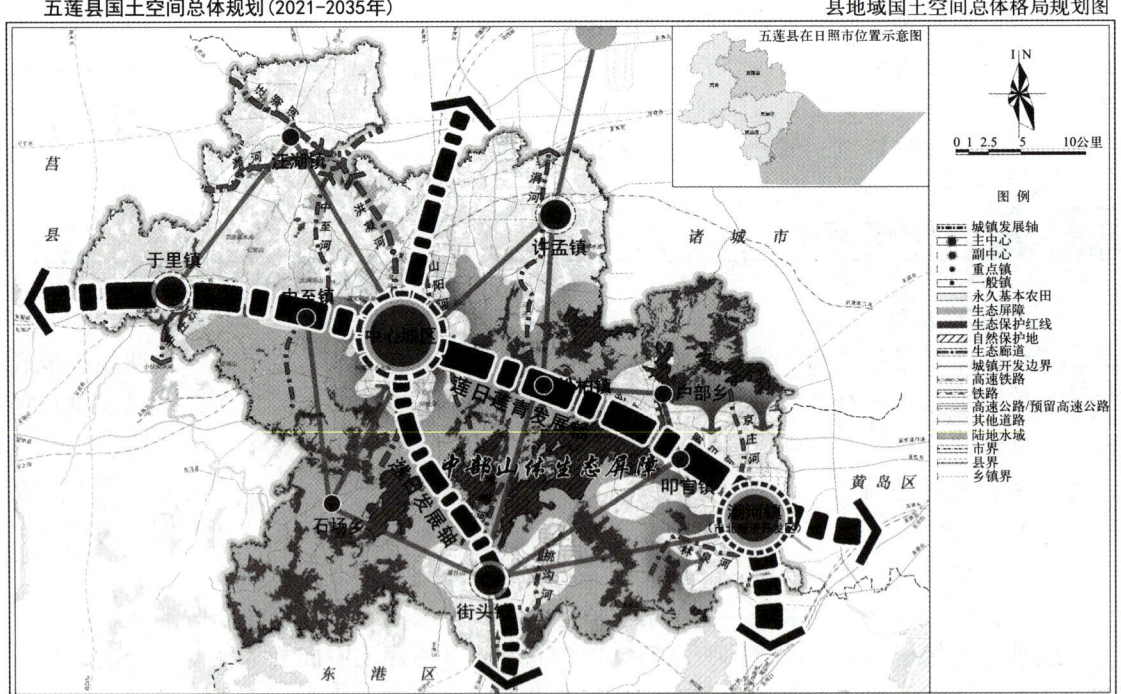

图4.3　五莲县一屏多廊、两轴双心的国土空间开发利用格局

本规划是五莲县空间发展的指南、可持续发展的空间蓝图，是各类开发保护建设活动的基本依据，是编制乡镇国土空间总体规划、详细规划和相关专项规划的总遵循。规划分

为县域和中心城区两个空间层次。

县域为五莲县行政辖区内的陆域空间，总面积1496.96km²。中心城区为城镇开发边界围合范围，包括洪凝街道、高泽街道的城镇开发边界，面积共计39.09km²。规划期限为2021—2035年，其中近期到2025年，远景展望到2050年。

主要目录如下：

第一章　总则	第九章　塑造城乡魅力空间
第二章　规划基础	
第三章　发展战略与目标定位	第十章　构建安全韧性的支撑体系
第四章　优化县域国土空间格局	
第五章　保障现代农业空间	第十一章　区域协调发展
第六章　保护修复生态空间	
第七章　集约利用城镇空间	第十二章　规划实施监督保障
第八章　优化中心城区布局	

参考图文

4.4　乡镇级国土空间规划编制内容

乡镇级国土空间总体规划在县（区）级人民政府统一领导下，由乡镇人民政府组织编制。街道办事处以县（区）政府为编制主体，几个乡镇合并编制的以县（区）政府或主导乡镇为编制主体。县（区）级自然资源主管部门指导乡镇政府开展规划编制工作。乡镇级国土空间总体规划编制经费应纳入县（区）财政预算。承担乡镇级国土空间总体规划编制的设计单位应当符合国家有关国土空间总体规划编制机构资质认证的规定。参照《山东省乡镇国土空间总体规划编制导则（试行）》，乡镇级国土空间总体规划的主要内容包括以下方面。

4.4.1　规划总则

1. 地位作用

乡镇国土空间总体规划是对市、县（市）国土空间总体规划的细化落实，是乡镇人民政府对本行政区域国土空间开发保护做出的具体安排，是编制乡镇有关专项规划、详细规划和村庄规划的依据。

2. 编制原则

1) 城乡融合，优化布局

坚持城乡融合发展，深入实施乡村振兴战略，科学布局生产空间、生活空间、生态空间，统筹优化城乡空间和资源配置，推进城乡基本公共服务均等化，建立全要素全方位一体化的空间保护开发利用秩序。

2) 生态优先，绿色发展

以习近平生态文明思想为指导，全面落实生态文明建设要求，坚持绿色发展，坚持底线约束，落实三区三线，严控增量、盘活存量，促进城镇发展由外延扩张向内涵提升转变，推动形成绿色发展方式和生活方式。

3）因地制宜，突出特色

结合乡镇发展实际，深入挖掘自然禀赋、历史文化等资源优势，突出地域特色，创新开发和保护方式，加快资源优势向经济优势转变，打造乡村振兴齐鲁样板，推动形成生产空间集约高效、生活空间宜居适度、生态空间山清水秀的特色城镇。

4）以人为本，品质提升

坚持以人民为中心的发展思想，处理好人与自然的和谐关系，提升人居环境质量，改善基础设施和公共服务设施水平，实现城乡高质量发展、高品质生活。

5）公众参与，开放共享

坚持开门编规划，广泛征求公众意见，保障公众的知情权、参与权和监督权，加强部门协调沟通，建立上下联动机制，提升规划操作性，确保规划能用、管用、好用。

3. 规划期限

规划期限与上位规划期限一致，近期至2025年，远期至2035年，远景展望至2050年。

4. 规划范围

以乡镇行政辖区为规划范围。

4.4.2 基础研究

1. 基础调研

收集自然资源、生态环境、历史文化、经济社会、土地利用和城乡建设等方面的基础资料以及上位规划，深入了解乡镇现状与发展设想，掌握各部门对乡镇的发展要求。

2. 基础数据

以第三次全国国土调查为基础数据，以地理国情普查、地质环境调查和海洋、森林、草原、湿地、矿产等专项自然资源调查监测成果为补充，统一采用2000国家大地坐标系和1985国家高程基准作为空间定位基础。

3. 基础分析

依据第三次全国国土调查成果形成统一底图底数。以上级国土空间总体规划为基础，结合市、县（市）双评价、专题研究有关结论，总结乡镇现行空间类规划的实施成效和存在问题。综合运用大数据、人工智能等技术方法，客观分析乡镇资源国土空间开发保护的现状情况、变化趋势、结构布局、空间绩效，总结特点和问题，提出规划编制的重点内容。

4. 评估分析

对现行土地利用总体规划、乡镇总体规划等空间性规划实施情况进行评估，分析规划实施成效和存在问题，为规划编制提供借鉴和参考。

4.4.3 方案编制

落实上级规划提出的战略引导、指标约束、底线管控、空间布局、系统指引等方面的要求，确保上级规划要求传导到位，建立目标体系，划分管控分区，各类空间控制线落地，细化管控措施，优化乡镇驻地空间布局和形态，明确国土整治和生态保护修复工程，提出城乡统筹和要素配置要求，提出规划方案并建立任务分解和目标传导机制，制定规划实施保障措施。

1. 发展目标

落实上位规划要求，实施乡村振兴战略，统筹考虑乡镇区位交通、自然资源、历史文化、经济社会发展等条件因素，结合乡镇自身特色、发展条件以及当前亟需解决的问题，明确乡镇总体定位和目标。

根据乡镇总体定位，综合考虑国土空间保护、开发、整治的现状和任务，提出国土空间开发保护的社会经济、资源保护、开发利用、城乡品质、整治修复五个方面的规划目标和具体管控指标，形成可统计、可考核、可监督的规划指标体系，规划指标体系表见表4-8。指标分为约束性和预期性两类。

表4-8 规划指标体系表

类别		具体指标	现状值	规划值		备注
				近期	远期	
社会经济发展	1	常住人口规模（万人）				预期性
	2	常住人口城镇化率（%）				预期性
	3	三次产业结构				预期性
	4	城乡居民可支配收入（元）				预期性
	5	R&D经费支出占地区生产总值比重（%）				预期性
资源环境约束	1	生态保护红线控制面积（hm²）				约束性
	2	永久基本农田保护面积（hm²）				约束性
	3	城镇开发边界面积（hm²）				约束性
	4	耕地保有量（hm²）				约束性
	5	城乡建设用地规模（hm²）				约束性
	6	国土开发强度（%）				约束性
	7	河湖水面率（%）				预期性
	8	湿地保有量（hm²）				预期性
	9	森林覆盖率（%）				预期性
	10	水功能区水质达标率（%）				预期性
	11	自然岸线长度（km）				预期性
	12	近岸海域水质优良（一、二类）比例（%）				约束性
空间利用效率	1	人均农村居民点用地面积（m²/人）				预期性
	2	人均城镇建设用地面积（m²/人）				预期性
	3	单位建设用地二、三产业增加值（万元/hm²）				预期性

续表

类别		具体指标	现状值	规划值		备注
				近期	远期	
空间利用效率	4	单位地区生产总值地耗（hm²/万元）				约束性
	5	单位地区生产总值能耗（t标准煤/万元）				预期性
城乡品质提升	1	城乡社区15分钟生活圈覆盖率（%）				预期性
	2	城镇人均公园绿地面积（m²/人）				预期性
	3	城镇人均公共服务设施用地面积（m²/人）				预期性
	4	城乡千人医疗卫生机构床位数（床/千人）				预期性
	5	历史文化风貌保护面积（hm²）				预期性
	6	城镇道路网密度（km/km²）				预期性
	7	城市公共交通占全方式出行比重（%）				预期性
	8	城乡生活垃圾无害化处理率（%）				预期性
	9	城乡污水处理率（%）				预期性
	10	城市人均紧急避难场所面积（m²/人）				约束性
国土整治修复	1	新增国土生态修复面积（hm²）				预期性
	2	历史遗留矿山综合治理面积（hm²）				预期性
	3	高标准农田建设面积（hm²）				预期性
	4	城乡建设用地增减挂钩规模（hm²）				预期性
	5	存量土地供应占比（%）				预期性

备注：乡镇可根据实际情况对预期性指标进行调整。

2. 乡镇国土空间总体格局

按照发展目标，落实生态、农业、历史文化等重要保护区域和廊道，合理安排城镇、产业开发轴带和重要节点、重大交通基础设施网络，因地制宜确定国土空间保护、开发、利用、修复、治理总体格局，构建多规合一、协调发展的国土空间格局。

1）国土生态安全格局

落实上位规划对自然保护区、森林公园、地质公园、湿地公园等各类自然保护地范围和保护要求，以自然保护地和重要山体林地、河流水系、滩涂湿地等为重点，发挥农田生态基质功能，系统保护山水林田湖草资源。

2）国土空间开发利用布局

与人口转移趋势相适应，与资源环境承载能力相一致，统筹安排城镇生产、生活空间，合理优化乡镇产业布局和城镇功能结构，建立集群集聚、高质高效的现代产业布局体系和规模合理、和谐宜居的镇村体系，促进新旧动能转换和高质量发展。

3）统筹划定落实三区三线

落实市、县（市）国土空间总体规划要求，划定生态保护红线、永久基本农田、城镇开发边界控制线以及各类海域保护线,形成国土空间开发保护底线"一张图"。建立健全控制线管控机制,严格管控措施,提出约束内容和管控规则。

3. 乡镇国土空间开发利用

1)用地分类和规划单元

按照《山东省国土空间规划用地、用海、用岛分类标准》,市县国土空间总体规划的规划分区,乡镇国土空间规划予以具体落实。乡镇国土空间用地分区在全镇域层面对应用地、用海、用岛分区体系一级分区,见表4-9。

表4-9 规划基本分区对应关系

目标	乡镇全域基本分区	乡镇全域规划分区	含义
保护与保留	生态保护区	生态保护区	具有特殊生态功能或生态环境敏感脆弱、必须保护的陆地和海洋自然区域,包括陆域生态保护红线、海洋生态保护红线集中区域,以及需进行生态保护与生态修复的其他陆地和海洋自然区域
	自然保留区	自然保留区	不具备开发利用与建设条件,也不需要特别保护的陆地和海洋自然区域
	永久基本农田集中区	永久基本农田集中区	永久基本农田相对集中需严格保护的区域
开发与利用	城镇发展区	城镇集中建设区	为了满足城镇居民生产、生活需要集中连片建设的区域,是在城镇开发边界内允许开展城镇开发建设行为的核心区域
		城镇弹性发展区	为了应对未来发展的不确定性,增强规划的适应性,在城镇开发边界内预留的,或者村庄集体建设用地范围内可调整的范围
	农业农村发展区	村庄建设区	乡镇开发边界外,规划重点发展的村庄用地
		留白用地	村民居住、农村公共公益设施、零星分散的乡村文旅设施及农村新产业新业态等用地
		一般农业区	以农业生产发展为主要利用功能导向划定的区域
		林业发展区	以规模化林业生产为主要利用功能导向划定的区域
		牧业发展区	以草原畜牧业发展为主要利用功能导向划定的区域

备注:大遗址及地下文物埋藏区、矿产资源发展区等具有特殊保护与利用价值或意义的特定政策管理区,应根据所在基本分区,叠加规划意图和管制规定,形成复合控制区并统一实施规划管理。

乡镇国土空间用地分类对应用地、用海、用岛分类体系一级分类。乡镇驻地规划单元对驻地空间布局进行结构性控制。在详细规划和专项规划中可视情况采用二级、三级分类。乡镇可根据自身情况,对空间类型进行适度归并和优化。

规划单元应提出每个编制单元的编号、范围、功能定位、用地规模、人口规模、开发强度、建筑高度和其他规划控制要求,形成单元规划指引。

2)产业发展

各乡镇应在梳理现状产业发展情况、调查村民发展意愿的基础上,结合上位规划的要求，提出产业培育的方向和类型，突出产业特色，依托乡村地区绿水青山、田园风光、民俗文化等资源，把农民致富增收、生态保护与利用、历史文化传承等方面有机结合，促进一二三产业融合发展。乡镇产业用地应当根据不同的区位条件、产业特色等，采取集中或分散的布局方式，鼓励优先利用存量产业用地。

3) 海岸带开发

与资源环境承载能力相适应，统筹陆海布局，安排海岸线旅游、渔业、城镇、港口等功能，合理开发利用。

4) 道路交通

落实上位规划公路、铁路、机场、港口等重要交通设施布局和廊道控制要求，提出镇域交通发展目标，完善镇域道路网布局，明确主次干路等级、走向、红线宽度等要求；提出对公交站场、停车场等的政策指引和规划要求。

5) 市政工程

落实重要市政基础设施廊道和重大邻避设施控制要求，确定各类市政基础设施的建设目标，预测城乡供水、排水、供电、燃气、供热、垃圾处理、通信需求总量，确定各类设施建设标准、规模和重大设施布局。

6) 公共服务

统筹镇域乡村公共服务设施资源配置，合理布局行政办公、社会综合治理、教育、医疗、文化、养老、体育、社会福利、殡葬、公厕等公共服务设施，建立城乡社区生活圈体系，全面推进社区服务全覆盖和基本公共服务均等化。

7) 综合防灾

制定镇域防洪、抗旱、消防、抗震、地质灾害、森林防火和病虫害等的规划防治措施，合理布局防灾减灾设施和避难场所。

8) 设计导引

结合山水林田湖草整体形态格局和地方文化特色，确定风貌特色定位与总体要求。提出公共空间体系构建原则、重要生态及景观廊道布局和控制要求、确定特色风貌保护和建设的重点区域，提出高度、风貌等空间形态控制要求；对重点地区进行设计引导。

9) 地下空间

按照安全、高效、适度的原则，统筹地上地下空间利用，提出乡镇驻地地下空间综合开发利用的目标、原则和建设重点，明确需要重点开发控制的地区和管控要求。

10) 村庄规划

立足城乡空间统筹发展，将镇域村庄分为集聚提升类（包括集聚发展类和存续提升类）、城郊融合类、特色保护类、搬迁撤并类和其他类，提出对现状村庄保留、保护或撤并的规划导向，划定保留村庄的村庄集中建设区，规划撤并村庄安置用地，对合并村庄集中建设区做好发展引导。

统筹村庄建设管控，针对不同类型的村庄提出村庄人口、建设用地、基本农田保护、生态保护以及各类公共服务设施配置标准等指标控制和管控要求，以一个或多个行政村为单位，编制村庄规划指引。梳理村庄开发建设的正、负面清单，引导不同类型的村庄开发建设。

结合乡村人口流动、结构和分布变化，综合新产业新业态发展、人居环境治理、历史文化保护等要求，针对不同类型乡村，合理预测村庄人口规模、村集体建设用地规模，提出优化农村居民点布点、产业空间、公共服务和基础设施配置的目标原则、空间策略。

对于不需要单独编制村庄规划的村庄，在乡镇国土空间总体规划中明确规划期内村庄建设和管理的管控要求，并加以图纸说明。

11) 弹性发展区

可根据发展需求，合理确定一定规模的弹性发展区，暂不明确规划用地性质，适应城镇发展的不确定性，引导集体建设用地腾退减量后的集中布局和集约利用。原则上弹性发展区不超过本乡镇城乡规划建设用地指标的5%。弹性发展区可以安排在乡镇驻地内，也可在乡镇驻地外，但应尽量靠近乡镇驻地，弹性发展区不得占用生态保护区和永久基本农田。

4. 自然资源保护和合理利用

统筹山水林田湖草和文化要素管理，协调自然资源、住建、水利、农业农村、文化旅游等部门的要素管理边界，明确规划导向，提出规划要点，形成互为依托、良性循环的自然文化关系。

1) 山体

结合自然地形划定山体本体范围及保护范围，明确矿山修复的地区范围，提出相应管控要求。

2) 水资源

提高水资源保障能力，优化河湖水系格局，统筹河湖岸线及周边土地保护利用。严格落实水源地保护区范围、河湖蓝线和湿地保护线，明确具体管控要求。

3) 森林资源

明确森林资源总量和森林覆盖率控制目标，严格划定生态公益林、商品林等基本林地集中保护区，完善林地用途管制，强化林地利用监督管理。

4) 耕地资源

落实耕地保有量、永久基本农田保护面积等控制目标和任务要求，落实永久基本农田保护区范围，确定永久基本农田优化调整的规模、范围。确定高标准农田建设和土地整治项目，提高耕地和永久基本农田质量。提出耕地后备资源开发利用时序，制定永久基本农田保护、耕地占补平衡的实施措施。

5) 海域、海岛与海岸线资源

涉海乡镇应按照行政职能，落实上位规划关于海域、海岛、海岸线资源保护和利用的范围和要求，统筹保护海洋资源和海陆生态环境，优化利用有居民海岛，保护性利用无居民海岛，严格保护特殊用途海岛，合理安排海岸线旅游、渔业、城镇、港口等功能。

6) 矿产资源

落实上级国土空间规划确定的合法矿业权范围和管控要求。

7) 文化遗存

明确保护与传承的重点地区，对具有较高利用价值的自然景观、人文风貌等历史文化保护传承区域，明确范围边界，提出空间保护引导方向和具体措施。

5. 全域土地整治和生态修复

落实市、县（市）国土空间总体规划关于国土整治和生态保护修复的管控要求以及准入退出和转换规则。

综合考虑国土整治潜力、经济社会发展状况、农民意愿及资金保障水平等因素，制定国土整治方案，确定农村国土整治的类型、规模和范围，安排国土整治项目。

应结合乡镇实际，以村为单位，将农用地整理与建设用地整理、后备土地资源开发等相结合，整合涉农的相关项目，组成农村土地整治项目（区），整体推进田、水、路、林、村综合整治。

1) 农用地整理

适应发展现代农业和适度规模经营的需要，统筹推进低效林草地和园地整理、农田基础设施建设、现有耕地提质改造等，传承传统农耕文化，增加耕地数量，提高耕地质量，改善农田生态。

2) 建设用地整理

按照城乡统筹发展要求，规范开展农村建设用地整理，统筹农民住宅建设、产业发展、公共服务、基础设施等各类建设用地，有序开展农村宅基地、工矿废弃地以及其他低效闲置建设用地整理，优化农村建设用地布局结构，提升农村建设用地使用效益和集约化水平，支持农村新产业新业态融合发展用地。

3) 生态系统修复

针对乡镇全域自然生态存在的主要问题，明确生态修复的重点任务、具体措施和时限要求，系统开展山体修复、水体治理和修复。修复利用废弃地，恢复和重建当地自然和土地利用生态景观，荒地、盐碱地、沙地等地块，应结合流域水土治理、农村生态建设与环境保护、滩涂及岸线资源保护等，因地制宜确定其用途。大力推进新损毁土地及历史遗留损毁土地复垦，综合运用多种适宜技术改良土壤，提高复垦土地的综合生产能力，优化土地利用结构和产业布局。

（1）整体实施乡村生态保护修复。

按照山水林田湖草系统整治的要求，结合农村人居环境整治，优化调整生态用地布局，保护和恢复乡村生态功能，维护生物多样性，提高抵御自然灾害的能力，保护乡村自然景观。

（2）确定重要的生态廊道体系和生态功能分区。

对一些生态敏感性较高、生态安全级别较高的区域，划定重要的生态廊道体系，重点引导建设郊野公园、森林公园、河湖湿地公园等生态基础设施，作为构建生态安全格局的重点对象加强管控。

按照生态涵养、农业生产或休闲游憩等的主导功能，确定功能相对独立和统一的生态功能分区，明确生态功能分区的范围、类型、主导功能、管控要点，为科学划定乡镇驻地外非建设用地的生态型、农业型、休闲游憩型等单元打好基础。

（3）明确生态保护区内的重点管控区域。

以生态保护红线为基础，以保护自然资源和维护生态安全为前提，以资源环境承载力为基础，根据自然生态和生物系统的特点，综合考虑水源涵养、生物多样性保护等因素，构建包括雨洪安全管理、水源保护和涵养、生物多样性及栖息地保护等在内的生态系统。

4.4.4 规划强制性内容

规划应明确强制性内容，包括：城乡建设用地规模、生态保护红线控制面积、耕地保有量及永久基本农田面积、用水总量和强度控制等规划指标体系中的约束性指标；生态保护红线、永久基本农田、城镇开发边界及管控要求；自然保护地体系、重要生态廊道及生态系统保护控制要求；历史文化保护体系、历史文化遗存保护范围和控制要求；城镇政策性住房和城乡文化、教育、养老、体育、卫生、社会福利等主要公共服务设施和殡葬等特殊用地的布局原则和标准；重大交通枢纽、重要线性工程网络、地下空间、邻避设施等设施布局；绿线、蓝线、紫线、黄线及管控要求。

4.4.5　成果构成及要求

成果由规划文本、图件、数据库和附件构成，涉及的文、图、表、数应相辅相成，衔接一致。

1. 规划文本

规划文本应当以条款格式表述规划结论，应明确表达规划强制性内容。规划文本包括文本条文、必要的表格。文本条文应法条化，表述准确规范，简明扼要，突出政策性、针对性和规定性。

2. 规划图件

规划图件统一采用 2000 国家大地坐标系作为空间基准，以第三次全国国土调查成果作为现状基础数据。图件比例尺一般为 1∶2000 或 1∶5000，满足上图入库要求。图件应符合相关制图规范要求，明确标示项目名称、图名、图号、比例尺、图例、绘制时间、规划编制单位名称等。

3. 规划数据库

规划数据库包括基础空间数据和属性数据，按照统一的国土空间规划数据库标准与规划编制工作同步建设、同步报批，形成国土空间规划"一张图"。

4. 附件

附件是对规划文本、图件的补充解释，包括规划说明、规划编制情况说明、专家论证意见及修改说明、公众和有关部门意见及采纳情况等。

4.4.6　成果提交

规划成果应以纸质文档和数字化文件两种形式提交。

纸质文档采用 A4 幅面竖开本装订，规划图纸可采用 A3 幅面印制并折叠 A4 幅面装订。

数字化文件采用通用的文件存储格式。规划文本可采用 *.wps、*.doc（*.docx）格式，图纸采用 *.jpg 格式，矢量数据采用 *.shp 格式。

4.4.7　规划实施

1. 完善规划体系

提出完善规划编制体系、政策法规体系、技术标准体系、实施监督体系的要求，提出规划实施动态监测、评估、预警、考核机制等方面的具体要求，数据库汇入上级国土空间基础信息平台和"一张图"实施监督信息系统。

结合实际明确规划编制传导体系，确保详细规划及相关专项规划与总体规划的有效衔接，实现国土空间规划体系的全域覆盖、分层管理、分类指导的要求。

2. 制定近期行动计划

围绕总体定位和目标，结合经济社会发展规划，综合考虑现有基础、宏观调控政策和城乡发展需求态势，对近期国土空间开发保护做出统筹安排，提出近期实施目标和重点任务，建立近期项目库，明确近期约束性指标、管控边界和管控要求。

3. 完善政策工具

围绕规划目标，立足提高国土空间治理能力和治理体系建设水平，综合运用各类增减挂钩、增存挂钩等政策工具，推动规划实施。

4.4.8 成果案例

以《平度市大泽山镇国土空间总体规划（2021—2035年）》公示版为例，本规划是对大泽山镇范围内国土空间开发保护作出的总体安排和综合部署，是指导大泽山镇各类开发建设活动、开展国土空间资源保护利用与修复、制定空间发展政策和实施国土空间规划管理的空间蓝图，是编制镇有关专项规划、详细规划和村庄规划的依据（图4.4）。

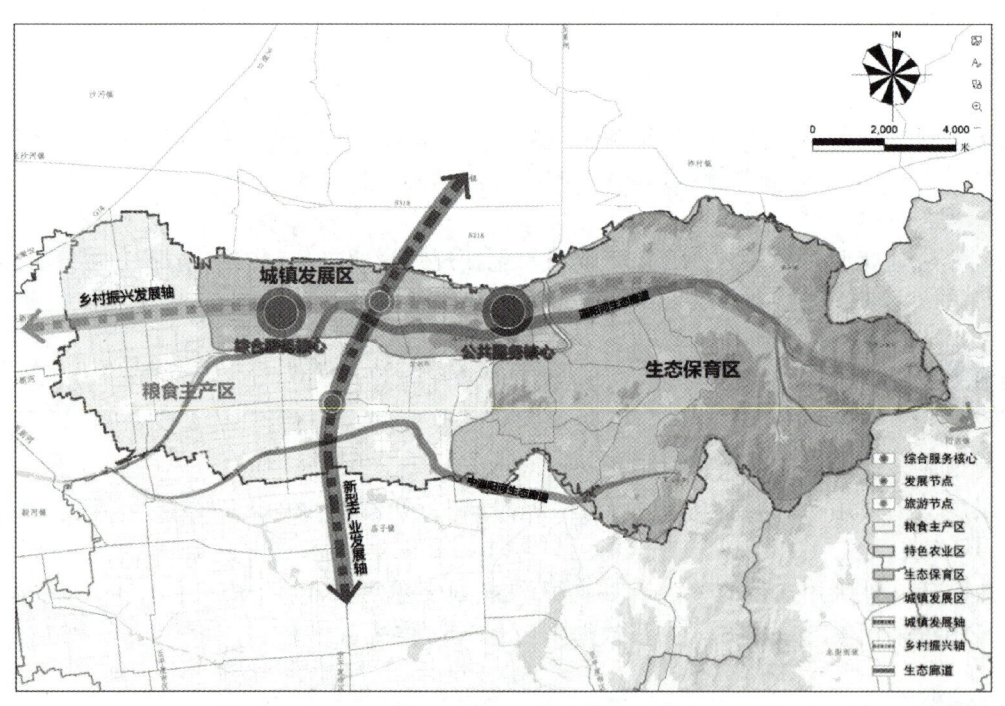

图 4.4　大泽山镇国土空间格局示意图

规划范围为大泽山镇行政辖区范围，总面积 150.6km²。

主要目录如下：

1 制定战略协同的总体发展愿景
2 构建协调融合的开发保护格局
3 形成集约高效的全域空间布局
4 建设完善便捷的基础服务设施
5 塑造宜居宜业宜游的城乡特色
6 建立明晰有效的规划传导体系

参考图文

小 结

本章主要介绍国土空间规划中总体规划的编制内容，主要包括省级、市级、县级、乡镇级国土空间总体规划的主要编制内容。

其中全国国土空间规划是对全国国土空间作出的全局安排，是全国国土空间保护、开发、利用、修复的政策和总纲，侧重战略性，由自然资源部会同相关部门组织编制，由党中央、国务院审定后印发。省级国土空间规划是对全国国土空间规划的落实，指导市县国土空间规划编制，侧重协调性，由省级政府组织编制，经同级人大常委会审议后报国务院审批。市县和乡镇国土空间规划是本级政府对上级国土空间规划要求的细化落实，是对本行政区域开发保护作出的具体安排，侧重实施性。需报国务院审批的城市国土空间总体规划，由市政府组织编制，经同级人大常委会审议后，由省级政府报国务院审批；其他市县及乡镇国土空间规划由省级政府根据当地实际，明确规划编制审批内容和程序要求。各地可因地制宜，将市县与乡镇国土空间规划合并编制，也可以几个乡镇为单元编制乡镇级国土空间规划。

习 题

一、单项选择题

1. 下列属于实施国土空间总体规划的内容是（   ）。
   A. 指定近期行动计划 B. 细化用途管控规则
   C. 三条线控制规定   D. 生态修复和土地整理
   E. 房地产开发

2. 省级国土空间规划的编制程序包括以下哪些阶段？（   ）
   A. 准备工作、方案编制、方案论证、成果要求
   B. 准备工作、基础研究、方案编制、方案论证、成果要求
   C. 方案编制、方案论证、成果要求、监测评估
   D. 基础研究、方案编制、方案论证、成果要求、规划实施

3. 省级国土空间规划的主要任务不包括以下哪项？（   ）
   A. 优化国土空间布局   B. 发展和带动省级经济区
   C. 保护和修复生态环境 D. 促进新型城镇化和乡村振兴

4. 组织编制市级国土空间总体规划的主体是（   ）。
   A. 市人大常委会   B. 市人民政府
   D. 符合相关资质要求的规划编制单位
   C. 市自然资源主管部门

5. 根据《市级国土空间总体规划编制指南（试行）》，不属于市级总规中强制性内容的是（　　）。

A. 生态屏障、生态廊道和生态系统保护格局，自然保护地体系

B. 生态保护红线、永久基本农田和城镇开发边界三条控制线

C. 涵盖各类历史文化遗存的历史文化保护体系，历史文化保护线及空间管控要求

D. 中心城区范围内公共绿地、水体等开敞空间的控制范围和均衡分布要求

6. 在城镇开发边界内，下列不属于城镇发展区的是（　　）。

A. 城镇集中建设区　　B. 城镇弹性发展区　　C. 特别用途区　　D. 村庄建设区

二、多项选择题

1. 根据《市级国土空间总体规划编制指南（试行）》，城市国土空间总体规划中属于城乡融合的是（　　）。

A. 围绕新型城镇化、乡村振兴、产城融合

B. 构建重要生态屏障、廊道和网络

C. 明确城镇体系的规模等级和空间结构

D. 构建不同层次和类型、功能复合、安全韧性的城乡生活圈

E. 注重推动城市群、都市圈交通一体化

2. 依据《市级国土空间总体规划编制指南（试行）》，一级规划分区有（　　）。

A. 农田保护区　　　　B. 乡村发展区　　　　C. 矿产能源发展区

D. 绿地休闲区　　　　E. 弹性发展区

3. 省级国土空间规划的规划实施保障包括哪些内容？（　　）

A. 政策和技术体系　　B. 国土空间用途管制　　C. 实施监督信息系统

D. 近期安排　　　　　E. 省际协调

4. 下列属于市级总体规划强制性内容的是（　　）。

A. 生态屏障　　　　　B. 中心城区范围内结构性绿地

C. 城镇化水平　　　　D. 人口规模的确定

E. 城镇政策性住房和教育布局原则

三、简单题

1. 简述国土空间规划中省级国土空间规划与市、县级国土空间规划之间的关系。

2. 省级国土空间规划在国土空间规划体系中的地位与作用。

3. 简述我国各级国土空间总体规划的编制与审批程序。

在线答题

第 5 章 国土空间详细规划

教学要求

通过对控制性详细规划和修建性详细规划的作用与主要内容、指标类型、主要术语、编制方法与要求、实施步骤、成果内容、审批与修改等的详细描述和讲解，掌握城镇开发边界内详细规划的编制要求；通过村庄规划的定位、编制等学习，了解城镇开发边界外的详细规划的编制方法和要求；通过本章学习，了解城市规划的各种类型的关联性和不同之处，同时具备制定修建性详细规划的能力。

教学目标

能力目标	知识要点	权重
了解控制性详细规划的作用	控制性详细规划的作用	5%
熟悉控制性详细规划的主要内容	控制性详细规划的主要内容	10%
熟悉控制性详细规划的指标类型、有关术语概念等	控制性详细规划的指标类型、有关术语概念等	10%
掌握控制性详细规划的编制方法	控制性详细规划的编制方法	5%
熟悉控制性详细规划的成果内容	控制性详细规划的成果内容：图纸和文本	10%
了解控制性详细规划的编制要求	控制性详细规划的编制要求	5%
熟悉控制性详细规划的审批与修改	控制性详细规划的审批与修改流程	10%
熟悉修建性详细规划的主要内容	修建性详细规划的主要内容	10%
了解修建性详细规划编制的基本原则	修建性详细规划编制的基本原则	5%
了解修建性详细规划编制的要求	修建性详细规划编制的要求	5%
了解修建性详细规划的实施步骤和成果	修建性详细规划的实施步骤和成果	5%
村庄规划的定位、村庄类型	村庄规划的定位、村庄类型	5%
了解村庄规划的工作原则和任务	村庄规划的工作原则和任务	5%
了解村庄规划的编制内容和要求	村庄规划的编制内容和要求	5%
了解村庄规划的组织实施	村庄规划的组织实施	5%

> **章节导读**
>
> 　　城市详细规划是与人们的日常生活关系最为密切的一种规划类型，是具体落实城市各种上位规划的重要途径。
> 　　城市规划的核心内容是城市土地及空间的利用。根据《城乡规划法》和城市规划工作的实践，城市规划编制的完整体系由两个阶段、五个层次组成。两个阶段即总体规划阶段和详细规划阶段。城市规划的五个层次：①城市总体规划纲要；②城市总体规划及专项规划；③城市分区规划；④控制性详细规划；⑤修建性详细规划。
> 　　与城市总体规划作为宏观层次的规划相对应，详细规划主要针对城市中某一地区、街区等局部范围中的未来发展建设，从土地使用、房屋建筑、道路交通、绿化与开敞空间及基础设施等方面做出统一的安排。由于详细规划着眼于城市局部地区，在空间范围上介于整个城市与单体建筑物之间，因此其规划内容通常依据城市总体规划或分区规划等上位规划的要求，对规划范围中的各个地块及单体建筑物做出具体的规划设计或提出规划上的要求。
> 　　详细规划分为控制性详细规划和修建性详细规划。

5.1　控制性详细规划

　　控制性详细规划是指以城市总体规划为依据，确定具体地块的土地使用性质和使用强度等控制指标、道路和工程管线控制性位置及空间环境控制的规划，是开展国土空间开发保护活动、实施国土空间用途管制、核发城乡建设项目规划许可、进行各项建设等的法定依据。

　　详细规划的编制，分为城镇开发边界内和城镇开发边界外两个部分。在城镇开发边界内的详细规划，由市县自然资源主管部门组织编制，报同级政府审批；城镇开发边界外的乡村地区，以一个或几个行政村为单元，由乡镇政府组织编制"多规合一"的实用性村庄规划作为详细规划，报上一级政府审批。

　　在以前的城乡规划体系下，详细规划分为控制性详细规划和修建性详细规划。由于国土空间规划体系下的详细规划尚处于探索阶段，本教材依然介绍城乡规划体系下的详细规划。

5.1.1　控制性详细规划的作用

1. 承上启下

　　在整个规划过程中，控制性详细规划上有总体规划，下有修建性详细规划。控制性详细规划是两者之间有效的过渡与衔接，起着深化前者和控制后者的作用，确保规划体系的完善和连续。

2. 是管理的依据和建设的引导

"三分规划,七分管理"是城市建设的成功经验。总体规划与传统的详细规划,均难以满足规划管理既要宏观又要微观,既要整体又要局部,既要对规划设计又要对开发建设进行管理的需求。控制性详细规划的层次、深度适宜,同时又是采用规划管理语言表述规划的原则和目标,因此它是规划管理的科学依据和城市建设的有效指导,有利于规划和管理及开发建设三者的有机衔接。

3. 是城市政策的载体

作为城市政策的载体,控制性详细规划通过传达城市政策方面的信息,在引导城市社会、经济、环境协调发展方面具有重要的影响力。市场运作过程中各类经济组织和个人可以通过规划所提供的政策,以及社会经过充分协调的关于城市未来发展的政策和相关信息来消除这些组织在决策时所面对的未来不确定性,从而促进资源的有效配置和合理利用。

4. 有利于稳定和调节地价

土地具有不可移动的特性,一块土地的价格与周围的用地性质密切相关。人们在决定土地的市场价格时,往往只考虑成交时周围用地对成交地块的影响,当土地买卖成交后,该地块对周围的用地有可能产生不良影响,因而反过来造成这块土地的价格下跌。因此,采用控制性详细规划对土地的用途进行合理的规定,从而提高地价的稳定程度,有利于土地市场的繁荣与稳定。

5. 有利于公共福利

借助于控制性详细规划来实现对城市各项功能的有机组织。假如没有控制性详细规划,就会造成某些用地供给不足,某些用地又供给过剩的失调状况。为了防止这一现象的出现,政府必须干预市场,对道路、学校、图书馆等建设进行协调,为它们提供充足、合适的土地,保证某些土地用途的变化不会造成城市布局整体上的混乱。

6. 是体现城市设计构想的关键

控制性详细规划可将城市总体规划、分区规划的宏观城市设计构想,以微观、具体的控制要求进行体现,并直接引导修建性详细规划及环境景观规划等的编制。

土地开发往往会给一些具有特色的地区(如传统文化地区)产生一定的压力,出于经济效益的考虑,这些特色往往在城市的新建与改建中逐渐丧失掉。为了从市场压力下将这些地区保护起来,有必要采取控制性详细规划措施,对这些地区进行临时性的保护,直到社会普遍认识到这一地区的价值,并在经济上保护这些地区。控制性详细规划还可通过一些交换手段,达到对历史文化遗址等加以保护的目的。

7. 有利于对开发进行严格控制

实施控制性详细规划后,可将开发商置于公共当局的监督控制之下,有效地制止其仅出于自身经济利益而进行的种种不合理开发活动,从而保证城市开发在整体上符合全体市民的长远利益。此外,控制性详细规划可使政府拓宽融资渠道,加快城市建设的步伐。

5.1.2 控制性详细规划编制的主要内容

(1) 确定规划范围内不同性质用地的界线,确定各类用地内适建、不适建或者有条件地允许建设的建筑类型。

（2）确定各地块建筑高度、建筑密度、容积率、绿地率等控制指标；确定公共设施配套要求、交通出入口方位、停车泊位、建筑后退红线距离等要求。

（3）提出各地块的建筑体量、体型、色彩等城市设计指导原则。

（4）根据交通需求分析，确定地块出入口位置、公共交通场站用地范围和站点位置、步行交通及其他交通设施。规定各级道路的红线、断面、交叉口形式及渠化措施、控制点坐标和标高。

（5）根据规划建设容量，确定市政工程管线位置、管径和工程设施的用地界线，进行管线综合。确定地下空间开发利用具体要求。

（6）制定相应的土地使用与建筑管理规定。

编制大城市和特大城市的控制性详细规划，可以根据本地实际情况，结合城市空间布局、规划管理要求，以及社区边界、城乡建设要求等，将建设地区划分为若干规划控制单元，组织编制单元规划。

镇控制性详细规划可以根据实际情况，适当调整或者减少控制要求和指标。规模较小的建制镇的控制性详细规划，可以与镇总体规划编制相结合，提出规划控制要求和指标。

5.1.3 控制性详细规划的指标类型及有关术语概念

控制性详细规划的指标可分为规定性指标和指导性指标两类。

1. 规定性指标

规定性指标是编制规划时必须遵照执行的指标，主要有以下几种。

（1）用地性质，即城乡规划管理部门根据城市总体规划的需要，对某宗具体用地所规定的用途。用地性质可分为八大类：居住用地（R）、公共管理与公共服务用地（A）、商业服务业设施用地（B）、工业用地（M）、物流仓储用地（W）、交通设施用地（S）、公用设施用地（U）、绿地（G）。

（2）建筑密度，即一定地块内所有建筑物的基底总面积占用地面积的比例。

（3）建筑控制高度。

（4）容积率，即一定地块内总建筑面积与建筑用地面积的比值。

（5）交通出入口方位。

（6）绿地率，即城市一定地区内各类绿化用地总面积占该地区总面积的比例。

（7）停车泊位及其他需要配置的公共设施和市政设施。

2. 指导性指标

指导性指标即参照执行的指标，包括以下几项内容。

（1）人口容量，是环境人口容量的简称，指一国或一地区在可以预见的时期内，利用该地的能源和其他自然资源及智力、技术等条件，在保证符合社会文化准则的物质生活水平条件下，所能持续供养的人口数量。

（2）建筑形式，指对建筑风格和外在形象的控制。

（3）建筑体量，指建筑在空间上的体积，包括建筑的横向尺度、竖向尺度和建筑形体控制等方面。

(4) 建筑风格要求，应符合城市设计的要求。
(5) 建筑色彩要求，应符合城市设计的要求。
(6) 其他环境要求。

其他相关术语如下。

(1) 道路红线，指规划的城市道路路幅的边界线。
(2) 建筑红线，指城市道路两侧控制沿街建筑物或构筑物（如外墙、台阶等）靠临街面的界线，又称建筑控制线。
(3) 紫线，指国家历史文化名城内的历史文化街区和省、自治区、直辖市人民政府公布的历史文化街区的保护范围界线，以及历史文化街区外经县级以上人民政府公布保护的历史建筑的保护范围界线。
(4) 黑线，指城市电力设施的用地规划控制线。
(5) 橙线，指为了降低城市中重大危险设施的风险水平，对其周边区域的土地利用和建设活动进行引导或限制的安全防护范围的界线。划定对象包括核电站、油气及其他化学危险品仓储区、超高压管道、化工园区及其他安委会认定须进行重点安全防护的重大危险设施。
(6) 蓝线，指规定城市水面，主要包括河流、湖泊及护堤的保护控制线。
(7) 绿线，指城市各类绿地范围的控制线。
(8) 黄线，指对城市发展全局有影响的、城市规划中确定的、必须控制的城市基础设施用地的控制界线。
(9) 建筑红线后退距离，指规定建筑物与城市道路或用地红线的最小间距。
(10) 建筑间距，指两栋建筑物或构筑物外墙之间的水平距离。
(11) 用地面积，指规划地块用地边界内的平面投影面积。
(12) 土地使用的相容性，指在确定地块主导用地属性下，在其中规定可以兼容、有条件兼容、不允许兼容的设施类型。
(13) 交通运行组织，是对街坊或地块提出的车行、人行等的交通组织要求。
(14) 装卸场地规定，以不影响其他交通活动为宜。
(15) 建筑高度，指地块内建筑地面上的最大高度限制，也称建筑限高。
(16) 建筑后退，指建筑控制线与规划地块边界之间的距离。

5.1.4 控制性详细规划的编制方法和成果内容

1. 编制控制性详细规划的工作步骤

控制性详细规划的编制通常划分为现状调研与前期研究、规划方案与用地划分、指标体系与指标确定和成果编制四个阶段，具体如下。

1) 现状调研与前期研究

现状调研与前期研究包括上一层次规划即城市总体规划对控制性详细规划的要求、其他非法定规划提出的相关要求等，还应包括各类专项研究，如城市设计研究、土地经济研究、交通影响研究、市政设施、公共服务设施、文物古迹保护、生态环境保护等，研究成果应该作为编制控制性详细规划的依据。

(1) 基础资料收集的基本内容如下。

① 已经批准的城市总体规划对本规划地段的规划要求，相邻地段已批准的规划资料。

② 地方法规、规划范围已经编制完成的各类详细规划及专项规划的技术文件。

③ 准确反映近期现状的地形图[(1∶2000)～(1∶1000)]。

④ 规划范围现状人口详细资料，包括人口数量、人口密度、人口分布、人口构成等。

⑤ 土地使用现状资料[(1∶2000)～(1∶1000)]，规划范围及周边用地情况，土地产权与地籍资料，包括城市中划拨用地、已批在建用地等资料，现有重要公共设施、城市基础设施、重要企事业单位、历史保护单位、风景名胜等资料。

⑥ 建筑物现状，包括各类建筑类型与分布、建筑面积、密度、质量、层数、性质、体量及建筑特色等。

⑦ 道路交通（道路定线、交通设施、交通流量调查、公共交通、步行交通等）现状资料及相关规划资料。

⑧ 市政工程管线（市政源点、现状管网、路由等）现状资料及相关规划资料。

⑨ 公共安全及地下空间利用现状资料。

⑩ 公共设施规模及分布。

⑪ 土地经济分析资料（土地级差、地价等级、开发方式、房地产指数等）。

⑫ 所在城市及地区历史文化传统、建筑特色等资料。

⑬ 其他相关（城市环境、自然条件、历史人文、地质灾害等）现状资料。

(2) 分析研究的基本要求。在详尽的现状调研基础上，梳理地区现状特征和规划建设情况，发现存在问题并分析其成因，提出解决问题的思路和相关规划建议。从内因、外因两方面分析地区发展的优势条件与制约因素，分析可能存在的威胁与机遇。对现有重要城市公共设施、基础设施、重要企事业单位等用地进行分析论证，提出可能的规划调整动因、机会和方式。

基本分析内容应包括区位分析、人口分布与密度分析、用地现状分析、建筑现状分析、交通条件与影响分析、城市设计系统分析、现状场地要素分析、土地经济分析等，根据规划地区的建设特点可适当增减分析内容，并根据地方实际需求，在必要的条件下针对重点内容进行专题研究。

2) 规划方案与用地划分

通过深化研究和综合，对编制范围的功能布局、规划结构、公共设施、道路交通、历史文化环境、建筑空间体型环境、绿地景观系统、城市设计及市政工程等方面，依据规划原理和相关专业设计要求做出统筹安排，形成规划方案。将城市总体规划或分区规划思路具体落实，并在不破坏总体系统的情况下做出适当的调整，成为控制性详细规划的总体性控制内容和控制要求。

在规划方案的基础上进行用地细分，一般控制性详细规划的用地应分至小类，细分到地块。划分地块的目的是便于规划管理分块批租、分块开发、分期建设，成为控制性详细规划实施具体控制的基本单位。划分地块应考虑用地现状、产权划分和土地使用调整意向、专业规划要求，如城市"五线"、开发模式、土地价值区位级差、自然或人为边界、行政管辖界限等因素，还应根据用地功能性质不同、用地产权或使用权边界的区别等。经过划分后的地块是编写控制性详细规划技术文件的载体。

3）指标体系与指标确定

按照规划编制办法，选取符合规划要求和规划意图的若干规划控制指标组成综合控制指标体系，并根据研究分析分别赋值。综合控制指标体系是控制性详细规划编制的核心内容之一。综合控制指标体系中必须包括编制办法中规定的强制性内容。

指标确定的方法：①测算法——由研究计算得出；②标准法——根据规范和经验确定；③类比法——借鉴同类型城市和地段的相关案例比较总结；④反算法——通过试做修建性详细规划和形体设想方案估算。指标确定的方法依据实际情况决定，也可采用多种方法相互印证。基本原则是先确定基本控制指标，再进一步确定其他控制指标。

4）成果编制

按照编制办法的相关规定编制规划图纸、分图控制图则、文本和管理技术规定，形成规划成果。

2. 控制性详细规划的控制方式

在编制控制性详细规划中可针对具体建设情况采取不同的控制手段和方式。

（1）**指标量化**。通过一系列控制指标对用地的开发建设进行定量控制，如容积率、建筑密度、建筑高度、绿地率等。这种方法适用于城市一般建设用地的规划控制。量化指标应有一定的依据，采用科学的量化方法。

（2）**条文规定**。通过对控制要素和实施要求的阐述，对建设用地实行的定性或定量控制，如用地性质、用地使用相容性和一些规划要求说明等。这种方法适用于规划用地的使用说明、开发建设的系统性控制要求及规划地段的特殊要求。

（3）**图则标定**。在规划图纸上通过一系列的控制线和控制点对用地、设施和建设要求进行的定位控制，如用地边界、"五线"（即道路红线、绿地绿线、河湖蓝线、保护紫线、设施黄线）、建筑后退红线、控制点及控制范围等。这种方法适用于对规划建设提出具体的定位控制。

（4）**城市设计引导**。通过一系列指导性的综合设计要求和建议，甚至具体的形体空间设计示意，为开发控制提供管理准则和设计框架，如建筑色彩、形式、体量、空间组合及建筑轮廓线示意图等。这种方法宜在城市重要的景观地带和历史保护地带，为获得高质量的城市空间环境和保护城市特色时采用。

（5）**规定性与指导性**。控制性详细规划的控制内容分为规定性和指导性两大类。规定性内容是在实施规划控制和管理时必须遵守执行的，体现为一定的"刚性"原则，如用地界限、用地性质、建筑密度、限高、容积率、绿地率、配建设施等。指导性内容是在实施规划控制和管理时需要参照执行的内容，这部分内容多为引导性和建议性内容，体现出一定的弹性和灵活性，如人口容量、城市设计引导等内容。

3. 控制性详细规划的成果要求

控制性详细规划的成果分为文本、图件和附件。图件由图纸和图则两部分组成，规划说明、基础资料和研究报告则收入附件。

参考案例

1）控制性详细规划文本

控制性详细规划文本包括土地使用与建设管理细则，以条文形式重点反映规划地段的各类用地控制和管理原则及技术规定，经批准后纳入规划管理法规体系。具体内容如下。

(1) 总则。阐明制定规划的编制目的、依据、原则、范围、概况、适用范围、主管部门和管理权限等。

① 编制目的。简要说明规划的编制目的、规划的背景情况及编制的必要性和重要性，明确经济、社会、环境目标。

② 规划的依据与原则。简要说明与规划相关的上位规划，各级法律法规、行政规章、政府文件和相关技术规定，提出规划的原则，明确规划的指导思想、技术手段和价值取向。

③ 规划的范围与概况。简要说明规划自然地理边界、规划面积、现状区位条件、自然、人文、景观、建设等条件及对规划产生重大影响的基本情况。

④ 适用范围。简要说明规划控制的适用范围，说明在规划范围内哪些行为活动需要遵循本规划。

⑤ 主管部门与管理权限。明确在规划实施过程中，执行规划的行政主体，并简要说明管理权限及管理内容。

(2) 土地使用和建筑规划管理通则。其主要包括用地分类标准、原则与说明，用地细分标准、原则与说明，控制指标系统说明，各类适用性质用地的一般控制要求，道路交通系统的一般控制规定，配套设施的一般控制规定和其他通用性规定等。

(3) 城市设计引导。根据城市设计研究，提出城市设计总体构思、整体结构框架，落实上位规划的相关控制内容，阐明规划格局、城市风貌特征、城市景观、城市设计系统控制的相关要求和一般性管理规定。

(4) 关于规划调整的相关规定。其主要包括调整范畴、调整程序、调整的技术规范等。

(5) 奖励与补偿的相关措施与规定。对老城区公共资源缺乏的地段，以及有特殊附加控制与引导内容的地区，提出规划控制与奖励的原则、标准和相关管理规定。

(6) 附则。附则用于阐明规划成果组成、使用方式、规划生效、解释权、相关名词解释等。

(7) 附表。附表一般应包括用地分类一览表、现状与规划用地平衡表、土地兼容控制表、地块控制指标一览表、公共服务设施规划控制表、市政公用设施规划控制表、各类用地与设施规划建筑面积汇总表及其他控制与引导内容或执行标准的控制表。

2) 控制性详细规划图件

以《A市＊＊＊编制单元控制性详细规划》为例说明。

本编制单元位于A市主城区西部，南侧紧靠开发区，东侧为A市老城区的核心区，西侧为乡镇，是A市传统意义上的城西区域，规划范围占地面积为717.27hm^2。

该编制单元作为A市主城区西部对外联系窗口和城市门户，交通便捷，有广阔的发展空间，功能定位为A市城西生活居住区和区域商贸物流中心。

(1) 图纸部分。

① 规划用地位置（区位）图（比例不限），标明规划用地在城市中的地理位置，与周边主要功能区的关系，以及规划用地周边重要的道路交通设施、线路及地区可达性状况。

② 土地利用现状图[(1∶5000)～(1∶2000)]，标明土地利用现状，人口现况，建筑物现状，公共服务设施、市政设施现状（图5.1）。

土地利用现状包括规划区域内各类现状用地的范围界限、权属、性质等，用地分至小类。

第5章 国土空间详细规划

图5.1 土地利用现状图

人口现状包括规划区域内各行政辖区边界人口数量、密度、分布及构成情况等。

建筑物现状包括规划区域内各类现状建筑的分布、性质、质量、高度等。

公共服务设施、市政设施现状包括规划区内及对规划区域有重大影响的周边地区现有公共服务设施（包括行政办公、商业金融、科学教育、体育卫生、文化娱乐等建筑）的类型、位置、等级、规模、道路交通网络、给水电力等市政工程设施、管线的分布情况等。

③ 土地使用规划图[(1∶5000)~(1∶2000)]，规划各类用地的界线，规划用地的分类、性质、道路网络布局和公共设施位置；须在现状地形图上标明各类用地的性质、界线和地块编号，道路用地的规划布局结构，标明市政设施、公用设施的位置、等级、规模，以及主要规划控制指标，如图5.2所示。

④ 道路交通及竖向规划图[(1∶5000)~(1∶2000)]，确定道路走向、线性、横断面，各支路交叉口坐标、标高，停车场和其他交通设施用地界线、各地块室外地坪规划标高。

a. 道路交通规划图，在现状地形图上，标明规划区内道路系统与区外道路系统的衔接关系，确定区内各级道路红线宽度、道路线形、走向，标明道路控制点坐标和标高、坡度、缘石半径、曲线半径、重要交叉口渠化设计，轨道交通，铁路走向和控制范围，道路交通设施（包括社会停车场、公共交通及轨道交通站场等）的位置、规模与用地范围，如图5.3所示。

b. 道路竖向规划图，在现状地形图上标明规划区域内各级道路及对应地块的排水方向，各级道路交叉点、转折点的标高、坡度、坡长，标明各地块规划控制标高，如图5.4所示。

⑤ 公共服务设施规划图[(1∶5000)~(1∶2000)]，标明公共服务设施位置、类别、等级、规模、分布、服务半径，以及相应建设要求，如图5.5所示。

⑥ 工程管线规划图[(1∶5000)~(1∶2000)]，标明各类工程管网平面布置、管径、控制点坐标和标高，具体分为给排水系统、电力电信、热力燃气等。必要时，可分别绘制。

a. 给水系统规划图（图5.6），主要标明规划区水源来源，水厂、加压泵站等供水设施的容量、平面的位置及供水标高、供水管线走向和管径。

b. 排水系统规划图，主要标明规划区雨水泵站的规模和平面位置，雨水管渠的走向、管径及控制标高和出水口位置；标明污水处理厂、污水泵站的规模和平面位置，污水管线的走向、管径、控制标高和出水口的位置。

c. 电力规划图，主要标明规划区电源来源，各级变电站、变电所、开闭所平面位置和容量规模，高压线走廊平面位置和控制高度。

d. 电信规划图，主要标明规划区内电信来源，电信局所的平面位置和容量，电信管道的走向、管孔数，确定微波通道的走向、宽度和起始点限高要求。

e. 燃气规划图，主要标明规划区气源来源，储配气站的平面位置、容量规模，燃气管道等级、走向、管径。

f. 热力规划图，主要标明规划区热源来源，供热及转换设施的平面布置、规模容量，供热管网等级、走向、管径。

⑦ 其他相关规划图纸[(1∶5000)~(1∶2000)]。根据具体项目要求和控制必要性，可增加绘制其他相关图纸，如开发强度区划图、建筑高度区划图、历史保护规划图、地下空间利用规划图等。

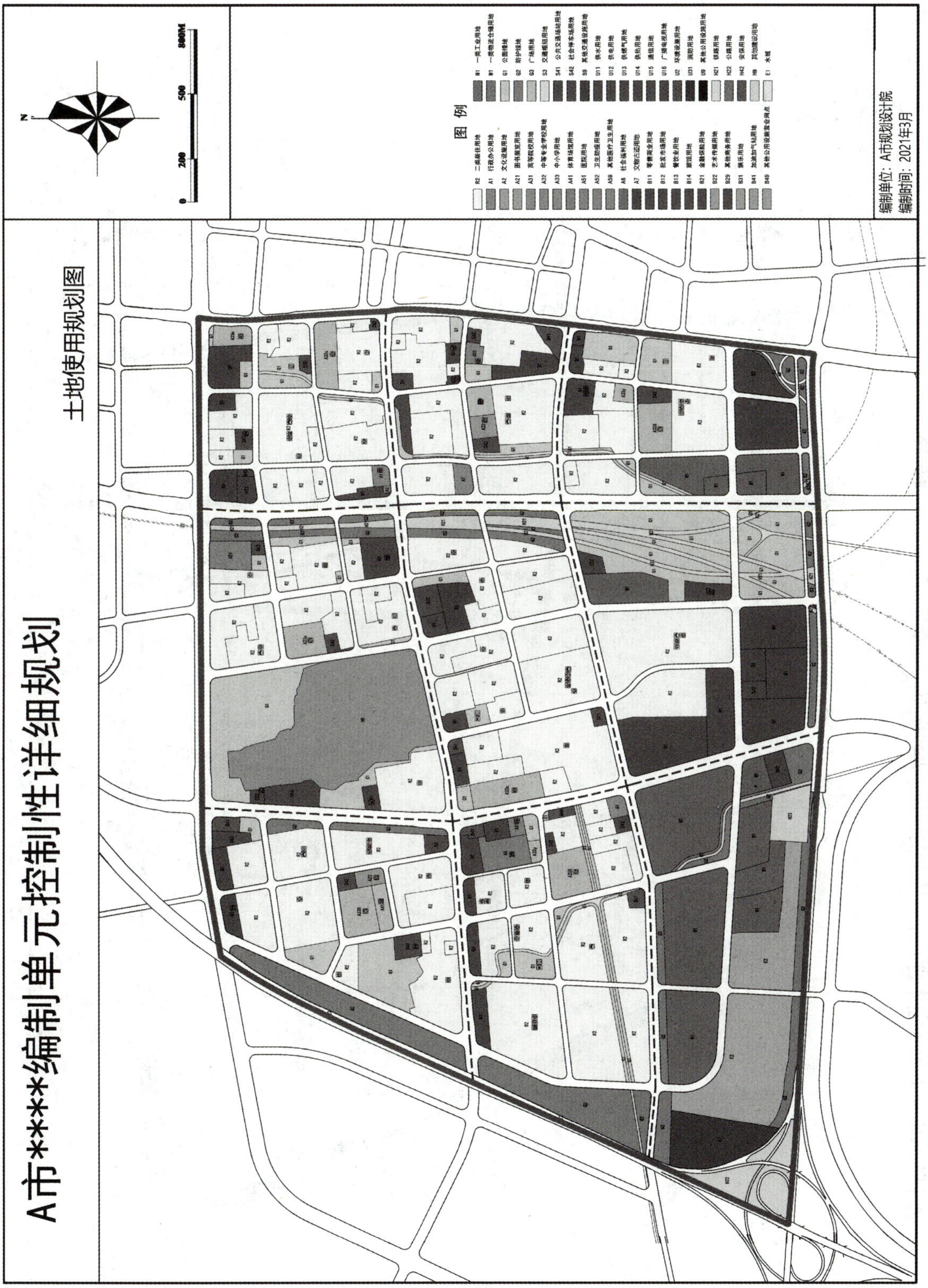

第5章 国土空间详细规划

图 5.2 土地使用规划图

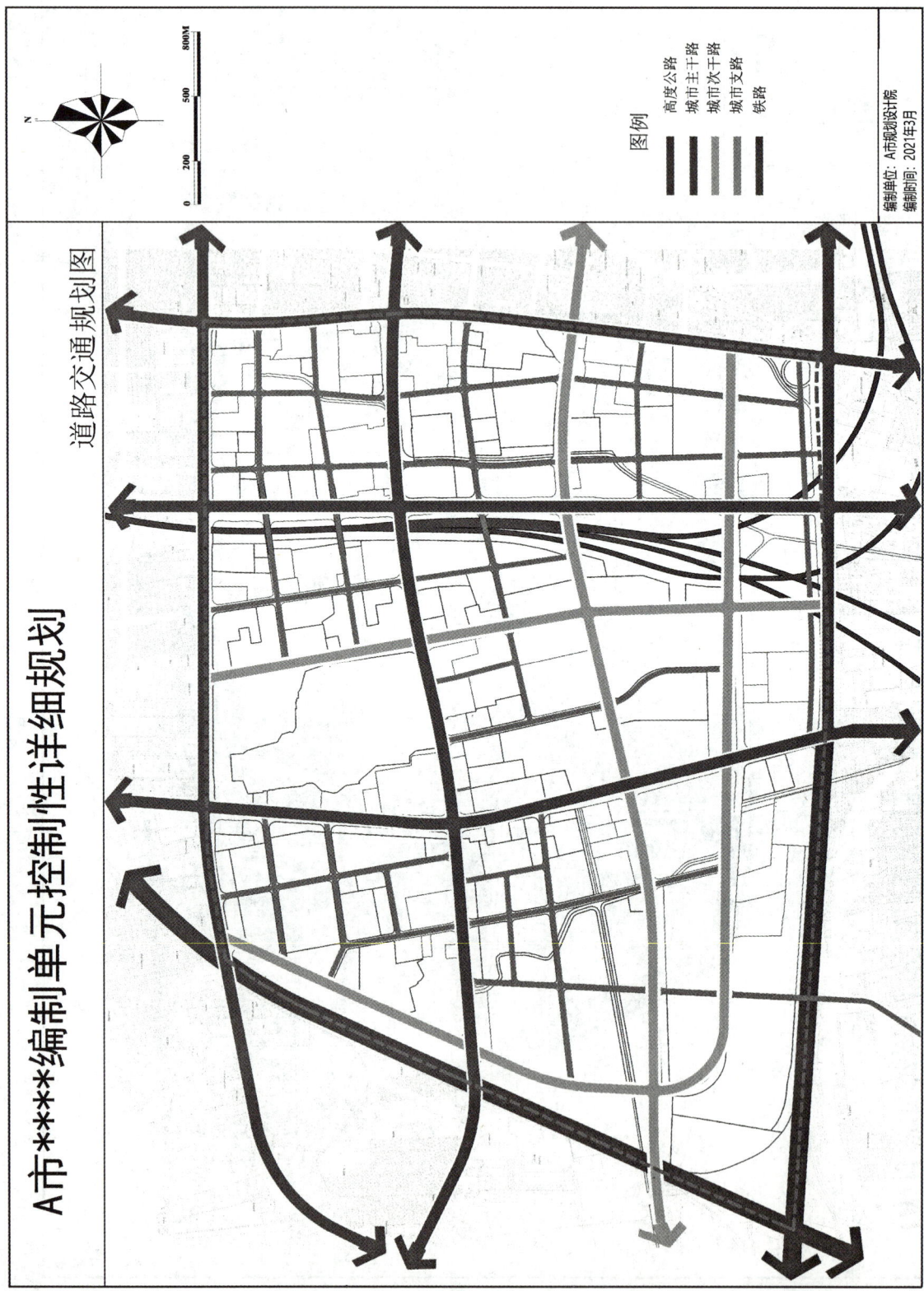

图 5.3 道路交通规划图

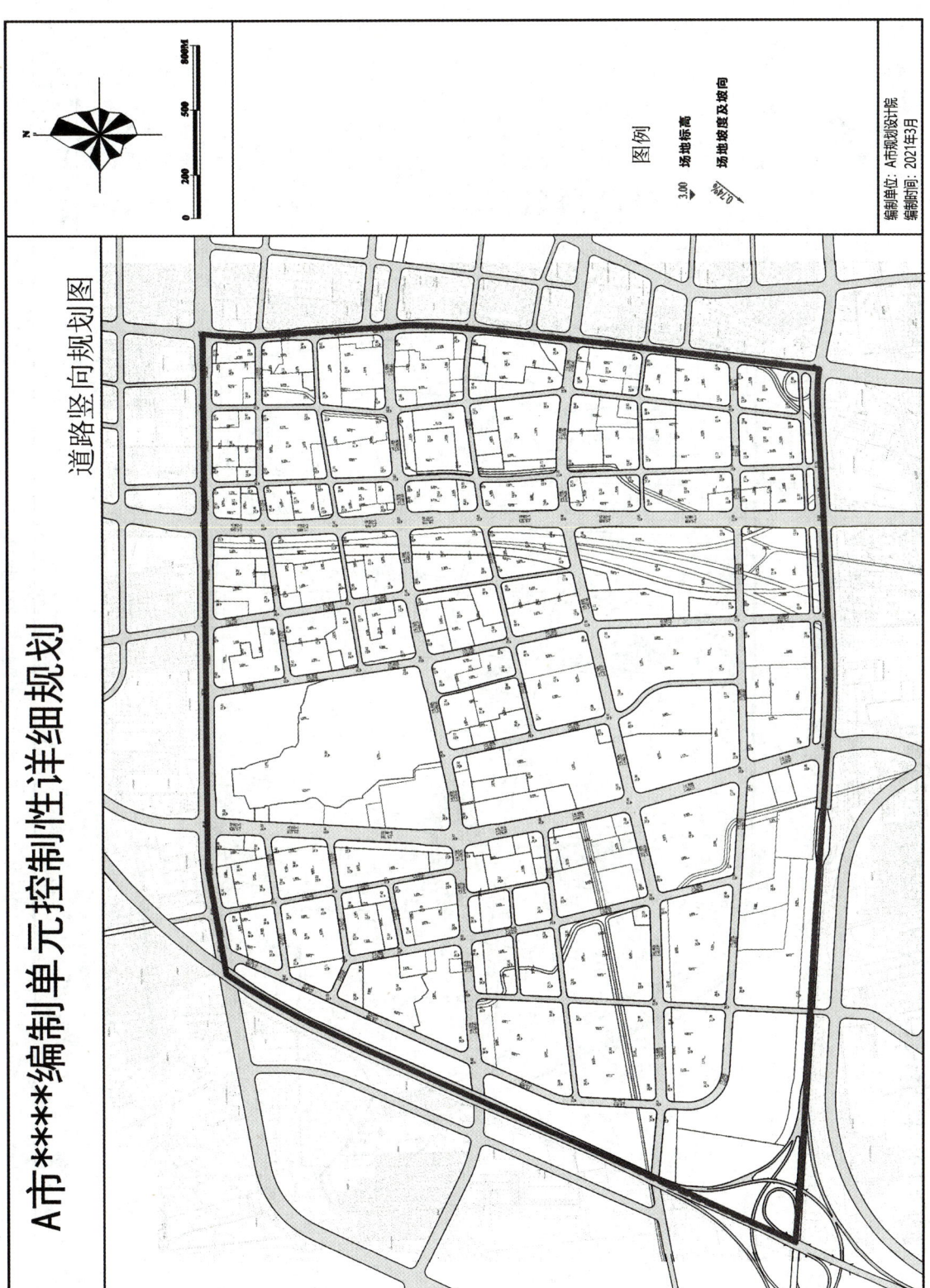

图 5.4 道路竖向规划图

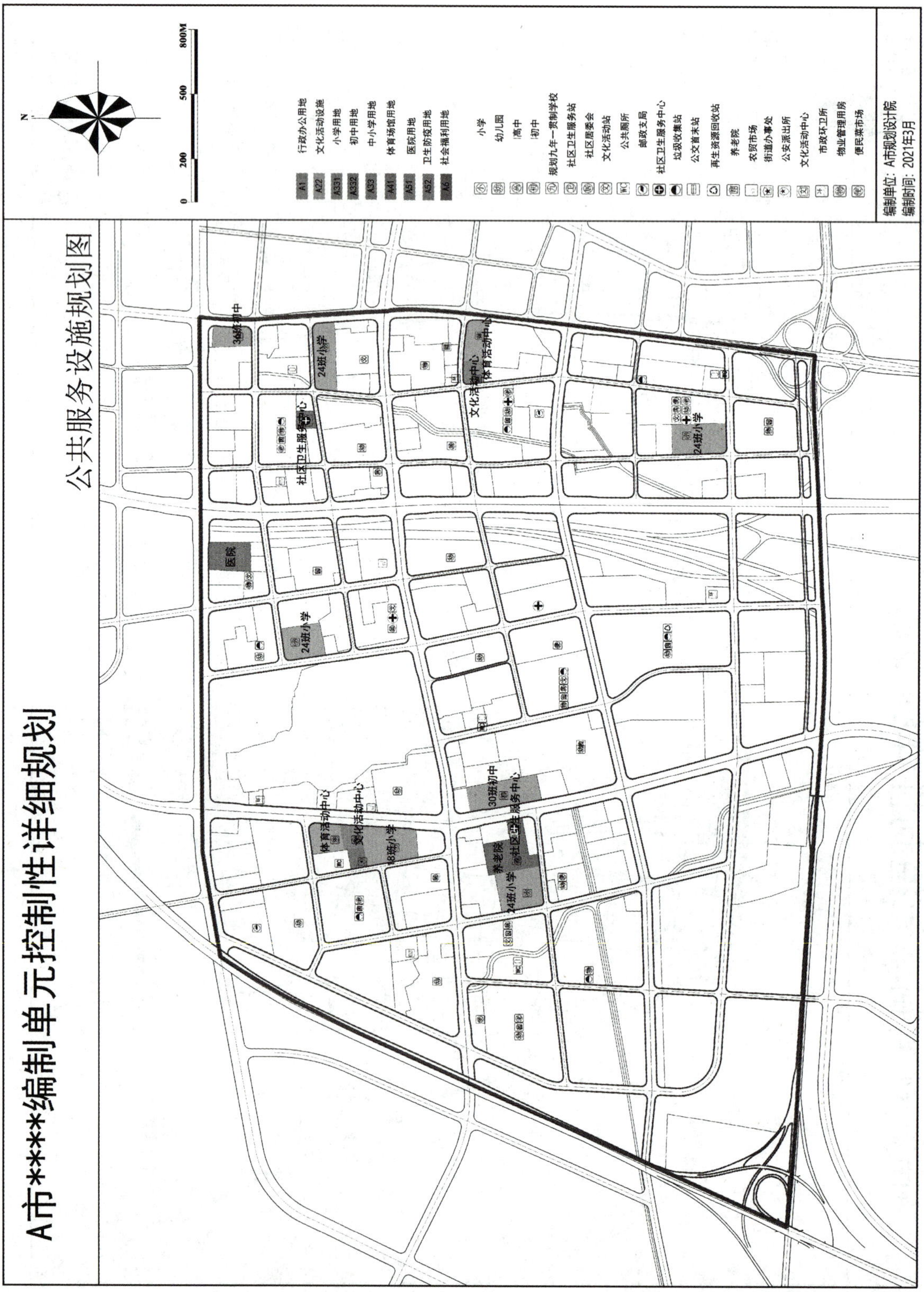

图5.5 公共服务设施规划图

图 5.6 给水系统规划图

(2) 规划图则。

① 地块划分编号图[(1∶5000)～(1∶2000)]。标明地块划分具体界线和地块编号,作为地块图则索引。

② 总图则[(1∶5000)～(1∶2000)]。各项控制要求汇总图,一般应包括地块控制总图则、设施控制总图则、"五线"控制总图则。总图则应重点体现控制性详细规划的强制性内容。

③ 分图图则[(1∶2000)～(1∶500)]。规划范围内针对街坊或地块分别绘制的规划控制图则,应全面系统地反映规划控制内容,并明确区分强制性内容。

此外,控制性详细规划图根据具体项目编制需要,可增加规划结构图(图5.7)、绿化结构图、总平面示意图等。

3) 控制性详细规划附件

(1) 规划说明书,对规划背景、规划依据原则与指导思想、工作方法与技术路线、现状分析与结论、规划构思、规划设计要点、规划实施建议等内容进行系统详尽的阐述。

(2) 相关专题研究报告,针对规划重点问题、重点区段、重点专项进行必要的专题分析,提出解决问题的思路、方法和建议,并形成专题研究报告。

(3) 相关分析图纸,包括规划分析、构思、设计过程中必要的分析图纸,比例不限。

(4) 基础资料汇编,包括规划编制过程中所采用的基础资料整理与汇总。

5.1.5 控制性详细规划的编制要求

(1) 编制控制性详细规划,应当综合考虑当地资源条件、环境状况、历史文化遗产、公共安全及土地权属等因素,满足城市地下空间利用的需要,妥善处理近期与长远、局部与整体、发展与保护的关系。

(2) 编制控制性详细规划,应当依据经批准的城市、镇总体规划,遵守国家有关标准和技术规范,采用符合国家有关规定的基础资料。

(3) 征求意见。控制性详细规划草案编制完成后,控制性详细规划组织编制机关应当依法将控制性详细规划草案予以公告,并采取论证会、听证会或者其他方式征求专家和公众的意见。公告的时间不得少于30日。公告的时间、地点及公众提交意见的期限、方式,应当在政府信息网站以及当地主要新闻媒体上公告。

(4) 分期、分批地编制。控制性详细规划组织编制机关应当制订控制性详细规划编制工作计划,分期、分批地编制控制性详细规划。中心区、旧城改造地区、近期建设地区,以及拟进行土地储备或者土地出让的地区,应当优先编制控制性详细规划。

5.1.6 控制性详细规划的审批与修改

城市的控制性详细规划经本级人民政府批准后,报本级人民代表大会常务委员会和上一级人民政府备案。

县人民政府所在地镇的控制性详细规划,经县人民政府批准后,报本级人民代表大会常务委员会和上一级人民政府备案。其他镇的控制性详细规划由镇人民政府报上一级人民政府审批。

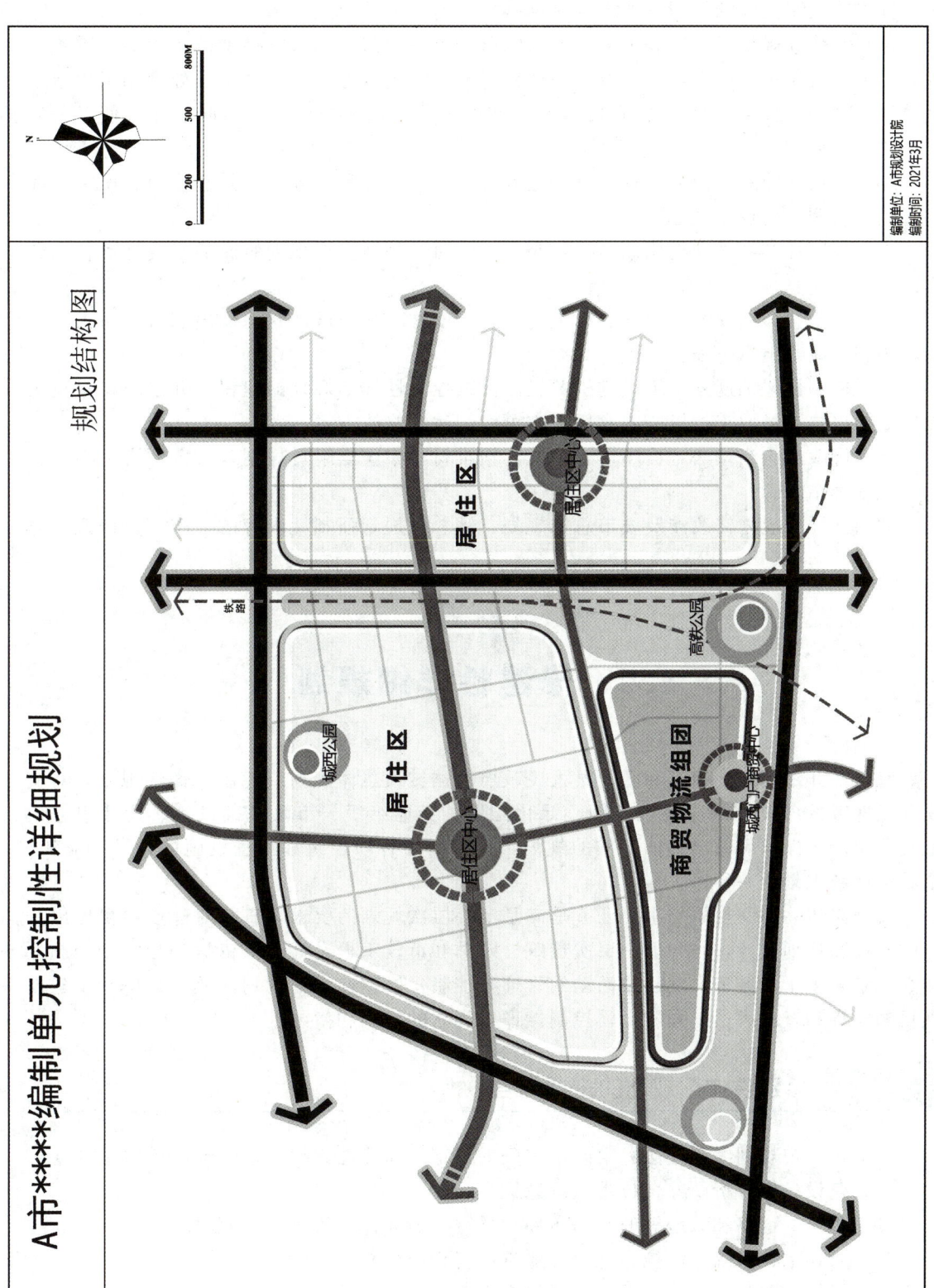

图 5.7 规划结构图

城市的控制性详细规划成果应当采用纸质及电子文档形式备案。

控制性详细规划组织编制机关应当组织召开由有关部门和专家参加的审查会。审查通过后，组织编制机关应当将控制性详细规划草案、审查意见、公众意见及处理结果报审批机关。自批准之日起20个工作日内，通过政府信息网站及当地主要新闻媒体等便于公众知晓的方式公布。

经批准后的控制性详细规划具有法定效力，任何单位和个人不得随意修改；确需修改的，应当按照下列程序进行。

（1）控制性详细规划组织编制机关应当组织对控制性详细规划修改的必要性进行专题论证。

（2）控制性详细规划组织编制机关应当采用多种方式征求规划地段内利害关系人的意见，必要时应当组织听证。

（3）控制性详细规划组织编制机关提出修改控制性详细规划的建议，并向原审批机关提出专题报告，经原审批机关同意后，方可组织编制修改方案。

（4）修改后应当按法定程序审查报批。报批材料中应当附具规划地段内利害关系人的意见及处理结果。

控制性详细规划修改涉及城市总体规划、镇总体规划强制性内容的，应当先修改总体规划。

5.2 修建性详细规划

修建性详细规划是指市和区、县人民政府根据城市总体规划或控制性详细规划，对实施开发地区的各类用地、建筑空间、绿化配置、交通组织、市政基础设施、公共服务设施，以及建筑保护等做出具体安排的规划，用以指导各项建筑和工程设施的设计和施工，是城市详细规划的一种。

编制修建性详细规划的主要任务是满足上一层次规划的要求，直接对建设项目做出具体的安排和规划设计，并为下一层次建筑、园林和市政工程设计提供依据。相对于控制性详细规划侧重于对城市开发建设活动的管理与控制，修建性详细规划侧重于具体开发建设项目的安排和直观表达，同时也受控制性详细规划的控制和指导。

5.2.1 修建性详细规划的主要内容

根据《城市规划编制办法》第四十三条的规定，修建性详细规划应当包括下列内容。

（1）建设条件分析及综合技术经济论证。

（2）建筑、道路和绿地等的空间布局和景观规划设计，布置总平面图。

（3）对住宅、医院、学校和托幼等建筑进行日照分析。

（4）根据交通影响分析，提出交通组织方案和设计。

（5）市政工程管线规划设计和管线综合。

(6) 竖向规划设计。
(7) 估算工程量、拆迁量和总造价，分析投资效益。

5.2.2　修建性详细规划编制的基本原则

(1) 要贯彻我国城市建设中一直坚持的"适用、经济、绿色、美观"的方针。
(2) 坚持以人为本、因地制宜的原则，要时刻考虑人是环境的使用主体，并且要结合当地的民族特色、风俗习惯、文化特点和社会经济发展水平，为构建社会主义和谐社会创造出良好的物质环境。
(3) 注意协调的原则，包括人与自然环境之间的协调、新建项目与城市历史文脉的协调、建设场地与周边环境的协调等。

5.2.3　修建性详细规划编制的要求

根据《城乡规划法》和《城市规划编制办法》的规定，编制城市修建性详细规划应当依据依法批准的控制性详细规划，对所在地块的建设提出具体的安排和设计。组织编制城市详细规划，应当充分听取政府有关部门的意见，保证有关专业规划的空间落实。在城市详细规划编制过程中，应当采取公示、征询等方式，充分听取规划涉及的单位和公众的意见。对有关意见采纳结果应当予以公布。城市详细规划调整应当取得规划批准机关的同意。规划调整方案，应当向社会公开，听取有关单位和公众的意见，并将有关意见的采纳结果公示。

5.2.4　修建性详细规划的实施步骤

(1) 成立组织机构。
(2) 收集必要的规划资料：
　　① 规划区域所在地区城市总体规划、分区规划或控制性详细规划资料；
　　② 现行规划相应规范、要求；
　　③ 现有场地测量和水文地质资料调查；
　　④ 人口资料及本区经济发展情况调查；
　　⑤ 供水、供电、排污等情况调查；
　　⑥ 居民消费水平调查。
(3) 根据规范计算出本小区各项规划指标。
(4) 确定路网和排水排污体系。
(5) 确定需拆除及改造的项目，并议定赔偿搬迁方案。
(6) 确定活动中心与绿化位置。
(7) 绘制总平面和竖向设计。
(8) 各项基本原则经济指标分析。
(9) 编制文本说明。

（10）组织相关专业人员评审。
（11）报规划主管部门审批。

5.2.5 修建性详细规划的成果

修建性详细规划的成果包括文件和图纸两部分。

1. 修建性详细规划文件

修建性详细规划文件为规划设计说明书，主要包括：①现状条件分析；②规划原则和总体构思；③用地布局；④空间组织和景观特色要求；⑤道路和绿地系统规划；⑥各项专业工程规划及管网综合；⑦竖向规划；⑧主要技术经济指标（一般应包括以下各项：总用地面积；总建筑面积；住宅建筑总面积，平均层数；住宅建筑容积率，建筑密度；绿地率；工程量及投资估算）。

2. 修建性详细规划图纸

修建性详细规划图纸包括以下内容。

（1）规划地段位置图，标明规划地段在城市的位置及其与周围地区的关系。

（2）规划地段现状图［（1∶2000）～（1∶500）］，标明自然地形地貌、道路、绿化、工程管线，以及各类用地和建筑的范围、性质、层数、质量等。

（3）规划总平面图。比例尺同上，图上应标明规划建筑、绿地、道路、广场、停车场、河湖水面的位置和范围。

（4）道路交通规划图。比例尺同上，图上应标明道路的红线位置、横断面，道路交叉点坐标、标高，停车场用地界线。

（5）竖向规划图。比例尺同上，图上标明道路交叉点、变坡点控制高程，室外地坪规划标高。

（6）单项或综合工程管网规划图。比例尺同上，图上应标明各类市政公用设施管线的平面位置、管径、主要控制点标高，以及有关设施和构筑物位置。

（7）表达规划设计意图的模型或鸟瞰图。

具体实例参考本书第 10 章居住区规划设计。

5.3 村庄规划

章节导读

2019 年 5 月自然资源部办公厅印发了《关于加强村庄规划促进乡村振兴的通知》（自然资办发〔2019〕35 号）。从总体要求、主要任务、政策支持、编制要求、组织实施五个方面就做好村庄规划工作做出了要求。

2020 年 12 月自然资源部办公厅针对当前村庄规划工作中反映的一些问题，在《关于加强村庄规划促进乡村振兴的通知》基础上，进一步提出以下意见：（1）统筹城乡发展，有序推进村庄规划编制；（2）全域全要素编制村庄规划；（3）尊重自然地理格局，彰显乡村特色优势；（4）精准落实最严格的耕地保护制度；（5）统筹县域城镇和村庄规划建设，优化功能布局；（6）充分尊重农民意愿；（7）加强村庄规划实施监督和评估。

村庄规划是国土空间规划体系中乡村地区的详细规划，是整合原村庄规划、村庄建设规划、村庄土地利用规划、土地整治规划等形成的"多规合一"的法定规划，是乡村地区开展国土空间开发保护活动、实施国土空间用途管制、核发乡村建设项目规划许可、进行各项建设等的法定依据。本节将结合自然资源部办公厅印发的《关于加强村庄规划促进乡村振兴的通知》（自然资办发〔2019〕35号）和《山东省村庄规划编制导则（试行）》对村庄规划相关内容进行讲解。

5.3.1 规划定位

村庄规划是法定规划，是国土空间规划体系中乡村地区的详细规划，是开展国土空间开发保护活动、实施国土空间用途管制、核发乡村建设项目规划许可、进行各项建设等的法定依据。要整合村土地利用规划、村庄建设规划等乡村规划，实现土地利用规划、城乡规划等有机融合，编制"多规合一"的实用性村庄规划。村庄规划范围为村域全部国土空间，可以一个或几个行政村为单元编制。

5.3.2 村庄类型

村庄类型分为集聚提升类、城郊融合类、特色保护类、搬迁撤并类和其他类五种。

1) 集聚提升类

集聚提升类主要指现有规模较大的中心村和其他仍将存续的一般村庄，是乡村振兴的重点。结合山东省村庄的现实情况，集聚提升类分为集聚发展类和存续提升类两个小类。

（1）集聚发展类。集聚发展类主要指村庄现状基础设施和公共服务设施相对完善、经济社会发展基础较好，具有一定辐射带动作用的中心村和农村新型社区。

（2）存续提升类。存续提升类主要指有一定社会经济发展基础，人口规模变化不大，村庄建设规模增长需求不高，仍将长期存续的村庄。

2) 城郊融合类

城郊融合类主要指城市近郊区以及县城所在街办内的村庄和农村新型社区。

3) 特色保护类

特色保护类主要指历史文化名村、传统村落、少数民族村落、特色景观旅游名村，以及自然风景、村庄风貌特色突出的村庄。

4) 搬迁撤并类

搬迁撤并类主要指位于生存条件恶劣、生态环境脆弱、自然灾害频发或存在重大安全隐患等地区的村庄，人口流失特别严重或因重大项目建设需要搬迁的村庄。

5) 其他类

暂时看不准、发展前景不明确的村庄可暂列为此类。

5.3.3 工作原则

坚持先规划后建设,通盘考虑土地利用、产业发展、居民点布局、人居环境整治、生态保护和历史文化传承。坚持农民主体地位,尊重村民意愿,反映村民诉求。坚持节约优先、保护优先,实现绿色发展和高质量发展。坚持因地制宜、突出地域特色,防止乡村建设"千村一面"。坚持有序推进、务实规划,防止"一哄而上",片面追求村庄规划快速全覆盖。

5.3.4 工作任务

1. 统筹村庄发展目标

落实上位规划要求,充分考虑人口资源环境条件和经济社会发展、人居环境整治等要求,研究制定村庄发展、国土空间开发保护、人居环境整治目标,明确各项约束性指标。

2. 统筹生态保护修复

落实生态保护红线划定成果,明确森林、河湖、草原等生态空间,尽可能多地保留乡村原有的地貌、自然形态等,系统保护好乡村自然风光和田园景观。加强生态环境系统修复和整治,慎砍树、禁挖山、不填湖,优化乡村水系、林网、绿道等生态空间格局。

3. 统筹耕地和永久基本农田保护

落实永久基本农田和永久基本农田储备区划定成果,落实补充耕地任务,守好耕地红线。统筹安排农、林、牧、副、渔等农业发展空间,推动循环农业、生态农业发展。完善农田水利配套设施布局,保障设施农业和农业产业园发展合理空间,促进农业转型升级。

4. 统筹历史文化传承与保护

深入挖掘乡村历史文化资源,划定乡村历史文化保护线,提出历史文化景观整体保护措施,保护好历史遗存的真实性。防止大拆大建,做到应保尽保。加强各类建设的风貌规划和引导,保护好村庄的特色风貌。

5. 统筹基础设施和基本公共服务设施布局

在县域、乡镇域范围内统筹考虑村庄发展布局以及基础设施和公共服务设施用地布局,规划建立全域覆盖、普惠共享、城乡一体的基础设施和公共服务设施网络。以安全、经济、方便群众使用为原则,因地制宜提出村域基础设施和公共服务设施的选址、规模、标准等要求。

6. 统筹产业发展空间

统筹城乡产业发展,优化城乡产业用地布局,引导工业向城镇产业空间集聚,合理保障农村新产业新业态发展用地,明确产业用地用途、强度等要求。除少量必需的农产品生产加工外,一般不在农村地区安排新增工业用地。

7. 统筹农村住房布局

按照上位规划确定的农村居民点布局和建设用地管控要求，合理确定宅基地规模，划定宅基地建设范围，严格落实"一户一宅"。充分考虑当地建筑文化特色和居民生活习惯，因地制宜提出住宅的规划设计要求。

8. 统筹村庄安全和防灾减灾

分析村域内地质灾害、洪涝等隐患，划定灾害影响范围和安全防护范围，提出综合防灾减灾的目标以及预防和应对各类灾害危害的措施。

9. 明确规划近期实施项目

研究提出近期急需推进的生态修复整治、农田整理、补充耕地、产业发展、基础设施和公共服务设施建设、人居环境整治、历史文化保护等项目，明确资金规模及筹措方式、建设主体和方式等。

5.3.5 编制内容

村庄规划内容分为必要性内容与扩展性内容。必要性内容是村庄规划必须包含的内容；扩展性内容是结合村庄实际需求进行选择的内容（表5-1）。

表5-1 村庄规划内容一览表

规划内容	村庄类型					
	集聚提升类		城郊融合类	特色保护类	搬迁撤并类	其他类
	集聚发展类	存续提升类				
发展分析与定位	●	○	●	●	○	○
生态保护与修复	●	●	●	●	●	●
农田保护与土地整治	●	●	●	●	●	●
产业发展与布局	●	○	●	●	○	○
道路交通	●	●	●	●	○	○
基础设施	●	●	●	●	○	○
公共服务设施	●	●	●	●	○	○
农房建设	●	●	●	●	○	●
绿化景观	●	○	●	●	○	○
历史文化保护	○	○	○	●	○	○
防灾减灾	●	●	●	●	●	●
近期建设项目表	●	●	●	●	○	○

注："●"为必要性内容，"○"为扩展性内容。

1. 发展分析与定位

根据打造"乡村振兴齐鲁样板"的战略要求，对上位规划、发展现状、发展需求等内容进行分析评价，结合村庄类型明确规划需要解决的主要问题和完成的主要任务，研究制定村庄发展、国土空间开发保护、人居环境整治等目标，明确各项约束性指标。

2. 生态保护与修复

落实生态保护红线划定成果，明确生态公益林、水源保护地、水域保护岸段等生态功能极重要区域和生态极敏感区、脆弱区的保护任务和要求。针对村域自然生态存在的主要问题，明确生态修复的重点任务和具体措施，优化水系、林网、绿道、小微湿地等生态空间。

3. 农田保护与土地整治

落实永久基本农田和永久基本农田储备区划定成果，落实补充耕地任务，进一步明确保护要求和管控措施。统筹安排农、林、牧、副、渔等农业发展空间，推动循环农业、生态农业发展。完善农田水利配套设施布局，保障设施农业和农业产业园的合理发展空间，促进农业转型升级。根据当地土地整治和土壤修复存在的问题，合理制定农用地整理、农村建设用地整理、未利用地开发、土地复垦、土地生态修复等方案。

（1）农用地整理。现状零星耕地、永久基本农田周边的现状耕地可通过土地整理形成新增耕地的土地纳入重点整理区域，整理后的耕地作为永久基本农田占用补划和动态优化的潜力地块。整理后耕地达到永久基本农田标准的，应纳入永久基本农田储备区管理。

（2）农村建设用地整理。不予保留的各类破旧、闲置、散乱、低效、废弃的农村建筑或建设用地，根据其土地适宜性和周边土地利用情况，合理确定其规划用途。适合复垦为耕地的，要优先复垦为耕地；周边主要为园地、林地的拆旧地块，以及地块破碎、坡度较陡、不宜耕作的土地，应相应修复为园地、林地等。村内建设用地中的零星土地拆除后原则上留作公共空间，用于优化居住环境和公共服务。

（3）未利用地开发。荒地、盐碱地、沙地等地块，应结合流域水土治理、农村生态建设与环境保护、滩涂及岸线资源保护等，因地制宜确定其用途和管控措施。

（4）土地复垦与土地生态修复。对生产建设活动和自然灾害损毁的土地，应按照适宜性原则确定土地用途。废弃工矿和污染地块应提出具体的修复方向或措施。

4. 产业发展与布局

结合村庄资源禀赋和区位条件，按照宜农、生态、绿色、低碳的原则，提出村庄产业发展思路和策略，统筹村域一二三产业功能布局。

明确经营性建设用地的用途、规模、强度等要求，合理保障农村新产业、新业态发展用地，鼓励产业用地复合高效利用。引导工业向城镇产业空间集聚，除少量必需的农产品生产加工用地外，一般不在农村地区安排新增工业用地。

鼓励家禽家畜的集中饲养，做到人畜分离。大中型饲养场地的选址应充分考虑对其周边村庄的影响，应布置在村庄常年盛行风向的下风向或侧风位，应与村庄保持防护距离。

5. 道路交通

村域道路交通规划应确定交通干道与各类过境通道的连接线以及园区和生产经营性用地与农村居民点之间、农村居民点相互之间的联络线的等级、宽度和建设标准。开展乡村旅游的村庄，应当确定公共停车场的规模和布局。

农村居民点道路交通规划应在保证安全的基础上，利用原有路基、空闲地，延续村庄原有格局。明确道路等级、断面形式和宽度，确定道路控制点标高，提出道路设施的整治改造措施；提出停车设施布局及措施；确定公交站点的位置。

充分考虑满足车辆通行、生产生活、安全等基本要求，确定村庄道路等级与宽度。规模较大村庄可按照主要、次要、宅间道路进行布置，中小规模村庄可酌情选择道路等级与宽度。道路组织形式与断面宽度要结合机动车的不同停车方式（集中布置、分散布置、占道停车）合理确定。

主要道路路面硬化率达100%，宅间道路宜选取当地石材、砂石等材料进行硬化。

村民停车场地的布置主要考虑停车的安全、经济和方便。农用车停车场地、多层公寓住宅的停车场地宜集中布置，低层住宅停车可结合宅、院设置。公共停车场宜在车流集中的道路周边利用空余场地进行建设。

6. 基础设施

（1）给水设施规划。合理确定给水水源、预测用水量，明确输配水管道敷设方式、走向、管径等。输配水管网的布置应与道路规划相结合。

（2）给水水源。选择地下水作为给水水源时，不得超量开采；选择地表水作为给水水源时，其枯水期的保证率不得低于90%。有条件的村庄，纳入区域供水管网统一供水。

（3）用水量预测。用水量应包括生活生产、绿化景观、饲养牲畜用水量，以及管网漏水量和未预见水量。水质符合现行饮用水卫生标准，有条件的村庄可实行分质供水。

（4）排水设施规划。合理预测排水量，确定村庄雨污排放和污水处理方式，提出污水处理设施的规模与布局，明确各类排水管线、沟渠的走向、管径以及横断面尺寸等工程建设要求。

（5）排水量预测。排水量应包括雨水量和污水量。雨水量宜按邻近城市的标准计算，污水量按生活用水量的80%～90%计算。

（6）排水体制。村庄排水宜采用雨、污分流制。位于城镇污水处理厂服务范围内的村庄，污水应纳入城镇污水处理厂集中处理；位于城镇污水处理厂服务范围外的村庄，分别建设或联村建设模块化污水处理设施。

（7）管渠布置。雨水应充分利用地面径流和沟渠排放；污水应通过管道排放；雨水、污水管渠应按重力流设计。

（8）电力、电信设施。确定用电指标，预测生产、生活用电负荷，确定电源及变、配电设施的位置、规模等。确定供电管线走向、电压等级及高压线保护范围；确定电力电信杆线路布设方式及走向。

（9）能源利用及节能改造。确定村庄沼气、太阳能、秸秆制气等可再生清洁能源的利用方案，提出房屋节能措施和改造方案。有条件的村庄可采用集中供热解决村庄取暖需求。

（10）环境卫生设施规划。按照农村生活垃圾分类收集、资源利用、就地减量等要求，确定生活垃圾收集处理方式，合理确定垃圾收集点和中转站的布局与规模。垃圾收集点的服务半径一般不超过70m。结合村庄公共活动场所，合理布置公厕，服务半径一般不超过300m。无害化卫生厕所覆盖率为100%，普及水冲式卫生公厕。积极鼓励农户利用产生的有机垃圾作为有机肥料，实行有机垃圾资源化。

7. 公共服务设施

依据村庄等级和服务职能合理配置各类公共服务设施。坚持"联建共享、保障基本、因地制宜、量力而行"原则，根据村庄分类，综合考虑人口规模和服务半径，提出社会管理、公共福利、公共活动、公共卫生、文化体育、教育设施、商业设施、环卫设施、交通设施、医疗卫生、宗教、文物古迹等设施，以及兽医站、农机站等农业生产服务设施的选址、规模、标准等要求。村庄公共设施应集中设置、形成规模，成为村庄的公共活动和景观中心。

8. 农房建设

严格落实"一户一宅"政策，合理确定宅基地规模，划定宅基地建设范围。统筹考虑建筑布局、公共空间组织、基础设施布局和环境综合整治，明确村庄各类新建、改建、扩建项目的用地位置、规模、高度和范围线，提出体现乡土风情和地方特色的建筑风貌引导要求，作为核发乡村建设规划许可证的依据。明确危旧农房改造措施，对具有传统风貌和历史文化价值的建筑进行重点保护和修缮。

综合考虑日照、常年主导风向和民居所在地的地形等因素确定农宅布局或朝向，原则上农宅以朝南或略偏东、偏西为宜，与周围建筑相协调，妥善处理相邻关系。

农宅应分区明确，实现寝居分离、食寝分离和净污分离；厨房、卫生间应直接采光、自然通风。

9. 绿化景观

根据村庄地形地貌特征与外部环境条件、传统乡土文化、居民生活习惯等因素，提炼村庄风貌特色。提出村口、河道、主要街巷等重要公共空间节点的景观规划方案，应通过小品配置、植物造景与建筑空间营造等手段体现地方特色与标志性。充分结合村庄建设现状，选用具有地方特色、易生长、抗病害、生态效应好的植物品种，提出村庄环境绿化美化措施。

10. 历史文化保护

结合历史文化遗存现状，明确历史建筑或传统风貌建筑、历史环境要素、历史遗存等保护对象名录，提出相应保护策略；制定村庄宗祠文化、民俗活动、礼仪节庆、传统表演艺术和手工技艺等非物质文化遗产的保护方案。

11. 防灾减灾

根据村庄所处的地理环境，明确村庄综合防灾体系，落实相应的专项规划，划定洪涝、地质灾害等易发灾害的影响范围和安全防护范围，制定防洪防涝、地质灾害防治、消防等相应的防灾减灾措施。

根据消防要求和保障措施，明确消防水源位置、容量，划定消防通道；根据村庄位置，林中村或处于森林防火区域内的村庄，与森林防火规划做好衔接；按照防洪标准明确洪水淹没范围及防洪措施；按照排涝标准提出防内涝措施；提出工程治理或搬迁避让措施；综合考虑各种灾害的防御要求，统筹进行避灾疏散场所与避灾疏散道路的安排与整治。

5.3.6 编制要求

1. 强化村民主体和村党组织、村民委员会主导

乡镇政府应引导村党组织和村民委员会认真研究审议村庄规划并动员、组织村民以主

人翁的态度，在调研访谈、方案比选、公告公示等各个环节积极参与村庄规划编制，协商确定规划内容。村庄规划在报送审批前应在村内公示 30 日，报送审批时应附村民委员会审议意见和村民会议或村民代表会议讨论通过的决议。村民委员会要将规划主要内容纳入村规民约。

2. 开门编规划

综合应用各有关单位、行业已有工作基础，鼓励引导大专院校和规划设计机构下乡提供志愿服务、规划师下乡蹲点，建立驻村、驻镇规划师制度。激励引导熟悉当地情况的乡贤、能人积极参与村庄规划编制。支持投资乡村建设的企业积极参与村庄规划工作，探索规划、建设、运营一体化。

3. 因地制宜，分类编制

根据村庄定位和国土空间开发保护的实际需要，编制能用、管用、好用的实用性村庄规划。要抓住主要问题，聚焦重点，内容深度详略得当，不贪大求全。对于重点发展或需要进行较多开发建设、修复整治的村庄，编制实用的综合性规划。对于不进行开发建设或只进行简单的人居环境整治的村庄，可只规定国土空间用途管制规则、建设管控和人居环境整治要求作为村庄规划。对于综合性的村庄规划，可以分步编制，分步报批，先编制近期急需的人居环境整治等内容，后期逐步补充完善。对于紧邻城镇开发边界的村庄，可与城镇开发边界内的城镇建设用地统一编制详细规划。各地可结合实际，合理划分村庄类型，探索符合地方实际的规划方法。

4. 简明成果表达

规划成果包括文本、图件和数据库三部分，应包含但不限于该类村庄必选的规划内容以及村庄规划控制指标表（表 5-2）。规划成果要吸引人、看得懂、记得住，能落地、好监督，鼓励采用"前图后则"（即规划图表＋管制规则）的成果表达形式。规划批准之日起 20 个工作日内，规划成果应通过"上墙、上网"等多种方式公开，30 个工作日内，规划成果逐级汇交至省级自然资源主管部门，叠加到国土空间规划"一张图"上。

表 5-2 村庄规划控制指标表

序号	指标	规划现状	规划目标	变化量/（%）	属性
1	户数				预期性
2	户籍人口数（人）				预期性
3	常住人口数（人）				预期性
4	村庄建设用地面积（hm^2）				约束性
5	户均宅基地面积（m^2）				约束性
6	人均村庄建设用地面积（m^2）				预期性
7	公共服务设施用地（hm^2）				预期性
8	生态保护红线面积（hm^2）				约束性
9	永久基本农田保护面积（hm^2）				约束性

续表

序号	指标	规划现状	规划目标	变化量/（%）	属性
10	耕地保有量（hm²）				约束性
11	林地保有量（hm²）				预期性

注：表中的"人均村庄建设用地面积"以户籍人口计算；连片编制的村庄规划需分别说明全部规划范围的控制指标情况和单个行政村规划控制指标情况。

5.3.7 组织实施

1. 加强组织领导

村庄规划由乡镇政府组织编制，报上一级政府审批。地方各级党委政府要强化对村庄规划工作的领导，建立政府领导、自然资源主管部门牵头、多部门协同、村民参与、专业力量支撑的工作机制，充分保障规划工作经费。自然资源部门要做好技术指导、业务培训、基础数据和资料提供等工作，推动测绘"一村一图""一乡一图"，构建"多规合一"的村庄规划数字化管理系统。

2. 严格用途管制

村庄规划一经批准，必须严格执行。乡村建设等各类空间开发建设活动，必须按照法定村庄规划实施乡村建设规划许可管理。确需占用农用地的，应统筹农用地转用审批和规划许可，减少申请环节，优化办理流程。确需修改规划的，严格按程序报原规划审批机关批准。

3. 加强监督检查

市、县自然资源主管部门要加强评估和监督检查，及时研究规划实施中的新情况，做好规划的动态完善。国家自然资源督察机构要加强对村庄规划编制和实施的督察，及时制止和纠正违反《自然资源部办公厅关于加强村庄规划促进乡村振兴的通知》（自然资办发〔2019〕35 号）的行为。鼓励各地探索研究村民自治监督机制，实施村民对规划编制、审批、实施全过程监督。

5.3.8 成果案例

按照《自然资源部办公厅关于进一步做好村庄规划工作的意见》等要求，巨峰镇组织编制了《日照市岚山区巨峰镇薄家口村村庄规划（2023—2035 年）》，现以该规划为例介绍村庄规划成果组成。

1. 范围与规模

规划范围：为薄家口村村域范围，总面积 833.33hm²

人口规模：规划户籍人口规模 1675 人，常住人口规模 1000 人

2. 规划期限

规划期限：2023—2035 年

近期规划：2023—2025 年
远期规划：2026—2035 年

3．规划定位

村庄类型：集聚提升类村庄

目标定位：胶东地区茶文化特色农旅休闲村

形象定位："湖光山色、慢乡茶谷"

4．国土空间开发保护目标

到 2035 年，保障耕地保有量不低于 70.27hm²、永久基本农田保护面积不低于 67.27hm²。规划村庄建设用地面积 43.04hm²。

5．集体经营性建设用地引导

村庄集体经营性建设用地面积共计 11.66hm²，主要为商业用地和工业用地，含少量仓储用地。

商业用地的容积率不低于 1.2，不高于 2.0；建筑高度≤24m；工业用地的容积率不低于 1.0，不高于 1.5；建筑高度≤18m；物流仓储用地的容积率不低于 0.5，不高于 1.0；建筑高度≤18m。建设风貌应现宁静祥和的乡村生活氛围，并与薄家口村整体风貌相衔接。

集体经营性建设用地调整应经村民小组确认，由村委会审查同意，逐级报村庄规划原审批机关批准。

6．部分图件

（1）村域国土空间规划图（图 5.8）

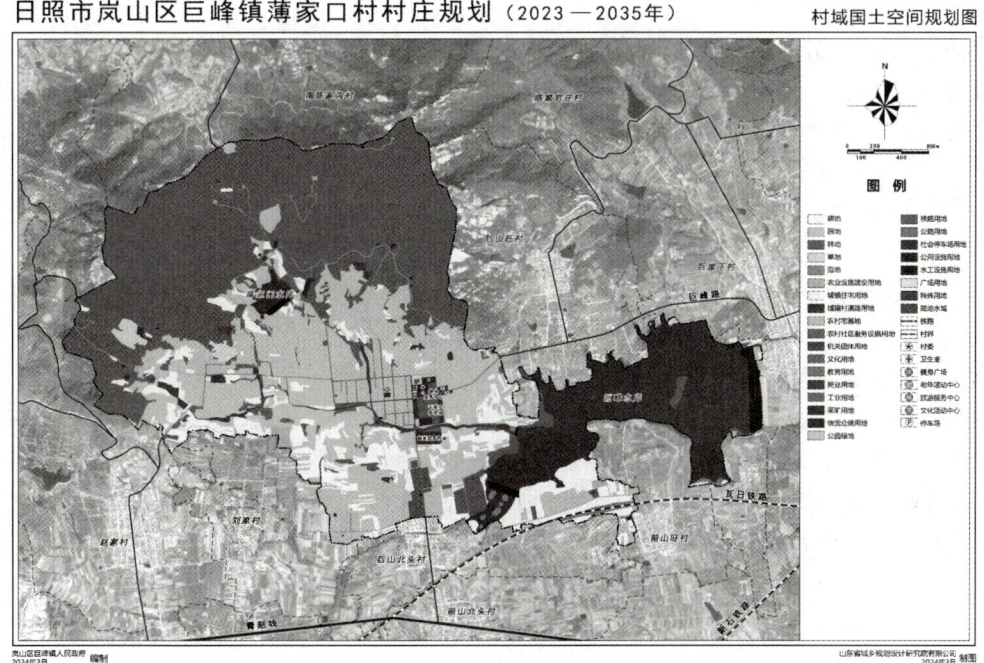

图 5.8　村域国土空间规划图

（2）村域控制线分布图（图 5.9）

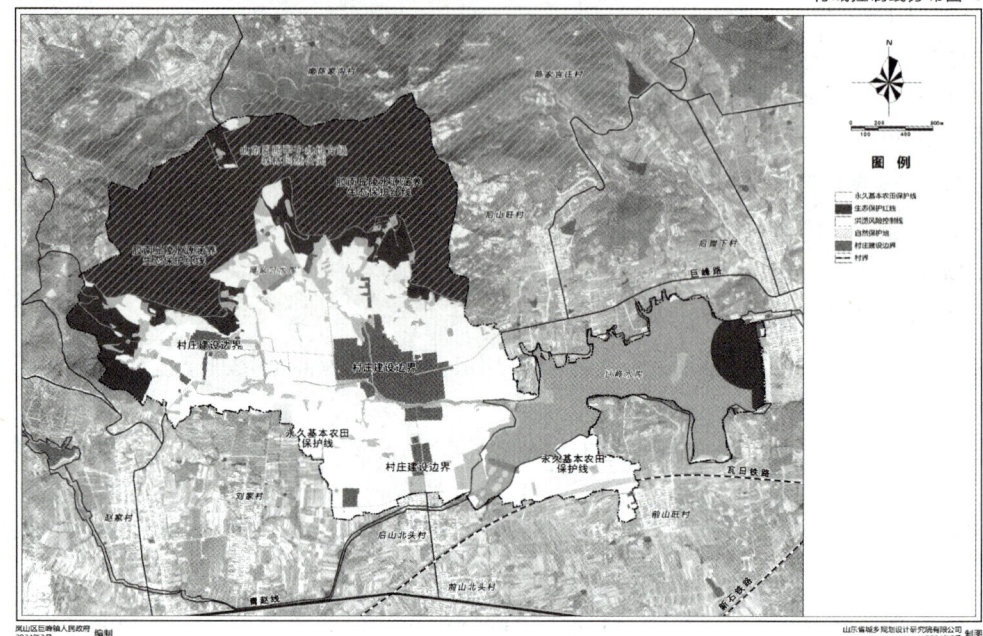

图 5.9　村域控制线分布图

本章通过对控制性详细规划、修建性详细规划以及村庄规划的编制原则、编制办法、编制程序及其相关要求、术语等的讲解，旨在使学生了解具体详细规划应包括的主要内容和编制方法，并通过与第 10 章居住区规划设计的结合学习，使学生具备进行修建性详细规划的能力。

一、单项选择题

1. 关于控制性详细规划的表述，下列哪项是不准确的？（　　）
A. 属于法定性规划
B. 各项指标是强制性内容
C. 对房地产开发具有重要的指导作用
D. 图纸一般采取 1∶2000～1∶1000 的比例尺

2. 下列哪项不属于控制性详细规划各地块规划图必须标绘的内容？（　　）
A. 规划各地块的界线，标注主要指标
B. 各项建筑物现状
C. 交通出入口方位
D. 规划道路走向、线型、主要控制点坐标和标高

3. 在一般情况下，下列哪项控制性详细规划指标以控制下限为主？（   ）
   A. 建筑密度　　　　B. 容积率　　　　C. 绿地率　　　　D. 建筑高度
4. 县人民政府所在地镇的控制性详细规划，由（   ）
   A. 县人民政府组织编制
   B. 市人民政府编制
   C. 报县级人民代表大会常务委员会和上一级人民政府备案
   D. 县人民政府依法将规划草案予以公告
5. 下列哪项是修建性详细规划针对的地区？（   ）
   A. 城市规划建成区　　　　　　　　B. 近期将要进行出让的土地
   C. 当前或近期拟开发建设地段　　　D. 需要进行建设控制的地区
6. 下列哪项是城市修建性详细规划的审批机构？（   ）
   A. 城市人民代表大会常务委员会
   B. 城市人民政府或其城市规划行政主管部门
   C. 上一级城市规划行政主管部门
   D. 上一级城市人民政府
7. 修建性详细规划中总平面图的比例尺一般为（   ）。
   A. 1∶50　　　　B. 1∶500　　　　C. 1∶5000　　　　D. 1∶50000
8. 下列关于修建性详细规划的表述，正确的是（   ）。
   A. 修建性详细规划的成果应当包括规划说明书、文本和图纸
   B. 修建性详细规划的成果不能直接指导建设项目的方案设计
   C. 修建性详细规划中的日照分析是针对住宅进行的
   D. 修建性详细规划的成果必须包括效果图
9. 下列关于修建性详细规划的表述，不准确的是（   ）。
   A. 修建性详细规划成果应包括规划说明书、图纸
   B. 修建性详细规划成果应能够指导建设项目的总平面图、建筑设计和工程施工图设计
   C. 修建性详细规划应满足规划条件要求
   D. 修建性详细规划中有关建筑的内容应达到初步设计的深度
10. 以下对不同类型的村庄说法不准确的是（   ）。
    A. 集聚提升类村庄应强化主导产业的支撑作用，形成专业化发展特色
    B. 城郊融合类村庄应在形态上塑造城市风貌，在治理上体现城市水平
    C. 特色保护类村庄应全面保护文物古迹、历史建筑、传统民居等传统建筑
    D. 拟搬迁撤并的村庄，严格限制新建、扩建活动
11. 关于村庄规划的表述，下列哪项是错误的？（   ）。
    A. 应以行政村为单位
    B. 应向村民公示
    C. 方案由县级城乡规划行政主管部门组织专家和相关部门进行技术审查
    D. 成果由村委会报县级人民政府审批
12. 下列关于村庄规划编制的要求和主要任务，准确的是（   ）。

A. 乡村发展，合理优化村庄布局，结合县、乡镇级国土空间规划工作节奏，根据不同类型村庄发展需要，全面推进村庄规划编制

B. 以第三次国土调查的行政村界线为规划范围，对村域内根据需要的国土空间要素作出规划安排

C. 尊重自然地理格局，彰显乡村特色优势

D. 统筹县域城镇和村庄规划建设，优化居民点用地布局，提高村民居住环境质量

13. 村庄规划内容不包括（　　）。

A. 村庄的城镇化战略

B. 住宅的用地布局、建设要求

C. 农村生产、生活服务设施的用地布局、建设要求

D. 耕地等自然资源和历史文化遗产保护、防灾减灾等的具体安排

二、多项选择题

1. 城市控制性详细规划的强制性内容不包括（　　）。

A. 各地块土地使用的主要用途

B. 特定地段规划允许的建筑高度

C. 城市设计的特定要求

D. 各地块的地下停车位数量及比例

E. 各地块的公共服务设施配套规定

2. 下列关于国土空间规划中详细规划作用和编制组织的表述，正确的有（　　）。

A. 详细规划是对地块开发建设强度作出的实施性安排

B. 详细规划是核发城乡建设项目规划许可的法定依据

C. 详细规划要依据国土空间总体规划和相关专项规划进行编制

D. 城镇开发边界内的详细规划由市县自然资源主管部门组织编制

E. 城镇开发边界外乡村地区的实用性村庄规划由乡镇政府组织编制

3. 下列选项中属于控制性详细规划规定性指标的有哪些？（　　）

A. 用地性质

B. 容积率

C. 建筑风格要求

D. 建筑控制高度

E. 建筑间距

三、简答题

1. 简述控制性详细规划的编制内容与编制程序。

2. 简述修建性详细规划的编制内容与编制程序。

在线答题

第 6 章 国土空间相关专项规划

教学要求

通过对专项规划的概念、规划研究、类型等的学习，了解国土空间规划体系中专项规划的地位、主要作用及编制的主要内容；熟悉专项规划的编制思路；初步具备编制专项规划的能力。

教学目标

能力目标	知识要点	权重
掌握专项规划的概念、规划研究	专项规划的概念、规划研究的内容	20%
掌握专项规划的类型	专项规划的各种类型	20%
了解生态保护规划的主要内容	生态保护规划的主要内容	20%
了解社会与公共服务专项规划的主要内容	社会与公共服务专项规划的主要内容	20%
了解自然保护地规划的主要内容	自然保护地规划的主要内容	20%

章节导读

2019 年，《中共中央 国务院关于建立国土空间规划体系并监督实施的若干意见》中指出：海岸带、自然保护地等专项规划及跨行政区域或流域的国土空间规划，由所在区域或上一级自然资源主管部门牵头组织编制，报同级政府审批；涉及空间利用的某一领域专项规划，如交通、能源、水利、农业、信息、市政等基础设施，公共服务设施，军事设施，以及生态环境保护、文物保护、林业草原等专项规划，由相关主管部门组织编制。相关专项规划可在国家、省和市县层级编制，不同层级、不同地区的专项规划可结合实际选择编制的类型和精度。

6.1 国土空间相关专项规划概述

作为由自然要素、经济要素、社会要素、空间要素等众多要素交织构成的巨型系统，国土空间的矛盾问题、发展规律极其复杂。不言而喻，国土空间规划工作并非仅仅依靠五个层级、三种类型的国土空间规划编制就能全部实现，相关的专项规划、大量深入的前瞻规划研究都是不可或缺的。一方面，实际工作中大量的专业性规划仍然需要依靠相关的专业部门、行业专家进行编制，它们作为"专项规划"统一纳入国土空间规划的体系中；另一方面，我们需要对城乡、区域发展中的许多重要问题进行深入的专题性研究，寻找解决问题的方案，这就是"规划研究"。

在国土空间规划体系中，专项规划、规划研究将发挥重要的支撑性作用。以"千年大计"雄安新区为例，专项规划和专题研究是雄安新区规划体系的重要组成部分。其规划体系可以概括为"1＋4＋54"的体系，其中，"1"是指《河北雄安新区规划纲要》；"4"是指《河北雄安新区总体规划（2018—2035 年）》《河北雄安新区起步区控制性规划》《河北雄安新区启动区控制性详细规划》《白洋淀生态环境治理和保护规划（2018—2035 年）》这 4 个综合性规划；"54"是指以防洪、水系、海绵城市、排水防涝等 22 个专项规划，以及水资源保障、清洁能源利用、城市住房制度等 32 个重大专题研究组成的支撑体系。总之，我们需要通过大量的专项规划、规划研究来支撑和完善国土空间规划体系，要构架好各类专项规划、规划研究向法定规划转化的桥梁、路径，切实发挥其对国土空间保护与利用的积极作用，不断提高国土空间规划的科学性、前瞻性、合理性、可操作性。

6.1.1 专项规划的概念

专项规划是针对国土空间开发保护的重点领域和薄弱环节、关系全局的重大问题编制的规划，是国土空间总体规划中若干主要方面、重点领域的展开、深化和具体化。专项规划的编制必须符合总体规划的总体要求，并与总体规划相衔接。

国土空间规划肩负着统筹全域空间要素，兼顾保护、发展和修复等重要职能，不可避免地要涉及大量的相关专项规划，如公共服务体系规划、给水排水规划、电力电信规划、供热供气规划、防洪防灾规划等，而有关部门也会相应编制各自部门的专项规划。国土空间规划体系中的专项规划，既要参照各有关部门编制的专项规划，并将其作为重要的依据，又要与各部门编制的专项规划有所区别。国土空间规划体系中的专项规划一般不如专业部门制定的专项规划那么具体化和技术化，它只是对各专项空间布局进行原则性、轮廓性的安排，因此它并不能代替专业部门的具体规划工作。但是，各部门编制的专项规划往往是从本部门单一角度考虑的，而国土空间规划体系中的专项规划则是在对国土空间总体发展进行合理规划的基础上，对各种专项规划进行统筹考虑后制定的整体最优方案。因此，各专业部门应该与自然资源部门及时沟通、相互反馈，以使相关规划协调统一。

6.1.2 专项规划的规划研究

每一个区域、城市在不同时期的具体发展中面临的重大问题不尽相同，国土空间规划需要因地制宜、寻找针对性的问题解决方案，各种专题性的规划研究作用就显得尤为必要。在国土空间规划体系中，规划研究通过识别影响城乡与区域发展的重大问题并进行科学论证，提出针对性的解决方案，能够对包括国土空间总体规划在内的综合性规划、相关专项规划的编制提供强有力的支撑，是提高国土空间规划科学性的重要保障。

从西方发达国家空间规划体系构建的经验来看，法定规划政策文件形成的背后，都离不开大量非法定规划、规划研究的支撑和储备。从此前我国城乡规划的实践发展看亦是如此，如果没有发展战略规划的前期研究，城市总体规划的一些重大问题就无法明确；如果没有城市设计的前期研究，就无法进行精准的控制性详细规划；如果没有大量的专题科学研究，就无法支撑许多技术标准与规范的出台。可见，非法定规划、规划研究不仅可以作为法定规划的决策参考和技术支撑，而且也是保障科学、合理编制法定规划的重要前提。在国土空间规划体系中，需要吸收相关规划开展专题性研究的有益经验，根据实际需要，积极开展聚焦解决国土空间规划重大前提性问题、前瞻性政策的规划研究。

6.2 专项规划的类型

国土空间规划类型分为"三类"，分别为总体规划、详细规划、相关专项规划。总体规划强调综合性，详细规划强调实施性，相关专项规划强调专业性。国家、省、市、县编制国土空间总体规划，各地结合实际编制乡镇国土空间规划；详细规划由市县及以下编制，强调可操作性，是对具体地块用途和强度等作出的实施性安排；相关专项规划可由国家、省、市、县层级编制。

国土空间总体规划要统筹和综合平衡各相关专项领域的空间需求。详细规划要依据批准的国土空间总体规划进行编制和修改。相关专项规划要遵循国土空间总体规划，不得违背总体规划强制性内容，其主要内容要纳入详细规划。

各地可根据当地实际情况编写相应的专项规划，纳入详细规划。专项规划的主要类型见表6-1，本节主要介绍几种常见的专项规划，另有历史文化遗产保护单独章节介绍。

表6-1 专项规划的主要类型

资源与环境保护类	绿地系统规划	安全防灾减灾类	防潮规划
	生态保护规划		综合防灾减灾规划
	造林绿化规划		抗震规划（地震监测设施规划）
	地下空间规划		消防规划

续表

	环卫设施布局规划		除涝规划
公共服务设施类	民政设施布局规划	安全防灾减灾类	人防工程规划
	邮政设施布局规划		
	教育设施布局规划		气象设施布局规划
	体育设施布局规划		应急避难场所规划
	医疗卫生设施布局规划		
	文化设施布局规划	商业设施类	商业/现代服务业布局规划
交通设施类	综合交通体系规划	市政基础设施类	燃气规划
	轨道交通线网规划		供热规划
	公共交通规划		供水规划
	干线公路网规划		排水规划
	加油加气站布局规划		再生水规划
	停车设施规划		电力布局规划
工业物流类	工业布局规划	住房类	住房建设规划
	物流业空间布局规划	其他	法律法规、规章及国家与本市有关政策文件中要求编制的其他专项规划

6.2.1 生态保护规划

生态文明建设是新时期国土空间规划建构的纲领性指导思想。生态文明不仅是植树造林、加强绿化，更是一种新的文明形态。生态文明是天、地、人共同形成的文明体系，是所有生态文化总和的文明整体。生态文明下的国土空间规划，要求把人类建造的环境和自然赋予我们的生态环境进行融合，并把生态系统的整体和谐、健康与永续作为国土空间规划安排的置顶原则，严守生态底线，修复生态空间，保障生态安全，并落实到城乡、绿地、海洋等各种空间，贯穿到空间的规划保护与建设、实施与管理等各个过程，融入公民行为和社会文化的各个方面，并为其生态文明活动提供空间支撑。

1. 生态保护系统性

国土空间规划中的生态保护规划应体现具备系统性思维，任何偏重系统中某一部分而

参考图文

忽略了系统整体性的思想方法和工作方法，都会对整个生命共同体的生命力和持续力造成破坏。因此，应尊重自然系统的内在依存关系，维护自然与人类之间的和谐关系，保持生命共同体内共生互动、互为前提的各子系统和全要素之间的平衡。这些子系统包括了山水林田湖草矿沙海冰的自然系统，包括了以人为主体的社会系统，也包括了文明传承与创新的文化与经济系统。

如济南市提出系统性绿色可持续战略,将绿色可持续作为重要发展战略,提出坚持底线约束,系统性调整山水林田湖草矿空间分布,构筑生态安全格局。系统性优化生态格局强调统筹多类型生态空间,构建"山泉湖河城"全域一体的多功能复合型生态格局;并坚持最严格的耕地保护制度,落实耕地和永久基本农田保护任务,保障粮食安全;建立和完善网络化的城市安全空间保障体系,筑牢城市韧性安全格局。

2. 生态环境敏感性

生态环境敏感性指生态系统对人类活动干扰和自然环境变化的敏感程度,用来反映空间规划地域产生生态失衡与生态环境问题的可能性大小。空间规划中的生态环境敏感性识别包括基于土壤侵蚀敏感性、沙漠化敏感性、盐渍化敏感性、石漠化敏感性、酸雨敏感性等的专项评价,以及由以上专项评价组成的生态环境敏感性综合评价。生态环境敏感性评价应结合规划区域的生态特性及自然环境特点,做好以下3个方面的评价设计。

(1) 把握好生态环境敏感性评价的基本空间单元,范围过大与过小都会影响敏感性评价效果,影响其对空间规划指导的针对性。

(2) 针对规划区域的需求和评价资料获取可行性,精准遴选生态环境敏感性评价类型。

(3) 科学地确定各生态环境敏感性因子评价要素的权重,根据权重组合形成该地区的综合评价体系。

3. 生态保护规划的核心内容

生态保护规划根据各个地方的生态条件和特色,包括但不局限于以下内容。

(1) 把握大势。归纳国内外生态系统评估体系及其标准,把握学界对生态系统的共同价值及其标准的提升发展趋势。

(2) 现状梳理。明确生态保护规划对象,梳理地方自然生态禀赋,主要包括规划空间范围内以提供生态系统服务为主的用地类型所占有的空间,包括绿地、林地、园地、耕地、滩涂苇地、坑塘养殖水面、未利用土地等各类生态型用地类型。

(3) 研判问题。研究判断地方本层级生态空间所面临的最大问题及挑战。

(4) 制定目标。结合地方特色,制定生态保护规划总目标,进而细化为约束性指标与引导性指标。

(5) 明确策略。针对问题挑战和发展趋势,明确本层级空间的生态保护规划策略。

(6) 落实空间。将目标和策略按照生态规律落实到各级治理空间上。

(7) 实施方案。明确生态保护规划的期限,并制定分阶段实施方案。

如西宁市生态与环境修复专项规划主要包括以下6个方面的内容。

(1) 明确生态地位。西宁市是保障国家生态安全屏障要地和重要生态源保护区。

(2) 明确生态区位。西宁市作为青藏高原的东部门户、黄土高原的过渡地带和我国地势的一二级阶梯转换区,应认真分析其生态区位,统筹协调山水林田草耕及城乡建设用地。

(3) 明确生态面临的挑战与问题。生态发展面临生态本底脆弱、水资源与土地资源受制约、资源集约性差、灾害风险大等问题与风险。

(4) 明确生态战略目标。提出"美丽西宁"的战略目标。

(5) 量化生态指标。通过10项指标从生态固本维度量化,严格落实林地保有量、基本草原等指标,提高重要江河湖泊水功能区水质达标率,合理增加生态修复治理面积指标，提升人均公园绿地面积等。

(6) 提出一系列实施策略和空间落实方案。包括严守生态保护红线、严格保护自然保护地，提高生态系统碳汇能力，实现对林地、草地、湿地等重要生态资源应保尽保。

4. 生态保护规划的主要策略

(1) 生态体系建设和完善。建设完善生态体系，保障城乡生态安全，提升城乡环境品质，满足城乡居民的休闲需求。

(2) 生态要素保护和融合。维护生态空间基底，对生态要素进行全方位保护，对重要的生态敏感地区予以保护和控制，加强生态空间功能的融合，兼顾生态要素的开发利用。

(3) 生态功能提升与优化。拓展生态空间的功能内涵，加强生态功能与其他功能的融合，立足生物种群生息延续、人民生活健康品质提升的目标，基于多样化、精细化供给等角度满足人的生活需求。

(4) 生态机制保障和传导。在顶层设计明确规划传导方式，落实规划目标，突破行政管理壁垒，促进各部门、各区域衔接传导，实现区域生态空间共治共享。

5. 构建区域生态安全格局

区域生态安全格局构建应综合考虑土地利用优化、生态基础设施建设、生态红线划定等要求，识别"源地—廊道—节点"的组合方式，遵从以下 3 条原则。

(1) 针对性原则。针对区域内的主要生态环境问题，依据空间格局与生态过程相互作用的原理，以生态系统恢复和生物多样性保护为基础，提出解决措施。

(2) 系统性原则。综合考虑生物多样性保护、退化生态系统恢复和社会经济的可持续发展，由关注环境污染或生物资源保护等单一问题扩展到系统分析和综合研究区域生态环境问题，目的是系统解决区域性生态环境问题。

(3) 主动性原则。区域生态安全格局的实现不但要控制很多有害的人为干扰，还要实施很多有益的人为措施，主动干预并人工促进生态系统恢复。

6. 建立重大项目清单

生态保护规划须确定近期生态修复和生态保育重大项目清单，做好近期项目落实，为实现长远目标奠定基础。

如金华兰溪都市圈同城化专项规划在环境保护方面建立了多项关于生态建设的项目，见表 6-2。

表 6-2　金华兰溪都市圈同城生态建设项目表

序号	建设项目	期限
1	兰湖旅游度假区	近期实施
2	婺江—金华江两岸景观提升工程	近期实施
3	马达溪、白沙溪水环境综合治理工程	近期实施
4	水污染防治追溯体系、生态监测（大气）信息系统	近期实施
5	推进国家森林城市创建，新增国土绿化面积	远期谋划
6	兰溪市三江六岸景观提升工程	近期实施
7	郭力垄水库水质改善工程	近期实施

续表

序号	建设项目	期限
8	协同推进跨区域联合治污	近期实施
9	明确金华江、金华山联保方案、标准、执法	近期实施
10	推进生态环境治理市场化	远期谋划
11	促进绿色低碳循环发展	远期谋划
12	大力推进绿道、蓝道建设	远期谋划
13	饮用水源内拓外引工程	近期实施
14	实施金西供热管网向游埠镇延伸、浙能供热向金华市区延伸	远期谋划
15	推进城市内涝治理和地下管网整治，打造海绵城市、韧性城市	远期谋划
16	实施"百江千河万溪"水美工程	远期谋划
17	推进涉矿产业链整治，加强超限超载治理和扬尘控制	近期实施
18	稳步推进"无废城市"建设	远期谋划
19	加大节能减排力度	近期规划
20	提高固体废物处理处置能力，推进城镇生活垃圾无害化处理设施建设	近期规划
21	加快工业固体废物处理处置能力	近期规划
22	共建金华江区域防洪排涝网络和海绵城市体系，提升三江堤防标准，共建浙中生态廊道	远期谋划
23	设立防汛抗旱指挥机构	近期规划
24	碳排放权交易	远期谋划

7. 建立健全生态保护规划实施保障机制

各地区可结合实际建立健全相关领域法规和标准，完善生态保护、建设和管理的相关政策，加大生态空间保护力度，重点围绕跨区域生态治理加强统筹和依法行政。在实施监督与行政管理方面，结合国民经济和社会发展总体目标，完善国民经济考核体系，将生态空间规划实施情况纳入生态文明考核、绿色发展目标指标考核体系，逐步完善生态补偿制度和相关激励政策，适当扩大生态补偿范围，加大生态补偿力度。完善自然资源基础调查与登记机制，健全管理体制，确保生态保护规划建设实施。

具体案例见配套电子资料《上海市生态空间专项规划（2018—2035）》。

6.2.2　社会与公共服务专项规划

国土空间规划的基本原则是维护社会的公平公正，保障公共利益。一方面，需要特别关注城市居民的特别需求，关注城乡残疾人等弱势群体的日常需求，关注老年人与儿童的特殊空间需求，关注城市蓝领、白领的空间服务设施需求。另一方面，随着收入水平和教育水平的提升，城乡居民的物质需求和精神需求日益多元，给城乡人口管理及公共服务带来巨大挑战。因此，国土空间规划要落实具体空间来满足日益增长的新的空间需求。

1. 以问题为导向的现状调研

社会与公共服务专项规划是公共服务设施类规划的基础，必须以解决现状问题为导向，充分开展现状评估，识别现状特征与问题。一方面，对城市、城市片区、城市居住区、城市社区、乡村社区等不同层级的住区开展深入调研和访谈，考察不同层次社会与公共服务设施的空间布局、项目配备及管理水平，提升以现状诊断为导向的工作深度；另一方面，综合大数据分析与典型个案研究的优势，采用整体空间分析和典型社区调查的方式进行评估。

2. 以未来需求为导向的规划布局

我国正经历历史性的城乡人口数量变化与人口结构转型。在未来，城乡人口将不仅在数量上，更在质量上发生重大提升，因此，在国土空间规划中的社会与公共服务专项规划编制中，不仅须分析历史和现状的需求，更应关注未来的需求。这主要体现在以下几点的未来变化中。

（1）城乡人群结构特征：包括城乡人口构成，如年龄、收入水平、受教育程度、移民比例等方面。

（2）公共服务设施需求特征：包括不同人群对公共服务设施的功能和空间布局需要。

（3）公共服务设施使用特征：包括了解居民对现状公共服务设施的使用情况，获取各类公共服务的出行距离、使用频率和满意度等。

3. 系统性配置公共服务设施

国土空间规划理念要求我们必须以系统思想为核心，依据规划空间内的各项服务设施之间的配套关系，把握公共服务设施的类型、规模、空间格局、建设标准与政策，完成公共服务设施的空间系统配置，如表6-3所示。在配置过程中需要特别注意以下几点。

（1）设施使用者构成。分析不同社区各年龄群体、社会阶层享有设施的机会是否存在不均等空间可达性与社会可达性较差的情况，如无障碍者是否能够便捷到达基本公共服务设施。

（2）设施使用地点和方式。如何优化城乡基本公共服务设施的可达性，统筹城乡一体化配套。

（3）如何可持续地进行公共服务设施的迭代。

表6-3 济南市按家园类型系统配置公共服务设施

分类	综合城区型	科技研发型	商务文创型	健康养老型	工业产业型
行政办公	就业创业指导中心	众创空间、孵化平台	—	—	就业创业指导中心
文化体育	青少年活动中心、小型球场	健身场馆、小型球场	社区艺术展示馆、健身场馆	棋牌室	小型球场
教育设施	继续教育培训中心、幼儿早教培训中心、幼儿养育托管点、四点半书房	成人兴趣培训学校、幼儿早教培训中心、幼儿养育托管点、四点半书房	成人兴趣培训学校、幼儿养育托管点	老年教育服务、幼儿早教培训中心、幼儿养育托管点、四点半书房	继续教育培训中心、幼儿养育托管点、四点半书房
医疗卫生	康复医院	—	—	康复医院	—

续表

分类	综合城区型	科技研发型	商务文创型	健康养老型	工业产业型
社会福利	日间照料中心、社区养老院、老年护理院、残疾人托养中心	日间照料中心	—	日间照料中心、社区养老院、老年护理院、残疾人托养中心	—
商业设施	社区食堂	社区食堂、咖啡店、书店、24小时便利店	社区食堂、咖啡店、24小时便利店	社区食堂	—

4. 因地制宜分类设计

社会与公共服务专项规划必须尊重农村与城市、城市内部、社区之间的异质性，摒弃千篇一律的思维模式。在依据国家相关规范的刚性前提下，充分尊重城乡风土人情、经济社会文化发展现状，因地制宜、分级分类规划设计公共服务设施空间。

6.2.3 自然保护地规划

自然保护地是由各级政府依法划定或确认，对重要的自然生态系统、自然遗迹、自然景观及其所承载的自然资源、生态功能和文化价值实施长期保护的陆域或海域。它是生态建设的核心载体、中华民族的宝贵财富、美丽中国的重要象征，在维护国家生态安全中居于首要地位。

我国经过60多年的努力，已建立数量众多、类型丰富、功能多样的各级各类自然保护地，在保护生物多样性、保存自然遗产、改善生态环境质量和维护国家生态安全方面发挥了重要作用，但仍然存在重叠设置、多头管理、边界不清、权责不明、保护与发展矛盾突出等问题。

1. 自然保护地的种类

截至2017年年底，我国各类自然保护地总数达11412处，其中国家级自然保护地3922处。各类陆域自然保护地总面积约占陆地国土面积的18%，已超过14%的世界平均水平。其中自然保护区面积约占陆地国土面积的14.8%，占所有自然保护地总面积的80%以上，风景名胜区和森林公园约占3.8%，其他类型的自然保护地面积所占比例相对较小，见表6-4。

表6-4 我国自然保护地类型

类型	数量/处	国家级数量/处	主管部门
自然保护区	2740	446	国家林草局 生态环境部 农业农村部 自然资源部 水利部
风景名胜区	962	244	住房城乡建设部

续表

类型	数量/处	国家级数量/处	主管部门
森林公园	3234	826	国家林草局
地质公园	241	241	自然资源部
水产种质资源保护区	487	487	农业农村部
湿地公园	979	705	国家林草局
海洋公园	30	30	自然资源部
海洋特别保护区	26	26	自然资源部
沙漠公园	55	55	国家林草局
沙化土地封禁保护区	61	61	国家林草局
矿山公园	72	72	自然资源部
水利风景区	2500	719	水利部
国家公园（试点）	25	10	相关部委、省级人民政府

注：此外，我国还建立了7000多处旅游景区（其中5A级旅游景区213处）。

2. 建立"国家公园—自然保护区—自然公园"体系格局

为解决自然保护地空间重叠、边界不清的问题，我国将自然保护地按生态价值和保护强度高低，依次分为国家公园、自然保护区、自然公园三类，形成以国家公园为主体、自然保护区为基础、各类自然公园为补充的体系。按照"保护面积不减少、保护强度不降低、保护性质不改变"的总体要求，各地将自然保护地资源整合优化、重新分级分类，优化管理体制，一个保护地、一套机构、一块牌子，有效解决各类矛盾。

3. 建立自然保护地体系的总体策略

自然保护地体系分三个阶段的目标：到2020年，完成国家公园体制试点，构建统一的自然保护地分类分级管理体制；到2025年，健全国家公园体制，初步建成以国家公园为主体的自然保护地体系；到2035年，规模和管理达到世界先进水平，全面建成中国特色自然保护地体系。

（1）坚持严格保护，世代传承。牢固树立尊重自然、顺应自然、保护自然的生态文明理念，把应该保护的地方都保护起来，做到应保尽保，让当代人享受到大自然的馈赠和天蓝地绿水净、鸟语花香的美好家园，给子孙后代留下宝贵的自然遗产。

（2）坚持依法确权，分级管理。按照山水林田湖草是一个生命共同体的理念，改革以部门设置、以资源分类、以行政区划分设的旧体制，整合优化现有各类自然保护地，构建新型分类体系，实施自然保护地统一设置，分级管理、分区管控，实现依法有效保护。

（3）坚持生态为民，科学利用。践行绿水青山就是金山银山理念，探索自然保护和资源利用新模式，发展以生态产业化和产业生态化为主体的生态经济体系，不断满足人民群众对优美生态环境、优良生态产品、优质生态服务的需要。

（4）坚持政府主导，多方参与。突出自然保护地体系建设的社会公益性，发挥政府在自然保护地规划、建设、管理、监督、保护和投入等方面的主体作用。建立健全政府、企业、社会组织和公众参与自然保护的长效机制。

(5) 坚持中国特色，国际接轨。立足国情，继承和发扬我国自然保护的探索和创新成果。借鉴国际经验，注重与国际自然保护体系对接，积极参与全球生态治理，共谋全球生态文明建设。

4. 构建科学合理的自然保护地体系

(1) 明确自然保护地功能定位。

建立自然保护地的目的是守护自然生态，保育自然资源，保护生物多样性与地质地貌景观多样性，维护自然生态系统健康稳定，提高生态系统服务功能；服务社会，为人民提供优质的生态产品，为全社会提供科研、教育、体验、游憩等公共服务。维持人与自然和谐共生并永续发展，要将生态功能重要、生态环境敏感脆弱以及其他有必要严格保护的各类自然保护地纳入生态保护红线管控范围。

(2) 科学划定自然保护地类型。

按照自然生态系统原真性、整体性、系统性及其内在规律，依据管理目标与效能并借鉴国际经验，将自然保护地按生态价值和保护强度高低依次分为以下 3 类。

①国家公园：以保护具有国家代表性的自然生态系统为主要目的，实现自然资源科学保护和合理利用的特定陆域或海域，是我国自然生态系统中最重要、自然景观最独特、自然遗产最精华、生物多样性最富集的部分，保护范围大，生态过程完整，具有全球价值、国家象征，国民认同度高。

②自然保护区：保护典型的自然生态系统、珍稀濒危野生动植物的天然集中分布区、有特殊意义的自然遗迹的区域。其具有较大面积，确保主要保护对象的安全，维持和恢复珍稀濒危野生动植物种群数量及其赖以生存的栖息环境。

③自然公园：保护重要的自然生态系统、自然遗迹和自然景观，具有生态、观赏、文化和科学价值，可持续利用的区域，包括森林公园、地质公园、海洋公园、湿地公园等各类自然公园。应确保森林、海洋、湿地、水域、冰川、草原、生物等珍贵自然资源，以及所承载的景观、地质地貌和文化多样性得到有效保护。

(3) 确立国家公园主体地位。

确立国家公园在维护国家生态安全关键区域中的首要地位，确保国家公园在保护最珍贵、最重要生物多样性集中分布区中的主导地位，确定国家公园保护价值和生态功能在全国自然保护地体系中的主体地位。

(4) 编制自然保护地规划。

落实国家发展规划提出的国土空间开发保护要求，依据国土空间规划，编制自然保护地规划。明确自然保护地发展目标、规模和划定区域，将生态功能重要、生态系统脆弱、自然生态保护空缺的区域规划为重要的自然生态空间，纳入自然保护地体系。

(5) 整合交叉重叠的自然保护地。

以保持生态系统完整性为原则，将符合条件的优先整合设立国家公园，其他各类自然保护地按照同级别保护强度优先、低级别服从高级别的原则进行整合。

(6) 归并优化相邻自然保护地。

对同一自然地理单元内相邻、相连的各类自然保护地，按照自然生态系统完整、物种栖息地连通、保护管理统一的原则进行合并重组，实现对自然生态系统的整体保护。

5. 建立统一规范高效的管理体制

(1) 统一管理自然保护地。

建立统一调查监测体系，建设智慧自然保护地，制定以生态资产和生态服务价值为核心的考核评估指标体系和办法。各地区各部门不得自行设立新的自然保护地类型。

(2) 分级行使自然保护地管理职责。

按照生态系统重要程度，将国家公园等自然保护地分为中央直接管理、中央地方共同管理和地方管理3类，实行分级设立、分级管理。

(3) 合理调整自然保护地范围并勘界立标。

制定自然保护地边界勘定方案、确认程序和标识系统，开展自然保护地勘界定标并建立矢量数据库，与生态保护红线衔接，在重要地段、重要部位设立界桩和标识牌。

(4) 推进自然资源资产确权登记。

进一步完善自然资源统一确权登记办法，划清各类自然资源资产所有权、使用权的边界，明确各类自然资源资产的种类、面积和权属性质，逐步落实自然保护地内全民所有自然资源资产代行主体与权利内容，非全民所有自然资源资产实行协议管理。

(5) 实行自然保护地差别化管控。

根据各类自然保护地功能定位，既严格保护又便于基层操作，合理分区，实行差别化管控。国家公园和自然保护区实行分区管控，原则上核心保护区内禁止人为活动，一般控制区内限制人为活动。自然公园原则上按一般控制区管理，限制人为活动。

6. 创新自然保护地建设发展机制

加强自然保护地建设。以自然恢复为主，辅以必要的人工措施，分区分类开展受损自然生态系统修复。建设生态廊道，开展重要栖息地恢复和废弃地修复。

分类有序解决历史遗留问题。对自然保护地进行科学评估，将保护价值低的建制城镇、村屯或人口密集区域、社区民生设施等调整出自然保护地范围。

按照标准科学评估自然资源资产价值和资源利用的生态风险，明确自然保护地内自然资源利用方式，规范利用行为，全面实行自然资源有偿使用制度。

建立自然保护地的全民共享机制。在保护的前提下，在自然保护地控制区内划定适当区域开展生态教育、自然体验、生态旅游等活动，构建高品质、多样化的生态产品体系。

7. 加强自然保护地生态环境监督考核

实行最严格的生态环境保护制度，强化自然保护地监测、评估、考核、执法、监督等，形成一整套体系完善、监管有力的监督管理制度。

(1) 建立监测体系。

建立国家公园等自然保护地生态环境监测制度，制定相关技术标准，建设各类各级自然保护地"天空地一体化"监测网络体系，充分发挥地面生态系统、环境、气象、水文资源、水土保持、海洋等监测站点和卫星遥感的作用，开展生态环境监测。

(2) 加强评估考核。

组织对自然保护地管理进行科学评估，及时掌握各类自然保护地管理和保护成效情况，发布评估结果。适时引入第三方评估制度。

(3) 严格执法监督。

制定自然保护地生态环境监督办法，建立包括相关部门在内的统一执法机制，在自然保护地范围内实行生态环境保护综合执法，制定自然保护地生态环境保护综合执法指导意见。

小 结

本章主要介绍国土空间规划中相关专项规划的内容，主要包括专项规划的概念、规划研究、类型等内容，并重点介绍了3种主要的专项规划：生态保护规划、社会与公共服务专项规划、自然保护地规划的规划编制内容。通过本章学习，树立完整的国土空间规划体系。

习 题

一、单项选择题

1. 下列关于国土空间规划中相关专项规划编制要求的表述，不准确的是（   ）。
   A. 相关专项规划可在国家、省和市县层级编制
   B. 国土空间总体规划是相关专项规划的基础
   C. 相关专项规划要遵循总体规划，不得违背总体规划内容
   D. 相关专项规划之间要相互协同

2. 下列关于国土空间规划体系中相关专项规划的表述，正确的是（   ）。
   A. 详细规划的主要内容要纳入相关专项规划
   B. 相关专项规划经"一张图"核对后，主要内容要纳入详细规划
   C. 相关专项规划不得违背总体规划的内容
   D. 相关专项规划以总体规划为依据

3. 下列区域中，不属于生态修复所针对的问题区域的是（   ）。
   A. 生态功能退化的区域   B. 生物多样性降低的区域
   C. 开发强度过高的区域   D. 水土流失的区域

4. 下列关于生态保护修复原则的说法，不准确的是（   ）。
   A. 自然恢复和人工措施并重，增强各项举措的关联性和耦合性
   B. 推进山水林田湖草沙整体保护、系统修复、综合治理
   C. 构建"谁修复、谁受益"的生态保护修复市场机制
   D. 严禁借生态保护修复之名行开发之实

5. 影响城市公共服务设施设置内容的相关因素不包括（   ）。
   A. 城市职能   B. 城市规模   C. 城市形态   D. 生活水平

二、多项选择题

1. 下列关于国土空间规划体系中专项规划的表述，正确的有（   ）。
   A. 是对国土空间总体规划重点领域的展开和深化
   B. 需符合总体规划要求并与总体规划相衔接
   C. 需替代专业部门制定的具体技术化专项规划
   D. 是从单一部门角度制定的整体最优方案

E. 仅对各专项空间布局进行原则性安排

2. 下列属于国土空间专项规划主要类型的有（　　）。

A. 绿地系统规划

B. 综合交通体系规划

C. 商业设施布局规划

D. 国土空间总体规划

E. 历史遗产保护规划

3. 生态保护专项规划需遵循哪些原则或要求包括（　　）。

A. 采用系统性思维维护自然子系统平衡

B. 允许动态调整永久基本农田控制线

C. 构建"源地—廊道—节点"区域生态安全格局

D. 对核心保护区实行最严格人为活动限制

E. 优先满足城镇建设用地的扩张需求

4. 关于我国自然保护地体系，下列说法正确的有（　　）。

A. 分为国家公园、自然保护区、自然公园三类

B. 国家级自然保护地数量占总数80%以上

C. 核心保护区禁止一切人为活动

D. 整合目标是"一个保护地、一套机构、一块牌子"

E. 2035年目标是全面建成中国特色自然保护地体系

三、简答题

1. 国土空间规划中的专项规划与总体规划的关系是什么？专项规划的核心作用有哪些？

2. 国土空间生态保护专项规划为何需坚持系统性思维？其系统性体现在哪些方面？

3. 我国自然保护地体系整合优化的主要目标是什么？如何通过分类管理解决"多头管理"问题？

在线答题

第 7 章 城市设计

教学要求

通过对城市设计的含义、内容、类型等的学习，掌握城市设计的基本内容、主要方法和成果形式，能够在国土空间规划的总体规划、详细规划、专项规划等层级上运用城市设计的方法更好地进行规划设计，达成美好人居环境和宜人空间场所的积极塑造。

教学目标

能力目标	知识要点	权重
了解城市设计的含义与作用	城市设计的含义、作用	10%
了解城市设计的内容、类型及方法	城市的内容、类型、方法	10%
了解城市设计方法运用的基本原则和要求	运用城市设计方法的基本原则和基本要求	10%
掌握总体规划中城市设计方法的运用	城市设计在跨区域层面、乡村层面、市（县）域层面、中心城区层面的运用要求	15%
掌握详细规划中城市设计方法的运用	城市设计在城市一般片区、重点控制区等区域的运用要求	15%
掌握专项规划中城市设计方法的运用	城市设计在不同专项规划中的运用要求	15%
掌握用途管制中城市设计的要求	城市设计在不同国土空间中运用的不同要求	15%
熟悉城市设计的成果形式	城市设计的成果形式	10%

章节导读

2021 年 7 月 1 日起实施的《国土空间规划城市设计指南》（TD/T 1065—2021）指出，城市设计是国土空间规划体系的重要组成，是国土空间高质量发展的重要支撑，贯穿于国土空间规划建设管理的全过程。

7.1 城市设计的含义与作用

7.1.1 城市设计的含义

城市设计一词虽然在20世纪40年代才被提出，但是城市设计已经有两千多年的历史。从古代到现代，世界上许多国家的城市建设在工程技术上及建筑艺术上都达到了极高水平。城市设计具体表现在对城市选址、城市道路及重要建筑的布局与设计方面都有全面考虑，它包括了城市规划、城市设计与建筑设计的内涵。从城市建设遗产可以看到历史上有不少城市的建造是根据城市设计思考完成的。

在早期阶段，城市设计来源于建筑设计，以美学原则为基础，以物质空间为对象，但城市设计与建筑设计的研究对象、研究方法及目标系统有所不同。然而，单纯以塑造物质环境为目的的城市设计不能解决社会的诸多矛盾，在城市发展的过程中，不能起到良好的管理与控制作用，学者们开始反思并追溯城市设计更为本质的内涵。因此，城市设计的定义是在不断深化中发展的。城市设计概念的演化大致经历了从注重视觉艺术与物质形态，到关注行为、心理、社会和生态要素，再到优化城市综合环境质量目标的过程。当前，城市设计越来越多地从人、社会、文化、环境等方面来建立评价标准。通过各种政策、标准和设计审查来管理较大地区范围的环境特色和空间质量的做法，成为城市设计的重要内容。

根据《国土空间规划城市设计指南》（TD/T 1065—2021），城市设计是营造美好人居环境和宜人空间场所的重要理念与方法，通过对人居环境多层级空间特征的系统辨识，多尺度要素内容的统筹协调，以及对自然、文化保护与发展的整体认识，运用设计思维，借助形态组织和环境营造方法，依托规划传导和政策推动，实现国土空间整体布局的结构优化、生态系统的健康持续、历史文脉的传承发展、功能组织的活力有序、风貌特色的引导控制、公共空间的系统建设，达成美好人居环境和宜人空间场所的积极塑造。

7.1.2 城市设计的作用

城市设计不同于城市规划和建筑设计，它可以广义地理解为设计城市，即对城市各种物质要素，诸如地形、水体、房屋、道路、广场及绿地等进行综合设计，及其使用功能、工程技术及空间环境的艺术处理。最初，城市建设常常由于在城市规划、建筑设计及其他工程设计之间缺乏衔接环节，导致城市体形空间环境的不良，这个环节就需要做城市设计。它具有承上启下的作用，从城市空间总体构图引导项目设计。城市设计的重要作用还表现在为人类创造更亲切、更美好的人工与自然结合的城市生活空间环境，促进人的居住文明和精神文明的提高。

而如今城市设计已经被理解为优化城市综合环境质量的综合性安排，已经贯穿于我国法定规划的各个阶段的始终。另外，在战略规划、城市整体风貌设计、历史名城（街区）

保护规划、城市规划的管理等扩展的规划工作领域中，城市设计也致力于实现城市空间结构的改造、新街区建设、居民生活改善等目标，侧重于城市的不同方面，作用于城市的不同要素，发挥着其独特的作用。而不同阶段的城市设计，其研究对象、尺度、成果表达也是不同的。

城市设计贯穿于城市规划的各阶段及各层次，既有分析与策划内容，又有具体形体表达的内容。城市设计是以人为中心的从总体环境出发的规划设计工作，其目的在于恢复与保持城市中个体环境质量的连续性与一致性，改善城市的整体形象和环境美观，提高人们的生活质量，它是城市规划的延伸和具体化。

7.2　城市设计的内容、类型及方法

7.2.1　城市设计的内容

1. 空间关系

城市设计的对象既包含城市的自然环境、人工环境，也包含城市发展中涉及的人文环境。

城市设计的空间内容主要包括土地利用、交通和停车系统、建筑的体量和形式及开敞空间的环境设计。土地利用的设计是在城市规划的基础上细化，安排不同性质的内容，并考虑地形和现状因素。交通和停车系统的功能性很强，且技术复杂，占用城市较大空间，对城市整体形象的影响也很大。建筑体量和形式取决于建设项目的功能和使用要求，要考虑容积率、建筑密度、建筑高度、体量、尺度、比例及建筑风格等。开敞空间包括广场、公园绿地、运动场、步行街、庭院及建筑文物保护区等。环境设计要适应城市生活方式和市民心理，把握建筑地段和建筑群体的内涵和形式特征。城市设计不仅要组织物质空间，而且要创造有吸引力的活动空间环境，特别是要把购物、餐饮、观光游览、休息和娱乐等各种活动结合起来。

2. 时间过程

城市设计既与空间有关又与时间有关，因为它的构成元素不但在空间中分布，而且在不同的时间由不同的人建造完成。一方面，由于人们在时空中的活动是不断变换的，在不同时段环境有不同的用途，因此城市设计需要理解空间中的时间周期以及不同社会活动的时间组织。另一方面，尽管环境随着时间改变，但保持某种程度的延续性和稳定性也是很重要的。此外，城市社会与环境每时每刻都在变化，城市设计方案、政策等具体内容也应随着时间逐步实施调整。

3. 政策框架

作为一种管理手段，城市设计的目的是制定一系列指导城市建设的政策框架，在此基础上进行建筑或环境的进一步设计与建设。因此，城市设计必须靠公共政策手段反映社

和经济需求，需要研究与策划城市整体社会文化氛围，制定有关的社会经济政策。尤其是具体的市容景观实施管理条例，促进城市文化风貌与景观的形成，确定城市设计实施的保障机制。

7.2.2 城市设计的类型

根据设计对象的用地范围和功能特征，城市设计可以分为下列类型：
（1）城市总体空间设计；
（2）城市开发区设计；
（3）城市中心设计；
（4）城市广场设计；
（5）城市干道和商业街设计；
（6）城市滨水区设计；
（7）城市居住区设计；
（8）城市园林绿地设计；
（9）城市地下空间设计；
（10）城市旧区保护与更新设计；
（11）大学校园及科技研究园设计；
（12）博览中心设计；
（13）建设项目的细部空间设计等。

7.2.3 城市设计的方法

城市设计的方法大致可以分为：
（1）调查的方法，包括基础资料收集、视觉调查、问卷调查、硬地区和软地区的识别等；
（2）评价的方法，包括加权法、层次分析法、模糊评价法、判别法、列表法等；
（3）空间设计的方法，包括典范思维设计方法、程序思维设计方法、叙事思维设计方法等；
（4）反馈的方法，包括政府部门评估、专家顾问、社会评论、群众反映等。

7.3 城市设计方法在国土空间规划中的运用

城市设计方法在国土空间规划中的运用类型主要包括：总体规划中城市设计方法的运用、详细规划中城市设计方法的运用、专项规划中城市设计方法的运用、用途管制中的城市设计的要求。

7.3.1 城市设计方法运用的基本原则

城市设计方法在国土空间规划中运用的原则如下。

（1）整体统筹。从人与山水林田湖草沙生命共同体的整体视角出发，坚持区域协同、陆海统筹、城乡融合，协调生态、生产和生活空间，系统改善人与环境的关系。

（2）以人为本。坚持以人民为中心，满足公众对于国土空间的认知、审美、体验和使用需求，不断提升人民群众的安全感、获得感和幸福感。

（3）因地制宜。尊重地域特点，延续历史脉络，结合时代特征，充分考虑自然条件、历史人文和建设现状，营建有特色的城市空间。

（4）问题导向。分析城市功能、空间形态、风貌与品质方面存在的主要问题，从目标定位、空间组织、实施机制等方面提出解决方案和实施措施。

7.3.2 城市设计方法运用的基本要求

（1）充分了解公众需求，践行公众参与，体现公众意愿。
（2）明确表达城市设计的意图与管控要求，简洁明了，便于规划管理和实施。
（3）通过形象易懂的图、文、表格、三维模型、视频等方式进行交流展示。

7.3.3 总体规划中城市设计方法的运用

1. 跨区域层面

在都市圈、城镇群层面运用城市设计思维，加强对大尺度自然山水、历史文化等方面的研究，协同构建自然与人文并重、生产生活生态空间相融合的国土空间开发保护格局。

（1）优化重大设施选址及重要管控边界确定。综合考虑自然地理特征、历史文化要素对重大设施选址、重要管控边界确定的影响，统筹开展选址与边界确定工作。

（2）提出自然山水环境保护开发的整体要求。结合自然山水环境特征，构建大尺度开放空间系统，提出跨区域山脉、水系等空间类型的框架性导控要求。

（3）提出历史文化要素的保护与发展要求。识别历史文化要素特征，明确区域历史文化脉络，提出区域历史文化聚集地、历史遗存遗迹、重要景观节点等空间类型的框架性导控要求。

（4）形成共识性的设计规则和协同行动方案。根据区域空间组织与空间营造特点，拟定需要共同遵守的空间设计规则，汇集各地区的相关诉求，凝聚共识，建立协同行动的机制。

2. 乡村层面

在乡村层面应体现尊重自然、传承文化、以人为本的理念，保护乡村自然本底，营造富有地域特色的"田水路林村"景观格局，传承空间基因，延续当地空间特色，运用本土化材料，展现独特的村庄建设风貌，忌简单套用城市空间的设计手法。

3. 市（县）域层面

在市（县）域层面运用城市设计方法，强化生态、农业和城镇空间的全域全要素整体统筹，优化市（县）域的整体空间秩序。

(1) 统筹整体空间格局。落实宏观规划中自然山水环境与历史文化要素方面的相关要求，协调城镇乡村与山水林田湖草沙的整体空间关系，对优化空间结构和空间形态提出框架性导控建议。

(2) 提出大尺度开放空间的导控要求。梳理并划定市（县）全域尺度开放空间，结合形态与功能对结构性绿地、水体等提出布局建议，辅助规划形成组织有序、结构清晰、功能完善的绿色开放空间网络。

(3) 明确全域全要素的空间特色。根据市（县）域自然山水、历史文化、都市发展等资源禀赋，结合规划明确的市（县）性质、发展定位、功能布局、制约条件，并结合公众意愿等，总结市（县）域整体特色风貌，提出需重点保护的特色空间、特色要素及其框架性导控要求。

4. 中心城区层面

在中心城区层面运用城市设计方法，整体统筹、协调各类空间资源的布局与利用，合理组织开放空间体系与特色景观风貌系统，提升城市空间品质与活力，分区分级提出城市形态导控要求。

(1) 确立城市空间特色。细化落实宏观规划中关于城市特色的相关要求，明确自然环境、历史人文等特色内容在城市空间中的落位。对城市中心、空间轴带和功能布局等内容分别进行梳理，确定城市特色空间结构并提出城市功能布局优化建议，对城市特色空间提出结构性导控要求。

(2) 提出空间秩序的框架。明确重要视线廊道及其导控要求，对城市高度、街区尺度、城市天际线、城市色彩等内容进行有序组织，并提出结构性导控要求。

(3) 明确开放空间与设施品质提升措施。组织多层级、多类型的开放空间体系及其联系脉络，提出拟采取的规划政策和管控措施，提升公共服务设施及市政基础设施的集约复合性与美观实用性。

(4) 划定城市设计重点控制区。根据城市空间结构、特色风貌等影响因素，划定城市设计一般控制区和重点控制区。在有条件的市（县）中心城区可对重点控制区进一步进行精细化设计。

7.3.4 详细规划中城市设计方法的运用

1. 城市一般片区

城市一般片区应落实总体规划中的各项设计要求，通过三维形态模拟等方式，进一步统筹优化片区的功能布局和空间结构，明确景观风貌、公共空间、建筑形态等方面的设计要求，营造健康、舒适、便利的人居环境。

(1) 打造人性化的公共空间。结合自然山水、历史人文、公共设施等资源，优化片区公共空间系统，明确广场、公园、绿地、滨水空间等重要开敞空间的位置、范围和设计要求。重点组织慢行系统、游览线路等公共活动通道，打造开放舒适、生态宜人的行为场所体系。

(2) 营造清晰有序的空间秩序。合理确定地块建筑高度、密度和开发强度，对重要地块进行细化控制引导。组织建筑群落关系，强化空间艺术性，形成建筑群体的整体特征，谨慎处理高层高密度住宅与新建超高层建筑的外部空间形态组织。对重要街道的沿街立面、建筑退线、底层功能与形态、立面与檐口等提出较为详细的导控要求。

2. 重点控制区

重点控制区是影响城市风貌的重点区域，应在满足城市一般片区设计要求的基础上，更加关注其特殊条件和核心问题，通过精细化设计手段，打造具有更高品质的城市片区。结合不同片区功能提出建筑体量、界面、风格、色彩、第五立面、天际线等要素的设计原则，塑造凸显地域特色的城市风貌。从人的体验和需求出发，深化研究各类公共空间的规模尺度与空间形态，营造以人为本、充满魅力的景观环境。兼具多种特殊条件的重点控制区，应统筹考虑各类设计导控要求，采用协同式方法，实现综合价值的最优化。

(1) 对城市结构框架有重要影响作用的区域。如城市门户、城市中心区、重要轴线、节点等。建立与城市整体框架相衔接的空间结构与形态；在设施布局、公共空间、路网密度、街道尺度、建筑高度、开发强度等方面进行详细设计，使空间秩序与区位特征相匹配。

(2) 具有特殊重要属性的功能片区。如交通枢纽区、商务中心区、产业园区、核心区、教育园区等。强化与周边组团的区域联动，合理进行业态布局引导；强调土地的多元混合、高效使用、弹性预留；注重核心区域公共空间系统建设和场所营造，鼓励地上地下综合开发、一体化设计；加强对外交通与片区内部交通的接驳和流线的组织。

(3) 城市重要开敞空间。如山前地区、滨水地区、重要公园与广场、生态廊道等。优先识别和保护特色自然资源，延续特色景观风貌的本土原真性；保护延续空间整体格局，营造适宜的空间肌理、建（构）筑物尺度与形态，通过对特色要素与重要界面的塑造，提升开敞空间活力，营造富有特色、充满魅力的景观风貌。

(4) 城市重要历史文化区域。如历史风貌与文化遗产保护区、传统历史街区、老城复兴区、工业遗产等。细化梳理各类历史文化资源特征，延续城市文脉；加强对周边控制地带的建设高度、建筑风貌的设计导控，形成良好的文化衔接，防止大拆大建。

7.3.5 专项规划中城市设计方法的运用

在专项规划中要充分运用城市设计思维，在选址、选线过程中不仅要考虑便利与造价等工程因素，还应考虑融合自然、保护人文及美学要求；在设施建设中应有相关设计指引，不仅要满足设施的基本功能要求，还应考虑美观、隐蔽与结合自然的要求；近人尺度的设施建设也应兼顾考虑人的活动行为。

7.3.6 用途管制中的城市设计的要求

1. 生态、农业空间中的注意事项

依据总体规划、详细规划和专项规划，在用途管制中处理好生态、农业和城镇的空间关系，注重生态景观、地形地貌保护、农田景观塑造、绿色开放空间与活动场所以及人工建设协调等内容。

2. 从城市设计角度研究建设项目规划选址的合理性

依据上位规划和设计，可从空间形态、风貌协调性和功能适宜性等角度提出建设项目选址引导，为建设项目用地预审和选址提供决策依据。对空间形态重点管控区用地提出景观风貌注意事项。为城市重要公共建筑、标志性建构筑物等重要建设项目选址提供引导和参考。

3. 在特殊地块开展城市设计的精细化研究

有特殊要求的地块，可在遵守详细规划的前提下，结合发展意愿、产业布局、用地权属、空间影响性、利害关系人意见等，开展编制面向实施的精细化城市设计，提出建筑和环境景观设计条件。

4. 规划许可中的城市设计内容

规划许可中的城市设计内容宜包括界面、高度、公共空间、交通组织、地下空间、建筑引导、环境设施等，必要时可附加城市设计图则。

7.3.7　国土空间规划中城市设计的成果形式

城市设计的成果一般包括文本、图件，鼓励采用实体模型、数字化、多媒体等更为直观、高效的表达形式，可纳入各级政府的相关政策、标准、规则及数字化规划管理平台等。

国土空间规划中的城市设计成果内容需满足相应国土空间规划的成果要求，其他内容可根据现实条件及工作需求，灵活采用多种形式，以更好地展示城市设计成果，便于规划建设管理人员使用和公众监督。

1. 总体规划中的城市设计成果内容

（1）跨区域层面。跨区域层面的规划成果包括但不限定于：区域城镇的总体格局、区域绿色开放空间体系导控图、历史文化空间体系导控图、自然山水环境与历史文化等方面要素的相关空间组织要求。

（2）乡村层面。可因地制宜，根据实际需要确定。

（3）市（县）域层面。市（县）域层面的规划成果包括但不限定于：市（县）域特色空间结构导控图、市（县）域绿色开放空间体系导控图、市（县）域特色空间体系导控图。

（4）中心城区层面。中心城区层面的规划成果包括但不限定于：特色空间结构导控图、城市高度分区导控图、开放空间体系导控图、城市设计重点控制区导控图。

2. 详细规划中的城市设计成果内容

（1）城市一般片区。规划成果包括但不限定于：现状特色资源分布图、公共空间系统图、空间形态控制图，与图纸匹配的文本内容应一并纳入。

（2）重点控制区。在城市一般片区设计成果基础上，重点对特色空间、景观风貌、开放空间、交通组织、建筑布局、建筑色彩、第五立面、天际线等内容进一步开展详细设计或专项设计，必要时可附加城市设计图则和其他需要特别控制的要素系统图，与图纸匹配的文本内容应一并纳入。

知识链接

参考图文

山东省城市设计典型案例

2022年山东省城市设计典型案例详见右侧二维码。

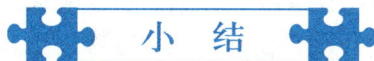

小 结

本章主要介绍了城市设计的含义、作用、类型、设计方法等内容，重点讨论了城市设计方法在国土空间不同类型（总体规划、详细规划、专项规划）中的运用方法。通过城市设计方法的运用，不断满足人民日益增长的美好生活需要。

习 题

一、单项选择题

1. 根据《国土空间规划城市设计指南》，下列国土空间规划城市设计内容中，不属于跨区域层面内容的是（　　）。

A. 提出自然山水环境保护开发的整体要求

B. 提出历史文化要素的保护与发展要求

C. 明确全域全要素的空间指标

D. 形成共识性的设计规则和协同行动方案

2. 下列城市设计目标中，属于核心目标的是（　　）。

A. 提高城市建筑设计水平

B. 改进城市人居环境的空间质量和生活质量

C. 在规划设计与建筑设计、环境设计之间建立桥梁

D. 为开发建设提供引导和指引

3. 控制性详细规划中，城市设计引导的内容不包括（　　）。

A. 建筑限高　　　B. 建筑风格　　　C. 建筑色彩　　　D. 建筑体量

4. 下列城市设计措施中，不属于市级国土空间总体规划中塑造特色城乡风貌内容要求的是（　　）。

A. 提出全域山水人文格局的空间形态引导和管控原则

B. 提出重点管控地区的高度、风貌、天际线等空间形态控制要求

C. 提出景观价值地区的建筑后退红线距离和建筑临街面宽度

D. 提出乡村地区分类分区的空间形态管控要求

二、多项选择题

1. 下列关于城市设计与建筑设计关系的说法，正确的是（　　）。

A. 城市设计是扩大规模的建筑设计

B. 城市设计与建筑设计在空间形态上具有连续性

C. 城市设计导则的作用在于保证最好的建筑设计和形体空间质量

D. 城市设计最终可以归结为建筑形体设计

E. 城市设计要对重点控制区的建筑设计提出建筑色彩、建筑布局等方面的要求

2. 依据《国土空间规划城市设计指南》，下列属于总体规划中心城区层面城市设计内容和要求的有（　　）。

A. 统筹整体空间格局，强化生态、农业和城镇空间的全域全要素统筹

B. 确立城市空间特色，对城市特色空间提出结构性导控要求

C. 提出空间秩序的框架，对城市高度、街区尺度、城市天际线、城市色彩等内容进行有序组织

D. 根据城市空间结构、特色风貌等因素，划定城市设计一般控制区和重点控制区

E. 优化片区公共空间系统，明确广场、公园滨水空间等重要开敞空间的位置、范围和设计要求

3. 城市设计方法在国土空间规划中运用的基本原则包括（　　）。

A. 整体统筹生态、生产和生活空间

B. 优先满足商业开发需求

C. 因地制宜延续历史脉络

D. 以降低建设成本为核心导向

E. 问题导向解决空间形态问题

4. 在国土空间用途管制中，城市设计方法需关注的内容包括（　　）。

A. 从空间形态角度研究建设项目选址

B. 允许随意调整生态保护红线范围

C. 在特殊地块开展精细化城市设计

D. 规划许可需包含界面高度等引导

E. 优先保障工业用地扩张需求

三、简答题

1. 请结合自己所在城市的主要景观街道、城市风貌区等反映城市景观面貌的区域的建设设计，谈一下城市设计与建筑设计的关系，以及城市设计在城市景观风貌营造中的作用。

2. 简述城市设计在各级各类规划中的运用。

在线答题

第8章 城市历史文化遗产保护与再利用

教学要求

通过对城市历史文化遗产保护的定义、评价标准、保护原则与方法、保护的意义,世界城市历史遗产文化保护的历程、主要遗产保护宪章、世界各国的保护概况,以及我国城市历史文化遗产保护概况等知识点的讲解,熟悉世界及我国的城市历史文化遗产保护与再利用的概况;了解目前世界其他国家历史文化遗产保护的方法;了解我国历史文化遗产保护存在的问题;具备遗产保护的意识,并且能够身体力行地宣传遗产保护的重要性,普及历史文化遗产保护的理念,并为日后有机会从事遗产保护设计做好准备。

教学目标

能力目标	知识要点	权重
了解城市历史文化遗产保护概况	城市历史文化遗产的含义,世界文化遗产的评价标准,城市历史文化遗产保护的方法、原则及意义	20%
了解世界城市历史文化遗产保护概况	历史文化遗产保护立法历程及国际宪章、世界各国的保护概况	40%
了解我国城市历史文化遗产保护概况	我国历史文化遗产保护现状、存在的问题等	40%

章节导读

龚自珍说过:"灭人之国,必先去其史;隳人之枋,败人之纲纪,必先去其史;绝人之才,湮塞人之教,必先去其史;夷人之祖宗,必先去其史。"

古代圣贤的话警示我们"史"的重要性。如果没有"史",国将灭、才将灭、纲纪将乱。而历史文化遗产保护就是保护人类的"史"。留住历史,留住人类情感的渊源,是我们的责任。

引例

图8.1为福斯特等大师设计的布鲁日"设计师阁楼"的客厅，保留和展现了原工业建筑的美学特征，成为历史文化遗产保护的典范。

图8.1　"设计师阁楼"的客厅

8.1　城市历史文化遗产保护概述

引语

党的二十大报告中指出要推进文化自信自强，铸就社会主义文化新辉煌。人民精神文化生活更加丰富，中华民族凝聚力和中华文化影响力不断增强。这就要求我们不断传承中华优秀传统文化，巩固全党全国各族人民团结奋斗的共同思想基础，不断提升国家文化软实力和中华文化影响力。而历史文化遗产就是中华民族传统文化的载体，城市里保存着大量的历史文化遗产，需要我们去保护、传承、发扬光大。城市历史文化遗产保护正是肩负着这样的历史使命。刘易斯·芒福德指出："城市从其起源时代开始便是一种特殊的构造，它专门用来储存并流传人类文明的成果；这种构造致密而紧凑，足以用最小的空间容纳最多的设施；同时又能扩大自身的结构，以适应不断变化的社会需求和更加复杂的社会发展形式，从而保存不断积累起来的社会遗产。"

保护历史文化遗产是人类社会进步、文明发展的必然要求。人们对保护历史文化遗产的认识有一个逐渐提高的过程。起初是保护器物、典籍，后来发展到保护建筑物、遗址。就建筑物来讲，开始保护的是宫殿、府邸、教堂、寺庙等建筑艺术的精品，后来扩展到民居、作坊、酒馆等见证平民生产、生活的一般建筑物的保护，再由保护单个的文物古迹发展到保护成片的历史街区，甚至一个完整的历史古城，内容越来越广泛，内涵越来越丰富。主张保护的社会群体也从学者、社会贤达发展到官员、民众。保护的法律也越来越完善，方法越来越周全。这种变化是和社会经济的发展、社会文明程度的提高同步的。在一个国家，社会越进步，历史文化遗产的保护越受到重视；文化越发达，保护历史文化遗产就越成为社会共识。

8.1.1 城市历史文化遗产的含义

文化遗产保护包括物质文化遗产保护和非物质文化遗产保护。物质文化遗产是具有历史、艺术和科学价值的文物；非物质文化遗产是指各种以非物质形态存在的、与群众生活密切相关的、世代相承的传统文化表现形式。城市历史文化遗产具体包括以下内容。

(1) 纪念性建筑。从历史、艺术或科学角度看，具有突出的普遍价值的建筑物、碑雕、碑画，具有考古意义的构筑物、铭文、洞窟及各类文物的综合体。

(2) 建筑群。从历史、艺术或科学的角度看，在建筑样式、分布或与环境景观结合方面具有突出的普遍价值的单体建筑的组合或完整的建筑群。

(3) 遗址。从历史、审美、人种学或人类学的角度看，具有突出的普遍价值的人类工程或自然与人类工程相结合的地点或考古遗址。

(4) 文化景观。人工构筑物与自然环境的完美结合。

(5) 历史城镇。包括已没有人居住的城镇、仍有人生活的城镇和20世纪新兴的城镇。

(6) 非物质文化遗产。被各群体、团体或有时被个人视为其文化遗产的各种实践、表演、表现形式、知识和技能及有关的工具、实物、工艺品和文化场所。它包括传统口头文学及作为其载体的语言，传统美术、书法、音乐、舞蹈、戏剧、曲艺和杂技，传统技艺、医药和历法，传统礼仪、节庆等民俗，传统体育和游艺，以及其他非物质文化遗产。

8.1.2 世界文化遗产的评价标准

1. 自然遗产

《保护世界文化和自然遗产公约》规定，属于下列各类内容之一者，可列为自然遗产。

(1) 从美学或科学角度看，具有突出、普遍价值的由地质和生物结构或这类结构群组成的自然面貌。

(2) 从科学或保护角度看，具有突出、普遍价值的地质和自然地理结构及明确划定的濒危动植物物种生态区。

（3）从科学、保护或自然美角度看，具有突出、普遍价值的天然名胜或明确划定的自然地带。

提名列入《世界遗产名录》的自然遗产项目，必须符合下列四项中的一项或几项标准。

（1）构成代表地球演化史中重要阶段的突出例证。

（2）构成代表进行中的重要地质过程、生物演化过程及人类与自然环境相互关系的突出例证。

（3）独特、稀有或绝妙的自然现象、地貌或具有罕见自然美的地带。

（4）尚存的珍稀或濒危动植物种的栖息地。

参考资料

2. 文化遗产

《保护世界文化和自然遗产公约》规定，属于下列各类内容之一者，可列为文化遗产。

（1）文物。从历史、艺术或科学角度看，具有突出、普遍价值的建筑物、雕刻和绘画，具有考古意义的成分或结构，铭文、洞穴、住区及各类文物的综合体。

（2）建筑群。见本章8.1.1节。

（3）遗址。见本章8.1.1节。

提名列入《世界遗产名录》的文化遗产项目，必须符合下列六项中的一项或几项标准。

（1）代表一种独特的艺术成就，或一种创造性的天才杰作。

（2）能在一定时期内或世界某一文化区域内，对建筑艺术、纪念物艺术、城镇规划或景观设计方面的发展产生极大影响。

（3）能为一种已消逝的文明或文化传统提供一种独特的至少是特殊的见证。

（4）可作为一种建筑或建筑群或景观的杰出范例，展示出人类历史上一个或几个重要阶段。

（5）可作为传统的人类居住地或使用地的杰出范例，代表一种（或几种）文化，尤其在不可逆转之变化的影响下变得易于损坏。

（6）与具特殊普遍意义的事件或现行传统或思想或信仰或文学艺术作品有直接或实质的联系。只有在某些特殊情况下或该项标准与其他标准一起作用时，此款才能成为列入《世界遗产名录》的理由。

3. 文化与自然双重遗产

文化和自然双重遗产必须分别符合前文关于文化遗产和自然遗产的评定标准中的一项或几项。同时，作为文化遗产还必须满足以下要求。

（1）符合真实性的要求，包括设计、材料、工艺和布局的真实性。

（2）有足够的法律和/或传统的保护和管理机制作为保障。

4. 文化景观

文化景观这一概念是1992年12月在美国新墨西哥州圣菲召开的联合国教科文组织世界遗产委员会第16届会议时提出并纳入《世界遗产名录》中的。文化景观代表《保护世界文化和自然遗产公约》第一条所表述的"自然与人类的共同作品"。文化景观可分为以下3个主要类型。

(1) 由人类设计和建造的景观。它包括出于美学原因建造的园林和公园景观，它们经常（但并不总是）与宗教或其他纪念性建筑物或建筑群有联系。

(2) 有机进化的景观。它产生于最初始的一种社会、经济、行政及宗教需要，并通过与周围自然环境相联系或相适应而发展到目前的形式。有机进化的景观包括两种次类别：一是残遗物（或化石）景观，代表过去某段时间已经完结的进化过程，无论是突发的或是渐进的。它们之所以具有突出的、普遍的价值，在于其显著特点依然体现在实物上。二是持续性景观，它处于当今与传统生活方式相联系的社会中，保持着一种积极的社会作用，而且其自身演变过程仍在进行之中，同时也是历史上其演变发展的物证。

(3) 关联性文化景观。这类景观列入《世界遗产名录》，以与自然因素、宗教因素、艺术或文化因素相联系为特征。

列入《世界遗产名录》的文化古迹遗址、自然景观一旦受到某种严重威胁，经过世界遗产委员会调查和审议，可列入《濒危世界遗产名录》，以待采取紧急抢救措施。

8.1.3 城市历史文化遗产保护的方法与原则

(1) 原封不动地保存（冻结保存），保持历史文化的原真性。这是联合国提倡的标准。一般对文物古迹应原封不动地保存。

(2) 整旧如故，谨慎修复。对于残缺的建筑（古遗迹），修复应"整旧如故，以存其真"。《威尼斯宪章》提出了世界各国公认的两个修复原则：修复和补缺的部分必须跟原有部分形成整体，保持景观上的和谐一致；有助于恢复而不能降低它的艺术价值、历史价值、科学价值、信息价值。

(3) 增添部分必须与原有部分有所区别，使人能辨别历史和当代增添物，以保持文物建筑的历史性。此外，加固、维护应尽可能地少，即必要性原则。

(4) 慎重重建。一些十分重要的历史建筑物因故被毁，由于它们是地方重要的特征和象征，具有纪念意义，因此，在条件允许的情况下，有必要重建。但是，重建必然失去了历史的真实性，又耗资巨大，而在更多情况下保存残迹更有价值。因此，重建必须慎重，必须经专家论证。

(5) 以不损坏遗产为前提。对历史文化遗产的利用以不损坏遗产为前提，以继续原有使用方式为最佳，也可以作为博物馆。但作为参观旅游景点时要慎重，防止遗产再被破坏。

(6) 保持历史街区和古城的格局特征。重点保护好历史街区和古城的平面布局、方位轴线、道路骨架、河网水系等。

(7) 保护特色建筑风格。包括建筑的式样、高度、体量、材料、颜色、平面布局、与周围建筑的关系等。控制适当的建筑尺度高度、体量非常重要，切记今古不同，不要求高、求大。

(8) 保护历史环境。事物与其存在环境是密不可分的，不可以脱离环境而存在，保护历史文化遗产环境的意义十分重要。重要的、特色的、与重要历史有关的地形、地貌、原野、水体、花木及其特征都要保护。

（9）**不确定的古镇、古村、古街、古建筑应暂不拆除**。许多偏远的地方，尤其是山区农村的古镇、古村、古街、古建筑虽然不是重点文物保护单位，但也是历史文化遗产，有相当高的历史文化价值。在这种情况下，最好暂不拆除，以免造成遗憾，待专家论证后再根据情况处理。

8.1.4　城市历史文化遗产保护的意义

城市历史文化遗产保护具有重要的意义，《国务院关于加强文化遗产保护的通知》规定从2006年起每年6月的第二个星期六为我国的"文化遗产日"。这意味着文化遗产保护工作开始进入政府和社会关注的视野。

保护历史文化遗产，保持民族文化的传承，是连接民族情感纽带、增进民族团结和维护国家统一及社会稳定的重要文化基础，也是维护世界文化多样性和创造性，促进人类共同发展的前提。一个民族文化的根基，一种精神文明的传承，都需要载体。悠久的文化，是承载于千年文化遗产，如风俗、习惯、传统表演艺术、古遗址、古建筑等之上的。城市历史文化遗产保护的意义如下。

（1）**历史研究——历史文化价值**。城市历史文化遗产是城市历史发展的见证，是城市历史研究的重要依据。研究城市、人类发展历史，借古明今，有利于促进城市发展。

（2）**科学研究——科学价值**。在历史科学研究进程中人们发现，历史古城、建筑、构筑物（如中国的赵州桥、都江堰，埃及的金字塔）等都蕴含着深奥的科学道理。保护历史文化遗产，尤其是保护凝聚了3000多年历史文化的中国历史文化遗产，对科学研究有着重要的意义。

（3）**发展旅游——经济价值**。正是这些人类前进中创造的城市历史文化遗产，为我们的城市发展提供了良好的条件——发展城市旅游业，用经济价值去直观地表现城市历史文化的独特魅力，有利于更好地发展城市。中国3000多年的历史文化遗产丰富而迷人，它吸引着无数的中国人，更让无数外国人为之向往，这些都是发展城市旅游业的重要资源，也是人们游憩、观光、获得美的享受的重要场所。小小的周庄（小镇），年旅游收入达2亿元，增长率也是惊人的。

（4）**可持续性**。留存文化遗产，其意义也关乎未来。理解文化遗产，应该理解遗产背后蕴含着的深刻历史文化含义，更要在传统的基础上培育出新的现代文化。这种萌发于历史文化传统之上的"新"文化，才更有根基、底蕴、特色和生命力。社会文明需要新陈代谢，但更新不能摒弃历史，而是在历史基础上发展，是从旧环境中滋生出新的东西。

总之，保护历史文化遗产意义重大。城市历史文化遗产保护能够体现城市个性与特征，体现城市丰富的建筑物和构筑物、城市空间、界面，以及其中的社会生活。城市历史文化遗产保护的意义不仅仅在于保存城市历史发展的轨迹，以留存城市的记忆，也不只是继承传统文化，以延续民族发展的脉络，它同时还是城市进一步发展的重要基础和契机。

8.2 世界城市历史文化遗产保护概况

> **引语**
>
> 城市历史文化遗产保护在西方国家受到普遍的关注和财政支持。
>
> 英国用于新建和改建的国家资金,从20世纪70年代的3∶1变成90年代的1∶1。
>
> 1985年,美国所有的建筑工程中,一半属于改建或复原的项目。当代美国建筑师70%在从事老建筑再利用的工作,我们国家未来建筑行业的发展也必然会倾向于历史遗产保护方面。

8.2.1 历史文化遗产保护立法历程及国际宪章

城市历史文化遗产的保护起源于文物建筑的保护。自19世纪末起,世界各国陆续开始通过立法保护文物建筑。法国1840年颁布了《历史性建筑法案》,1887年颁布了《纪念物保护法》,1913年颁布了《历史古迹法》,1930年颁布了《景观地保护法》;英国1882年颁布了《古迹保护法》,1900年颁布了《古迹保护法》修正案,1913年颁布了《古建筑加固和改善法》,1931年颁布了《古建筑加固和改善法》修正案,1953年颁布了《历史建筑与古纪念物法》;日本1897年制定了《古社寺保存法》,1919年制定了《古迹、名胜、天然纪念物保护法》,1929年制定了《国宝保护法》,1952年制定了《文物保护法》;美国1906年制定了《古物保护法》等。

1964年5月,联合国教科文组织在威尼斯召开的第二届历史古迹建筑师及技师国际会议上,通过了著名的《国际古迹保护与修复宪章》,即通常所称的《威尼斯宪章》。《威尼斯宪章》的制定是国际历史文化遗产保护发展中的一个重要事件,这是关于保护文物建筑的第一个国际宪章。它确定了文物建筑的定义及保护、修复与发掘的宗旨与原则,其指导意义延续至今。

1933年,国际现代建筑协会制定了第一个获国际公认的城市规划纲领性文件《雅典宪章》,其中有一节专门论述"有历史价值的建筑和地区",指出了保护的意义与基本原则。自20世纪60年代起,城市历史文化遗产保护的实践开始从文物建筑扩大到历史地段;1962年,法国颁布了保护历史地段的《马尔罗法令》,又称《历史街区保护法》。之后,很多国家也陆续制定了自己国家历史地段的保护法规。例如,丹麦、比利时、荷兰分别于1962年、1962年和1965年在各国城市规划法中规定了保护区;日本1966年颁布了《古都保存法》,并于1975年在《文物保护法》的修改中增加"传统建筑群保存地区"的内容;英国于1967年颁布的《城市文明法》将有特别建筑和历史意义的地段划定为保护区;美国于1935年制定了《历史古迹法》,并于1966年制定了《国家历史保护法》等。

1976年11月,联合国教科文组织大会第19届会议提出《关于历史地区的保护及其当代作用的建议》，简称《内罗毕建议》。《内罗毕建议》重点提出了历史地区在立法、行政、技术、经济和社会方面的保护措施，并将研究、教育和信息工作作为历史地区保护的重要工作之一。

1987年10月，国际古迹遗址理事会在美国首都华盛顿通过的《保护历史城镇与城区宪章》（或称《华盛顿宪章》），是继《威尼斯宪章》之后又一个关于历史文化遗产保护的重要国际性法规文件。这一文件总结了20世纪70年代以来各国在历史地区保护的理论与实践方面的经验，明确了历史地段及更大范围的历史城镇、城区的保护意义和保护原则。《华盛顿宪章》再次提到保护与现代生活的关系，并明确指出，城市的保护必须纳入城市发展政策与规划之中。

8.2.2 世界各国的历史文化遗产保护概况

1. 法国的历史文化遗产保护概况

法国的历史文化遗产行政管理体系如图8.2所示。

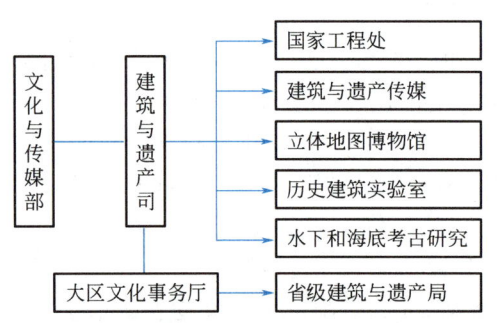

图8.2 法国的历史文化遗产行政管理体系

法国的历史文化遗产保护突出的特点是其相关行政管理体系，体现了较强的集权与专家治理色彩。在中央政府层面，与旧城保护和更新有关的政府部门主要有文化部的建筑与文化遗产管理局、环境与国土治理部的自然与风景管理局，以及建设、交通与住宅部的城市规划总局。建筑与文化遗产管理局负责确定保护对象及其重要性排序，并与行政总局共同管理国家建筑师驻省代表处的工作。自然与风景管理局负责重点风景区的保护工作。城市规划总局负责空间规划与建设治理立法。这里需要特别加以介绍的是法国特有的"国家建筑师"制度。国家建筑师是专为保护历史遗产设立的，它从有一定工作经验的建筑师、规划师中招考，经过两年的专门培训，再通过国家考试后正式任命。截至2023年全法国仅有200余名在职的国家建筑师，主要从事建筑遗产保护和空间规划工作。国家建筑师驻省代表处代表国家利益关注地方保护工作的实施，其主要工作之一是对建设项目提出意见，核查建设项目是否符合保护的法规和要求。对保护建筑的维修、《马尔罗法令》规定的历史保护区范围内的建设活动，包括新建、维修、拆除等都需要国家建筑师的评估和同意。

划定历史街区保护也是法国遗产保护的重要手段，1962年法国颁布的《马尔罗法令》是将城市历史文化遗产保护的实践从单体建筑扩大到历史街区的先行之作。该法首次确立了"保护区"的概念。保护区是城市中同时具有审美和历史价值，而且仍有城市活动的区域。该法规定，"保护一个历史街区需要同时保护其外立面及其室内。修复的具体实施方法包括保护街区特有的风格，并且对建筑物进行整治，使得建筑物居住起来更加现代、更加舒适。修复工作需要达到如下两个方面的目的：保护我们的历史文化遗产和改善法国人民的生活和工作环境。"政府具有建立保护区的决定权，但同时要承担向公众公布详细保护规划的责任。

另外，在法国，国家还对列入"国家保护名录"的建筑补贴维修经费的50%，以保障遗产保护的顺利实施。

巴黎城市分区保护控制措施见表8-1。

表8-1 巴黎城市分区保护控制措施

序号	范围	保护原则	交通控制
1	18世纪形成的历史中心区	维持传统职能活动，保护历史风貌	改造成若干步行区
2	19世纪形成的老区	加强居住区功能，限制办公楼建造，保护19世纪形成的和谐面貌	改组各种交通方式，依文物建筑的价值与完整性分区对待
3	城市周边地区	加强区中心建设，适当放宽控制，允许一些新设施	现代化交通模式

巴黎的建筑高度控制措施如下。

(1) 1667年，巴黎的建筑高度限制在15.6m。

(2) 1859年，奥斯曼在巴黎的改建中规定，建筑的顶层应有一个坡度为45°的坡屋顶；对于宽度小于10m的道路，建筑的屋顶范围限定在一个半径为建筑进深一半的1/4圆内；对于宽度在20m以上的道路，其沿街建筑的檐口高度不能超过20m。

(3) 1902年的"美丽时代"，建筑的檐口高度被限制在20m，建筑的最大高度被提高到30m，也就是说，只要沿街建筑的进深达到10m以上，建筑就可能有一个3层高的逐渐退让的屋顶。

(4) 1967年，巴黎的建设管理规定，将位于市中心的建筑高度限制在31m，在城市环线地区的限高提高到37m。

(5) 1977年，将建筑在市中心的最大限高降低为25m，在城市环线地区降低为31m。严格管理和建筑高度控制下的巴黎城区和谐美丽景观，如图8.3所示。

(a) 巴黎马德莱娜教堂及周边

(b) 巴黎旺多姆广场

图8.3 巴黎城区和谐美丽景观

知识链接

奥赛火车站遗产保护与再利用

奥赛博物馆（图8.4和图8.5）是由废弃多年不用的奥赛火车站改建而成的，1986年年底建成开馆。改建后的博物馆长 140m、宽 40m、高 32m，馆顶使用了 3.5 万 m^2 的玻璃天棚。博物馆实用面积超 5.7 万 m^2，共拥有展厅或陈列室 80 个，展览面积 4.7 万 m^2，其中长期展厅 1.6 万 m^2。

图 8.4　奥赛博物馆外部

图 8.5　奥赛博物馆内部

2. 英国的历史文化遗产保护概况

在英国，国家环境保护部和地方规划部门分别是中央和地方的历史建筑和旧城保护的行政机构。环境保护部负责有关保护法规、政策的制定，以及就保护问题向国家、地方和公众提供咨询意见。地方规划部门负责辖区内保护法规的落实及日常管理工作。此外还设有专门委员会及公共保护团体组织论坛进行意见交流、商讨对策。

1997 年以来，英国遗产保护工作由"文化、传媒和体育部"主持，负责注册古迹和登录建筑，管理皇家公园、世界遗产和国家艺术收藏品，制定艺术、体育、国家彩票、旅游、历史环境保护和博物馆发展方面的国家政策。

英国遗产管理机构主要承担以下职能。

（1）管理英格兰 400 多处古迹、历史建筑。

（2）倡导遗产保护的公众宣传和教育。

（3）提供遗产保护的法律咨询。

（4）为个人、慈善团体和地方政府提供部分保护基金。

（5）通过调查，向中央政府提供登录建筑、古迹名录和法律建议。

（6）向国家遗产彩票基金建议合适的资助项目。

（7）负责Ⅱ类以上的登录建筑、历史园林的变更管理。

英国政府于 1980 年组建了"英国城市开发公司"，负责全国内城废弃用地的再利用和旧住房的改造开发。中央政府财政预算是该机构的主要资金来源。

3. 美国的历史文化遗产保护概况

美国的相关立法工作起步比欧洲要晚。1906 年，美国颁布了《联邦文物法》。1966 年，美国颁布了《国家历史保护法》，开始对历史文化遗产进行登记，由国家公园管理局负责。其标准是具有国家历史性的标志建筑，有历史意义的地区、遗址、建筑物和房屋，军事设施、军营、战场遗址，还有美国历史上伟人的住所与工作场所，杰出的设计和建筑物，体现民族生活特征的地方，考古遗址和不同民族崇拜的圣像和雕塑等。截至 2007 年，全国登记在册的历史文化遗址达 8 万多处，其中约 500 处历史文化遗产是整个小区或城镇。凡被列入的历史文化遗址，政府承认其历史文物的地位，享受"联邦政府财政优惠的荣誉地位"。列入历史文化遗址的私人财产并不影响其拥有者的使用。企业、开发商及个人对所拥有的被登记的历史文化遗址进行修缮，可以享受免除国家20%税收的优惠政策。此外，政府对1936年以前建造的建筑物，无论是否登记在册，都给予10%的免税优惠。

4. 日本的历史文化遗产保护概况

日本采用国家与地方立法相结合的方式，国家立法保护的对象一般只是确定由中央政府负责的全国历史文化遗产最重要的部分，而更广大的地区则由地方政府通过地方立法确立保护。以1966年颁布的《古都保护法》为例，其保护的对象限定为京都市、镰仓市及奈良县的奈良市、天理市、樱井市、檀原市、斑鸠町和明日香村，京都市的非历史风土保存区域则不受《古都保护法》的保护，由京都市地方政府另行制定的法规如《京都风貌地区条例》进行补充。同样，其他城市的类似地区通过城市自己制定的《历史环境保护条例》《传统美观保存条例》等进行立法保护。这些被保护地区的名称、范围、保护方法、资金来源等都由地方政府自行制定的地方法规予以确定。日本《文物保护法》中传统建筑群保存地区的情况也如此，地方政府可以自己设立传统建筑群保存地区，制定保护条例、编制保护规划，而国家在此基础上通过选择重要地区作为重要传统建筑群保存地区纳入中央政府的保护范畴。

资金保障方面，日本的相关法律规定，对传统建筑群保存地区的补助费用，中央和都道府县（相当于我国的省级）地方政府各承担50%；对《古都保存法》所确定的保护区域，中央政府出资80%，地方政府负担20%；而由地方政府制定的城市景观条例所确定的保存地区，保护经费一般由地方政府自行解决。

8.3　我国城市历史文化遗产保护概况

引例

在北京有一处以20世纪50年代建成的工厂命名的艺术区，这就是798艺术区。它位于北京朝阳区酒仙桥街道大山子地区，故又称大山子艺术区，原为国营798厂等电子工业的老厂区所在地。此区域西起酒仙桥路，东至京包铁路，北起酒仙桥北路，南至将台路，面积60多万 m^2。

从2001年开始，来自北京周边和北京以外的艺术家开始集聚798，他们以艺术家独有的眼光发现了此处对从事艺术工作的独特优势。他们充分利用原有厂房的风格（德国包豪斯建筑风格），稍做装修和修饰，使之成为富有特色的艺术展示和创作空间。现今798已经引起了国内外媒体和大众的广泛关注，并已成为北京都市文化的新地标，如图8.6所示。

(a) 入口标志

(b) 建筑内部一角

图 8.6　798 艺术区

8.3.1　我国历史文化遗产保护现状

我国是一个具有 5000 年历史的文明古国，有着悠久的历史和灿烂的文化，自成体系的文化延续至今，从未间断。城市是社会文明的集中体现，历史城市以其深厚的历史渊源，反映了社会发展的脉络，是人类的宝贵财富。在中国广阔的疆域内，保存了许多历史城市，这是先人给我们留下的宝贵遗产，保护好这些遗产是我们的神圣职责。《中华人民共和国文物保护法》第四条指出：文物工作贯彻保护为主、抢救第一、合理利用、加强管理的方针。

我国现代意义上的历史文化遗产保护工作始于 20 世纪 20 年代的考古科学研究和文物保护。1930 年 6 月，国民政府颁布了《古物保存法》，1931 年 7 月又颁布了《古物保存法实施细则》，1932 年制定了《中央古物保管委员会组织条例》。

中华人民共和国成立后，1961 年 3 月 4 日国务院颁布了《文物保护管理暂行条例》。这是我国关于文物保护的概括性法规，同时公布了 180 个第一批全国重点文物保护单位，建立了重点文物保护单位制度。以后又逐步制定了《文物保护单位保护管理暂行办法》《革命纪念建筑、历史纪念建筑、古建筑、石窟寺修缮暂行管理办法》和《文物保护管理暂行条例实施办法》。

1980 年国务院批准并公布了《关于加强历史文物保护工作的通知》，1982 年 11 月 19 日，全国人大常委会通过了《中华人民共和国文物保护法》（以下简称《文物保护法》），历经 5 次修正和 1 次修订，现行《文物保护法》为 2017 年修订。

参考资料

2017 年修订的《历史文化名城名镇名村保护条例》，旨在加强历史文化名城、名镇、名村的保护与管理，继承中华民族优秀历史文化遗产，是我国历史文化遗产保护的重要法规，为历史文化遗产保护提供了重要的法律依据。该条例第三条明确规定：历史文化名城、名镇、名村的保护应当遵循科学规划、严格保护的原则，保持和延续其传统格局和历史风貌，维护历史文化遗产的真实性和完整性，继承和弘扬中华优秀传统文化，正确处理经济社会发展和历史文化遗产保护的关系。截至 2023 年，全国已经拥有历史文化名城 142 座、历史文化名镇 312 个、历史文化名村 487 个、传统村落 8155 个、历史文化街区 1274 片、历史建筑 6.72 万处。红色文化、工业遗产等一大批承载重要记忆的古建筑、老街区被纳入保护体系。其中平遥和丽江两座名城还被列入《世界遗产名录》，使具有历史文化特色的城市、村镇、历史街区和一批非物质文化遗产得到有效保护。国家每年安排财政专项资金用于历史文化名城保护，许多城市也扩充了机构设置，加大了资金投入。

8.3.2　历史文化名城、名镇、名村申报规定

1. 具备下列条件的城市、镇、村庄，可以申报历史文化名城、名镇、名村

（1）保存文物特别丰富；
（2）历史建筑集中成片；
（3）保留着传统格局和历史风貌；
（4）历史上曾经作为政治、经济、文化、交通中心或者军事要地，或者发生过重要历史事件，或者其传统产业、历史上建设的重大工程对本地区的发展产生过重要影响，或者能够集中反映本地区建筑的文化特色、民族特色。

申报历史文化名城的，在所申报的历史文化名城保护范围内还应当有2个以上的历史文化街区。

2. 申报历史文化名城、名镇、名村，应当提交所申报的历史文化名城、名镇、名村的下列材料

（1）历史沿革、地方特色和历史文化价值的说明；
（2）传统格局和历史风貌的现状；
（3）保护范围；
（4）不可移动文物、历史建筑、历史文化街区的清单；
（5）保护工作情况、保护目标和保护要求。

2002年原建设部对申报条件做出了补充，发布了《建设部关于全国历史文化名镇（名村）申报评选工作的通知》，其中规定：凡建筑遗产、文物古迹和传统文化比较集中，能较完整地反映某一历史时期的传统风貌和地方特色、民族风情，具有较高的历史、文化、艺术和科学价值，辖区内存有清朝末年以前建造或在中国革命历史中有重大影响的成片历史传统建筑群，总建筑面积在5000m^2以上（镇）或2500m^2以上（村）的镇（村），均可参加全国历史文化名镇（名村）的申报评定。

8.3.3　历史文化名城、名镇、名村保护规划

历史文化名城批准公布后，历史文化名城人民政府应当组织编制历史文化名城保护规划。历史文化名镇、名村批准公布后，所在地县级人民政府应当组织编制历史文化名镇、名村保护规划。保护规划应当自历史文化名城、名镇、名村批准公布之日起1年内编制完成。

1. 保护规划的内容

（1）保护原则、保护内容和保护范围；
（2）保护措施、开发强度和建设控制要求；
（3）传统格局和历史风貌保护要求；

(4) 历史文化街区、名镇、名村的核心保护范围和建设控制地带；

(5) 保护规划分期实施方案。

2. 保护规划的措施

历史文化名城保护应坚持整体保护的理念，建立历史文化名城、历史文化街区与文物保护单位3个层次的保护体系。

历史文化名城、名镇、名村应当整体保护，保持传统格局、历史风貌和空间尺度，不得改变与其相互依存的自然景观和环境。历史文化名城、名镇、名村所在地县级以上地方人民政府应当根据当地经济社会发展水平，按照保护规划，控制历史文化名城、名镇、名村的人口数量，改善历史文化名城、名镇、名村的基础设施、公共服务设施和居住环境。

在历史文化名城、名镇、名村保护范围内从事建设活动，应当符合保护规划的要求，不得损害历史文化遗产的真实性和完整性，不得对其传统格局和历史风貌构成破坏性影响。在历史文化名城、名镇、名村保护范围内禁止进行下列活动：

(1) 开山、采石、开矿等破坏传统格局和历史风貌的活动；

(2) 占用保护规划确定保留的园林绿地、河湖水系、道路等；

(3) 修建生产、储存爆炸性、易燃性、放射性、毒害性、腐蚀性物品的工厂、仓库等；

(4) 在历史建筑上刻划、涂污。

在历史文化名城、名镇、名村保护范围内进行下列活动，应当保护其传统格局、历史风貌和历史建筑；制订保护方案，并依照有关法律法规的规定办理相关手续。

(1) 改变园林绿地、河湖水系等自然状态的活动；

(2) 在核心保护范围内进行影视摄制、举办大型群众性活动；

(3) 其他影响传统格局、历史风貌或者历史建筑的活动。

历史文化街区、名镇、名村建设控制地带内的新建建筑物、构筑物，应当符合保护规划确定的建设控制要求。历史文化街区、名镇、名村核心保护范围内的建筑物、构筑物，应当区分不同情况，采取相应措施，实行分类保护。历史文化街区、名镇、名村核心保护范围内的历史建筑，应当保持原有的高度、体量、外观形象及色彩等。在历史文化街区、名镇、名村核心保护范围内，不得进行新建、扩建活动。但是，新建、扩建必要的基础设施和公共服务设施除外。

历史文化街区、名镇、名村核心保护范围内的消防设施、消防通道，应当按照有关的消防技术标准和规范设置。确因历史文化街区、名镇、名村的保护需要，无法按照标准和规范设置的，由城市、县人民政府公安机关消防机构会同同级城乡规划主管部门制订相应的防火安全保障方案。

城市、县人民政府应当在历史文化街区、名镇、名村核心保护范围的主要出入口设置标志牌。任何单位和个人不得擅自设置、移动、涂改或者损毁标志牌。

城市、县人民政府应当对历史建筑设置保护标志，建立历史建筑档案。历史建筑档案应当包括下列内容：

(1) 建筑艺术特征、历史特征、建设年代及稀有程度；

(2) 建筑的有关技术资料；

（3）建筑的使用现状和权属变化情况；

（4）建筑的修缮、装饰装修过程中形成的文字、图纸、图片、影像等资料；

（5）建筑的测绘信息记录和相关资料。

历史建筑的所有权人应当按照保护规划的要求，负责历史建筑的维护和修缮。县级以上地方人民政府可以从保护资金中对历史建筑的维护和修缮给予补助。历史建筑有损毁危险，所有权人不具备维护和修缮能力的，当地人民政府应当采取措施进行保护。任何单位或者个人不得损坏或者擅自迁移、拆除历史建筑。

建设工程选址，应当尽可能避开历史建筑；因特殊情况不能避开的，应当尽可能实施原址保护。对历史建筑实施原址保护的，建设单位应当事先确定保护措施，报城市、县人民政府城乡规划主管部门会同同级文物主管部门批准。因公共利益需要进行建设活动，对历史建筑无法实施原址保护、必须迁移异地保护或者拆除的，应当由城市、县人民政府城乡规划主管部门会同同级文物主管部门，报省、自治区、直辖市人民政府确定的保护主管部门会同同级文物主管部门批准。历史建筑原址保护、迁移、拆除所需费用，由建设单位列入建设工程预算。

对历史建筑进行外部修缮装饰、添加设施以及改变历史建筑的结构或者使用性质的，应当经城市、县人民政府城乡规划主管部门会同同级文物主管部门批准，并依照有关法律、法规的规定办理相关手续。在历史文化名城、名镇、名村保护范围内涉及文物保护的，应当执行文物保护法律法规的规定。

> **知识链接**
>
> 1. 历史建筑，是指经城市、县人民政府确定公布的具有一定保护价值，能够反映历史风貌和地方特色，未公布为文物保护单位，也未登记为不可移动文物的建筑物、构筑物。
>
> 2. 历史文化街区，是指经省、自治区、直辖市人民政府核定公布的保存文物特别丰富，历史建筑集中成片，能够较完整和真实地体现传统格局和历史风貌，并具有一定规模的区域。

8.4　我国历史遗产保护实例分析

历史遗产保护规划是城乡规划中的一个重要的规划分类，同其他规划一样，历史遗产保护也包括总体规划、详细规划两个层次，具体规划成果同其他规划相同，包括说明书、文本、资料汇编和图纸等。

本节以《四川广元昭化古城修建性详细规划》为例介绍历史遗产保护规划。

参考视频

> **知识链接**
>
> 昭化古城（图8.7）位于四川省广元市元坝区，距成都约270km。古城面积约为20hm²，人口3468人。昭化，古称葭萌。三国时期，刘备以昭化为根据地，建立蜀汉

政权，因此昭化也被称为"巴蜀第一县，蜀国第二都"。昭化古城完整保存了古驿道、古关隘、古城墙等众多文物古迹以及风貌完整的民居建筑群，具有很高的历史文化价值。

图 8.7　昭化古城规划鸟瞰图

《四川广元昭化古城修建性详细规划》以《文物保护法》《城乡规划法》《风景名胜区管理暂行条例》（现为《风景名胜区条例》）为指导，通过对现状古镇历史建筑、历史环境和景观要素的详细勘察，在深入挖掘地方文化特色的基础上，按《历史文化名城名镇名村保护规划编制要求》（试行）制定。

编制《四川广元昭化古城修建性详细规划》的目的在于指导昭化古城保护整治工作的开展，统筹安排地段内的各项建设工程，保护古城的风貌特色，为古城人民的生活和特色文化旅游的开展创造一个良好的环境。

8.4.1　规划范围

（1）规划研究范围：昭化历史文化名镇所涉及的范围。
（2）修建性详细规划范围：昭化古城区范围约 20hm^2，如图 8.8 所示。
（3）控制性详细规划范围：古城周边、牛头山片区。

8.4.2　规划原则

1. 整体性原则

保护本保护区内以川北乡土聚落为主要特征的历史风貌和古城居住生活形态，整体延续昭化古城的历史文脉。

严格保护古城周边的自然环境，包括山川、林地、江河、田园等生态环境；充分尊重古城的布局结构、传统肌理、街巷格局、历史遗存等人工环境；深入挖掘古城的传统文化、民间工艺、民俗风情等，整体性把握古城的人工、人文、自然环境。

第8章 城市历史文化遗产保护与再利用

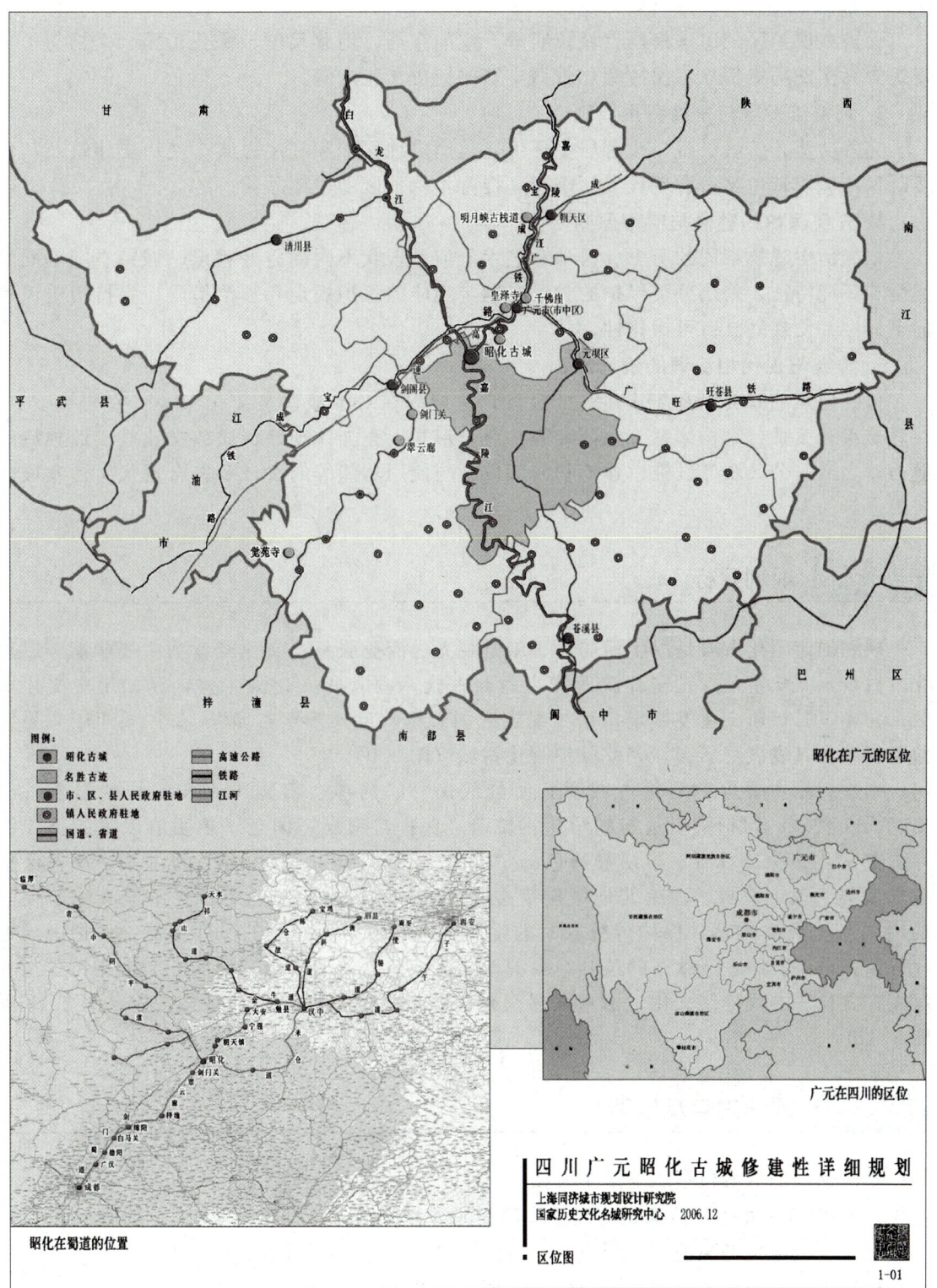

图8.8 昭化古城区位图

2. 原真性原则

保护本保护区的山水格局、城镇肌理、空间布局、街巷尺度、绿化田园、文物与历史建筑等真实的历史信息，保持昭化古城丰富的历史文化内涵。

3. 可持续发展与永续利用原则

完善功能，整治景观，改善居住环境，运用多种保护和利用方式，使历史建筑及其环境既保持风貌特色又符合现代生活需求，提升本保护区的整体品质。

4. 分类保护的整治与实施原则

依据历史建筑不同的历史、科学和艺术价值，现状不同的完好程度，城镇空间不同的类型和环境特征，采用分类保护的方法，制定相应的保护规定和整治措施，保持历史风貌的多样性并使规划具有可操作性。

5. 传统与现代相协调的设计原则

传统建筑的修复以及新建建筑的设计，应建立在对本地建筑文化深入研究的基础上，在建筑组合关系、结构体系、细部装饰、色彩形式上充分体现地域民族文化真实而独特的魅力。生活与公共服务设施、建筑物内部设施与使用功能等的设计要符合现代生活发展的需要。

8.4.3 规划目标

规划确定昭化古城是以生活居住、旅游观光、商业服务、文化经营为主要职能，以川北古城乡土文化特色、三国蜀汉发祥之地和古代军政官驿文化为主要内涵的历史文化城区，并确定其城市文化发展定位为"蜀道三国重镇，世外千年古城"。在古城西南方另辟葭萌新城为其发展更新区，完整保护昭化古城（图8.9）。

本次规划主要保护昭化古城及其所处的山林、河滩、田园风光相结合的自然、历史、人文景观；保护蜿蜒逶迤的昭化古城墙；保护自秦汉三国至汉唐明清以来的历代留存史迹文化；保护具有军事防御特色的"道路不直通，城门不相对"的古城格局；保护随形就势、就地取材，融南北地域建筑文化、陕甘移民文化和巴蜀原住山地文化于一体的川北乡土民居聚落；保护传统农家的生活生产习俗与多样化的民间信仰；保护中国古代种茶、采茶、制茶、饮茶的茶叶之乡源地文化，充分体现昭化古城的五大文化特征：蜀汉发祥文化、古代建制文化、山水人居文化、乡土民俗文化、古代茶源文化（图8.10和图8.11）。

8.4.4 规划内容及框架

本次规划的内容包括以下几个方面。

1. 昭化历史文化名镇保护规划整体层面的调整

（1）历史文化资源挖掘和历史文化价值评述。

（2）古城建设用地控制和周边生态环境（图8.12）。

（3）确定保护对象，划定保护范围，制定保护措施。

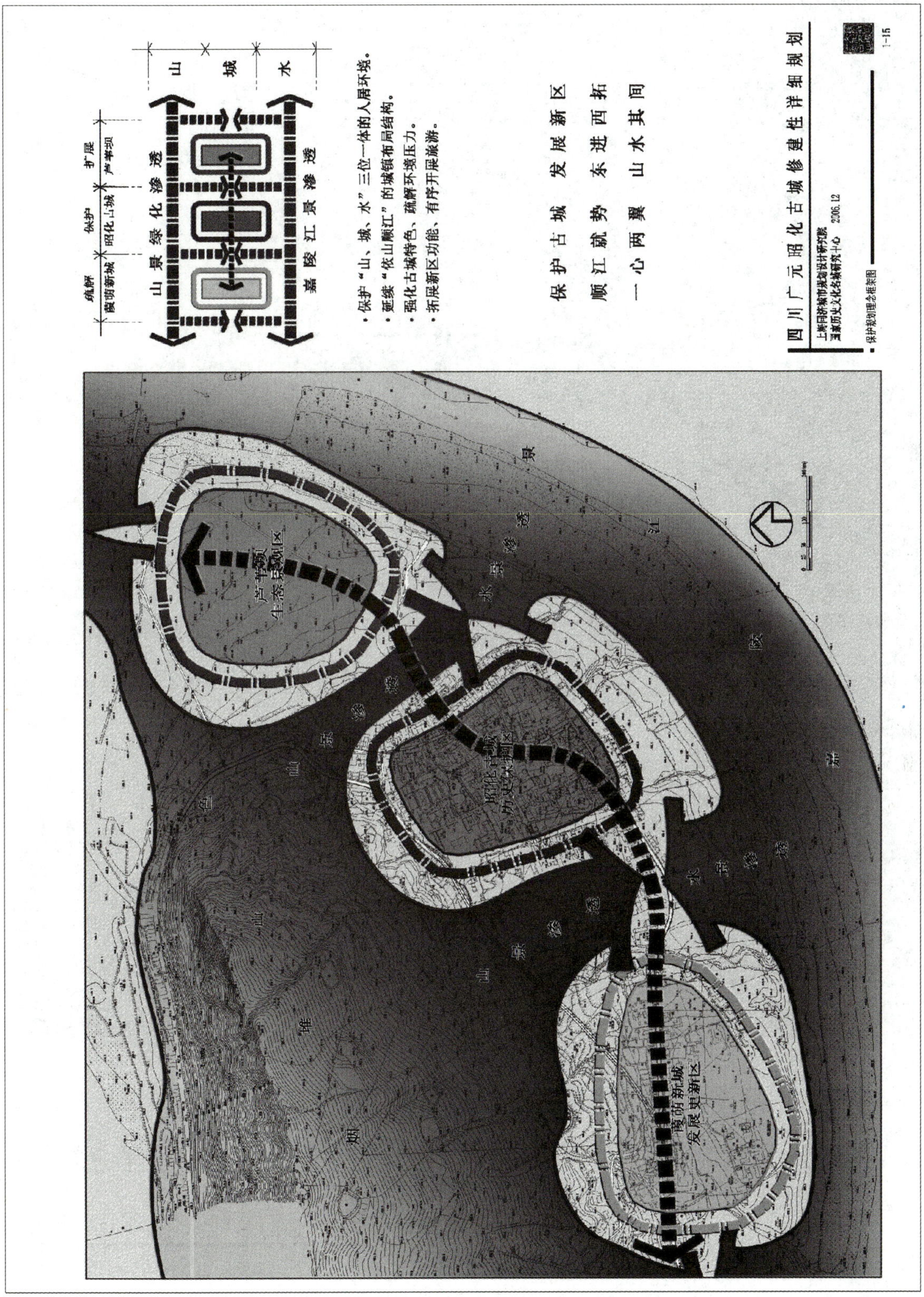

第8章 城市历史文化遗产保护与再利用

图 8.9 昭化古城保护规划理念框架图

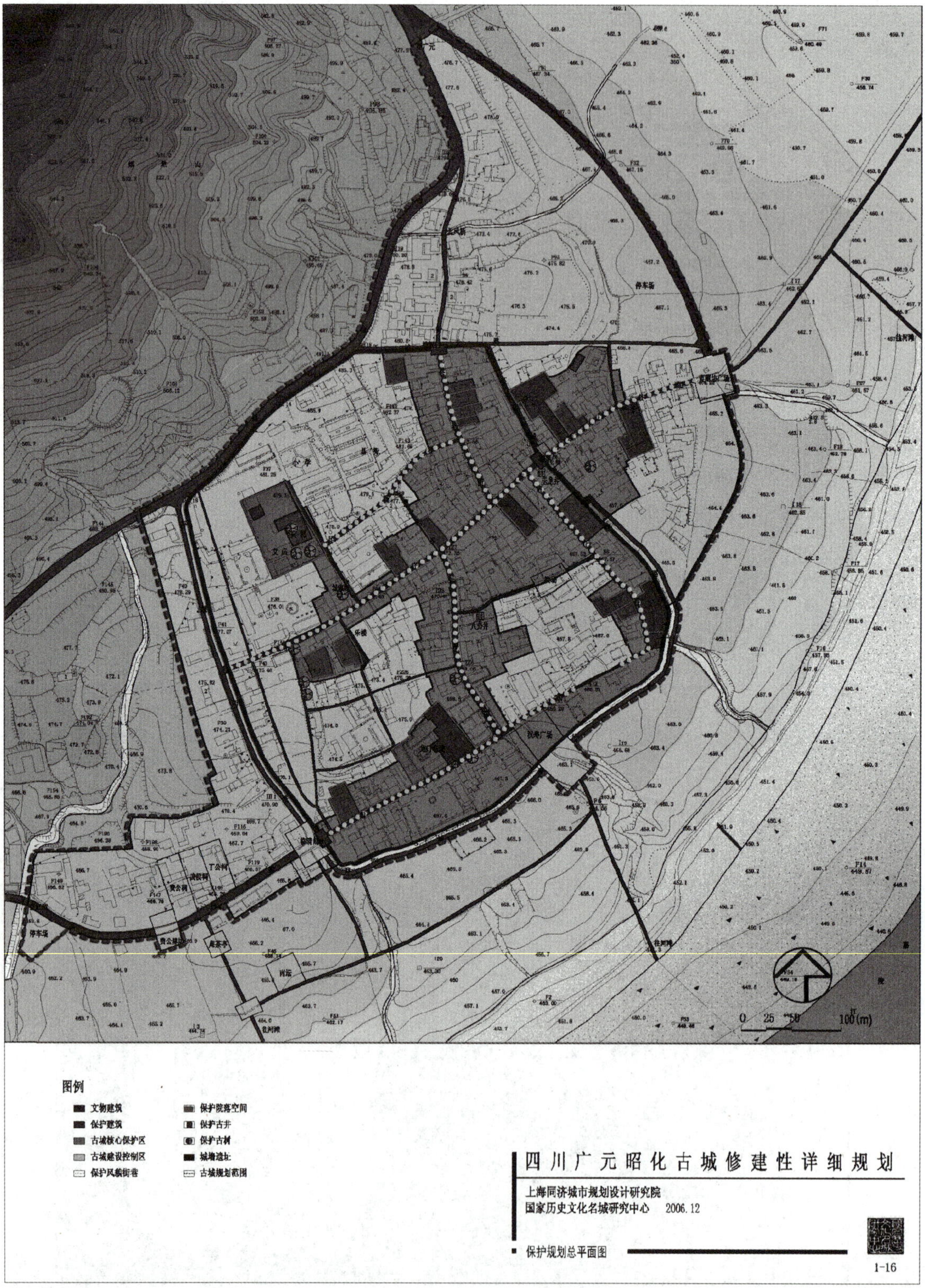

图 8.10 昭化古城保护规划总平面图（1）

第 8 章　城市历史文化遗产保护与再利用

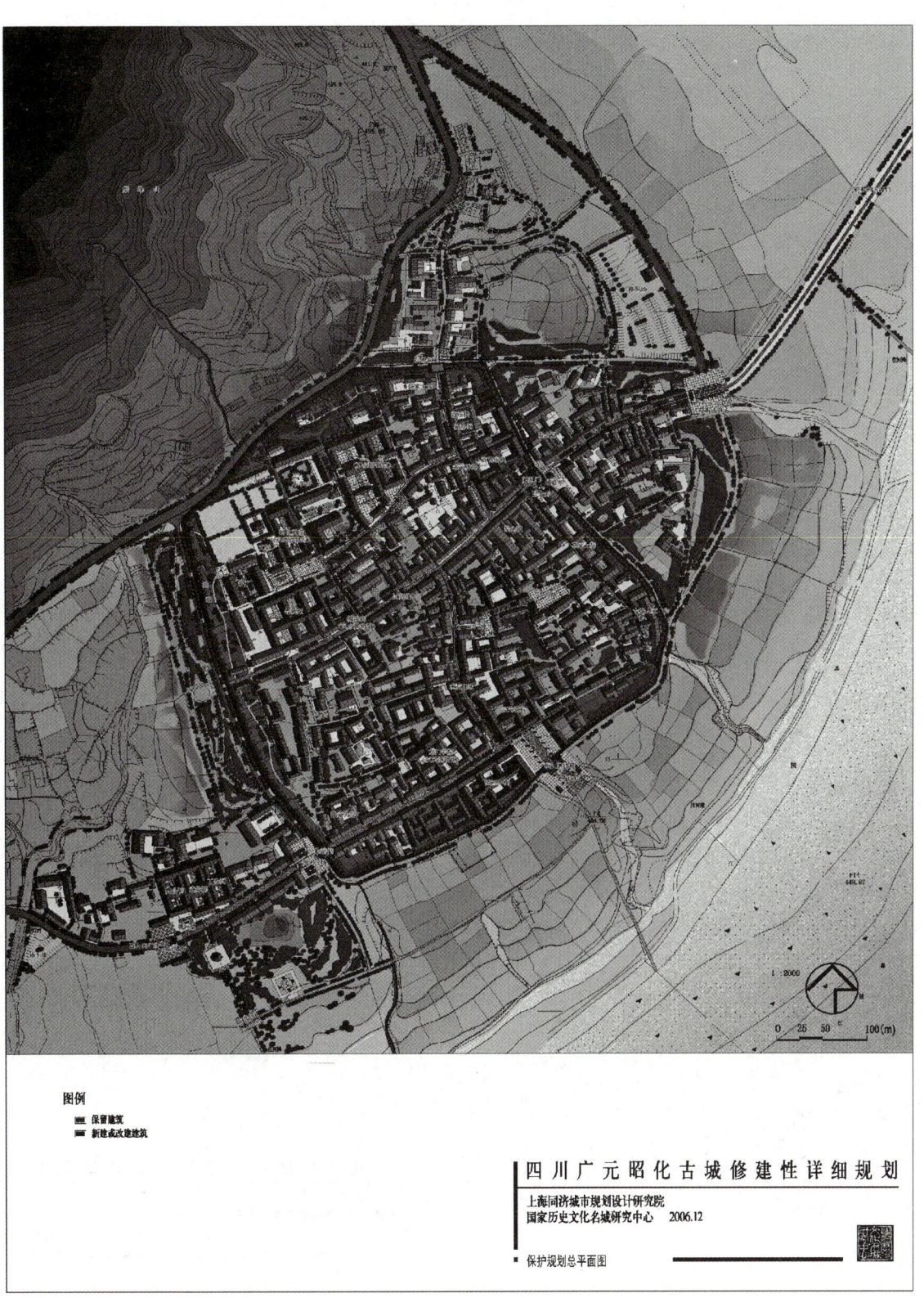

图 8.11　昭化古城保护规划总平面图（2）

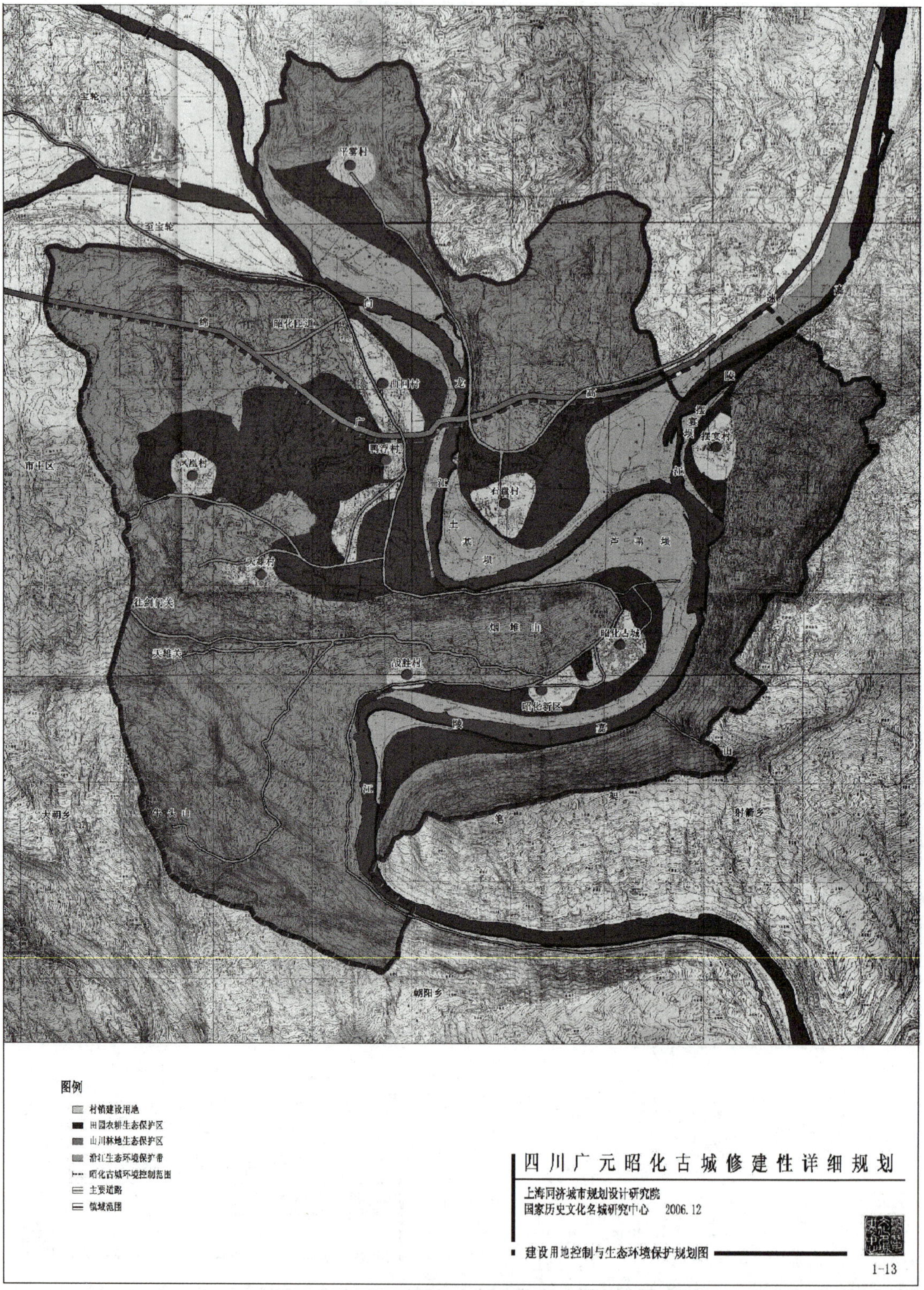

图 8.12 昭化古城建设用地控制与生态环境保护规划图

(4) 古城空间景观与建筑风貌保护（图 8.13 和图 8.14）。

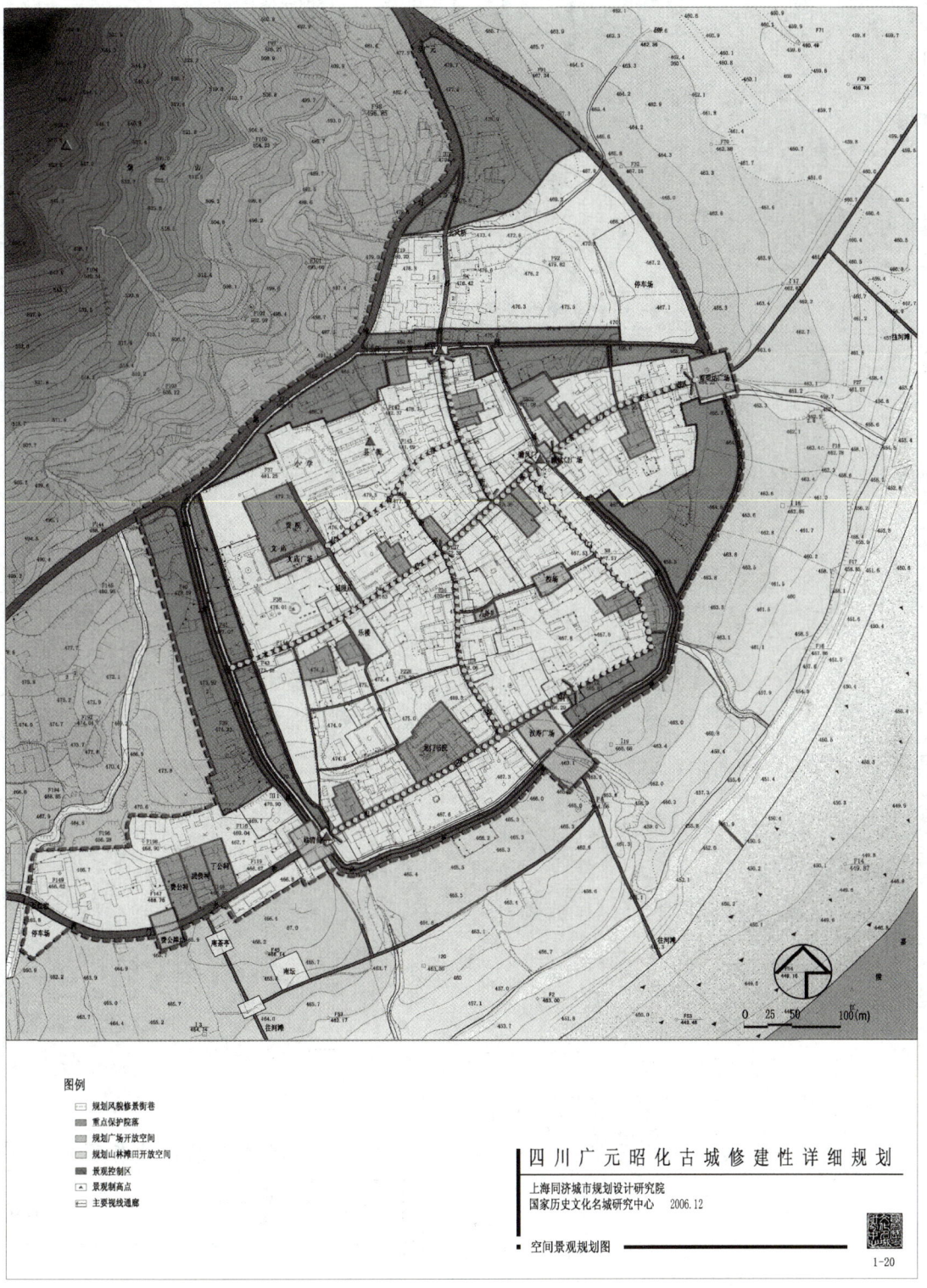

图 8.13　空间景观规划图

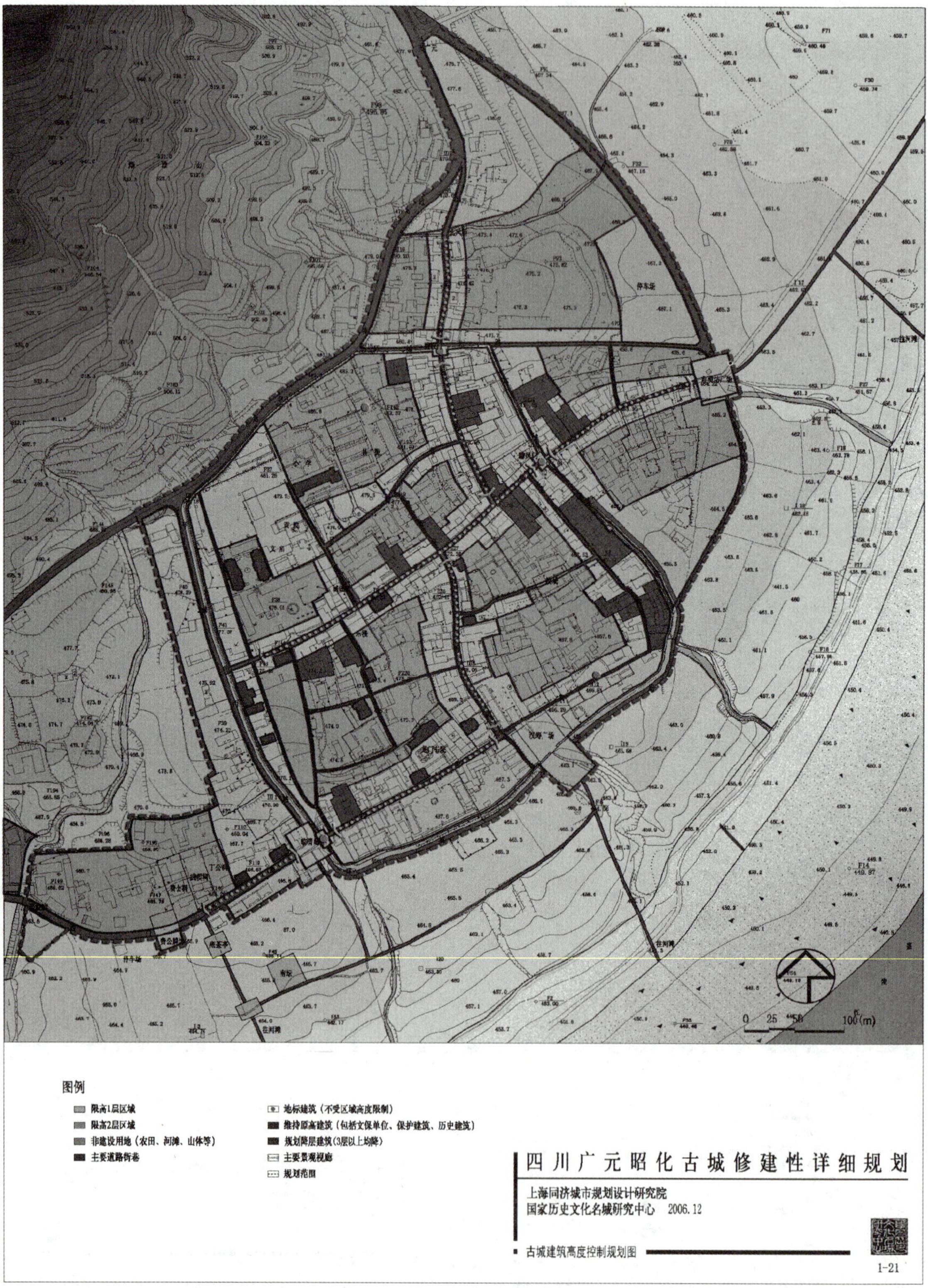

图 8.14 古城建筑高度控制规划图

(5) 用地布局调整与道路交通组织。
(6) 社区人口规划与公共服务设施规划。
(7) 市政基础设施规划。
(8) 保护发展时序与近期建设项目规划。
(9) 旅游发展规划，景观分区与景点游线设计（图 8.15）。

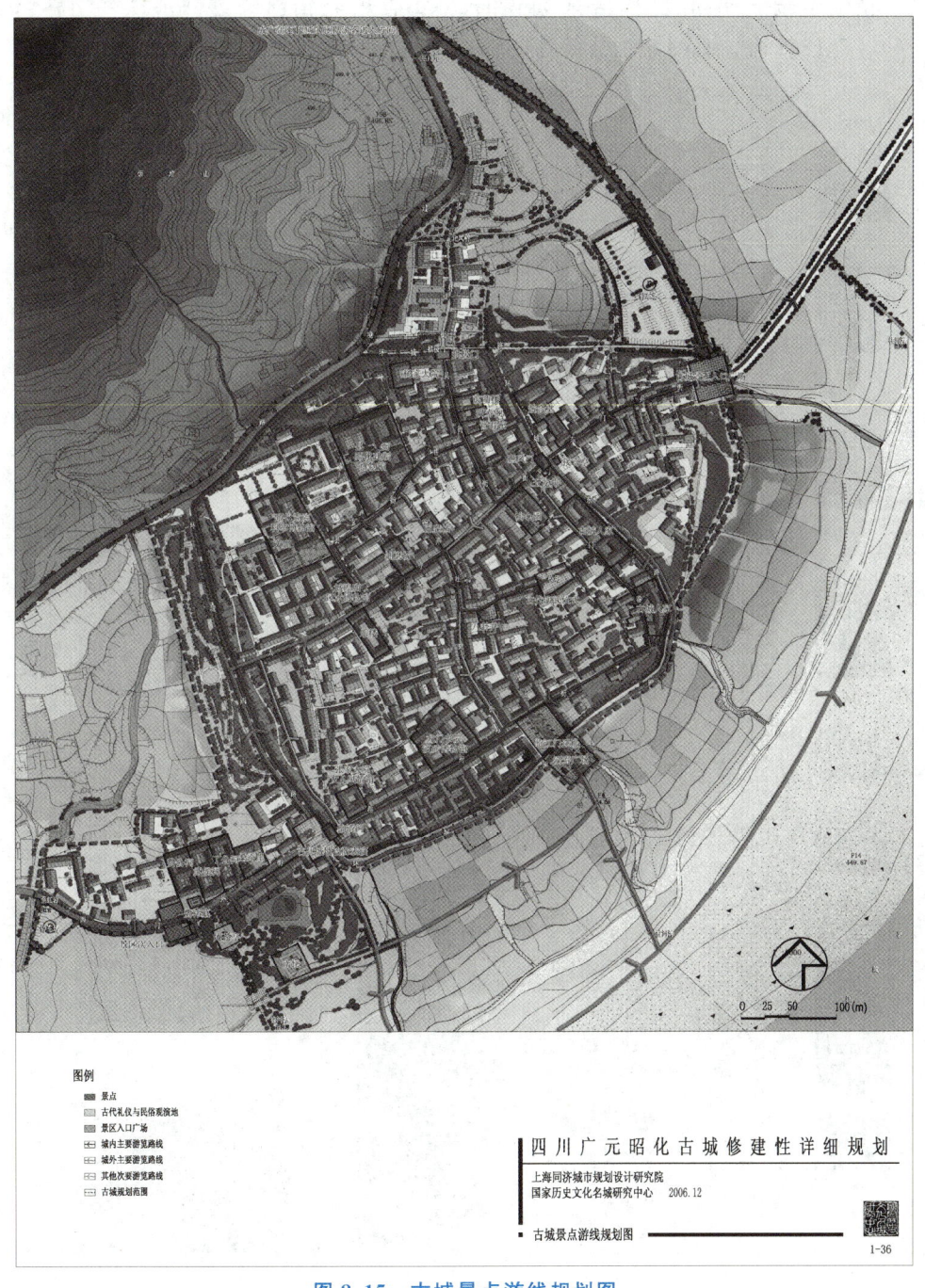

图 8.15　古城景点游线规划图

(10) 无形文化遗产的挖掘和传承。

(11) 古城保护政策建议与保障措施。

2. 昭化古城修建性详细规划与重点地段整治设计

(1) 古城总平面规划布局与环境整治设计，范围包括古城墙遗址范围内及城墙外邻近地段，总面积约 20hm²。

(2) 古城主要街巷景观整治规划设计，包括相府街、吐费街、太守街、县衙街（图 8.16）、东门外街、南门巷、县衙巷的保护与整治修建性详细规划设计。

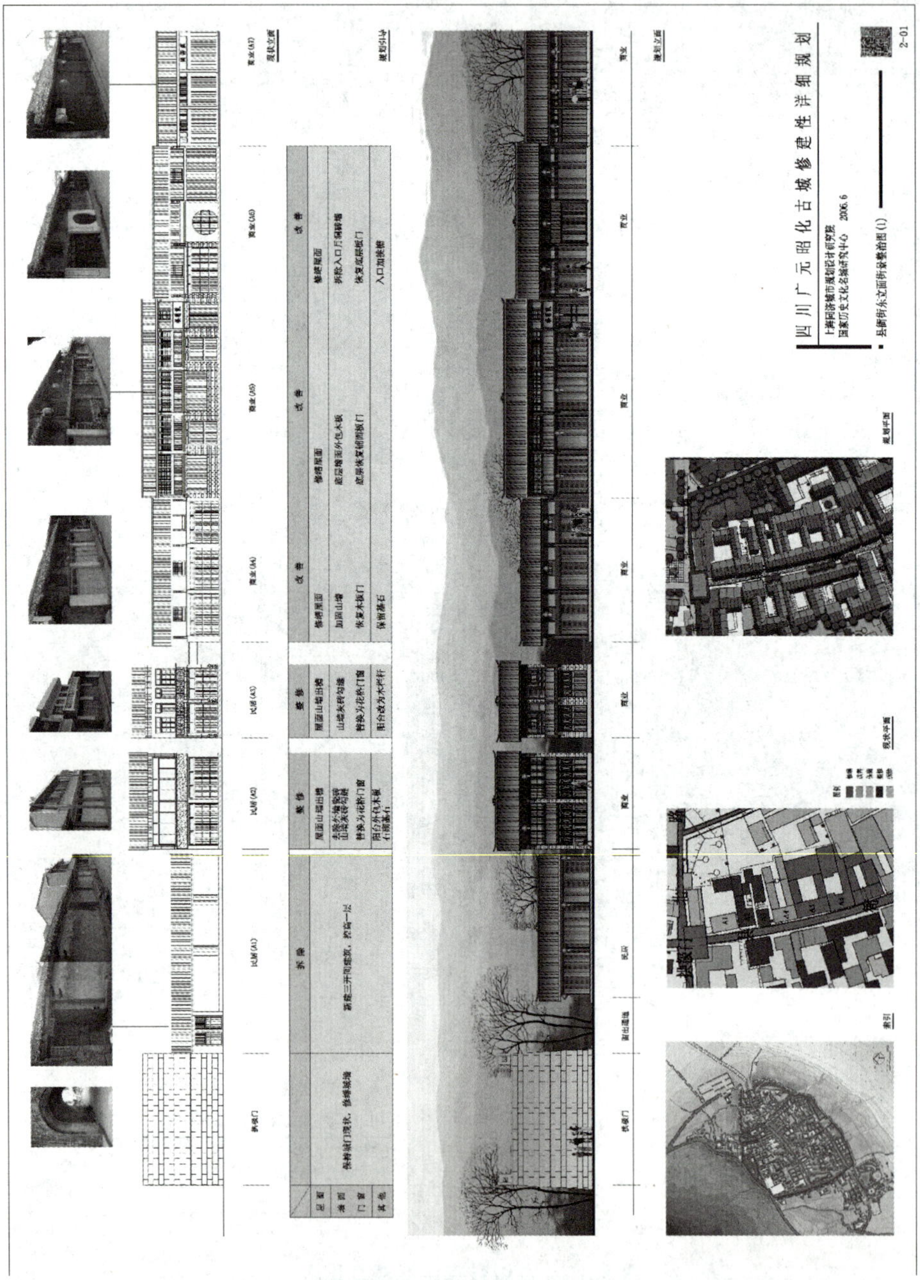

图 8.16 县衙街东立面街景整治图

（3）重点保护建筑保护修复与再利用设计，包括张家大院、龙门书院、怡心园、益合堂、接官亭、南门巷民居、城隍庙、乐楼、县衙、文庙、贡院、费公祠、武侯祠、丁公祠、葭萌楼、汉寿阁、城墙及城楼等的修复设计，以及望江客栈、汉寿客栈、葭萌客栈、春秋苑等文化旅游服务建筑的更新设计。

（4）重要节点空间环境整治设计，包括汉寿广场、东门地段、西门地段、北门地段、八卦井地段等。

（5）牛头山景区入口、姜维井地段、牛王观地段、拜水台地段、天雄关地段等详细规划设计。

3. 昭化新区控制性详细规划

（1）昭化新区的选址与建设用地范围划定。
（2）功能结构规划。
（3）用地性质与道路交通规划。
（4）人口与生活设施规划。
（5）建筑高度、密度、容积率与风貌、色彩控制。

> **知识链接**

参考图文

我国历史文化名城名单

直 辖 市：北京市、天津市、上海市、重庆市
河　　北：保定市、承德市、正定县、邯郸市、山海关（区）、蔚县
山　　西：平遥县、大同市、新绛县、代县、祁县、太原市
内 蒙 古：呼和浩特市
黑 龙 江：哈尔滨市、齐齐哈尔市
吉　　林：吉林市、集安市、长春市
辽　　宁：沈阳市、辽阳市
江　　苏：南京市、徐州市、淮安区、镇江市、常熟市、苏州市、扬州市、无锡市、南通市、泰州市、常州市、宜兴市、高邮市、兴化市
浙　　江：杭州市、绍兴市、宁波市、衢州市、临海市、金华市、嘉兴市、湖州市、温州市、龙泉市
福　　建：福州市、泉州市、漳州市、长汀县、莆田市
江　　西：南昌市、赣州市、景德镇市、瑞金市、抚州市、九江市
安　　徽：亳州市、歙县、寿县、安庆市、绩溪县、黟县、桐城市
山　　东：济南市、曲阜市、青岛市、聊城市、邹城市、临淄区、泰安市、蓬莱市、烟台市、青州市
河　　南：郑州市、洛阳市、开封市、安阳市、南阳市、商丘市、浚县、濮阳市
湖　　北：武汉市、荆州市、襄阳市、随州市、钟祥市
湖　　南：长沙市、岳阳市、凤凰县、永州市
广　　东：广州市、潮州市、肇庆市、佛山市、梅州市、雷州市、中山市、惠州市
广　　西：桂林市、柳州市、北海市
海　　南：海口市

四　　川：成都市、自贡市、宜宾市、阆中市、乐山市、都江堰市、泸州市、会理市
云　　南：昆明市、大理白族自治州、丽江市、建水县、巍山彝族回族自治县、会泽县、通海县、剑川县
贵　　州：遵义市、镇远县
西　　藏：拉萨市、日喀则市、江孜县
陕　　西：西安市、延安市、韩城市、榆林市、咸阳市、汉中市
甘　　肃：张掖市、武威市、敦煌市、天水市
青　　海：同仁县
宁　　夏：银川市
新　　疆：喀什市、吐鲁番市、特克斯县、库车县、伊宁市

小　结

本章主要讲述了城市历史文化遗产保护的概况，包括城市历史文化遗产保护的含义、评价标准、保护方法、保护的原则和意义；世界城市历史文化遗产保护概况，主要介绍了法国、英国、美国、日本等国家的历史遗产保护方法；我国城市历史文化遗产保护概况及四川广元昭化古城的保护规划实例分析。

本章主要的教学目的是使学生树立起城市历史文化遗产保护的意识，增强遗产保护的信心和技术手段，最终达到提高全民遗产保护的意识的目的。

习　题

一、单项选择题

1. 历史文化名镇、名村核心保护范围内的历史建筑，下列哪项可以改变？（　　　）
   A. 高度　　　　　　B. 外观形象　　　　　C. 色彩　　　　　D. 所有权
2. 下列关于历史文化街区保护要求的表述，不准确的是（　　　）。
   A. 街区内不应设置高架道路、立交桥等交通设施
   B. 街区内可结合保护需要划定机动车禁行区
   C. 街区内市政工程管线应以地下敷设为主，不应新建高压、次高压燃气管线
   D. 街区内市政工程管线宜在垂直方向重叠直埋敷设以适应狭小空间
3. 下列关于历史建筑保护管理要求的表述，错误的是（　　　）。
   A. 历史建筑所有权人应按照保护规划的要求，负责历史建筑的维护和修缮
   B. 城市、县人民政府应当对历史建筑设置保护标志
   C. 对历史建筑进行外部修缮装饰，应经过城市、县人民政府批准
   D. 任何单位和个人不得损坏或者擅自迁移历史建筑
4. 依据《历史文化名城保护规划标准》，下列关于历史文化街区划定条件的说法不准确的是（　　　）。
   A. 构成历史风貌的历史建筑应是历史存留的原物
   B. 构成历史风貌的历史环境要素应是历史存留的原物

C. 核心保护范围面积不应小于1hm²

D. 核心保护范围内的文物保护单位、历史建筑的总用地面积不应小于建筑总用地面积的60%

5. 下列风景名胜资源分类中，属于胜迹类人文景源的是（　　）。

A. 洞府　　　　B. 陵坛墓园　　　　C. 摩崖题刻　　　　D. 古树名木

6. 下列关于中国历史文化名村申报条件的表述，错误的是（　　）。

A. 建筑遗产、文物古迹比较集中，辖区内存有清末以前或有重大影响的历史传统建筑群

B. 原貌基本保存完好，或已按原貌整修恢复　　C. 具有一定的历史传统建筑的规模

D. 要先申报成为中国传统村落

7. 历史文化街区保护范围内的文物保护单位、历史建筑、传统风貌建筑的总用地面积不应小于核心保护范围内建筑总用地面积的（　　）。

A. 60%　　　　B. 65%　　　　C. 70%　　　　D. 75%

二、多项选择题

1. 下列关于推进历史文化遗产活化利用的说法准确的有（　　）。

A. 坚持以用促保，让历史文化遗产在有效利用当中促进城市和乡村的公众时代记忆

B. 加大文物开放力度，利用具备条件的文物建筑作为博物馆等文化设施

C. 通过加建、改建和添加设施等方式活化利用历史建筑、工业建筑等，符合时代生产生活需要

D. 探索农业文化遗产灌溉工程、遗产保护与发展路径，促进生态旅游发展，推动城乡振兴

E. 城乡历史文化遗产"保护"目标是应保尽保，空间全覆盖、要素全囊括

2. 下列关于历史文化街区内建构筑物保护利用要求的说法准确的有（　　）。

A. 核心保护范围内新建必要的基础设施和公共服务设施应与历史风貌协调。

B. 街区内建筑物的使用应根据居民当代生活需要改善内部设施，确保安全合理利用。

C. 建设控制地带内新建、改建建筑的高度、体量、色彩、肌理等应与核心保护范围内的历史风貌协调

D. 历史建筑设置户外广告应不破坏建筑外观和景观环境

E. 对历史建筑的墙体、门窗、结构、装饰等体现建筑历史文化价值的部分采用原材料、原工艺、原形制、原结构进行修缮、维护和加固。

3. 下列关于历史文化名镇、名村的总体保护策略和规划措施，不准确的有（　　）。

A. 协调新镇区与老镇区、新村与老村的发展关系

B. 对常规消防车辆无法通行的街巷提出具体的改扩建措施

C. 应对布置在保护范围内的生产、储存爆炸性、易燃性、放射性、毒害性、腐蚀性物品的工厂、仓库等，提出迁移方案

D. 应对保护范围内污水、废气、噪声、固体废弃物等环境污染提出具体治理措施

E. 不得在核心保护范围内进行影视摄制、举办大型群众性活动

三、简答题

1. 简述城市历史文化遗产的内容和分类。

2. 西方有哪些较好的历史文化遗产保护方法？

3. 选取遗产保护的实例，谈谈自己对遗产保护的感受。

第9章 国土空间规划管理与实施

教学要求

通过对我国国土空间规划管理与实施等的学习，学生应了解国土空间规划的管理体系；熟悉国土空间规划总体框架和审批管理；掌握建立国土空间规划体系并监督实施的重大意义及总体要求；熟悉国土空间规划实施的内容；掌握国土空间规划实施评估与动态监测；了解国土空间基础信息平台与技术支持等。

教学目标

能力目标	知识要点	权重
了解国土空间规划的管理体系	建立健全规划编制目录清单管理制度、强化规划衔接协调、发挥国土空间基础信息平台作用	10%
熟悉国土空间规划总体框架和审批管理	总体框架是"五级三类四体系"；审批管理应加强与有关国土空间规划的衔接及"一张图"的核对，批复后纳入同级国土空间基础信息平台；规划用地"多审合一、多证合一"，合并建设用地规划许可和用地批准，推进"多测整合、多验合一"，简化报件审批材料	20%
掌握建立国土空间规划体系并监督实施的重大意义及总体要求	建立国土空间规划体系并监督实施的重大意义及总体要求	15%
熟悉国土空间规划实施的内容	国土空间规划实施的内容	15%
掌握国土空间规划实施评估与动态监测	国土空间规划评估类型、评估流程模型、评估工作流程的动态优化、以青岛为例的市县国土空间规划实施评估、国土空间规划实施监测网络、国土空间规划实施监督管理	30%
了解国土空间基础信息平台与技术支持	国土空间基础信息平台分布式技术架构、自然资源数据分布式统一管理机制及应用体系、国土空间基础信息平台的技术支持	10%

9.1 国土空间规划管理

> **引语**
>
> 国土空间规划是国家空间发展的指南，是可持续发展的空间蓝图，是各类开发保护建设活动的基本依据。建立国土空间规划体系并监督实施，将主体功能区规划、土地利用规划、城乡规划等空间规划融合为统一的国土空间规划，实现"多规合一"，强化国土空间规划对各专项规划的指导约束作用，是党中央、国务院作出的重大部署。

9.1.1 国土空间规划管理体系

根据 2018 年《中共中央 国务院关于统一规划体系更好发挥国家发展规划战略导向作用的意见》，建立健全目录清单、编制备案、衔接协调等规划管理制度，有效解决规划数量过多、质量不高、衔接不充分、交叉重叠等问题。

（1）建立健全规划编制目录清单管理制度。

报请国务院批准的国家级专项规划、区域规划，由国务院发展改革部门会同有关部门统筹协调后制定编制目录清单或审批计划，报国务院批准实施。报请国务院批准的国家级空间规划，由国务院自然资源主管部门会同发展改革部门制定编制目录清单，报国务院批准实施。国务院各部门自行编制或批准的各类规划，须报国务院发展改革部门备案。除党中央、国务院有明确要求外，未列入目录清单、审批计划的规划，原则上不得编制或批准实施。属各部门日常工作或任务实施期限少于 3 年的，原则上不编制规划。

（2）强化规划衔接协调。

建立健全规划衔接协调机制，明确衔接原则和重点，规范衔接程序，确保各级各类规划协调一致。报请党中央、国务院批准的规划，须事先与国家发展规划进行统筹衔接。衔接重点是约束性指标、发展方向、总体布局、重大政策、重大工程、风险防控等，必要时由国务院发展改革部门会同规划编制部门组织开展审查论证。省级发展规划须按程序报送国务院发展改革部门进行衔接。加强国家级专项规划、区域规划与空间规划的衔接，确保规划落地。

（3）发挥国土空间基础信息平台作用。

国务院发展改革部门要依托现有政务信息平台，建设国家规划综合管理信息平台，加强与相关政务模块之间的联接和信息共享，将各类规划纳入统一管理，强化规划衔接协调，跟踪监测规划编制和实施进程，推动国土空间基础信息互联互通和归集共享。

9.1.2 国土空间规划的审批

1. 国土空间规划总体框架

我国国土空间规划采用的总体框架是"五级三类四体系"。

"五级"（图9.1）从纵向看，对应我国的行政管理体系分五个层级，即全国、省、市、县、镇（乡）五个层面的国土空间规划。不同层级国土空间规划对应不同的侧重点和编制深度，其中国家级国土空间规划侧重战略性，省级国土空间规划侧重协调性，市县级和镇（乡）级国土空间规划侧重实施性。现实中，通常国土空间规划会按照五级层层编制，但有地方区域较小，可将市县级规划与镇（乡）级规划合并编制，也有以几个镇（乡）为单元进行编制的情况。

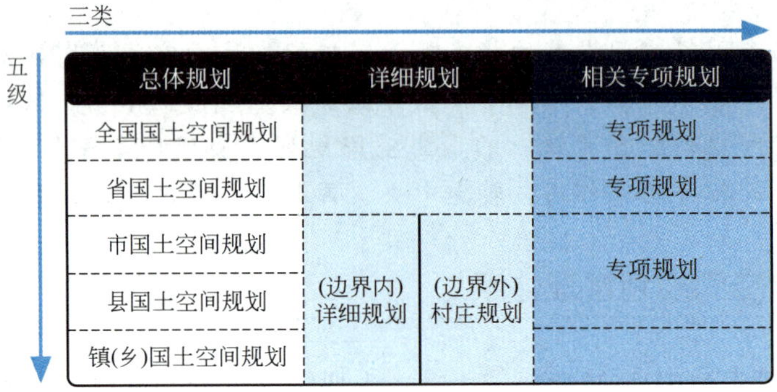

五级 \ 三类	总体规划	详细规划	相关专项规划
全国国土空间规划			专项规划
省国土空间规划			专项规划
市国土空间规划		（边界内）详细规划	专项规划
县国土空间规划			
镇(乡)国土空间规划		（边界外）村庄规划	

图9.1 "五级三类"示意图

"三类"（图9.1）是指规划的类型，分为总体规划、详细规划、相关专项规划。国土空间总体规划是详细规划的依据、相关专项规划的基础；相关专项规划要相互协同，并与详细规划做好衔接。

总体规划强调的是规划的综合性，是对一定区域，如行政区全域范围涉及的国土空间保护、开发、利用、修复做全局性的安排。

详细规划是开展国土空间开发保护活动，包括实施国土空间用途管制、核发城乡建设项目规划许可、进行各项建设的法定依据。详细规划强调实施性，一般是在市县以下组织编制，是对具体地块用途和开发强度等作出的实施性安排。在城镇开发边界外的乡村地区，以一个或几个行政村为单元，由乡镇政府组织编制"多规合一"的实用性村庄规划，作为详细规划，报上一级政府审批。

相关专项规划是指在特定区域（流域）、特定领域，为体现特定功能，对空间开发、保护和利用作出的专门安排，是涉及空间利用的专项规划。其强调专门性，一般是由自然资源部门或者相关部门来组织编制，可在国家级、省级和市县级层面进行编制，特别是对特定的区域或者流域，如长江经济带流域，或城市群、都市圈等特定区域、特定领域，或交通、水利等，为体现特定功能对空间开发保护利用作出的专门性安排。

"四体系"（图9.2）包括规划编制审批体系、法规政策体系、技术标准体系和规划实施监督体系。从规划运行方面来看，按照规划流程可以分成规划编制审批体系、规划实施监督体系；从支撑规划运行角度有两个技术性体系，一是法规政策体系，二是技术标准体系。跟以往的规划体系相比，着力改善规划编制审批环节，加强规划实施监督。

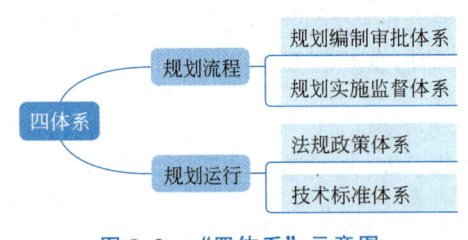

图9.2 "四体系"示意图

2. 国土空间规划的审批管理

《中共中央 国务院关于建立国土空间规划体系并监督实施的若干意见》中指出，应强化规划权威。规划一经批复，任何部门和个人不得随意修改、违规变更，防止出现换一届党委和政府改一次规划。下级国土空间规划要服从上级国土空间规划，相关专项规划、详细规划要服从总体规划；坚持先规划、后实施，不得违反国土空间规划进行各类开发建设活动；坚持"多规合一"，不在国土空间规划体系之外另设其他空间规划。相关专项规划的有关技术标准应与国土空间规划衔接。因国家重大战略调整、重大项目建设或行政区划调整等确需修改规划的，须先经规划审批机关同意后，方可按法定程序进行修改。对国土空间规划编制和实施过程中的违规、违纪、违法行为，要严肃追究责任。

改进规划审批。按照"谁审批、谁监管"的原则，分级建立国土空间规划审查备案制度。精简规划审批内容，大幅缩减审批时间。减少需报国务院审批的城市数量，直辖市、计划单列市、省会城市及国务院指定城市的国土空间总体规划由国务院审批。相关专项规划在编制和审查过程中应加强与有关国土空间规划的衔接及"一张图"的核对，批复后纳入同级国土空间基础信息平台，叠加到国土空间规划"一张图"上。

国土空间规划的行政审批内容的管理，按照"管什么就批什么"的原则。国土空间规划体系构建中将更加注重处理好政府和市场的关系、中央政府和地方政府的关系，以及国土空间总体规划和详细规划、相关专项规划的关系。国土空间规划体系改革后，由国务院审批国土空间总体规划的城市数量将减少到 50 个左右。对省级和市县国土空间规划从目标定位、空间格局、底线约束、要素配置、实施传导机制、技术标准、信息平台等方面进行实质性审查，从程序及成果的合法合规性等方面进行程序性审查。简化报批流程，取消大纲编制报批环节，严格控制征求部门意见时间，自审批机关交办之日起，在限定时间内完成审查工作，提出审查意见，上报国务院审批。

对地方的国土空间规划审批留了弹性空间。一方面，事权下沉，对于国务院审批以外市县、镇（乡）国土空间规划，由省级人民政府根据当地实际明确编制审批内容和程序要求；另一方面，考虑到我国各地差异大，对镇（乡）国土空间规划编制审批作了灵活规定，各地可以因地制宜，将市县与镇（乡）国土空间规划合并编制，也可以几个镇（乡）为单元编制镇（乡）国土空间规划。

强调了省级和国务院审批城市的国土空间规划报批前需经同级人大常委会审议的要求。原来的城市总体规划有这个要求，但土地利用总体规划没有要求。国土空间规划体系构建中，为了更好发挥人大参与监督、规划编制和实施的作用，继续保留和强化人大常委会审议的这一环节。

增加了相关专项规划与国土空间规划的衔接及"一张图"核对的要求。为避免规划"打架"的老问题，切实发挥国土空间规划对各专项规划的指导约束作用，要求相关专项规划在编制和审查过程中应加强与有关国土空间规划的衔接及"一张图"的核对，批复后纳入同级国土空间规划"一张图"实施监督信息系统上。国土空间规划成果及有关数据与专项规划编制部门共享。

2019 年自然资源部印发《关于以"多规合一"为基础推进规划用地"多审合一、多证合一"改革的通知》中要求如下。

（1）合并规划选址和用地预审。

将建设项目选址意见书、建设项目用地预审意见合并，由自然资源主管部门统一核发建设项目用地预审与选址意见书（图9.3），不再单独核发建设项目选址意见书、建设项目用地预审意见。

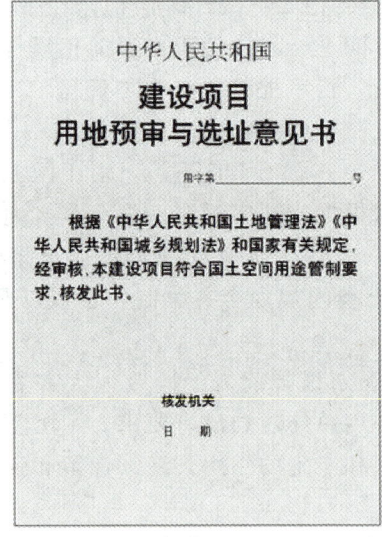
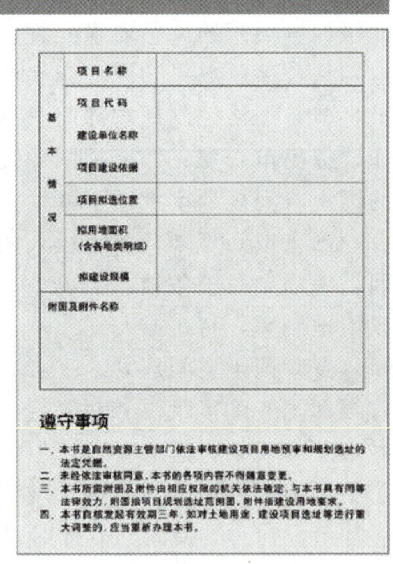

图9.3　建设项目用地预审与选址意见书（样本）

涉及新增建设用地，用地预审权限在自然资源部的，建设单位向地方自然资源主管部门提出用地预审与选址申请，由地方自然资源主管部门受理，经省级自然资源主管部门报自然资源部通过用地预审后，地方自然资源主管部门向建设单位核发建设项目用地预审与选址意见书。用地预审权限在省级以下自然资源主管部门的，由省级自然资源主管部门确定建设项目用地预审与选址意见书办理的层级和权限。

使用已经依法批准的建设用地进行建设的项目，不再办理用地预审；需要办理规划选址的，由地方自然资源主管部门对规划选址情况进行审查，核发建设项目用地预审与选址意见书。

建设项目用地预审与选址意见书有效期为3年，自批准之日起计算。

（2）合并建设用地规划许可和用地批准。

将建设用地规划许可证、建设用地批准书合并，自然资源主管部门统一核发新的建设用地规划许可证（图9.4），不再单独核发建设用地批准书。

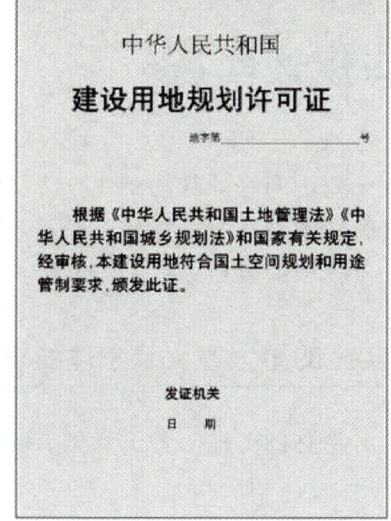
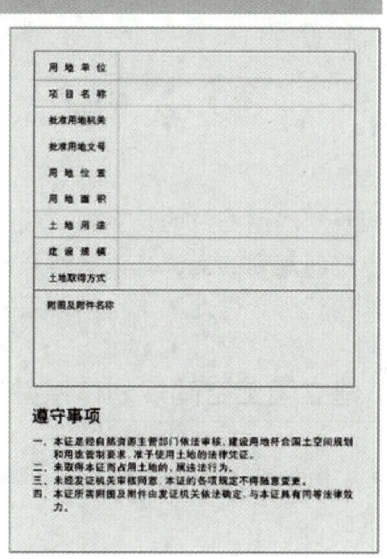

图9.4　建设用地规划许可证（样本）

以划拨方式取得国有土地使用权的，建设单位向所在地的市、县自然资源主管部门提出建设用地规划许可申请，经有建设用地批准权的人民政府批准后，市、县自然资源主管部门向建设单位同步核发建设用地规划许可证、国有土地划拨决定书。

以出让方式取得国有土地使用权的，市、县自然资源主管部门依据规划条件编制土地出让方案，经依法批准后组织土地供应，将规划条件纳入国有建设用地使用权出让合同。

建设单位在签订国有建设用地使用权出让合同后，市、县自然资源主管部门向建设单位核发建设用地规划许可证。

（3）推进"多测整合、多验合一"。

以统一规范标准、强化成果共享为重点，将建设用地审批、城乡规划许可、规划核实、竣工验收和不动产登记等多项测绘业务整合，归口成果管理，推进"多测合并、联合测绘、成果共享"。不得重复审核和要求建设单位或者个人多次提交对同一标的物的测绘成果；确有需要的，可以进行核实更新和补充测绘。在建设项目竣工验收阶段，将自然资源主管部门负责的规划核实、土地核验、不动产测绘等合并为一个验收事项。

（4）简化报件审批材料。

各地要依据"多审合一、多证合一"改革要求，核发新版证书。对现有建设用地审批和城乡规划许可的办事指南、申请表单和申报材料清单进行清理，进一步简化和规范申报材料。除法定的批准文件和证书以外，地方自行设立的各类通知书、审查意见等一律取消。加快信息化建设，可以通过政府内部信息共享获得的有关文件、证书等材料，不得要求行政相对人提交；对行政相对人前期已提供且无变化的材料，不得要求重复提交。支持各地探索以互联网、手机APP等方式，为行政相对人提供在线办理、进度查询和文书下载打印等服务。

优化现行建设项目用地（海）预审、规划选址以及建设用地规划许可、建设工程规划许可等审批流程，提高审批效能和监管服务水平。

9.2 国土空间规划实施

国土空间规划编制的目的是实施，就是沿着预先协调好的行动纲领，将预定的计划变为现实。国土空间规划的实施是一个综合性的概念，既是政府的工作，也关系到公民、法人和社会团体的行为，因此国土空间规划实施是全社会的事业。

9.2.1 建立国土空间规划体系并监督实施的重大意义及总体要求

《中共中央 国务院关于建立国土空间规划体系并监督实施的若干意见》明确了重大意义及总体要求。

1. 重大意义

各级各类空间规划在支撑城镇化快速发展、促进国土空间合理利用和有效保护方面发挥了积极作用，但也存在规划类型过多、内容重叠冲突，审批流程复杂、周期过长，地方规划朝令夕改等问题。建立全国统一、责权清晰、科学高效的国土空间规划体系，整体谋划新时代国土空间开发保护格局，综合考虑人口分布、经济布局、国土利用、生态环境保护等因素，科学布局生产空间、生活空间、生态空间，是加快形成绿色生产方式和生活方式、推进生态文明建设、建设美丽中国的关键举措，是坚持以人民为中心、实现高质量发展和高品质生活、建设美好家园的重要手段，是保障国家战略有效实施、促进国家治理体系和治理能力现代化、实现"两个一百年"奋斗目标和中华民族伟大复兴中国梦的必然要求。

2. 总体要求

（1）指导思想。以习近平新时代中国特色社会主义思想为指导，全面贯彻党的十九大和十九届二中、三中全会精神，紧紧围绕统筹推进"五位一体"总体布局和协调推进"四个全面"战略布局，坚持新发展理念，坚持以人民为中心，坚持一切从实际出发，按照高质量发展要求，做好国土空间规划顶层设计，发挥国土空间规划在国家规划体系中的基础性作用，为国家发展规划落地实施提供空间保障。健全国土空间开发保护制度，体现战略性、提高科学性、强化权威性、加强协调性、注重操作性，实现国土空间开发保护更高质量、更有效率、更加公平、更可持续。

（2）主要目标。到 2020 年，基本建立国土空间规划体系，逐步建立"多规合一"的规划编制审批体系、实施监督体系、法规政策体系和技术标准体系；基本完成市县以上各级国土空间总体规划编制，初步形成全国国土空间开发保护"一张图"。到 2025 年，健全国土空间规划法规政策和技术标准体系；全面实施国土空间监测预警和绩效考核机制；形成以国土空间规划为基础，以统一用途管制为手段的国土空间开发保护制度。到 2035 年，全面提升国土空间治理体系和治理能力现代化水平，基本形成生产空间集约高效、生活空间宜居适度、生态空间山清水秀，安全和谐、富有竞争力和可持续发展的国土空间格局。

9.2.2 国土空间规划实施的内容

严格按照中央精神，依法依规编制和审批国土空间规划，不在国土空间规划体系之外另行编制审批新的土地利用总体规划、城市（镇）总体规划等空间规划，不再出台不符合新发展理念和"多规合一"要求的空间规划类标准规范。

制定实施规划的政策措施，提出下级国土空间总体规划和相关专项规划、详细规划的分解落实要求，健全规划实施传导机制，确保规划能用、管用、好用。

城市规划实施的管理主要是指对城市建设项目进行规划管理，即对各项建设活动实行审批或许可、监督检查以及对违法建设行为进行查处等管理工作。通过对各项建设活动进行规划管理，保证各项建设能够符合城市规划的内容和要求，使各项建设对城市规划实施做出贡献，并限制和杜绝超出经法定程序批准的规划所确定的建设内容，保证法定规划得到全面和有效的实施。

建设用地管理、建设工程管理、建设项目实施的监督检查。在城镇开发边界内的建设："详细规划+规划许可"的管制方式；在城镇开发边界外的建设：按照主导用途分区，实行"详细规划+规划许可"和"约束指标+分区准入"的管制方式。对以国家公园为主体的自然保护地、重要海域和海岛、重要水源地、文物等实行特殊保护制度。

9.2.3 国土空间规划实施评估与动态监测

1. 国土空间规划实施评估

国土空间规划实施评估是深化"多规合一"改革、推动规划监督实施的长效机制。规划实施评估是指根据一定的标准、采用一定的方法，对规划执行的效果进行分析、比较与综合后作出的一种价值判断。规划实施评估是规划编制和实施阶段的重要环节，既是对尚在执行中的规划实施情况进行总结，也是进行规划修编和实施措施调整的重要依据。

1) 规划评估类型

(1) 按评估时点不同。

2018年11月，《中共中央 国务院关于统一规划体系更好发挥国家发展规划战略导向作用的意见》要求，"健全实施机制，确保规划有效落实。按照谁牵头编制谁组织实施的基本原则，落实规划实施责任，完善监测评估，强化分类实施，提升规划实施效能。加强规划实施评估，规划编制部门要组织开展规划实施年度监测分析、中期评估和总结评估，鼓励开展第三方评估，强化监测评估结果应用"。随着机制不断完善和规范，规划评估已成为规划管理的重要工作抓手和手段。目前，经过长期的探索实践，我国已初步建立了"年度监测评估+中期评估+终期评估"相结合的规划监测评估体系，成为发展规划体系的重要组成部分。

(2) 按评估主体不同。

按照评估主体的不同可分为内部评估、第三方评估和公众评估。

内部评估更多为由政府规划部门牵头组织的评估，为规划实施行动或活动提供必要的参考。内部评估具有评估主体长期跟踪规划实施、熟悉工作重点情况和数据获取便捷的优势，但也存在独立性缺陷的现实客观问题。

第三方评估通常由政府部门委托第三方专业机构对五年发展规划实施情况开展评估，其站在相对客观的角度进行评判，自主发现问题，提出相应评议观点，具有独立性、客观性、公正性和专业性的优势，有效弥补政府规划部门自我评估的缺陷，但面临信息资源获取较为困难的潜在难题。近年来，按照国家总体发展战略和基本的国策精神，规划评估工作更趋向委托相对独立的第三方评估机构，开展对发展规划纲要的目标任务等事项执行情况的全流程评估（图9.5）。

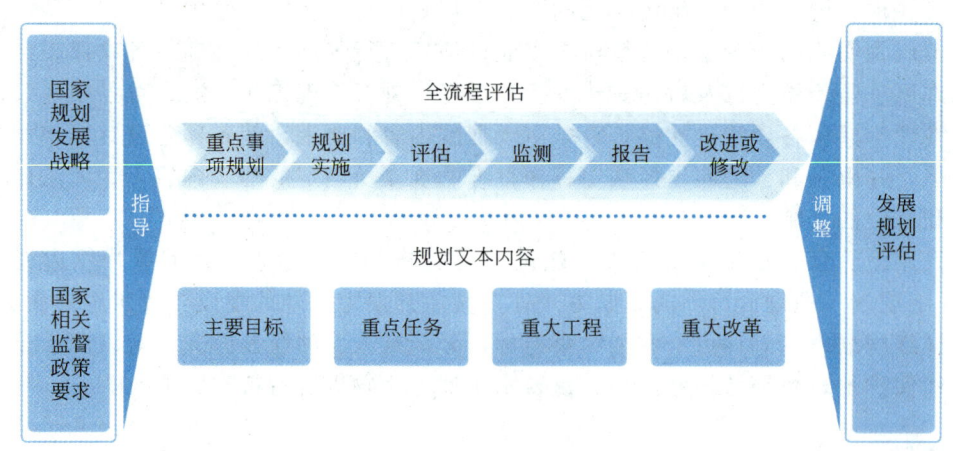

图 9.5　规划实施的全流程评估

公众评估由政府部门委托相关机构，面向社会组织和公众开展社会影响调查，尽管旨在对五年发展规划实施效果进行多重透视和分析，但受访者往往受限于信息资源和专业性不足，随意性大，更偏向于以自身偏好作出评判，意见建议可靠性也会大打折扣。

2）规划评估流程模型

规划评估流程模型的构建从科学、简明、实用的角度，全面优化评估流程设计，从认知上架构一套基本的规划评估流程，即规划实施评估流程的一般框架，通常按规划评估步骤大致可分为：评估前期准备、评估组织与专题分析、评估结果应用与反馈 3 个阶段。其中评估前期准备分为明确评估目的、确定评估主体和对象等；评估组织与专题分析可分为收集评估信息和资料、建立评估指标体系等；评估结果应用与反馈可分为撰写综合评估报告、评估结果审议等，统称规划实施评估"三期十二步"流程（图 9.6）。

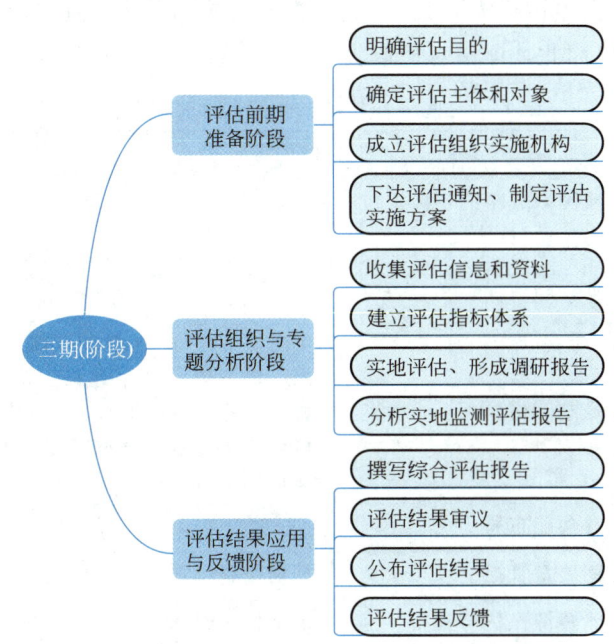

图 9.6　规划实施评估"三期十二步"流程

3）规划评估工作流程的动态优化

规划评估是一个由多阶段、多环节组成的连续滚动的过程。评估中对比规划目标任务的完成或实施不理想的状况，及时向规划执行方反馈实施中的风险隐患和困难，加强工作机制和流程的动态优化。上级自然资源主管部门要会同有关部门组织对下级国土空间规划中各类管控边界、约束性指标等管控要求的落实情况进行监督检查，建立国土空间规划定期评估制度，结合国民经济社会发展实际和规划定期评估结果，对国土空间规划进行动态调整完善。针对规划全周期变化的环境及时调整优化工作流程，对某一目标任务进行持续的、周期性动态监测，及时反馈监测结果，以更有效地指导规划评估工作。

4）以青岛为例的市县国土空间规划实施评估（试评估）

《国土空间规划城市体检评估规程》明确，按照"一年一体检、五年一评估"的方式，对城市发展阶段特征及国土空间总体规划实施效果定期进行分析和评价。最终所形成的全国重点城市体检评估报告也将适时向社会公开发布，保障市民对城市规划实施的知情权、参与权和监督权。

虽然国土空间规划内容上与城市总体规划存在较大区别，但城市总体

参考图文

规划实施评估的四大部分内容可以作为国土空间规划实施评估内容框架的参考，即国土空间规划内容评估、实施过程评估、实施效果评估、修编建议。

（1）国土空间规划内容评估。

国土空间规划内容（表 9-1）具体包括战略目标、空间格局、要素配置、国土整治、分解落实、政策措施、平台系统等七部分内容。

在评估对象上，虽然没有现行法定的国土空间规划，但可以用与国土空间规划编制内容相关的若干规划来替代，以青岛国土空间规划实施评估（表 9-2）为例，主要以涉及空间类的中长期规划为主，即"以市域（海陆）'三规'（城市总体规划、土地利用总体规划、海洋功能区划）"为主体，"以市域专项规划和县（市）'两规'（土地利用总体规划、城市总体规划）"为必要补充。因此，评估对象取决于评估内容，根据内容的需要选择相应的规划。

表 9-1　国土空间规划评估内容与要点建议

七大内容	具体内容		评估要点
战略目标	落实国家战略的目标定位		1. 该部分内容是否有且完整？
	指标体系		
空间格局	区域空间协调		
	市域空间格局	生态空间、农业空间、城镇空间、地下空间集中建设区布局、城镇体系、乡村振兴、生态保护格局、交通基础设施网络、历史文化保护格局	
	主导功能布局		2. 该部分内容是否存在矛盾（不同规划之间）？
	空间要素管控	规划控制线管控	
要素配置	自然资源保护与利用	山水林田湖草	
	城乡发展要素配置	综合交通、市政基础设施、城市安全与防灾公共服务设施、景观风貌、历史文化、城市更新等	
国土整治	生态修复	山体综合修复、水环境整治、林业生态整治土壤环境治理、海洋生态保护与修复	3. 该部分内容是否符合生态文明建设与高质量发展要求？是否按照三大导向六大维度展开？
	国土综合整治	建设用地清退、存量建设用地改造、违法建设整治	
分解落实	分阶段目标任务	分区分阶段规划指引	
	下位规划传导	分区指标体系	
政策措施	传导机制		4. 该部分内容是否满足新的发展需求？是否科学合理？
	保障机制		
平台系统	基础信息平台		
	监测评估预警管理系统		

表 9-2　青岛国土空间规划实施评估——评估对象选取

行政层级	市域（市区）	县级市	国家级新区
城市总体规划 2020	√	√	√
土地利用总体规划 2020	√	√	
海洋功能区划 2020	√		
海岛保护规划 2020	√		
海岸带保护利用规划 2020	√		
林业保护利用规划 2020	√	√	
湿地保护规划 2020	√		
矿产资源总体规划 2020	√		
生态保护红线规划	√		
历史文化名城保护规划	√		

对于评估范围，城市总体规划实施评估一般是分为两个范围，即市域和中心城区，国土空间规划则突出全域统筹，实施评估范围主要是市域一个空间层次。

（2）国土空间规划实施过程评估。

借鉴总规实施过程评估内容，首先在与国土空间规划内容相关的重大规划出台后，对是否制定相关的配套政策，对政策实施效果与影响进行评估；其次对是否完善下层次规划编制以及很好地发挥了规划的传导作用，建立了完善的规划动态实施评估、监测预警考核等机制，是否制定相应的规划配套政策及对其实施效果等进行评估。

（3）国土空间规划实施效果评估。

国土空间规划实施效果评估重点在于分析现有与国土空间规划内容相关的主要规划之间的矛盾，尤其是城市总体规划与土地利用规划之间的差异，明确目前正在实施的与国土空间规划相关的规划内容，梳理其核心内容与战略目标、功能定位、主要指标，对比现状实施情况与规划内容之间的差距。同时针对规划主要内容的现状实施情况，开展公众满意度调查，从而对规划实施的效果进行综合评价。

（4）国土空间规划修编建议。

对规划内容、实施过程、实施效果的评估进行总结，明确实施评估结论，梳理现有规划与规划实施中存在的问题及其根源；对未来发展趋势进行分析判断，对国土空间规划编制、未来发展提出相关建议。

评估本身并不是目的，目的在于对评估结果的有效运用。以目标任务为导向、以结果为导向、以应用为导向的评估，不能"评归评、干归干"。评估结果与规划管理措施脱节，会使规划目标任务实施情况的评估结果流于形式，导致评估成效仅仅成为"参考资料"。

2. 国土空间规划实施动态监测

（1）国土空间规划实施监测网络。

实施监督体系是国土空间规划四个支撑体系之一。2023 年自然资源部办公厅印发《全国国土空间规划实施监测网络建设工作方案（2023—2027 年）》，根据方案要求，2025 年形成全国国土空间规划实施监测网络基础架构，完成建设试点，形成经过实践验证、科学可行的全国国土空间规划实施监测网络建设技术方案，统一网络架构、场景功能、算法模型、数据治理等方面的技术要求。依托国土空间基础信息平台，建立健全国土空间规划动态监测评估预警和实施监管机制。全国国土空间规划实施监测网络架构关系图，如图9.7所示。

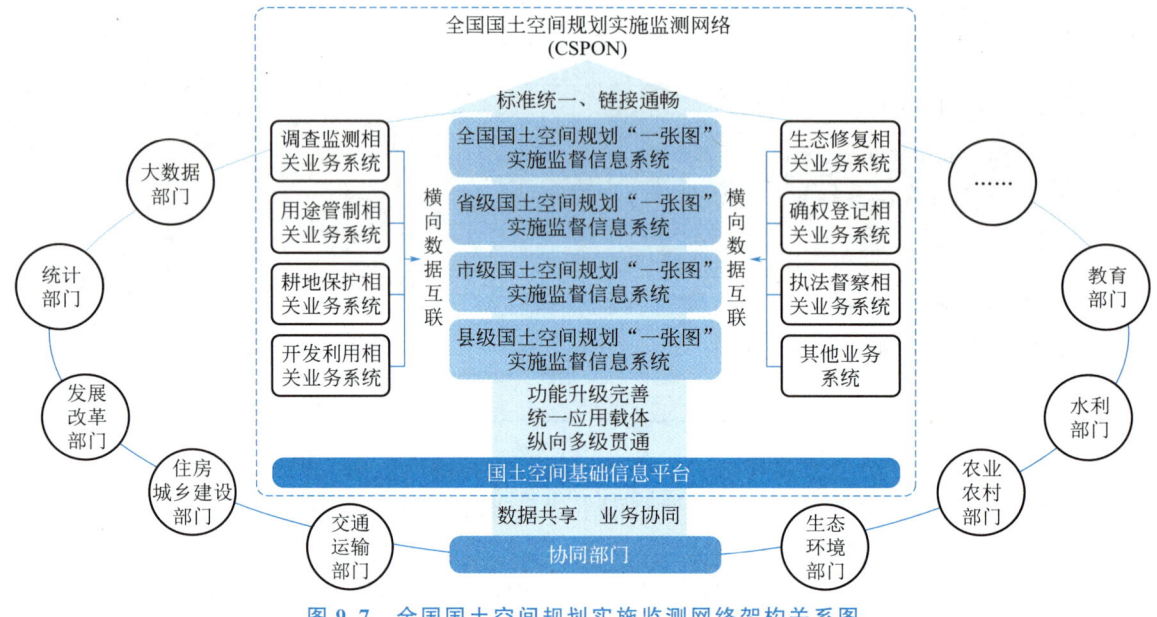

图9.7　全国国土空间规划实施监测网络架构关系图

全国国土空间规划实施监测网络作为构建国土空间规划实施监督体系的重要抓手，主要包括3个层面建设任务。

一是业务联动网络。根据规划实施监督监测需求，充分发挥调查监测工作体系优势，串联国土空间开发保护全链条管理业务，凝聚各级自然资源部门力量，形成体系化的工作网络。

二是信息系统网络。依托国土空间基础信息平台，升级拓展国土空间规划"一张图"实施监督信息系统功能，纵向实现多层级规划"一张图"系统的联通，横向实现规划"一张图"系统与关联业务系统的数据互联，形成标准统一、链接通畅的国土空间规划实施监测网络。

三是开放治理网络。依托数字化的开放平台等，完善政策机制，丰富工作形式，推进"共建、共治、共享"理念落实落地，形成社会各界有序便捷参与、共同谋划、协同攻关、合力创新的国土空间治理开放网络。

（2）国土空间规划实施监督管理。

坚决落实"多规合一"改革要求。各级自然资源主管部门要坚决贯彻党中央、国务院关于"多规合一"改革的战略部署，按照"三定"规定严格履职尽责，研究制定深化改革具体措施。改革不走"回头路"，不在国土空间规划体系之外另设其他空间规划。不得擅自设置、分割或下放规划管理权限。

依法严肃规划许可管理。设置国有土地使用权出让规划条件，核发建设用地规划许可证、建设工程规划许可证，低效用地再开发，落实土地征收成片开发方案，实施城市更新等应严格依据控制性详细规划；实施全域土地综合整治，核发乡村建设规划许可证应严格依据村庄规划或乡镇国土空间规划。编制或修改控制性详细规划应依据市县国土空间总体规划。市县国土空间总体规划批复后，市县自然资源主管部门应结合实际及时推进控制性详细规划的修编报批。不得以专项规划、片区策划、实施方案、城市设计等名义替代详细规划设置规划条件、核发规划许可。要防止为单一地块财务平衡擅自修改规划或变更规划条件。

加强规划与用地政策的融合。国土空间规划管理要更加注重资源资产关系，将国土调查、地籍调查、不动产登记等作为规划编制和实施的工作基础，规划方案要与土地利用、产权置换、强度调节、价格机制等用地政策有机融合，有效推动存量资源资产的盘活利用。

实施规划全生命周期管理。依托国土空间规划"一张图"实施监督系统和监测网络，实现各级规划编制、审批、修改、实施全过程在线管理。建立定期体检、五年评估的常态化规划实施监督机制，将国土空间规划体检评估结果作为编制、审批、修改规划和审计、执法、督察的重要参考。

严格规划实施监督检查。经批准的国土空间规划是各类开发、保护、建设活动的基本依据，不符合国土空间规划的工程建设项目，不得办理用地用海审批和土地供应等手续，不予确权登记。严肃查处违法违规编制、修改和审批国土空间规划、发放规划许可、违反法定规划设置规划条件和"未批先建"等问题。国家自然资源督察机构将按照职责，适时对地方政府国土空间规划实施情况开展督察。

9.2.4 国土空间基础信息平台与技术支持

1. 国土空间基础信息平台

（1）国土空间基础信息平台的定义。

国土空间基础信息平台是指《国土资源部 国家测绘地理信息局关于推进国土空间基础信息平台建设的通知》中，关于信息化建设的数据平台层全称。

国土空间基础信息平台建设主要以国家节点信息平台为底板，结合省级、市级、县级节点的各类国土空间规划编制，建成纵向上联通国家、省、市、县四级的部门联动（国家级、省级、市级、县级国土、测绘、发改、生态环境、住建、交通、水利、农业、林业等空间基础数据生产和管理部门）、信息共享、上下贯通、统一底图、权威准确的国土空间基础信息数据集与开放共享的应用服务平台，实现主体功能区战略和各类空间管控要素精准落地，逐步形成全国国土空间规划"一张图"。

建设国土空间基础信息平台，不是从零开始，而是整合现有的基础设施、网络、系统等相关信息化资源，基于国土资源云，完善建立统一的国土空间基础信息平台，建立相关标准，形成对自然资源"一张图"的分布式管理、应用和共享服务机制。

与其他政府部门实现业务协同，及时获取测绘、发改、生态环境、住建、交通、水利、农业、林业等部门的相关信息，充分汇集互联网相关数据，对各类信息在逻辑上进行统一管理、统一共享服务。

为自然资源调查监测评价、国土空间规划实施监督、行政审批、政务服务、监管决策等各类应用提供基础支撑平台和统一身份认证、统一用户管理、统一电子签章、统一电子证照、统一安全审计等通用功能支撑，为各级政府和相关部门的智慧城市、智慧交通等应用提供自然资源数据支撑。

(2) 建立国土空间基础信息平台的目的。

结合实施全国国土空间规划，建立国土空间基础信息平台，目的是形成以空间规划为基础，以用途管制为手段的信息化机制，为国土空间和自然资源统一管理奠定信息基础：一是形成统一的国土空间工作"底图"，为各部门提供覆盖全国、涉及地上地下、能够及时更新的基础地理、土地资源、矿产资源、基础地质、地质环境与地质灾害、自然资源产权等数据支撑与服务；二是形成统一的国土空间工作"底板"，为各部门提供专业规划、项目实施、日常监管、分析决策等信息化工作平台；三是形成统一的国土空间工作"底线"，为各部门提供对基本农田保护红线、生态保护红线和城市开发边界的有效管控机制。

(3) 国土空间基础信息平台分布式技术架构。

完善国土空间基础信息平台，按照分布式应用与服务架构，横向上联通各相关单位，纵向上联通国家、省、市、县四级，并接入其他行业数据中心，通过注册、发布、调度和监控，形成物理分散、逻辑集中的分布式一体化数据、应用管理与服务机制。优化各节点之间数据资源注册、汇聚与服务性能。推进各级平台的对接，提升平台对自然资源部内部、其他行业部门、社会公众统一的服务能力。

对于自然资源数据的涉密性、敏感性问题，分类推进互联网版、业务版和涉密版平台建设，分别支撑互联网、业务网和涉密内网上的应用。

国土空间基础信息平台分布式体系架构图如图9.8所示。

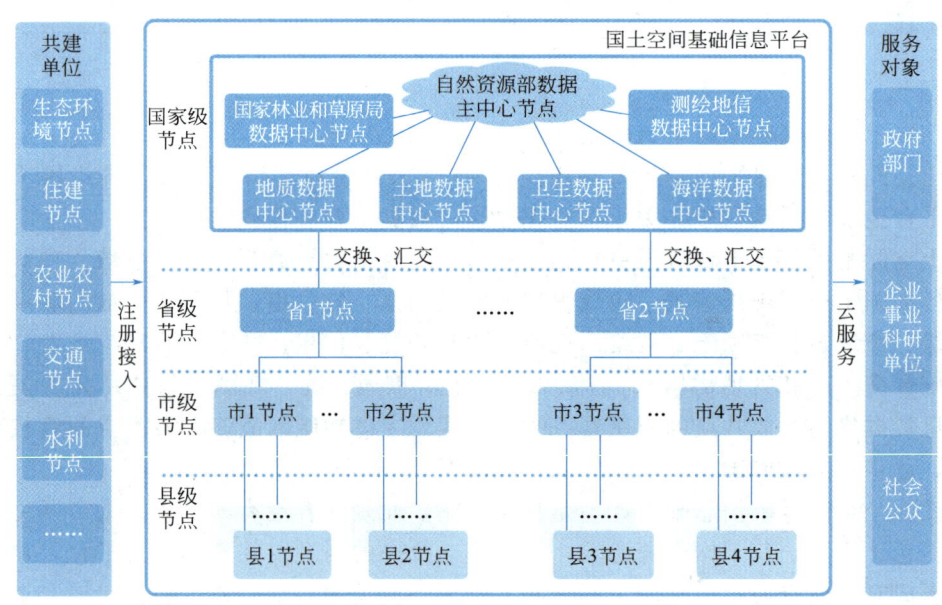

图9.8 国土空间基础信息平台分布式体系架构图

(4) 国土空间基础信息平台自然资源数据分布式统一管理机制。

对基础地理、土地、矿产、地质、海洋、森林、草原与湿地等专业数据，按照现状、规划、管理分别归类，建立统一的自然资源"一张图"数据目录，形成统一的数据视图，建立统一的数据模型，对各数据实体进行索引与组织，通过血缘分析、数据集成、数据开发，将数据按层次、主题、区域进行信息整合和融合，面对不同的业务领域、区域领域、时间领域，形成内容丰富的主题数据（图9.9）。

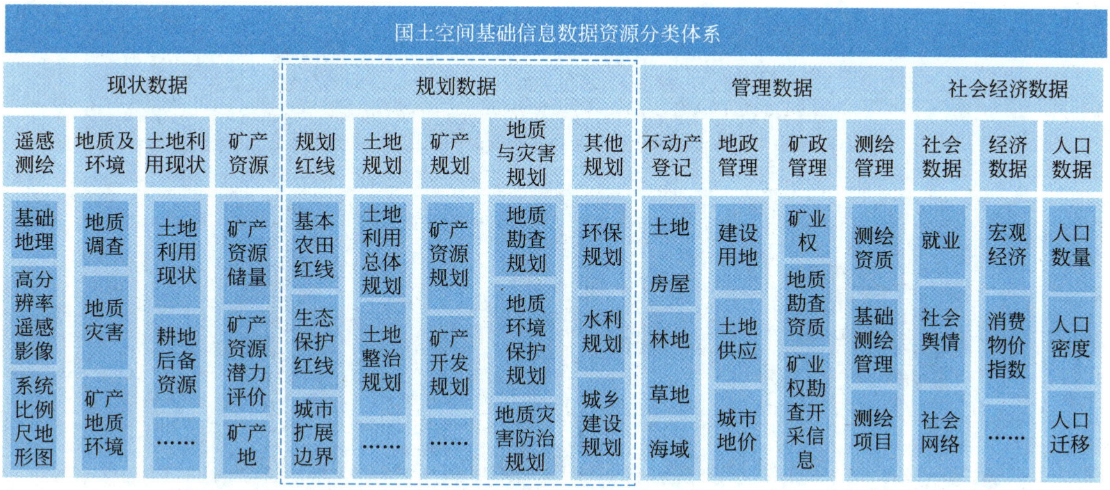

国土空间基础信息数据资源分类体系											
现状数据				规划数据				管理数据			社会经济数据		
遥感测绘	地质及环境	土地利用现状	矿产资源	规划红线	土地规划	矿产规划	地质与灾害规划	其他规划	不动产登记	地政管理	矿政管理	测绘管理	社会数据	经济数据	人口数据
基础地理	地质调查	土地利用现状	矿产资源储量	基本农田红线	土地利用总体规划	矿产资源规划	地质勘查规划	环保规划	土地房屋	建设用地	矿业权	测绘资质	就业	宏观经济	人口数量
高分辨率遥感影像	地质灾害	耕地后备资源	矿产资源潜力评价	生态保护红线	土地整治规划	矿产开发规划	地质环境保护规划	水利规划	林地草地	土地供应	地质勘查资质	基础测绘管理	社会舆情	消费物价指数	人口密度
系统比例尺地形图	矿产地质环境	……	矿产地	城市扩展边界	……	……	地质灾害防治规划	城乡建设规划	海域	城市地价	矿业权勘查开采信息	测绘项目	社会网络	……	人口迁移

图 9.9 国土空间基础信息数据资源分类体系

建立与各级自然资源主管部门和相关单位职责相挂钩的分布式数据管理架构、更新机制。横向上,通过调查单位汇交方式实现自然资源日常管理与监管决策所需的调查监测类数据资源的建设和批量更新,通过自然资源涉密网实现对分布式专业数据中心所存储数据的调用;纵向上,通过数据汇交方式实现规划类相关数据资源建设与批量更新,以及管理类数据资源的本底建设,通过自然资源业务网实现管理类数据的日常增量更新。

自然资源管理与监管决策中所需的统计、发改、生态环境、住建、交通、水利、农业农村、气象等其他部门数据,对于更新周期较长的相对静态数据,通过建立部门间数据共享机制,一次性获取、定期批量更新,汇集到国土空间基础信息平台,与自然资源"一张图"相关数据实体进行融合集成;对于日常高频更新的数据,借助各级政府统一的数据共享平台或建立部门间网络专线,通过数据共享服务接口实现数据同步获取。

(5) 国土空间基础信息平台应用体系。

支撑服务面向自然资源调查监测评价、监管决策、政务服务应用需求,遵循"先进成熟、稳定高效、安全有序"的原则,扩展国土空间基础信息平台的通用服务功能,提升专题应用服务能力。国土空间基础信息平台应用体系如图 9.10 所示。

提供统一的身份认证、电子签章、电子证照、安全审计等技术支撑,实现与上级、下级和国家级平台的有效对接。提供智能分析服务,运用人工智能算法、知识管理、搜索引擎等技术,扩展知识分类、多维索引、知识图谱、关联分析功能,建立指标库、模型库、知识库。提供统一技术服务支撑,不断完善和丰富服务接口、API、二次开发接口等定制服务,空间分析、统计报表、专题图制作等基础服务,数据交换、数据管理、数据调度、数据路由等数据服务,规划编制、行政审批、资源监管、决策支持、资源评价、公众查询等专题服务。

2. 国土空间基础信息平台的技术支持

(1) 三维数据的管理、展示与应用。

通过"三维立体+时间"的多角度、全方位多维数据管理与展示技术,将遥感影像、DEM、三维实体、实景影像、BIM 等多源自然资源相关数据基于统一空间尺度进度整合集成,实现二三维一体化的多维数据管理;有机整合 GIS 功能和三维可视化效果,加强兼

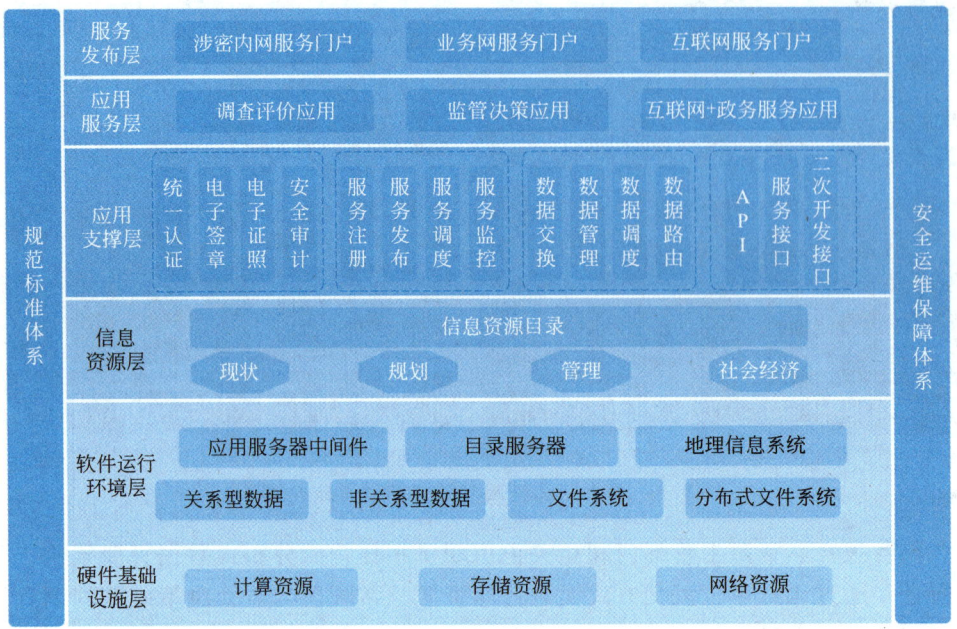

图 9.10　国土空间基础信息平台应用体系

顾三维展示效果与二维查询分析能力的二三维一体化的空间分析能力；提供自然资源本底、国土空间开发利用状况、国土空间管控条件、规划符合性分析、国土空间发展认知等方面通用的"即时分析、实时展现"三维大场景分析展示功能。

提供应用服务基础支撑，不断完善分布式体系下的用户统一访问入口，保证高并发访问的安全、高效、稳定，为构建调查监测评价、监管决策、政务服务等业务应用提供技术支撑。

（2）测绘地理信息技术与国土空间规划。

测绘地理信息技术又称为 3S 技术，其包含 GNSS 全球导航卫星系统、RS 遥感系统以及 GIS 地理信息系统等。其本质就是利用各类计算机软件、硬件、传感器以及测量仪器等进行系统的数据采集与分析。

GNSS 技术有着精确、实时以及可靠等优点，可以更为高效地进行空间资源的收集。通过卫星定位数据，能够对地形图中的控制点进行更为精准的定位与测量，为国土规划地形图的编制以及收集整理提供了一种有效的方法。

RS 技术有着数据收集便利及时、绘制速度快以及探测范围大等优点。在与目标距离较远或者不可以直接测量的状况下，运用 RS 技术可以进行更为高效的判断、测量与分析，进一步实现对遥感影像真实、直观的传输。RS 技术是现阶段国土规划数据获取与更新的重要技术。一方面，可以利用 RS 技术对数据信息进行更为高效的处理，并且形成 4D 产品，科学合理的运用到规划基础图或者是专题图；另一方面，可以通过多种形式的数据采集以及时态分析，对国土空间进行动态监测，全面且及时地了解土地利用情况，并且在这一重要基础之上，充分结合 RS 技术，为水质、土壤以及环境污染监测提供可靠且真实的数据。

GIS 技术的主要功能为输入、查询、存储、操作以及分析与表达。在实际进行运用的过程当中，GIS 技术往往与土地规划建模、分析算法相结合，为国土规划管控部门的决策提供更为专业化与直观化的依据。

在科学技术飞速发展的今天，测绘地理信息技术的处理与采集能力也得到了极大程度的提升，从遥感、无人机、机器人以及雷达等多个方面，已经形成了一个完整的地理信息系统。测绘地理信息技术不仅可以获取空间数据，还能对这些数据进行空间分析和模拟，生成多维数据模型，并提供决策支持。通过3S技术，可以对国土空间进行可视化分析，评估不同规划方案的影响，帮助规划决策者制定科学合理的国土空间规划方案，帮助实现资源的合理配置、环境的保护和社会的协调发展，促进城市的智能化和可持续发展。综上所述，这些背景推动了测绘地理信息技术在国土空间规划中的应用的研究与实践，为实现科学合理的国土空间规划提供了重要支持和工具。

（3）公众参与。

我国国土空间规划体系的构建必须坚持"上下结合、社会协同，完善公众参与制度"，充分保障公民国土空间规划参与权，强化全过程全方位公众参与，使国土空间规划编制更科学、审批更高效、实施更合规、监督更全面，用健全完善的公众参与机制，积极推进国土空间规划体系的有效构建。

目前对国土空间规划公众参与的探索，应紧密结合实际，务实、有序地推进，有关的制度建设需要与国家的发展阶段相适应。

规划编制采取政府组织、专家领衔、部门合作、公众参与的方式，建立全流程、多渠道的公众参与机制。在规划编制启动阶段，深入了解各地区、各部门、各行业和社会公众的意见和需求。在规划方案论证阶段，应将中间成果征求有关方面意见。规划成果报批前，应以通俗易懂的方式征求社会各方意见。为保障国土空间规划的公众参与，要充分利用各类传统媒体、新媒体和信息平台，采取贴近群众的各种社会沟通工具，保障各阶段公众参与的广泛性、代表性和实效性，并保障充分的参与时间。

同时，要成立涵盖各部门、各行业的规划编制与实施协作机制，建立定期协商制度，及时商讨研究规划中的重大问题，充分调动高等院校、企事业单位力量，组建专家咨询团队，注重听取生态、资源、环境、地理、经济、社会、文化、安全等多领域多学科的专家意见建议，共同推进规划编制与实施管理工作。

小 结

本章具体内容如下。国土空间规划的主管部门和主要职责；国土空间规划的管理体系，包括建立健全规划编制目录清单管理制度、强化规划衔接协调、发挥国土空间基础信息平台作用。国土空间规划总体框架和审批管理；国土空间规划总体框架是"五级三类四体系"；审批管理应加强与有关国土空间规划的衔接及"一张图"的核对，批复后纳入同级国土空间基础信息平台；另外，规划用地"多审合一、多证合一"，合并建设用地规划许可和用地批准，推进多测整合、多验合一，简化报件审批材料。建立国土空间规划体系并监督实施的重大意义，国土空间规划实施的内容。国土空间规划评估类型、评估流程模型、评估工作流程的动态优化、以青岛为例的市县国土空间规划实施评估；国土空间规划实施监测网络、国土空间规划实施监督管理。国土空间基础信息平台分布式技术架构、自然资源数据分布式统一管理机制及应用体系、国土空间基础信息平台的技术支持。

习 题

一、单项选择题

1. 下列关于国土空间规划城市体检评估时间安排的说法，正确的是（　　）。
   A. 一年一体检，两年一评估　　　B. 一年一体检，三年一评估
   C. 一年一体检，五年一评估　　　D. 一年一体检，八年一评估

2. 依据《国土空间规划城市体检评估规程》，基本指标内涵的以下说法错误的是（　　）。
   A. 城镇人均住房面积为全域范围内城镇住房总建筑面积与城镇常住人口规模的比值
   B. 消防救援5分钟可达覆盖率为全域范围内消防站5分钟车程范围覆盖面积占全城总面积的比例
   C. 每千人口医疗卫生机构床位数为全域范围内每千常住人口拥有的各类医疗卫生机构床位数
   D. 每千老年人养老床位数为全域范围内每千名60岁以上老年人拥有的养老机构床位数

3. 依据《自然资源部关于加强和规范规划实施监督管理工作的通知》，下列关于国土空间规划实施的说法不准确的是（　　）。
   A. 经依法批准的国土空间规划是开展各类空间开发保护建设活动、实施统一用途管制的基本依据
   B. 总体规划、详细规划、专项规划是实施城乡发展建设，整治更新保护修复活动和核发规划许可证的法定依据
   C. 详细规划的编制和修改，不得违反上位总体规划的底线管控要求和强制性内容
   D. 经依法批准的详细规划应纳入国土空间规划"一张图"实施监督系统

二、多项选择题

1. 根据《中共中央 国务院关于建立国土空间规划体系并监督实施的若干意见》，下列关于国土空间规划总体要求的说法正确的有（　　）。
   A. 体现战略性　　　　B. 提高科学性
   C. 强化权威性　　　　D. 加强协调性
   E. 注重前沿性

2. 以下关于国土空间规划实施与监管的表述，准确的有（　　）。
   A. 具体规划是全部国土空间分区分类实施用途管制的依据
   B. 在城镇开发边界内的建设，实行"具体规划＋规划许可"的管制方式
   C. 在城镇开发边界外的建设，实行"具体规划＋规划许可"和"约束指标＋分区准入"的管制方式
   D. 具体规划的执行状况应纳入自然资源执法督查的内容
   E. 对以国家公园为主体的自然保护地、重要海疆和海岛、重要水源地、文物等实行特别保护制度

3. 以下关于规划实施的表述，错误的有（　　）。

A. 优先安排产业工程，逐步配套基础设施
B. 旧城区的改建，应合理确定拆迁和建设规模
C. 城市地下空间的开发和利用，应充分考虑防灾减灾、人民防空和通信等需要
D. 城乡建设和进展，应当依法保护和合理利用自然资源
E. 下层次规划的编制、实施不会对上层次规划的实施结果产生影响

三、简答题

1. 我国国土空间规划的主管部门及其主要职责是什么？
2. 简述我国国土空间规划采用的总体框架。

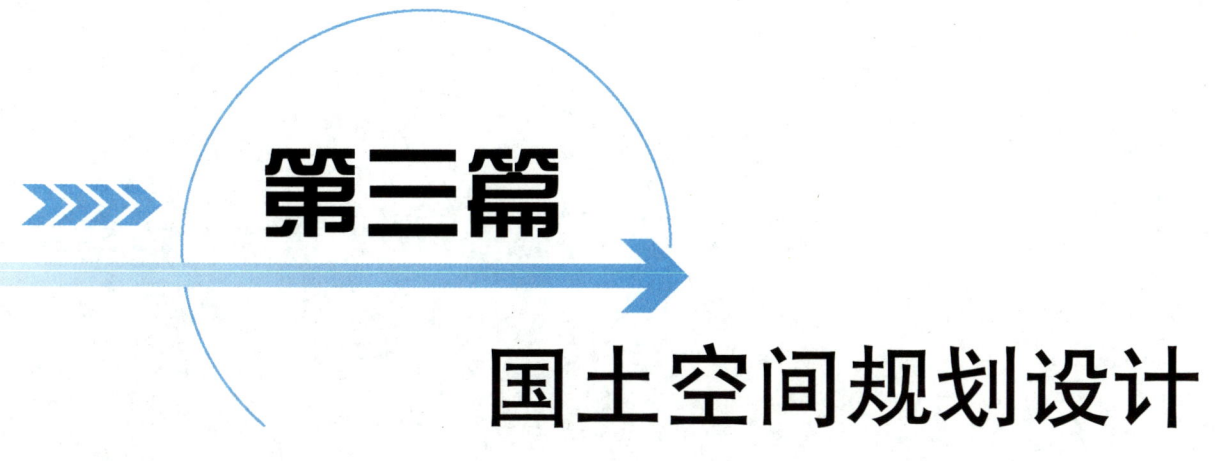

第三篇 国土空间规划设计

第 10 章 居住区规划设计

教学要求

通过本章学习，了解居住区的基本概念及发展历史；熟悉居住区的规模、分级与组织结构，居住区规划的任务、要求与编制；掌握居住区规划设计的内容与方法，能独立完成居住小区规划的方案设计与绘图。

教学目标

能力目标	知识要点	权重
了解居住区的概念及发展	居住区的概念、发展历史	5%
熟悉居住区的组成、规模、分级与组织结构	居住区的组成、规模、分级与组织结构	15%
了解社区的概念	社区的含义、特征、社区规划与住宅规划的区别	5%
掌握居住区规划设计的成果、任务、原则、目标与要求	居住区规划设计的成果、任务、原则、目标与要求	15%
掌握住宅用地的规划设计	住宅选型、间距、朝向等内容	10%
掌握公共服务设施用地的规划设计	公共服务设施的分类、分级、定额指标、布置要求等内容	10%
掌握道路用地的规划设计	道路用地的规划设计	10%
掌握居住区绿地规划设计	居住区绿地的功能、组成、标准、基本要求	10%
熟悉居住区竖向规划设计	居住区竖向规划设计	5%
熟悉居住区管线综合规划设计	居住区管线综合规划设计	5%
掌握综合技术经济指标的计算	规模指标、层数、密度指标、环境质量指标	10%

章节导读

《雅典宪章》把城市的功能分为居住、工作、交通、游憩 4 个部分。居住是城市四大功能之首。

10.1 居住区概述

10.1.1 认识居住区

居住是城市居民生活中极为重要的一个方面,同时也是人类生活与生存的基本需要之一。居住区是具有一定规模的居住聚居地,是城市居民居住和日常活动的区域,是城市的有机组成部分,它为居民提供各种空间与生活设施,而且其类型也随着社会的发展,变得更加丰富多彩。

10.1.2 居住区的发展历史

居住区是社会历史的产物,在各个不同的历史阶段,居住区受到社会制度、社会生产、科学技术、生活方式等因素的影响,表现出不同的特点,而且随着时代的发展而发展。我国居住区规划建设的发展进程,历经里坊、街巷、邻里单位、居住小区、综合居住区的发展过程。里坊、街巷等居住区形式形成较早,形成了本民族的特有的居住形式,而居住小区、综合居住区是随着近现代国外的居住区理论的传入,逐渐发展起来的。纵观居住区的发展过程,在规划设计中既要弘扬优秀历史文化,又要吸取国外先进经验,开拓思路,紧跟时代步伐,以不断创造适应时代所需的新型居住区。

1. 我国古代居住区规划组织形式的演变

1) 井田制

井田制出现在奴隶社会,是最早的居住环境的组织形式。井田制即将土地划分为形如"井"字的棋盘式地块,其中央为公田,四周为私田和居住聚落,如图10.1所示。井田制的棋盘式和向心性的划分方式对我国城市的格局有着深远的影响。

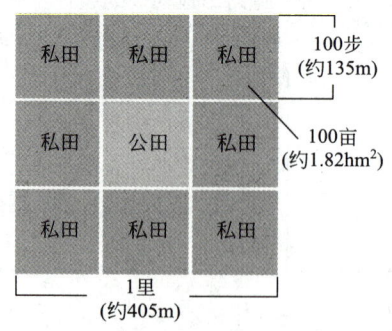

图 10.1 井田制平面图

参考视频

2) 闾里、里、坊

"闾里""里""坊"依次是秦代咸阳和汉代长安、曹魏邺城、唐长安城的居住单位，均有严格的管理制度，设有坊墙、大门，每晚实行宵禁，关闭大门，禁止出入，如图 10.2 所示。

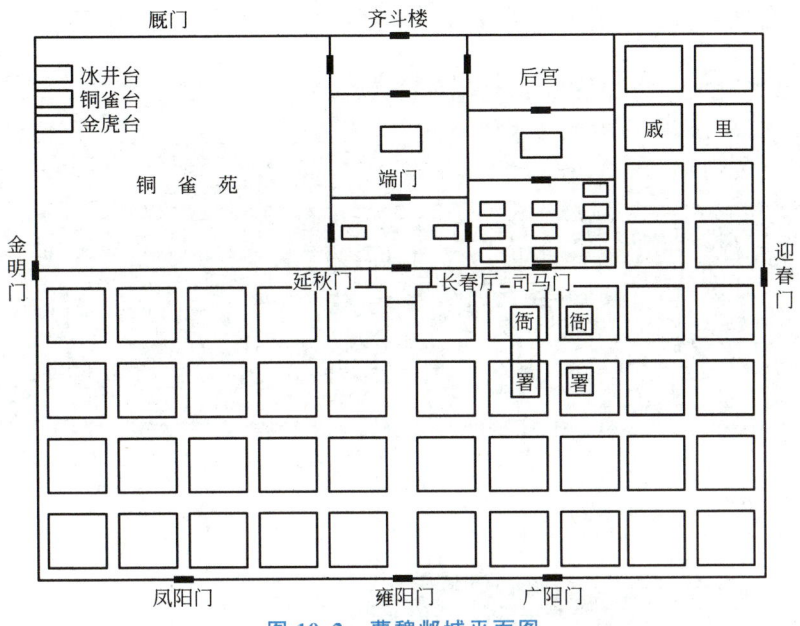

图 10.2　曹魏邺城平面图

3）街巷

北宋时，由于商业和手工业的进一步发展，单一居住性里坊制度已不适应社会经济和生活方式的变化，被商业街和坊巷的形式所代替，宵禁被取消，夜市出现，住宅直接面向街巷，多与商店、作坊混合排列。《清明上河图》描绘的就是这一时期汴梁（今开封）的街巷景象，如图 10.3 所示。

参考视频

图 10.3　清明上河图（局部）

4）胡同、四合院

明清北京城是我国封建社会后期的代表城市，居住区以胡同划分为长条形的地段，间距约为70m，中间一般为三进四合院相并联，如图10.4和图10.5所示。

图10.4　北京胡同航拍图

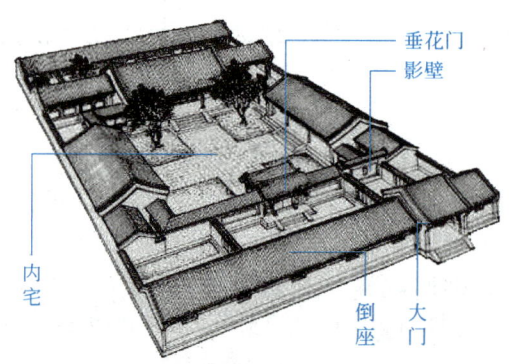

图10.5　北京四合院效果图

2. 我国近现代居住区规划组织形式的演变

1）里弄

我国从1840年鸦片战争起，至中华人民共和国成立，一些通商口岸城市人口迅速增长，地价昂贵，出现了二、三层以联排式为基本类型的里弄式住宅，按我国的居住形式看，实际上是街巷、三合院在空间压缩中的变式。所谓里弄，其一般形式即城市街道两侧分支为弄，弄两侧分支为里。上海、天津两地的里弄大致代表了我国北方和南方的里弄形式，如图10.6所示。

2）邻里单位

进入20世纪以后，受西方发达国家城市建设思潮影响，美国人佩里提出了"邻里单位"作为构成城市的"细胞"，在我国被广泛采用。其功能分区思想逐步被运用，形成了以居住区为单位的构成形式，如图10.7所示。

3）扩大街坊

在邻里单位被广泛采用的同时，苏联等国提出了扩大街坊的组织形式，我国20世纪50年代的北京百万庄住宅区就属于这种形式，如图10.8

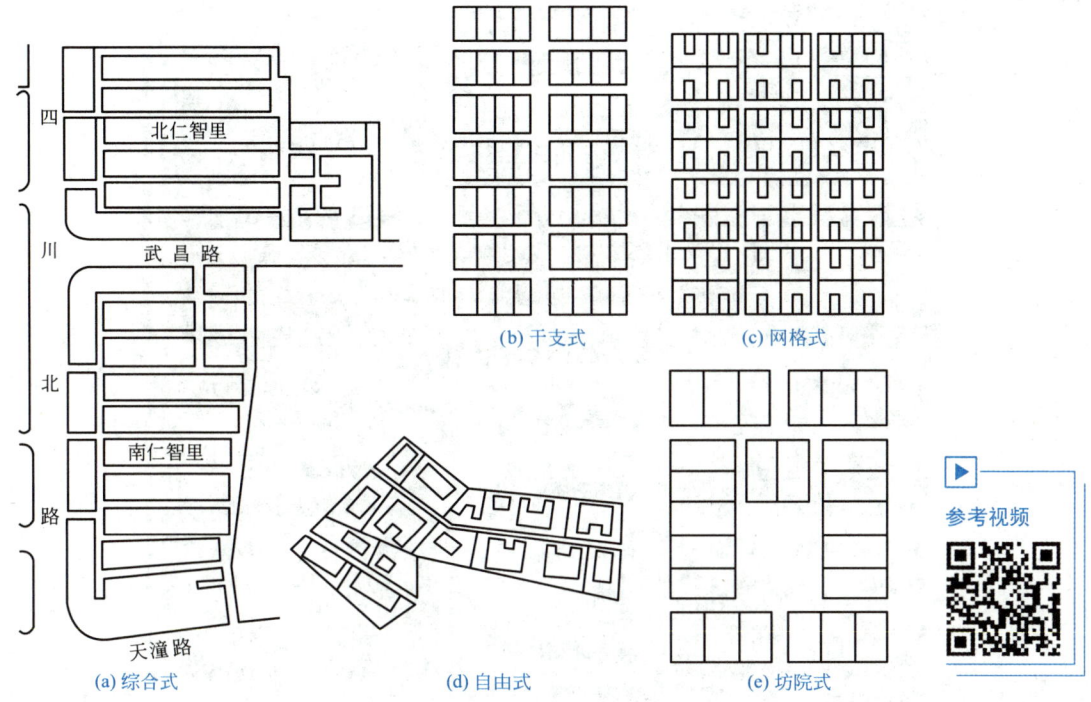

图 10.6 上海、天津里弄平面形式

所示。这种扩大街坊的规划原则与邻里单位十分相似,但在空间布局上邻里单位比起强调轴线构图和周边布置的扩大街坊要自由活泼些。

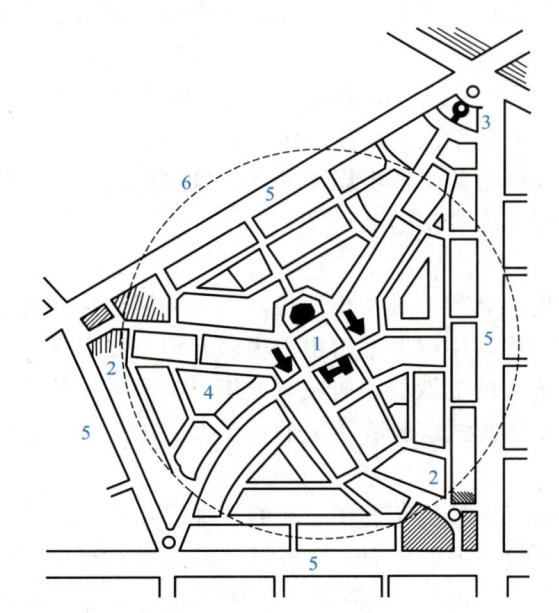

1—邻里中心;2—商业和公寓;3—商店或教堂;4—绿地(占1/10用地);
5—大街;6—半径1/2英里(0.845km)。

图 10.7 邻里单位平面图

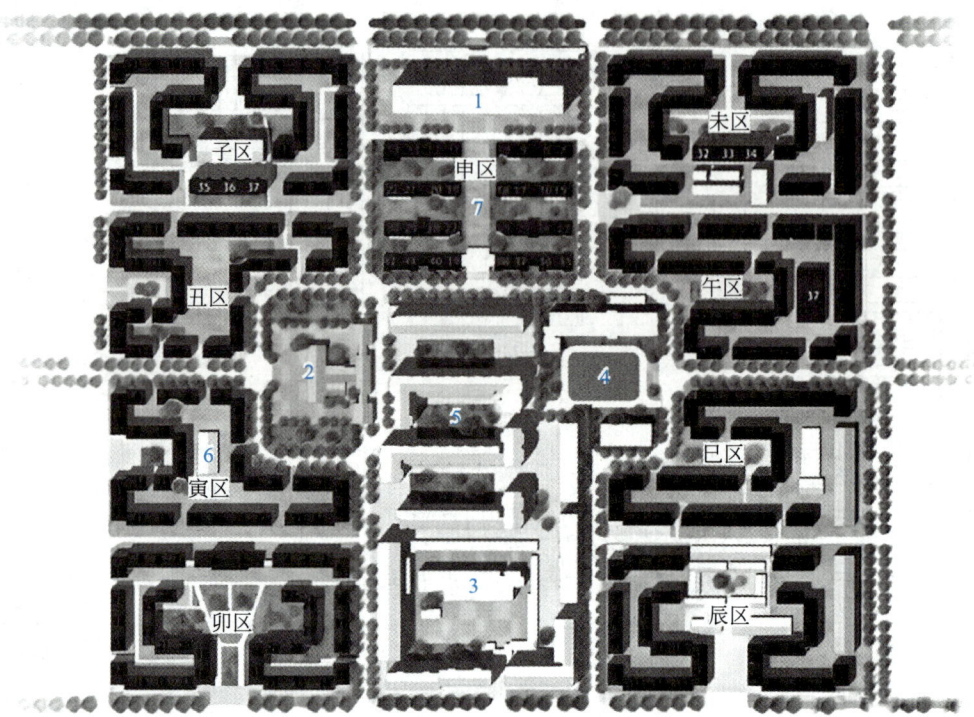

1—办公楼；2—商场；3—小学；4—托幼；5—集中绿地；6—锅炉房；7—联立式住宅。

图 10.8　北京百万庄扩大街坊规划平面图

4）居住小区

随着战后对居住区规划建设实践进一步的总结和提高，在邻里单位和扩大街坊的基础上，又产生了居住小区和新村的组织形式，如上海曹杨新村居住区、常州红梅新村居住区（图 10.9）等。所谓居住小区是由城市道路或城市道路和自然界线（如河流等）划分，并不为城市交通干道所穿越的完整地段。居住小区内设有一整套居民日常生活需要的公共服务设施和机构，其规模一般以小学的最小规模为其人口规模的下限，以小区公共服务设施的最大的服务半径作为控制用地规模的上限。

参考视频

5）居住综合区

随着现代城市的进一步发展，城市的居住区改建的艰巨性及居住小区规划与建设实践中逐渐暴露出来很多问题，如小区内自给自足的公共服务设施在经济上的低效益，居民对使用公共服务设施缺乏选择性等，都要求居住区的组织形式应具有更大的灵活性。随后，居住综合区的组织形式应运而生。

居住综合区是指居住和工作环境布置在一起的一种居住组织形式，有利于居民的生活和工作方便，有利于减轻城市交通的压力，也有利于城市建筑群体空间的组合更加丰富多样。例如，在 500 亩（约 33.33hm^2）水稻田上建起来的上海七宝城市花园，规划采用了"自身成为一座城"的理念，将商业、游泳馆、网球场、学校、银行、养老机构等引入社区，打破了传统住宅小区大院式的结构，形成开放的业态，如图 10.10 所示。

第10章 居住区规划设计

1—农贸市场；2—百货副食；3—开闭所；4—管委会；5—公厕；6—防保站；
7—老年活动室；8—幼儿园；9—煤调站；10—小学；11—隔音房；12—居委会；
13—汽车库；14—集中自行车库；15—花架；16—小区绿地；17—庭园绿地。

图 10.9　红梅新村规划平面图

3. 我国居住区未来发展趋势

1）集约化倾向

将居住区公共设施与住宅建筑、地下空间和地上空间、建筑综合体和居住区空间环境协同规划建设，以获得土地和空间资源的合理、高效利用。

图 10.10　上海七宝城市花园

2) 社区化倾向

随着经济社会的发展，居住区将不仅需要进一步完善其物质生活支撑系统，更需要建立其具有凝聚力的精神生活空间场所，并体现其和谐的社区精神与认同感。

3) 生态化倾向

进入 21 世纪后，生态环保理念已开始逐步被接受。生态居住区以强调居住区的健康性、舒适性和可持续性为主要目标，根据当地的自然环境和客观实际，在居住者、开发商的经济能力允许的情况下，利用成熟的技术与产品，力求使居住区的生态系统达到最佳状态，并具有可持续发展的能力。

4) 颐养化倾向

人口老龄化是社会发展的必然趋势，截至 2024 年年底，我国 60 岁以上的老人已达到 3.1 亿人，占总人口的 22%，老年绝对人口数为世界第一。因此，针对老年人的颐养居住区已经逐步成为当前居住区发展的一大趋势。目前，我国的居住区颐养化做法主要分为三类：一类是在普通居住区中增设老年人公寓、老年人医疗保健中心及老年人室外活动休憩场所等适老设施；一类是专业的养老居住区，相较于前者，该类居住区往往针对老年人的户型更加多样，提供的医疗配套服务也更加专业；还有一类是度假型养老居住区，这类居住区主要依靠旅游业打造养生特色资源。

5) 智能化倾向

随着 AI（人工智能）时代的到来，当前居住区也正逐渐展现出智能化倾向。在智能化居住区中，智能家居系统成为一大亮点；智能安防系统也为居民提供了全方位的安全保障；此外，智能化居住区还注重智能化管理与服务，通过物联网技术，社区可以实现对公共设施、绿化环境、停车位等的智能监控和管理，提高社区的整体管理效率；智能化服务也为居民提供了更加个性化的服务体验，如智能垃圾分类、智能快递等，让居民的生活更加便捷。随着人们生活水平的提高，智能化居住小区的建设将会逐渐扩展，甚至将智能化小区扩大为智能化社区或智能化城市。

10.1.3　居住区的组成

1. 居住区用地分类构成

居住区用地是住宅用地、配套设施用地、城市道路用地和公共绿地 4 大类用地的总称。其中各用地的构成如下。

(1) 住宅用地。居住建筑基底占有的用地及其前后左右附近必要留出的一些空地，其中包括通向居住建筑入口的小路、宅旁绿地和杂物院等。

(2) 配套设施用地。居住区各类公共建筑和公用设施建筑物基底占有的用地及其周围的专用地，包括专用地中的道路、场地和绿地等。

(3) 城市道路用地。居住区内各级车行道路、广场、停车场等。不包括宅间步行小路和公建用地内的专用道路。

(4) 公共绿地。满足规定的日照要求，适于安排游憩活动场地的居民共享的集中绿地，包括居住区公园、居住小区的小游园、组团绿地及其他具有一定规模的块状、带状公共绿地。

2. 居住区环境的构成要素

居住区环境的构成要素包括自然、人工、社会 3 个方面，如图 10.11 所示。

(1) 自然要素包括地形、地质、水文、气象和植物等。

(2) 人工要素包括住宅、公共服务设施、市政公用设施、交通设施、游憩设施等。

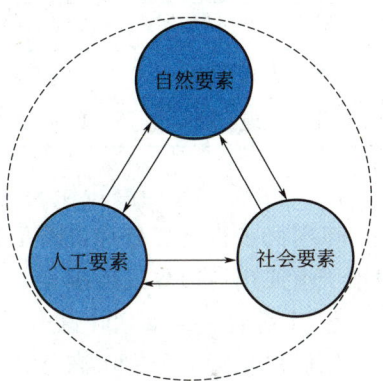

图 10.11　居住区组成要素结构

(3) 社会要素包括社会制度、社会组织、社会风尚、社会网络、居民素质、地方文化传统等。

10.1.4　居住区的规模、分级与组织结构

1. 居住区的规模

居住区的规模同城市规模一样，包括人口规模和用地规模两个方面，一般以人口规模作为主要标志。居住区作为城市的一个组成单元，往往需要形成一个适当的规模，而这个规模往往是由以下因素决定的。

1) 公共设施的经济性和合理的服务半径

居住区在规划设计中往往需要一些公共设施（商业服务、文化、医疗、教育等设施）为居民提供服务，而这些设施的经济性和合理的服务半径，是影响居住区人口规模的重要因素。

所谓合理的服务半径，是指居民到达居住级公共服务设施的最大步行距离，一般为 800～1000m，在地形起伏的地区可适当减少。

2) 城市道路交通方面的影响

现代城市交通发展往往需要城市干道之间有合理的间距，以保证城市交通的安全、快速和畅通。因而城市干道所包围的用地往往是决定居住区用地规模的一个重要条件。城市干道的合理间距一般为 600~1000m，城市干道间用地一般为 36~100hm^2。

除了以上两方面因素的影响以外，居住区规模还受到居民行政管理体制方面、住宅的层数等方面的影响。

2. 居住区的分级

一般情况下，按照居住区的户数和规模可将居住区划分为 4 级：十五分钟生活圈居住区、十分钟生活圈居住区、五分钟生活圈居住区、居住街坊（表 10-1）。

表 10-1 居住区分级控制规模

距离与规模	十五分钟生活圈居住区	十分钟生活圈居住区	五分钟生活圈居住区	居住街坊
步行距离/m	800~1000	500	300	—
居住人口/人	50000~100000	15000~25000	5000~12000	1000~3000
住宅数量/套	17000~32000	5000~8000	1500~4000	300~1000

1) 十五分钟生活圈居住区

以居民步行十五分钟可满足其物质与生活文化需求为原则划分的居住区范围；一般由城市干道或用地边界线所围合，其配套设施完善。

2) 十分钟生活圈居住区

以居民步行十分钟可满足其基本物质与生活文化需求为原则划分的居住区范围；一般由城市干道或用地边界线所围合，其配套设施齐全。

3) 五分钟生活圈居住区

以居民步行五分钟可满足其基本物质与生活文化需求为原则划分的居住区范围；一般由城市干道、支路或用地边界线所围合，其配建有社区服务设施。

4) 居住街坊

由支路等城市道路或用地边界线围合的住宅用地，是住宅建筑组合形成的居住基本单元；用地面积 2~4hm^2，并配建有便民服务设施。

3. 居住区规划结构的基本形式

居住区规划模式是按照规划组织结构分级来划分居住区，其规划组织结构较清晰。几个居住街坊组成一个五分钟生活圈居住区，几个五分钟生活圈居住区组成一个十分钟生活圈居住区，几个十分钟生活圈居住区组成一个十五分钟生活圈居住区，并设有各级中心，即为 4 级结构，如图 10.12 所示。

10.1.5 社区简介

社区是社会发展，特别是社会经济发展的必然产物。随着社会主义市场经济体制的逐步完善，社区在社会管理中的地位将不断增强。社区是满足居民需求的第一社会空间，是

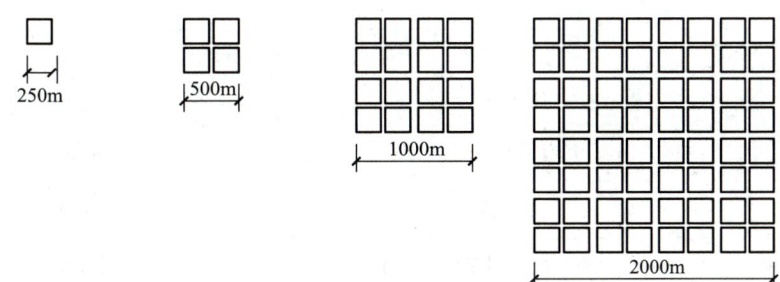

(a) 居住街坊 (b) 五分钟生活圈居住区 (c) 十分钟生活圈居住区 (d) 十五分钟生活圈居住区

图 10.12　居住区规划结构形式图

物质文明和精神文明建设的重要载体，是维护社会稳定的防线。

1. 社区的含义

社区包含以下 4 层基本含义。

（1）社区都有一个相对稳定、相对独立的地理空间。

（2）社区都有以特定社会关系为纽带形成的一定数量的人口。

（3）生活于该地域的人们具有一种地缘上的归属感和心理、文化上的认同感。

（4）社区的核心内容是社区中人们的各种社会活动及其互动关系。

2. 社区的特征

（1）社区是社会的缩影。社区是一个社会实体，它不仅包括一定数量和质量的人口，还包括由这些人所构成的社会群体和社会组织；不仅包括人们的经济生活，还包括政治、文化生活；不仅包括经济关系，还包括血缘、地缘等其他社会关系；不仅包括一定的地域，还包括人们赖以进行社会活动的生产资料和生活资料。总之，它包括了社会有机体的最基本内容，是宏观社会的缩影。

（2）社区是聚落的承载体。今日"聚落"既是居住、生活、休息和进行各种社交活动的场所，又是人类进行生产劳动的场所；既包括人类居住的房屋、街道、水域、广场，又包括与居住地有关的生产、生活设施及至生产劳动用地。我国城乡的聚落形式有村落、集镇、县城和城市等，它们都是社区的依托和物质载体。

（3）社区有自己特有的文化。在社区这个特定的社会历史及地理环境条件下，社区成员在社区社会实践中共同逐渐创造出具有本社区特色的精神财富及其物质形态。

（4）社区居民具有共同的社区意识。社区居民习惯以社区的名义与其他社区的居民沟通，并在自己的社区内互动。同时社区居民形成一种社区防卫系统，居民产生明确的"归属感"及"社区情结"。

（5）社区是不断变迁的。如同其他社会现象一样，社区也是人类活动的产物，是随着社会的发展而发展的。社区是从农业的出现，人们开始定居并形成村落开始的。农村社区是人类社会最早出现的社区形式，后来，在农村社区的基础上又出现了城市社区。数千年来，无论是农村社区还是城市社区，其内部结构、社会性质等都发生了一系列变化。社区的发展变化是社会诸多因素综合作用的结果，其中生产力发展是推动社区发展的最终决定性因素。

3. 社区规划与住宅区规划的区别

社区规划与住宅区规划的区别见表 10-2。

表 10-2　社区规划与住宅区规划的区别

类　型	项　目	
	住宅区规划	社区规划
地域界定	以城市道路或自然界限界定	与行政管理范围相关
工作方法	自上而下	自下而上
居民参与度	参与度很小或不参与	以居民参与为重点
工作核心	物质环境设施	成员的互动和社区意识
规划目标	物质环境的完善	社区与人的健康发展

10.2　居住区规划设计的成果、任务、原则、目标与要求

10.2.1　居住区规划设计的成果

参考案例

（1）居住区详细规划总平面图。图中应标明用地方位和比例、所有建筑物和构筑物的屋顶平面图、建筑层数、建筑使用性质、主要道路的中心线、道路转弯半径、停车位（地下车库和建筑底层架空部位应用虚线表示其范围）、室外广场、铺地的基本形式等。绿化部分应区别乔木、灌木、草地与花卉等。

（2）规划结构分析图。图中应全面明确地表达规划的基本构思、用地功能关系和社区构成等，以及规划基地及周边的功能关系、交通联系和空间关系等。

（3）道路交通分析图。图中应明确表现出各道路的等级、车行和步行活动的主要线路，以及各类停车场、广场的位置和规模等。

（4）绿化景观系统分析图。图中应明确表现出各类绿地景观的范围、功能结构和空间形态等。

（5）工程规划设计图。其中竖向规划设计图包括道路竖向、室内外地坪标高、建筑定位、室外挡土工程、地面排水及土石方量平衡等；管线综合工程规划设计图包括给水、供热、污水、雨水、燃气、电力电信等基本管线的布置。

（6）住宅单体平面图、立面图、剖面图。图中应注明各房间的功能和开间进深轴线尺寸，并应注明主要技术经济指标。不同类型住宅均应进行设计。

（7）各等级的道路横断面图及主要街景立面图。

（8）整体鸟瞰图或透视图及景观节点图。

（9）居住小区规划设计说明、规划设计指标。

（10）基本指标：总用地面积（hm²）、居住总人口（人）、总户数（户）、人口密度

（人/km²）、停车位（个/百户）、住宅平均层数（层）、住宅建筑总面积（m²）、公共建筑面积（m²）、容积率、建筑密度和绿地率等。

（11）用地平衡表。主要包括 4 大类用地的面积及所占比例。

10.2.2 居住区规划设计的任务

参考案例

居住区规划设计的任务一般有以下几个方面。

（1）选择和确定用地位置、范围（包括改建范围）。

（2）确定规模，即确定人口数量（或户数）和用地大小。

（3）拟定居住建筑类型、数量、层数、布置方式。

（4）拟定公共服务设施（包括允许设置的生产性建筑）的内容、规模、数量、标准、分布和布置方式。

（5）拟定各级道路的宽度、断面形式、布置方式，对外出入口位置，泊车量和停泊方式。

（6）拟定绿地、活动、休憩等室外场地的数量、分布和布置方式。

（7）拟定有关市政工程设施的规划方案。

（8）拟定各项技术经济指标和造价估算。

10.2.3 居住区规划设计的原则

参考案例

1. 社区发展原则

1）适宜居住

居住区选址首先要具有良好的生态环境，适宜人的居住。住宅建筑功能质量完善、设备先进、智能化程度较高，有着完善的节能措施，有较好的绿化水平，良好的小气候，多样化的活动场地；应能利用各种自然资源，并对各种废弃物进行循环再利用，使之适宜居住、健康舒适、可持续发展。

2）识别与归属

很多城市的面貌千篇一律，城市街道、居住区可识别性较差，生活在其中的居民很难得到较强的归属感和认同感。居住同一社区的居民较长时间没有达到相互的熟识与了解，社会交往极其匮乏。因此，可以在社区内建立一个可识别的系统，增强居住区的个性，以及提供社区内居民的相互交往的场所是社区规划设计的一个原则。

2. 生态优化原则

参考案例

尊重和保护自然与人文环境，合理地开发和利用土地资源，节地、节能、节材，建设人与环境有机融合的可持续发展的居住区。

通过积极应用新技术、开发新产品，充分合理地利用和营造居住区的生态与自然环境。以保护与营造生态为原则，综合规划交通与停车系统、供水排水系统、供热照明和取暖系统、垃圾收集处理系统，改善居住区及其周围的小气候，充分利用自然通风与采光，节约能源，减少污染，营造生态。

3. 整体性与多样性原则

居住区在城市的物质空间塑造中具有极为重要的地位。不同规模、丰富多样的居住区形式，不仅对居住区本身，而且对城市的特征和城市多样性的形成是非常重要的。在规划设计中，应该将居住区放到城市的层面去考虑它的组织结构、布局结构和空间结构的整体性，从营造生活环境的角度考虑满足居民各种需求的多样性。

4. 以人为本原则

在居住区规划设计中，应贯彻以人为本的原则，将不同阶层社区居民的需要作为规划设计的根本出发点，在人们可以自由选择自己居住环境的同时，又能满足不同阶层居民的需求。

10.2.4 居住区规划设计的目标与要求

作为城市居民最主要的生活空间，居住区规划与环境设计必须从居民日常生活最基本的要求出发，充分体现"以人为本"的人性化设计，其基本要求可以用"舒适、便利、卫生、安全、美观"这5个词来体现。

1. 舒适

舒适是居民对居住区规划设计最基本的要求，也是首要满足的内容。居住区规划设计应以满足居民的舒适性需求出发，合理组织各功能用地之间的结构关系、布局关系、空间关系，达到布局合理、配套齐全；需要从人性化关怀的角度出发，注重居住区微观环境创造和精细化设计，做到居住环境优美，舒适宜人。

2. 便利

便利主要指各种设施的设置与规划设计是否满足居民的便利度需求，如各类公共设施是否完善，道路交通系统的可达性与安全性如何，停车场地是否充足，住宅与公建、绿地、活动场所等联系是否便捷等。

3. 卫生

卫生程度是现代文明的具体体现，是居民对居住环境的基本生理需求。居住区规划设计应充分考虑居民卫生文明程度的不断提高，为居住区提供空气新鲜洁净、日照充足、通风良好、相关设施完善、无环境污染的卫生环境创造条件。

4. 安全

规划设计应充分考虑居民日常出行的安全和非常情况下的安全疏散和救助要求，如日常社会治安防护，交通安全防护，老幼及残疾人出行安全防护，火灾、震灾、战争等救助防护等。对居住区安全防护设计要建立法律法规意识，严格遵循相关规范的规定，保证居民的居住安全。

5. 美观

规划设计应与城市的历史、文化与地域特色相结合，既要体现城市总体设计对居住环境特色和建筑风格的要求，又要满足居民对居住环境美感日益提高的要求。

10.3 居住区的规划设计分类

10.3.1 住宅用地规划设计

住宅用地在居住区用地中占地比重最大，一般占到 50%～60%，对生活质量，甚至城市面貌、住宅产业发展有着直接的重要影响。住宅用地规划设计需要综合考虑各方面因素的影响，考虑的因素主要包括住宅选型、住宅合理的间距与朝向、居住区噪声防治、住宅群体组合方式等因素。

参考案例

1. 住宅选型

住宅选型应综合考虑国家现行住宅标准、地区特点、家庭人口结构、住宅建筑层数、"四节"（节水、节能、节地、节材）、经济等要求，合理确定住宅的类型与户型。

参考案例

1) 住宅内部的功能组成及各类空间

(1) 住宅内部的功能组成如图 10.13 所示。

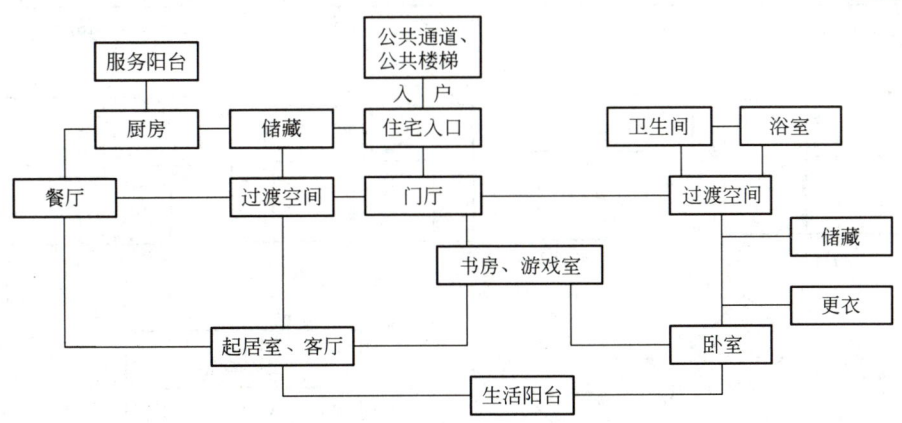

图 10.13 住宅内部的功能组成

(2) 住宅内部的各类空间具体如下。

① 起居室和书房。起居室是家庭团聚、会客、娱乐消遣的地方，其空间性质属于"闹"区。起居室是一个家庭中最主要的一个房间，一般起居室面积在 $18\sim30\text{m}^2$。起居室可独立设置，也可与餐厅结合布置。书房在功能上要求创造静态空间，要提供主人书写、阅读、研究、书刊资料贮存及会客交流的条件。

② 卧室。卧室的面积一般不宜过大，其空间性质属于"静"区。卧室的家具布置主要考虑床的位置，一般一个房间应保证有两个方向可布置下床，因此，主卧室的面积不宜

小于 $12m^2$，次卧室的面积不宜小于 $8m^2$。

③ 餐厅、厨房。餐厅可合在起居室内，也可合在厨房内。独立设置的餐厅，一般其面积不宜小于 $6m^2$。厨房的布置一般有单排、双排、L 形和 U 形几种布置方式。餐厅与厨房可相互结合进行布置，两者之间的距离不可过远。

④ 卫生间。卫生间要有良好的通风设计，最好采用窗直接通风，如条件限制不能直接通风，也应设计排风口或用排风扇组织排风。卫生间需进行管网综合设计，使管线走向短捷合理，并应适当隐蔽，以免影响美观。卫生间的楼地面宜比其他房间低 20～60mm，并宜设置地漏。

⑤ 楼梯间、电梯间、走廊。这是住宅内的交通空间，它除了满足人们日常的行走、搬运工作外，还要满足特殊情况下如搬家、抬担架、紧急疏散等方面的要求，因此住宅对楼梯间、电梯间、走廊的尺寸都有一定的要求。

2) 住宅的类型与户型

(1) 单元式住宅的类型如下。

① 梯间式。梯间式是由楼梯平台直接进入分户门，一般每梯可安排 2～4 户，如图 10.14 所示。这种形式平面布置紧凑，公共交通面积少，户间干扰少，但安排户数受限制，多户时朝向通风难以保证。

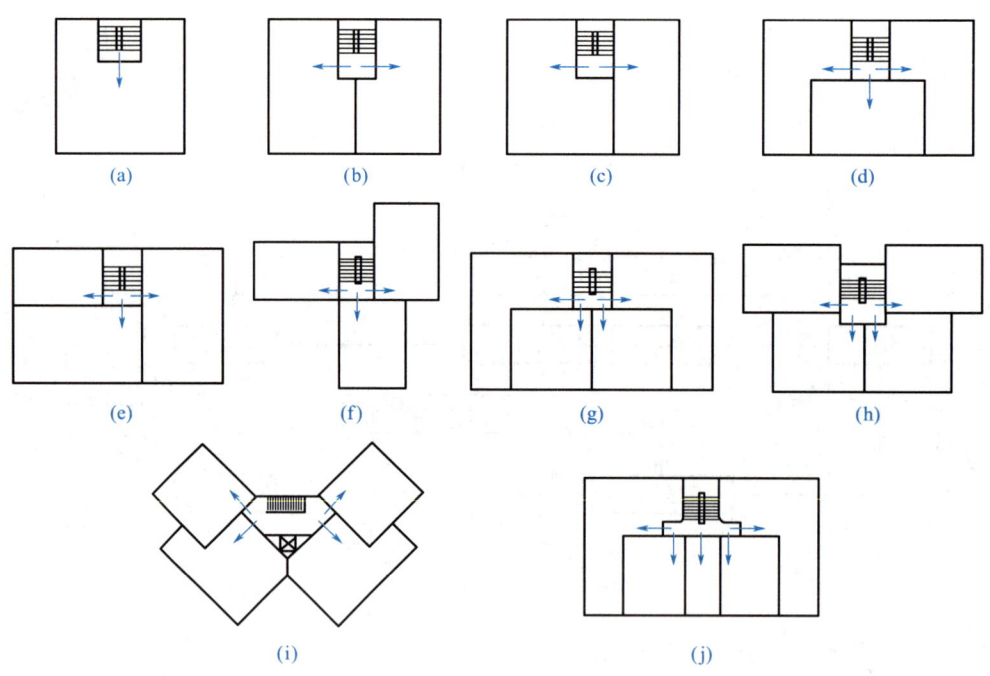

图 10.14 梯间式住宅

一梯两户：每套有两个朝向，便于组织穿堂通风，套门干扰少，较宜组织户内交通，单元面宽较窄，拼接灵活，目前我国采用较广泛。

一梯三户：每套均能有好朝向，但中间一套常是单朝向，通风较难组织。

一梯四户：楼梯使用率高，每套有可能争取到好朝向，一般将少室户布置在中间，多室户布置在两侧。

② 走廊式。走廊式是以楼梯通向各层廊道，由廊道进入各户。此类住宅楼梯利用率高，户间联系方便，但相互之间会有些干扰，如图 10.15 所示。

③ 集中式（点式）。集中式（点式）是数户围绕一个楼梯布置的类型，如图 10.16 所示。该类型四面临空，皆可采光、通风，分户灵活，每户有可能获得两个朝向而有转角通风，外形处理也较为自由，可丰富建筑群的艺术效果，建筑占地少，便于在小块用地上插建。但节能、经济性比条式住宅差。每层联系的户型可多可少，一般在高层住宅中采用较多。

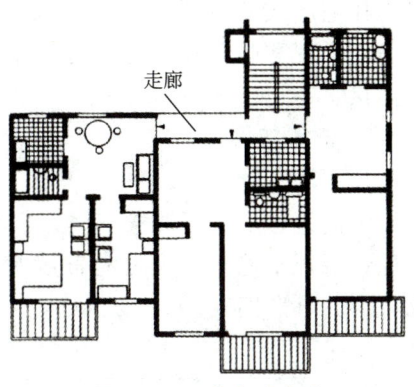

图 10.15　走廊式住宅

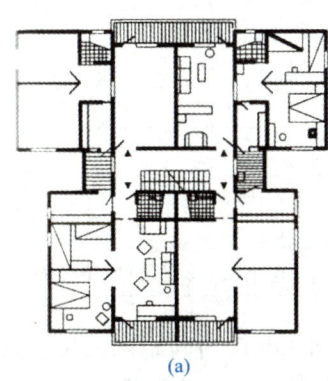
(a)

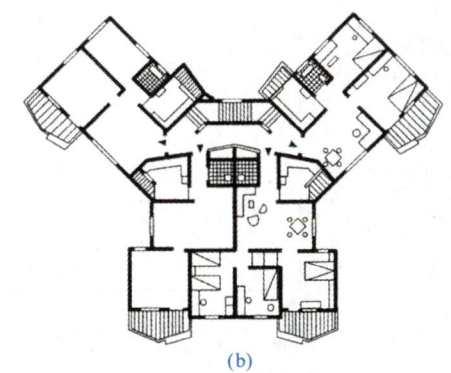
(b)

图 10.16　集中式（点式）住宅

(2) 单元式住宅的户型如下。

① 过道式。过道式是通过室内过道或前室联系各房间，其特点是组合关系简单，房间干扰小，但过道占有一定的面积，利用率不高。

② 穿套式。穿套式是通过房间的穿套来连接，其特点是利用房间内的活动空间兼作交通联系用，节约了交通面积，但增加了房间之间的干扰。

③ 过道与穿套结合式。其综合了过道式和穿套式两种形式的特点，又克服了部分缺点。

④ 复式。这种住宅是将部分用房在同一空间内沿垂直方向重叠在一起，往往采用吊楼或阁楼的形式，将家具尺度与空间利用结合起来，节约了空间体积。

⑤ 跃层。跃层是指一户人家占用两层或部分占用两层的空间，并通过专用楼梯联系。

⑥ 套内空间灵活分隔的形式。套内空间灵活分隔的形式是指在不改变建筑结构构件和外围护构件的情况下，住户可以根据自己的意愿重组套内空间，以适应不同的使用需求和不断变化的生活方式。

(3) 低层花园式住宅有独立式、并列式和联立式 3 种类型，层数为 1～3 层。独立式花园住宅拥有较大的基地，住宅四周可直接通风和采光，可布置车库；并列式住宅为两栋住宅并列建造，住宅有三面可直接通风采光，可布置车库；联立式花园住宅为一栋栋住宅相互连接建造，即城市住宅，每栋住宅占地规模较小，面宽为 6.5～13.5m 不等。

每种类型的住宅每户都占有一块独立的住宅基地。基地的规模根据住宅类型、住宅标准和住宅形式的不同,一般为 50～250m²。每户都有前院和后院。前院为生活性花园,通常面向景观和朝向较好的方向,并和生活步行道联系;后院为服务性院落,出口与通车道路连接。

2. 住宅的间距

1) 日照间距

不同地区对日照要求不同,表 10-3 为我国住宅建筑日照标准。在住宅群体组合中,为保证每户都能获得规定的日照时间和日照质量而要求住宅长轴外墙之间保持一定的距离,即为日照间距。

表 10-3 住宅建筑日照标准

建筑气候区划	Ⅰ、Ⅱ、Ⅲ、Ⅶ气候区		Ⅳ气候区		Ⅴ、Ⅵ气候区
城市常住人口/万人	≥50	<50	≥50	<50	无限定
日照标准日	大寒日				冬至日
日照时数/h	≥2		≥3		≥1
有效日照时间带（当地真太阳时）	8—16 时				9—15 时
计算起点	底层窗台面（距室内地坪 0.9m 高的外墙位置）				

(1) 日照间距考虑因素。住宅的建筑间距分正面间距和侧面间距两大类,其中日照间距泛指建筑的正面间距。日照间距需要考虑的主要因素包括两方面:地理纬度和城市规模。

一般情况下,纬度高的地区正午太阳高度角较小,为保证日照要求,日照间距也较大;纬度低的地区正午太阳高度角较大,日照间距较小就可满足日照要求。在实际设计中,一般通过控制日照间距系数来确定房屋间距,即以日照间距（L）和前排房屋高度（H）的比值来表达。我国大部分地区的系数值为 1.0～1.8。

大城市人口集中,用地的紧张程度与小城市相比要大,所以建筑物的日照间距要求较低。

(2) 日照间距的计算。日照间距的计算,通常以冬至日中午正南方向太阳能照射到房屋底层窗台的高度为依据,如图 10.17 所示。计算公式为

$$L = (H - H_1)\cot\alpha$$

令 $a = \cot\alpha$,则

$$L = (H - H_1)a$$

式中:L——两排建筑的日照间距;

H——前排建筑背阳侧檐口至地面的高度;

H_1——后排建筑底层窗台至地面的高度;

α——太阳高度角;

a——日照间距系数。

在建筑设计中,可以将建筑顶部设计为坡顶形式或做退台处理,可以扩大空间利用或减少建筑日照间距,提高用地利用率。除此以外,住宅群体争取日照的措施可采用建筑的不同组合方式,采用不同的朝向,以及利用地形、绿化等手段,如图 10.18～图 10.20 所示。

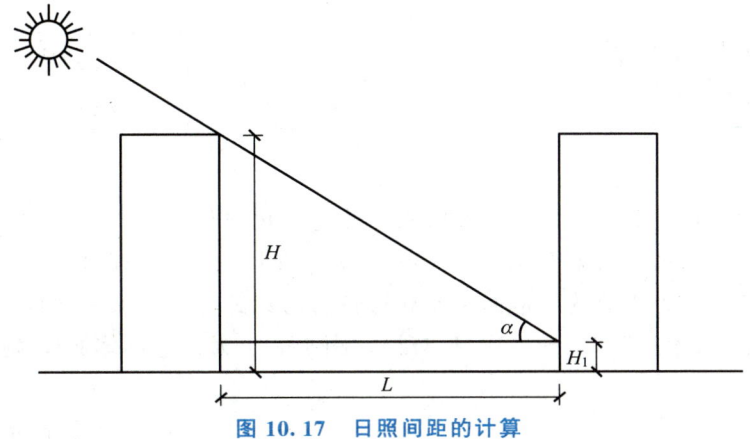

图 10.17　日照间距的计算

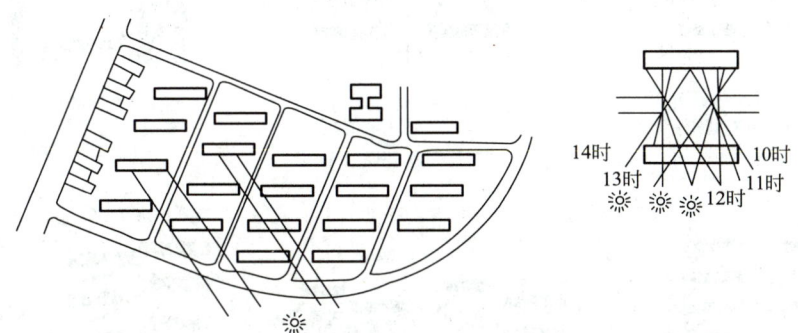

图 10.18　住宅错落布置，可利用山墙间隙提高日照水平

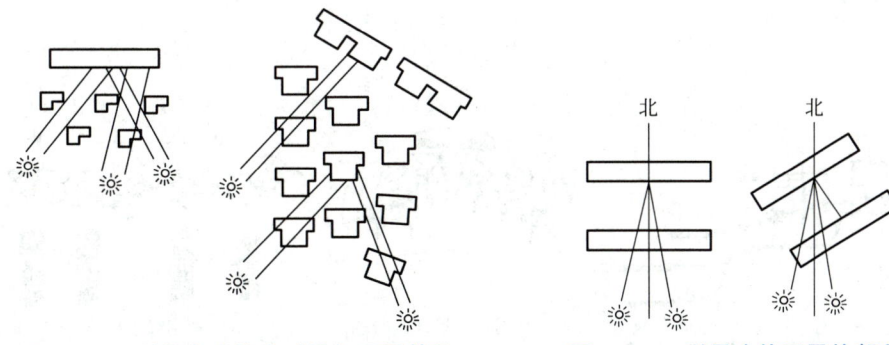

图 10.19　利用点式住宅以增加日照效果，
可适当缩小间距　　　　　图 10.20　利用建筑不同的朝向，
可缩短日照间距

当住宅正面偏离正南方向时，其日照间距以标准日照间距进行折减计算。公式为
$$L' = bL$$
式中：L'——不同方位住宅日照间距（m）；
　　　L——正南向住宅标准日照间距（m）；
　　　b——不同方位日照间距折减系数，见表 10-4。

表 10 - 4　不同方位日照间距折减换算表

方位	0～15°（含）	15°～30°（含）	30°～45°（含）	45°～60°（含）	>60°
折减值	1.0L	0.9L	0.8L	0.9L	0.95L

2）通风间距

为使建筑物有合理的通风间距，通常采用使建筑物与夏季主导风向成一定角度的布局形式。实验证明，当风向入射角为 30°～60°、间距选择（1∶1.5H）～（1∶1.3H）时，通风效果比较理想。为了节约用地而又能获得较为理想的通风效果，建议呈并列布置的建筑群，间距宜取（1∶1.5H）～（1∶1.3H）。图 10.21 为住宅群体通风和防风措施。

(a) 住宅错列布置增大迎风面，利用山墙间距，将气流导入住宅群内部

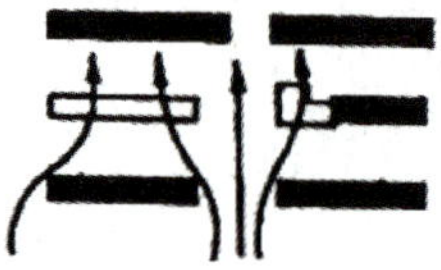

(b) 低层住宅或公建布置在多层住宅群之间，可改善通风效果

(c) 住宅疏密相间布置，密处风速加大，改善了群体内部通风

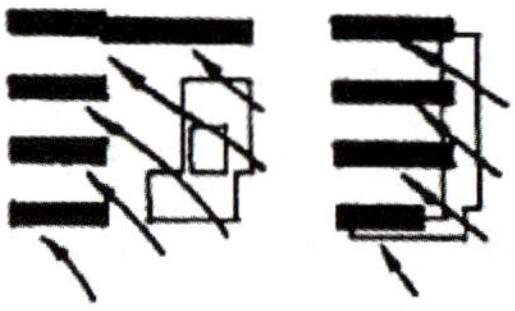

(d) 高低层住宅间隔布置，或将低层住宅或低层公建布置在迎风面一侧，以利进风

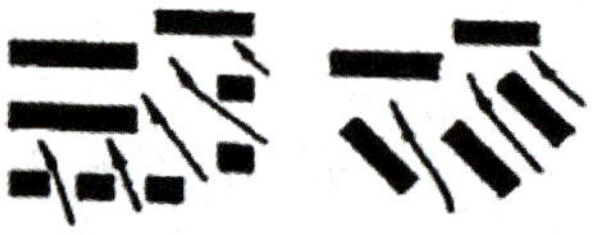

(e) 住宅组群豁口迎向主导风向，有利通风，如防寒则在通风面上少设豁口

(f) 住宅组群南侧错落布置，导入夏季主导风，北侧板式布置抵挡冬季主导风

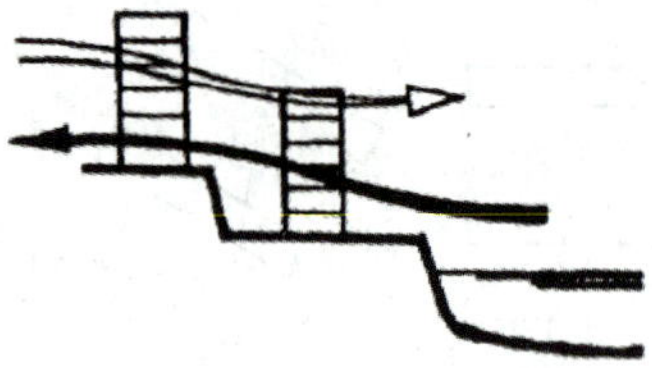

(g) 利用水面和陆地温差加强通风

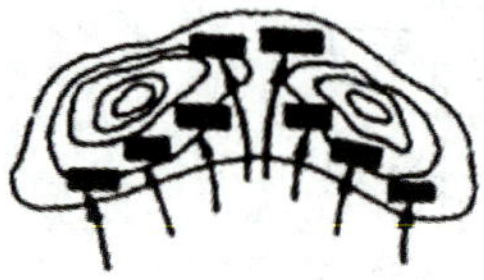

(h) 利用局部风候改善通风

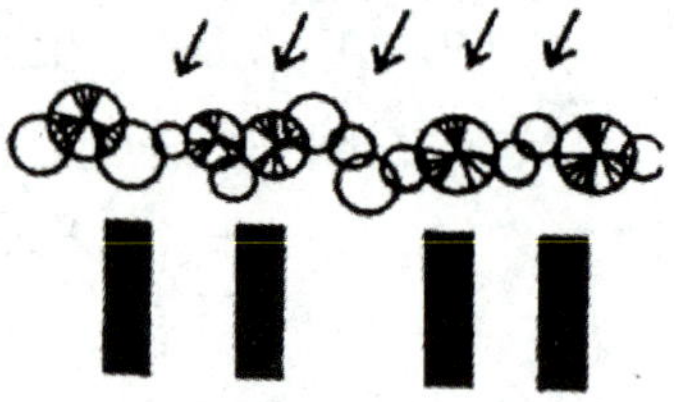

(i) 利用绿化起导风或防风作用

图 10.21　住宅群体通风和防风措施

3）消防间距

除应满足日照、通风间距外，住宅的间距还应满足防火的需要。我国现行《建筑设计防火规范（2018 年版）》（GB 50016—2014）对民用建筑的防火间距要求见表 10 - 5。

表 10-5　民用建筑之间的防火间距（m）

建筑类别		高层民用建筑	裙房和其他民用建筑		
		一、二级	一、二级	三级	四级
高层民用建筑	一、二级	13	9	11	14
裙房和其他民用建筑	一、二级	9	6	7	9
	三级	11	7	8	10
	四级	14	9	10	12

3. 住宅的朝向

住宅的朝向与日照时间、太阳辐射强度、常年主导风向及地形等因素有关，一般情况下，住宅的朝向主要考虑以下因素：冬季能有适量并具有一定质量的阳光射入室内；炎热季节应尽量减少太阳直射室内和居室外墙面；夏季有良好通风，冬季避免冷风吹袭；充分利用地形，有效利用土地。通过综合考量，在我国，一般认为南向或偏南向为最理想的朝向。在设计时要特别注意避免西晒问题，若因场地条件限制，建筑布置必须朝西时，要适当设置遮阳设施或种植植物，如图 10.22 所示。

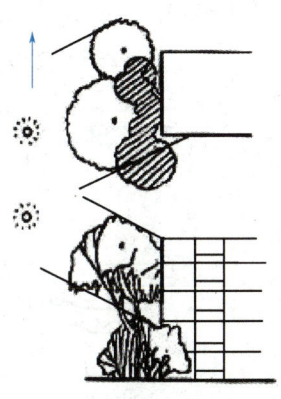

图 10.22　绿化防止西晒

4. 居住区噪声防治

噪声对人的危害是多方面的，它不仅干扰人的生活、工作、休息，而且还会损害人的身体，引发神经系统和心血管方面的疾病。因此，噪声防治已经成为居住区规划时必须考虑的一个重要问题。居住区内的噪声来源主要有 3 个方面：道路交通噪声、临近工业区的噪声、人群活动的噪声。住宅群体噪声防治措施如图 10.23 所示。

5. 住宅群体组合

1）住宅群体组合的基本要求

住宅群体组合应保证住宅群体在功能、经济、美观 3 方面各自的要求，又使三者互相协调统一。

功能方面：满足日照、通风、密度、朝向、间距等要求，使居住环境方便、安全、安静，便于居民联系交往，便于管理。

经济方面：选定合适的技术经济指标，合理地节约用地，充分利用空间，方便施工。

美观方面：运用美学原理，创造和谐、优美、明朗、亲切、大方及富有个性的居住生活环境。

2）住宅群体平面的组合方式

住宅群体平面的组合方式有行列布置、周边布置、点群式布置和混合布置等方式，如图 10.24 所示。

（1）行列布置。行列布置是建筑按一定朝向和合理间距成排布置的形式。这种布置形式能使绝大多数居室获得良好的日照和通风，是各地广泛采用的一种方式。但如果处理不

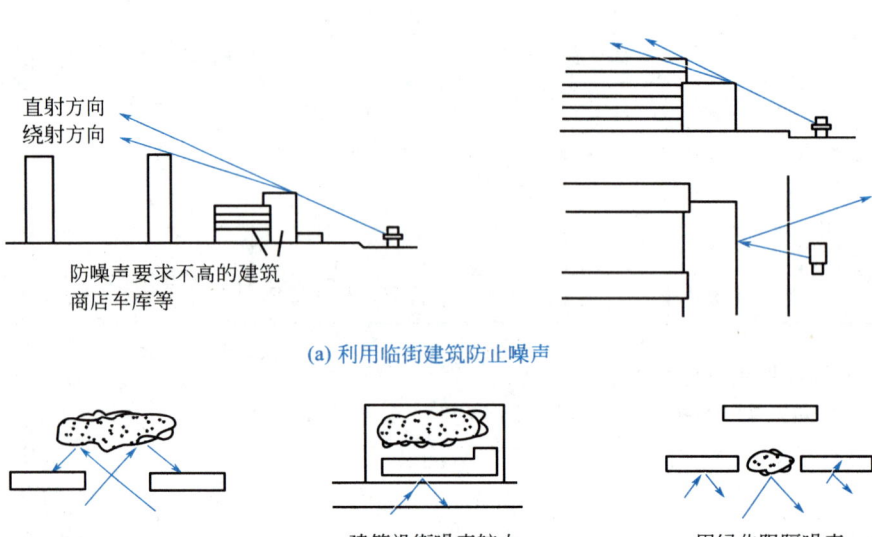

(a) 利用临街建筑防止噪声

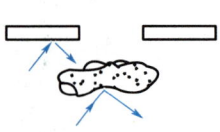 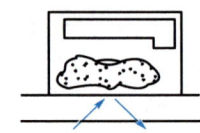 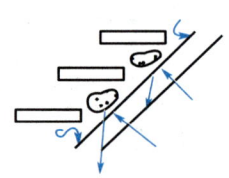

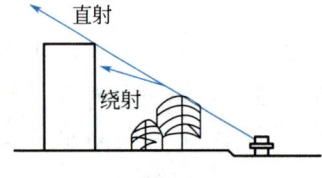 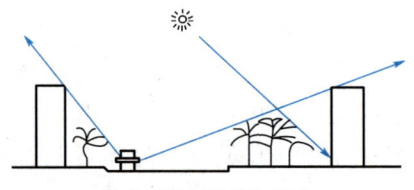

(b) 利用绿化防止噪声

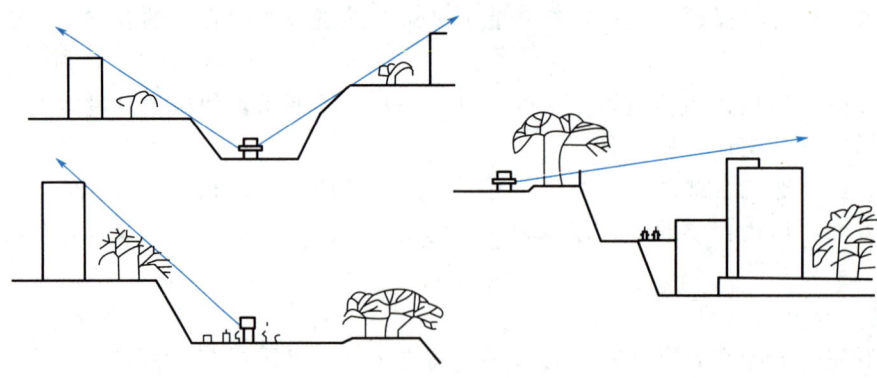

(c) 利用地形防止噪声

图 10.23　住宅群体噪声防治措施

(a)"行列式"与线型空间　　　　(b)"周边式"与集中型空间　　　　(c)"点群式"与松散型空间

图 10.24　住宅群体平面的组合方式

好，会造成单调、呆板的感觉，容易产生穿越交通的干扰。

(2) 周边布置。周边布置是建筑沿街坊或院落周边布置的形式。这种布置形式的优点是能够形成较封闭的院落空间，便于组织院落中的绿化休憩场地；对于寒冷或严寒地区，可阻挡风沙及减少院内积雪；有利于节约用地，提高居住建筑面积密度。其缺点是有一部分建筑朝向较差，施工较为复杂。

(3) 点群式布置。点群式布置是建筑结合地形，在照顾日照、通风等要求的前提下，成组自由灵活地布置的形式。

(4) 混合布置。混合布置为以上两种形式的结合形式，最常见的往往以行列式为主，以少量住宅或公共建筑沿道路或院落周边布置，以形成开敞式院落。

以上 4 种方式是住宅群体布置的一些常见形式，还有一些形式可以根据具体情况因地制宜地进行布置。

3) 住宅群体空间的组合形式

(1) 成组成团。由一定数量和规模的住宅成组成团地组合，构成居住区的基本组合单元，如图 10.25 所示。其规模受建筑层数、公建配置方式、自然地形、现状条件及新村管理等因素的影响，住宅组团可由同一类型、同一层数或不同类型、不同层数的住宅组合而成，也可按绿化、公共建筑、道路、河流、地形等划分，如图 10.26 所示。

(2) 成街成坊（此处的"街""坊"指的是空间形态，不同于居住区规模等级划分中的"街坊"）。成街的组合方式就是以住宅沿街成组成段的组合方式，而成坊的组合方式就是住宅以街坊作为整体的一种布置方式，如图 10.27 和图 10.28 所示。成街的组合方式一般用于城市和居住区主要道路的沿线和带型地段的规划。成坊的组合方式一般用于规模不太大的街坊或保留房屋较多的旧居住地段的改建。

(3) 整体式。整体式是将住宅（或结合公共建筑）用连廊、高架平台等连成一体的组合方式，如图 10.29 所示。

6. 居住区的节地措施

1) 住宅群体的节地措施

(1) 住宅底层布置公共服务设施。适宜布置在住宅底层的公共服务设施主要是一些对住户干扰不大且本身对用房和用地无特殊要求的公共服务设施，如小百货商店、居委会等。

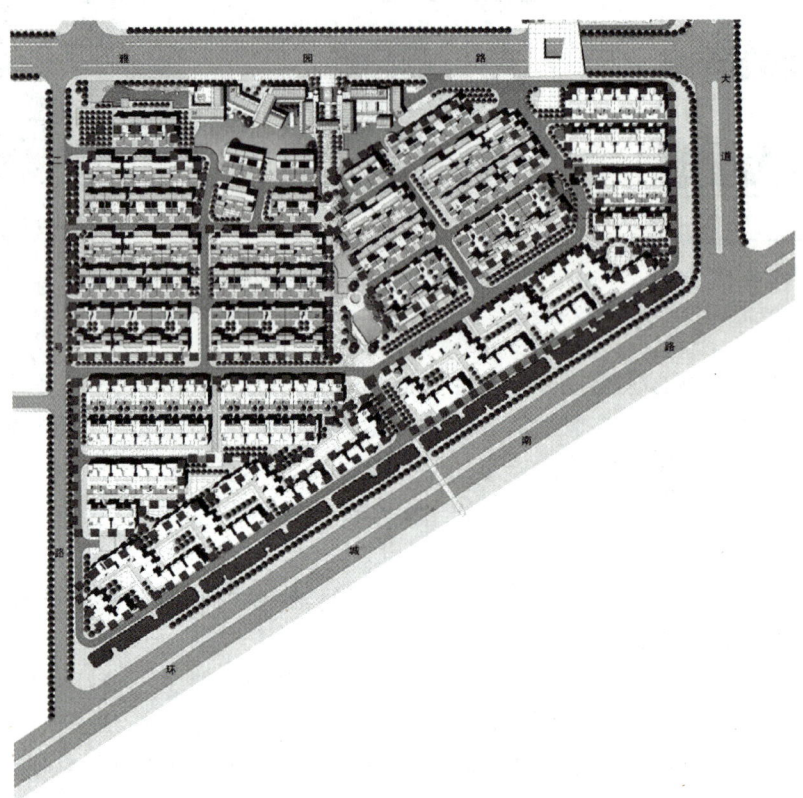

图 10.25 成组成团式布置（深圳万科第五园）

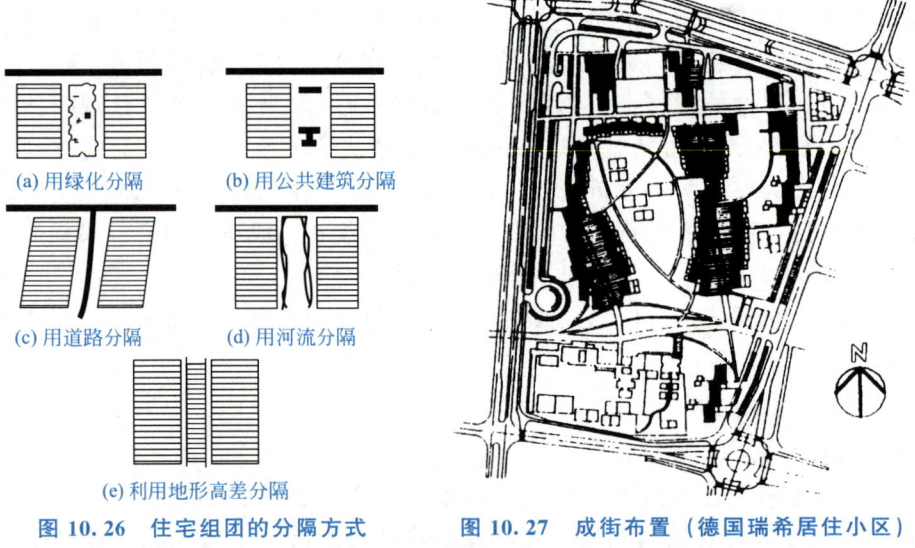

(a) 用绿化分隔　(b) 用公共建筑分隔

(c) 用道路分隔　(d) 用河流分隔

(e) 利用地形高差分隔

图 10.26　住宅组团的分隔方式　　图 10.27　成街布置（德国瑞希居住小区）

图 10.28　成坊布置（武汉市青山区红钢城）

图 10.29　整体式布置（墨尔本 Hawthom Park 居住区）

（2）合理利用住宅间用地。可利用南北向住宅沿街山墙一侧的用地布置低层公共服务设施，如图10.30所示。还在住宅间距内插建低层公共建筑，如居委会、医疗站、青少年活动室、老年退休职工活动室等，如图10.31所示。

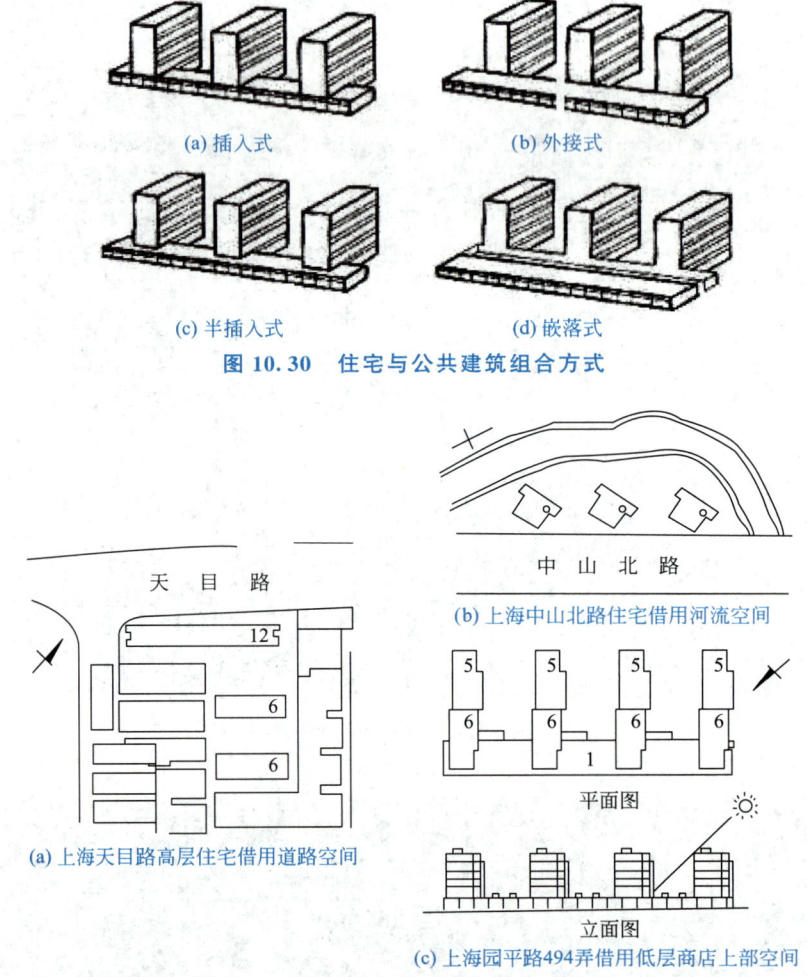

图 10.30　住宅与公共建筑组合方式

图 10.31　住宅用地空间的借用

注：数字表示建筑层数。

（3）少量住宅东西向布置，如图10.32所示。
（4）高低层住宅混合布置，如图10.33所示。
（5）利用高架平台、过街楼或利用地下空间，如图10.34所示。

2）住宅单体的节地措施

（1）加大住宅进深，缩小每户面宽。
（2）降低住宅层高，既可降低建筑造价，又因总高度的降低而缩小日照间距。
（3）采用复式或夹层住宅。
（4）提高住宅层数。
（5）采用北向退台式住宅或坡屋顶住宅，以缩小住宅的日照间距。

第10章 居住区规划设计

(a) 同样数量的房屋，如把其中一幢东西向布置，则可留出较大的院落

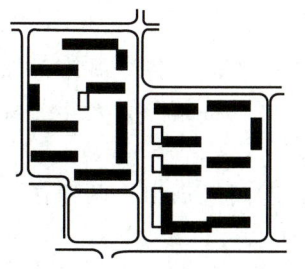
(b) 北京垂杨柳小区住宅组

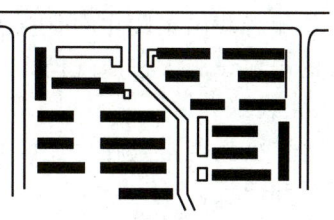
(c) 北京新源里小区住宅组

图 10.32　住宅东西向布置

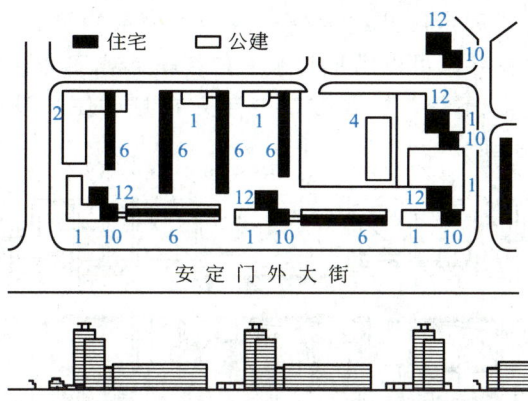

图 10.33　高低层住宅混合布置（北京青年湖小区住宅组）

注：1. 数字表示建筑层数；2. 北京青年湖小区采用多层（4、5、6层）和高层（10、12层）住宅混合布置的方式（平均为6.5层），其中高层占住宅总面积的16.7％左右，高层住宅的布置借用道路、中小学操场和院落等空间，使小区居住建筑面积密度达18000m²/hm²，比北京龙潭湖小区（均为5层）的居住建筑密度高1倍左右，龙潭湖小区的居住建筑面积密度为9070m²/hm²。

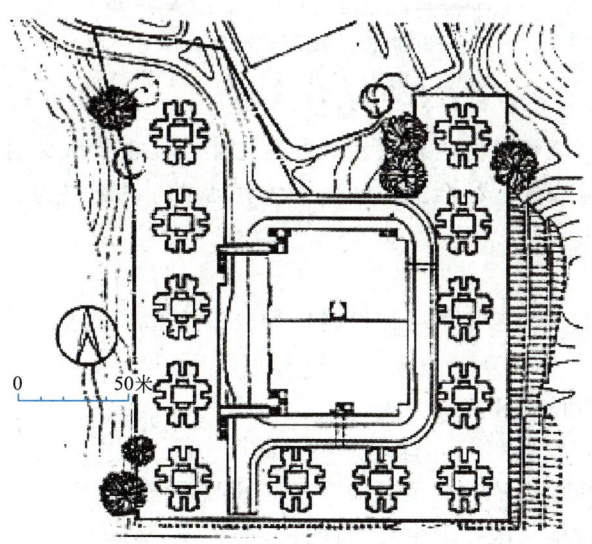

图 10.34　利用地下空间和高架平台

注：香港南丰新村中心部分为大型4层地下停车场；而顶上平台则布置花园、儿童游戏场、篮球场和羽毛球场。

7. 居住区的适老设计

伴随着我国老龄化的日益加剧，当前，各个城市都在着力建设和发展一批专为老年人服务的居住设施，按照规模大小，可以将其分为老年公寓和老年社区。

1）老年公寓

老年公寓通常是在居住区内，专门规划出一两幢楼，按照适于老年人居住的要求来进行设计和建设。

老年公寓除了要满足老年人居住的需求外，还需要在老年人的生活服务、医疗服务以及娱乐交往等各方面，都有妥善的安排，因而多采用底层为公共服务，上层为居住空间的整体布局模式。

老年公寓多采用单元式和走廊式组合模式。前者一般户型较大，常为 90~130 m² 不等，以二居室、三居室为主导，可以满足与亲人住在一起或雇佣保姆等需求；后者通常户型面积不大，为 70~110 m² 不等，主要按仅老年人自身居住来设计，因而一居室、二居室占主体地位，如图 10.35 所示。

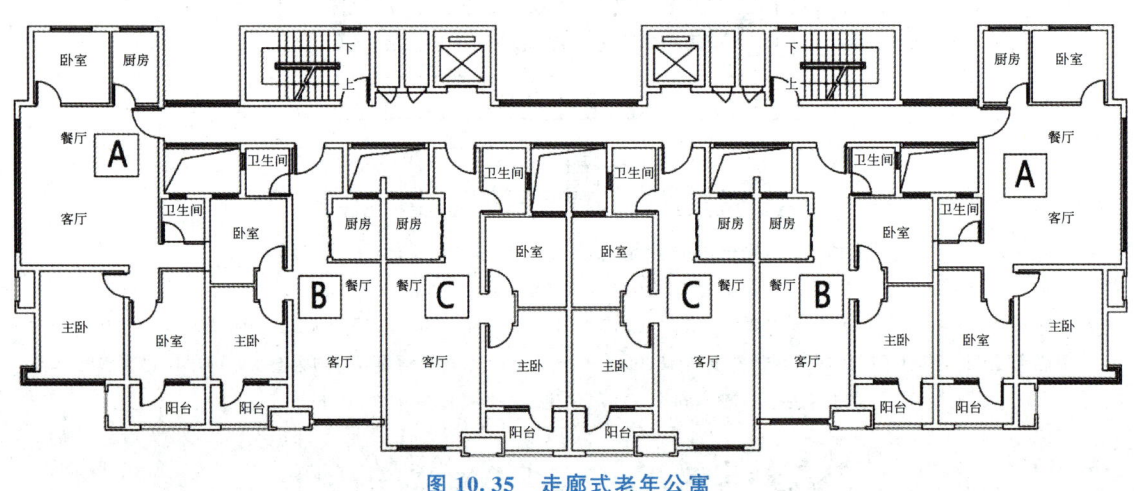

图 10.35 走廊式老年公寓

2）老年社区

与一般社区不同，老年社区主要入住人群是老年人，主要服务对象也是老年人，因而老年社区的医护、家务服务、社会交往和文娱体育活动等设施更为齐全，服务更为及时周到，如图 10.36 所示。

3）注意事项

无论是对于何种类型的老年人居住设施，相较于普通居住区，在进行设计时应额外考虑以下注意事项。

（1）居住建筑宜以低层和多层为主。

（2）建筑密度不宜大于 30%，绿地率不宜低于 40%。

（3）应根据各地技术规范，满足更加严格的日照要求。

（4）老年人居住设施与医疗卫生等其他公共服务设施在服务对象、服务功能上存在差异，因此在联合建设时，应保持养老设施功能布局的独立性，以满足老年人对安静、安全、避免干扰的特殊需求。

图 10.36　桐乡养老社区

（5）老年人活动场地应有 1/2 的活动面积在标准的建筑日照阴影线以外。场地内容应充分考虑老年人活动特点，场地布置时动静分区。一般将有活动器械或设施的场地作为"动区"，与供老年人休憩的"静区"适当隔离。集中活动场地附近应设置便于老年人使用的公共卫生间。

（6）老年人设施场地内应人车分行，并应设置适量的停车位。

（7）道路系统应保证救护车辆能停靠在建筑的主要出入口处，且应与建筑的紧急送医通道相连。

（8）养老设施建筑出入口至机动车道路之间应留有缓冲空间。

（9）室内外各类地面应采用防滑材料铺装。

（10）绿化种植宜选用地方树种，以乔木为主，林下净空不应低于 2.20m。绿化种植不应对老年人的健康造成危害。观赏水体深度大于 0.50m 时，应设置安全防护措施。

（11）入口等有高差处设置无障碍专用坡道。

（12）凡老年人设施场地内的水面周围、室外踏步、坡道两侧均应设扶手、护栏，以保证老年人行动的方便和安全。

（13）无障碍通道的通行净宽不应小于 1.20m，人员密集的公共场所的通行净宽不应小于 1.80m。

（14）应设电梯，电梯应为无障碍电梯，且至少 1 台能容纳担架。电梯门前应设直径不小于 1.50m 的轮椅回转空间。

（15）老人的卧室宜朝南，在实现基本家具摆放需求的同时还应留出足够的空间满足轮椅的使用和护理人员的照护。卧室可设置亮度较低的夜灯，并避免眩光。卧室的墙体及门窗具有较好的隔声性能。

（16）起居室也应尽量布置在南面，并确保较好通风。起居室的尺寸应考虑具体的家庭规模。

（17）餐厅应与厨房相邻，缩短老人上菜距离。餐桌位置可以考虑视线上与起居室的电视相连，增加老人就餐时的娱乐性。

（18）厨房的操作台宜采用 L 形、U 形布置。考虑老人身高会比年轻时有所降低，同时兼顾轮椅操作的情况，厨房的操作台面一般高度设计成 800mm。

（19）老年人卧室布置在卫生间附近，若条件允许，在老人卧室中可配置无障碍卫生间，以实现便捷。卫生间尺寸满足轮椅直径 1.5m 的回转空间，同时为护理人员留出必要的看护空间。卫生间门最好设置为外开门或移门，以防老人发生意外无法及时救治。

（20）失智老年人居住用房宜采用封闭阳台。

10.3.2 公共服务设施用地规划设计

1. 公共服务设施的分类与内容

1）按使用性质划分

公共服务设施（也称配套公建）按使用性质划分，可分为 8 类，如图 10.37 所示。

（1）教育类。如托儿所、幼儿园、小学、中学等。

（2）医疗卫生类。如医院、诊所、卫生站、老年人康复中心、健康咨询、心理咨询等。

参考案例

（3）文化体育类。如影剧院、俱乐部、图书馆、游泳池、体育场、青少年活动站、老年人活动室、会所等。

（4）商业服务类。如食品店、菜市场、服装店、家具店、五金店、电力营业厅、服务站、自行车存放处等。

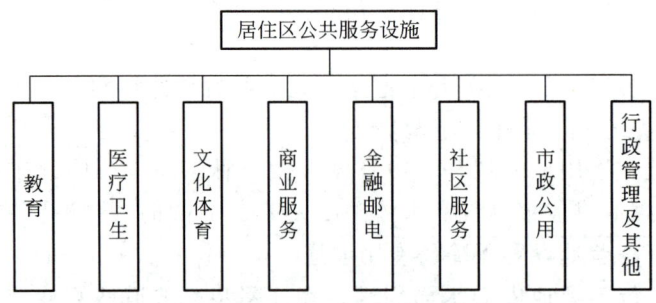

图 10.37　居住区公共服务设施分类

（5）金融邮电类。如银行、储蓄所、邮电局、邮政所、证券交易所等。

（6）社区服务类。如居委会、社区服务中心、养老院、老年人日间照料中心等。

（7）市政公用类。如公共厕所、变电所、消防站、垃圾站、水泵房、煤气调压站等。

（8）行政管理及其他类。如商业管理、街道办事处、居民委员会、派出所、居住区内的工业、手工业等。

2）按使用频率划分

按使用频率划分，公共服务设施可分为以下两类。

（1）居民每日或经常使用的公共服务设施，如托儿所、幼儿园、小学、中学、文化活动站、住区会所、邮政所、卫生站、小商店等，这些服务设施都属于小区级或组团级的设施。

（2）居民必要的非经常使用的公共服务设施，如商场、文化活动中心、美容店、干洗店、书店等。

3）按营利与非营利性质划分

公共服务设施还可以分为营利性公共服务设施和非营利性公共服务设施。

（1）营利性公共服务设施有超市、菜市场、综合百货、饭馆等。

（2）非营利性公共服务设施有托儿所、幼儿园、中小学、门诊所、卫生站、医院、社区活动中心、物业管理公司、街道办事处等。

2. 公共服务设施的分级

居住区内的公共建筑根据其规模大小、服务范围、经营管理及居民的使用要求一般分为四级（十五分钟生活居住区、十分钟生活居住区、五分钟生活居住区、居住街坊），如图 10.38 所示。每级公共服务设施的服务半径又有所不同，具体范围见表 10-6。

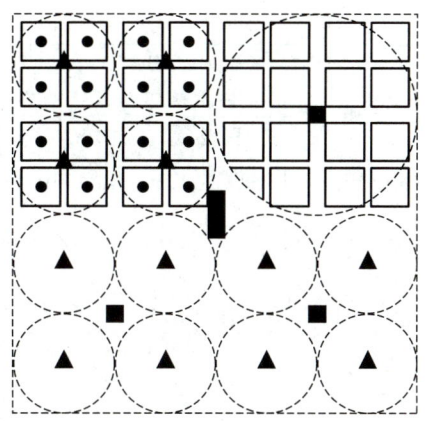

● 居住街坊配套设施
▲ 五分钟生活圈居住区配套设施
■ 十分钟生活圈居住区配套设施
■ 十五分钟生活圈居住区配套设施

图 10.38　居住区公共服务设施分级示意

表 10-6　各级公共服务设施服务半径

序号	公共服务设施等级	服务半径/m
1	十五分钟生活圈居住区	800～1000
2	十分钟生活圈居住区	500
3	五分钟生活圈居住区	300
4	居住街坊	—

3. 公共服务设施的定额指标

居住区公共服务设施的数量、用地与建筑面积的计算以"千人指标"为主，同时对照"公共服务设施应占住宅建筑面积的比重"；对于新建居住区商业服务设施的建筑面积规划控制标准，可采用"千户指标"。

千人指标，即每千个居民拥有的各项公共服务设施的建筑面积和用地面积。千人指标是以每千个居民为单位根据公共建筑的不同性质而采用不同的计算单位，来计算建筑面积和用地面积，见表 10-7。

千户指标，即每千户家庭拥有的各项公共服务设施网点的建筑面积。

表 10-7　公共服务设施控制指标　　　　　　　　　　　单位：m²/千人

类别	十五分钟生活圈居住区		十分钟生活圈居住区		五分钟生活圈居住区		居住街坊	
	用地面积	建筑面积	用地面积	建筑面积	用地面积	建筑面积	用地面积	建筑面积
总指标	1600～2910	1450～1830	1980～2660	1050～1270	1710～2210	1070～1820	50～150	80～90

续表

类别	十五分钟生活圈居住区		十分钟生活圈居住区		五分钟生活圈居住区		居住街坊	
	用地面积	建筑面积	用地面积	建筑面积	用地面积	建筑面积	用地面积	建筑面积
公共管理与公共服务设施A类	1250～2360	1130～1380	1890～2340	730～810	—	—	—	—
交通场站设施S类	—	—	70～80	—	—	—	—	—
商业服务设施B类	350～550	320～450	20～240	320～460	—	—	—	—
社区服务设施R12、R22、R23	—	—	—	—	1710～2210	1070～1820	—	—
便民服务设施R11、R21、R31	—	—	—	—	—	—	50～150	80～90

注: 1. 十五分钟生活圈居住区指标不含十分钟生活圈居住区指标，十分钟生活圈居住区指标不含五分钟生活圈居住区指标，五分钟生活圈居住区指标不含居住街坊指标。

2. 配套设施用地应含与住居住分级对应的居民室外活动场所用地；未含高中用地、市政公用设施用地，市政公用设施应根据专业规划确定。

4. 公共服务设施的布置要求

（1）居住区配套公建的配建水平，必须与居住人口规模相对应，公共服务设施的布点还必须与居住区规划结构相适应。所谓配建水平是指居住（小）区中与人口规模对应，并与居住（小）区同步规划、同时投入使用的服务设施的多少。

（2）居住区配套公建应与住宅同步规划、同步建设、同时投入使用。

（3）各级服务设施应有合理的服务半径。所谓服务半径是指各项公共服务设施所服务的空间距离或时间距离。一般情况下，确定各级服务设施的服务半径的因素主要有两个方面：居民的使用频率和设施的规模效益。

（4）商业服务、金融邮电、文体等有关项目宜集中布置，形成各级居民生活活动中心。

（5）在便于使用、综合经营、互不干扰、节约用地的前提下，宜将有关项目相对集中布置形成综合楼或综合体。

（6）应结合职工上下班流向、公共交通站点布置公共服务设施，方便居民使用。

（7）根据不同项目的使用特征和居住区的规划布局形式，采用分散和集中相结合的方式，合理布局，充分发挥设施效益，有利于经营管理，方便使用与减少干扰。

5. 公共中心布置方式示例

公共中心布置实例如图10.39所示。

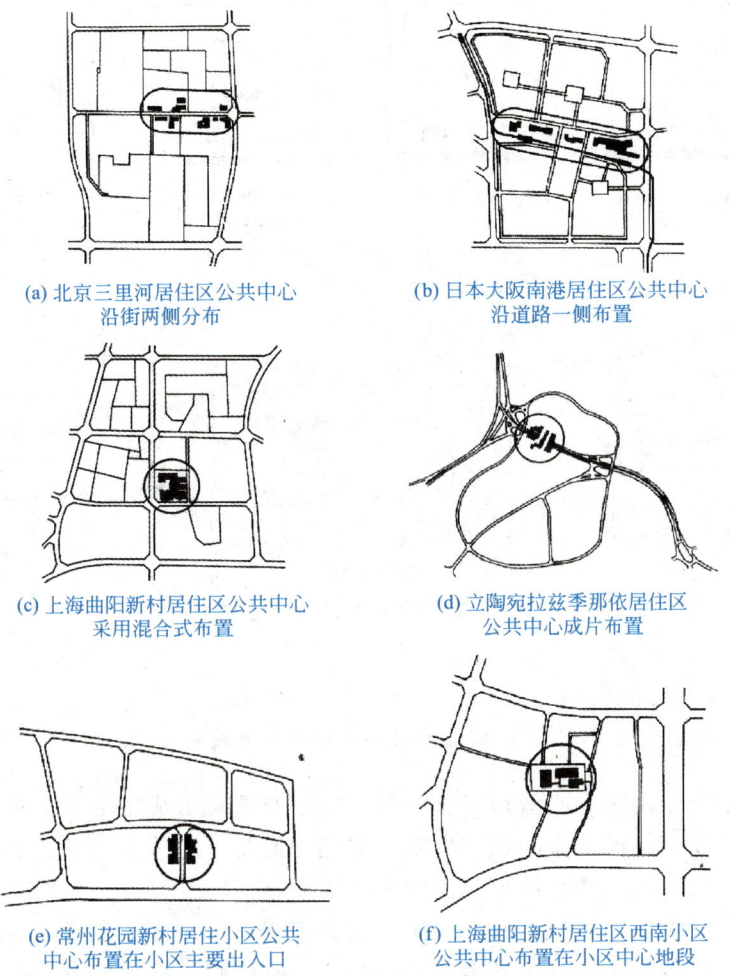

图 10.39 公共中心布置实例

6. 公共服务设施的规划布局

1) 教育类设施的规划布局

中小学设施宜选址于安全、方便、环境适宜的地段，同时宜与绿地、文化活动中心等设施相邻；选址应避开城市干道、交叉口等交通繁忙的路段，还应考虑车流、人流交通的合理组织，减少学校与周边城市交通的相互干扰。承担城市应急避难场所的学校，要坚持节约资源、合理利用、平灾结合的基本原则，并符合相关国家标准的规定。学校体育场地是城市体育设施的重要组成部分，合理利用学校体育设施是节约与合理利用土地资源的有效措施，同时应鼓励学校体育设施向周边居民错时开放。图 10.40 和图 10.41 是居住区中小学布置的一些常见位置。

新建幼儿园宜独立占地，不应与不利于幼儿身心健康以及危及幼儿安全的场所毗邻，并应设置于阳光充足、接近集中绿地、便于家长接送的地段。

2) 文化体育类设施的规划布局

(1) 居住区的文化体育设施可根据分区原则进行配置。
(2) 文化活动中心可设小型图书馆、影视厅、游戏厅、老年人活动场地、青少年活动

 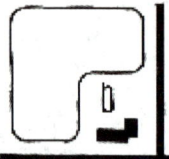  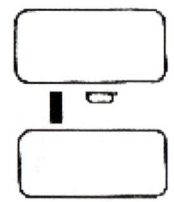

(a) 临近道路布置在凹入地段上　　(b) 布置在拐角处　　(c) 布置在中央单独地段上　　(d) 布置在小区之间供两个小区使用

图 10.40　小学布置位置示意

 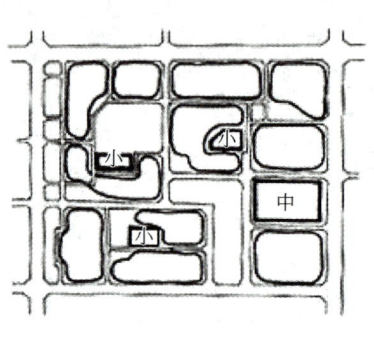 

(a) 上海凉城新村居住区中小学布置　　(b) 深圳园岭居住区中小学布置　　(c) 日本大阪南港居住区中小学布置

图 10.41　中小学布置位置实例

室等，宜结合或靠近同级中心绿地安排，相对集中布置，形成生活活动中心。

（3）文化活动站可设书报阅览、书画、文娱、健身、音乐欣赏等内容，宜结合或接近同级中心绿地安排，对立性组团也应设置文化活动站。

（4）居民运动场、馆宜设置 60～100m 直跑道或 200m 的环形跑道及简单运动设施，并应与居住区的步行与绿化系统紧密联系或结合，其道路与绿地应有良好的可达性。

（5）应设老人和儿童活动场地及其他简单运动设施等居民健身设施，宜结合绿地安排。青少年活动场地应避免对居民正常生活活动的影响；老年人活动场地应相对集中。

3）社会福利设施的规划布局

养老院、老年养护院的选址应满足地形平坦、阳光充足、通风和绿化环境良好，有便利的周边生活、医疗等公共服务设施的要求。养老院、老年养护院还宜邻近社区卫生服务中心设置，并方便亲属探望。同时，为缓解老年人的孤独感，可邻近幼儿园、小学以及公共服务中心等设施布局。

4）商业服务类设施的规划布局

商业服务设施的项目设置与规模确定，应与其服务的人数相对应，即"分级配套"。商业服务设施的布局在满足其服务半径的同时，宜相对集中布置，形成生活活动中心。

商业服务中心宜设置在居住区入口处，居住小区级服务中心便于居民途经使用，可布置在小区中心地段或小区主要出入口处，其建筑可设于住宅底层，或在独立地段设置。图 10.42 所示为居住区商业服务设施布局位置。

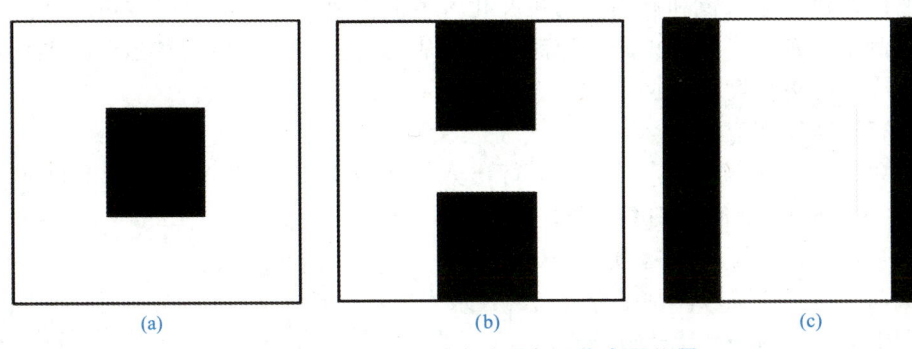

图 10.42 居住区商业服务设施布局位置

10.3.3 道路用地及交通规划设计

1. 居住区的交通类型与选择方式

1）居住区的交通类型

按交通方式划分，交通有步行交通、非机动车交通和机动车交通等类型，包括步行、自行车、电动自行车、私人小汽车、出租汽车、公共汽车、地铁及轻轨交通等具体方式。

2）居住区交通选择方式

我国城市居民的出行方式仍以步行和自行车为主，约各占 30%，有的城市自行车占到 30%～70%。随着快速城市化和城市面积的扩展出行距离不断延长，居民家庭收入逐步改善，人们对出行便捷和舒适度要求的增强，进入家庭的自行车类型的交通出行方式将会减少，私人小汽车比例会有很大提高。

一般步行出行较合适的距离为 300～500m。骑自行车出行的舒适距离为 2～3km，不宜大于 5km。

2. 居住区道路类型、分级和规划的设计要求

1）居住区道路的类型

居住区内的道路有步行道和车行道两种。

（1）在人车分行的居住区交通组织体系中，车行交通与步行交通互不干扰，车行道与步行道各自形成独立完整的道路系统。

（2）在人车混行的居住区交通组织体系中，车行道（含人行道）几乎负担居住区内外联系的所有交通功能。步行道作为各类用地与户外活动场地的内部道路及局部联系道路，更多地具有休闲功能。

2）居住区道路规划的设计要求

（1）居住区应采取"小街区、密路网"的交通组织方式，城市道路间距不应超过 300m，宜为 150～250m，并应与居住街坊的布局相结合。

（2）居住区内的步行系统应连续、安全、符合无障碍要求，并应便捷连接公共交通站点。

（3）在适宜自行车骑行的地区，应构建连续的非机动车道。

（4）旧区改建，应保留和利用有历史文化价值的街道、延续原有的城市肌理。

（5）两侧集中布局了配套设施的道路，应形成尺度宜人的生活性街道；道路两侧建筑退线距离，应与街道尺度相协调。

（6）人行道宽度不应小于 2.5m。

（7）主要附属道路至少应有两个车行出入口连接城市道路，其路面宽度不应小于 4.0m；其他附属道路的路面宽度不宜小 2.5m。

（8）人行出入口间距不宜超过 200m。

（9）机动车道最小纵坡不应小于 0.3%，最大纵坡一般不大于 8%。

3. 居住区的交通组织与路网布局

1）居住区的道路组织形式

（1）人车分行。人车分行是适应居住区内大量居民使用小汽车后的一种路网组织形式。机动车道路一般采用"周边环路＋尽端路"的路网形式。

（2）人车混行与局部分行。人车混行的路网系统是指机动车交通和人行交通共同使用同一套路网。这种交通组织方式多存在在私人小汽车不多的国家和地区，既方便又经济，是一种常见而又传统的居住区交通组织方式。

人车局部分行的路网系统是指在人车混行的道路系统基础上另设置一套联系居住区内各级公共服务中心及中小学的专用步行道路，车行道与步行道交叉处不采用立体交通。

（3）人车共存。这种道路系统更加强调人性化的环境设计，认为人车不应是对立的，而应是共存的，将交通空间与生活空间作为一个整体，使各种类型的道路使用者都能公平地使用道路进行活动。

2）居住区道路网的基本形式

居住区道路网的基本形式包括环通式、尽端式、半环式、内环式、风车式和混合式，如图 10.43 所示。

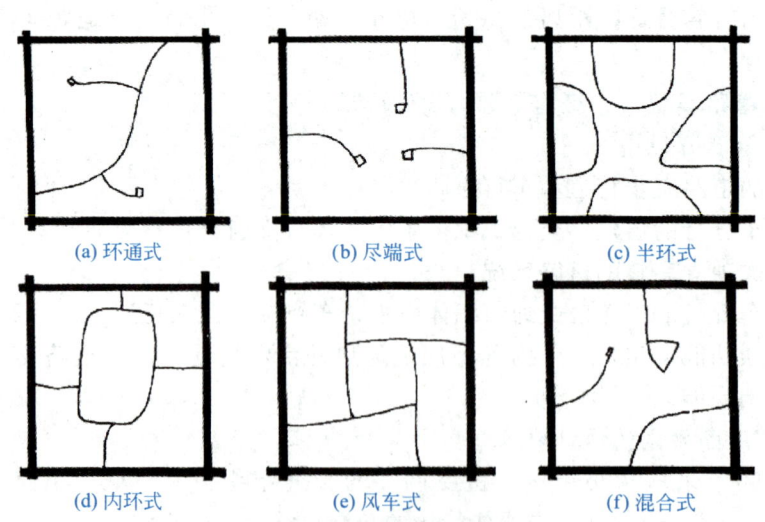

图 10.43　道路网的基本形式

4. 居住区内静态交通组织

居住区内静态交通组织是指各类交通工具的存放方式，一般应以方便、经济、安全为原则，采用集中与分散相结合的布置方式。

1）机动车停车方式

按车身纵向与通道的夹角关系，机动车停车方式有平行式、垂直式和倾斜式 3 种，如图 10.44 所示。停车段基本尺度参考表见表 10-8。

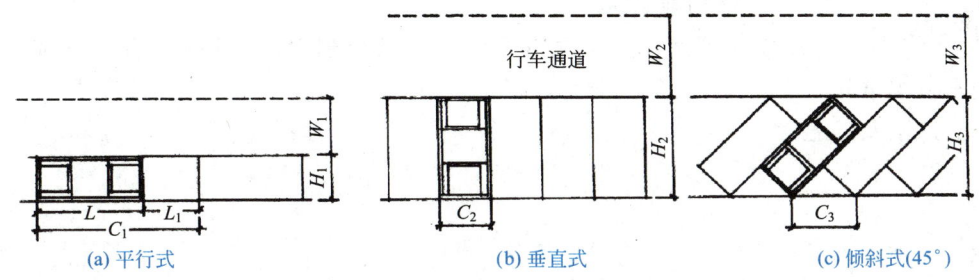

图 10.44　机动车停车方式

表 10-8　停车段基本尺度参考表

车型	平行式				垂直式			倾斜式（45°）		
	W_1	H_1	L_1	C_1	W_2	H_2	C_2	W_3	H_3	C_3
小客车	3.50	2.50	2.70	8.00	6.00	5.30	2.50	4.50	5.50	3.50
载重卡车	4.50	3.20	4.00	11.00	8.00	7.50	3.20	5.80	7.50	4.50
大客车	5.00	3.50	5.00	16.00	10.00	11.00	3.50	7.00	10.00	5.00

2）停车场地内部交通组织

停车场地内水平交通组织应协调停车位与行车通道的关系（如图 10.45 所示）。行车通道可为单车道或双车道，双车道比较合理，但利用面积大。

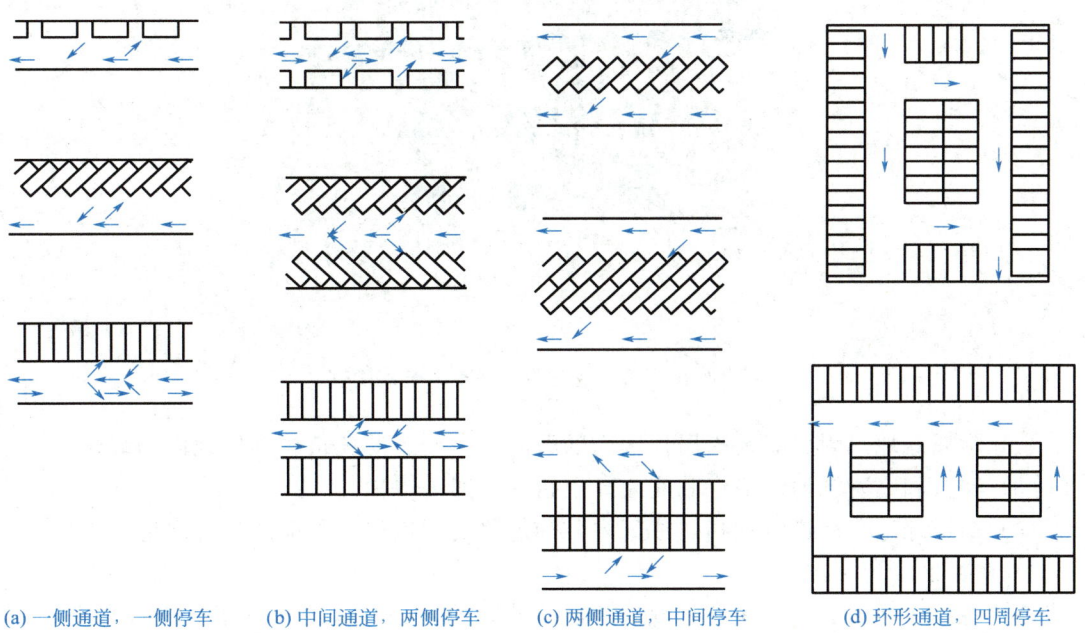

图 10.45　停车场行车通道与停车位的关系

10.3.4　居住区绿地规划设计

参考案例

1. 居住区绿地的功能

（1）植物造景。

（2）组织空间。通过植物来围合及分割空间，并和建筑、小品、场地等一起来组织空间。

（3）遮阳及降温。

（4）防尘。

（5）防风。

（6）隔声降噪。

（7）防灾。绿地的空间可作为城市救灾时的备用地。

2. 居住区绿地的组成与标准

1）居住区绿地系统的组成

（1）公共绿地。居住区内的公共绿地应根据居民生活的需要和居住区的规划结构分类分级。图10.46所示为居住区公共绿地系统组成实例。

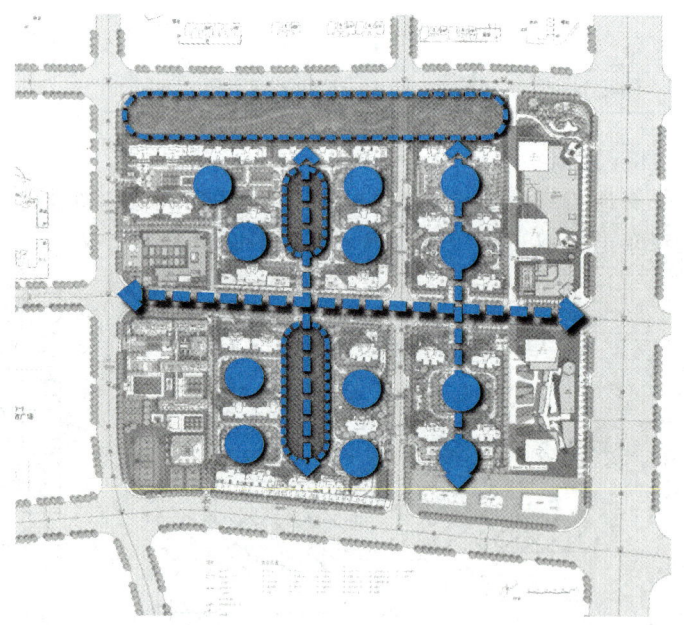

图10.46　居住区公共绿地系统组成实例

（2）附属绿地。附属绿地指居住区内的医院、学校、幼托机构等用地内的绿化。

（3）宅旁和庭院绿地。宅旁和庭院绿地指住宅四旁绿地。

（4）街道绿地。街道绿地指居住区内各种道路的行道树、分隔绿带等绿地。

2）居住区绿地标准

新建各级生活圈居住区应配套规划建设公共绿地，公共绿地控制指标应符合表10-9的规定。

表 10-9　各级生活圈居住区公共绿地控制指标

类别	人均公共绿地面积（m²/人）	居住区公园		备注
		最小规模（hm²）	最小宽度（m）	
十五分钟生活圈居住区	2.0	5.0	80.0	不含十分钟生活圈居住区及以下级居住区的公共绿地指标
十分钟生活区圈住区	1.0	1.0	50.0	不含五分钟生活圈居住区及以下级居住区的公共绿地指标
五分钟生活区圈住区	1.0	0.4	30	不含居住街坊的绿地指标

当旧区改建确实无法满足上述规定时，可采取多点分布以及立体绿化等方式改善居住环境，但人均公共绿地面积不应低于相应控制指标的70%。

居住街坊内集中绿地的规划建设，新区建设不应低于 0.5m²/人，旧区改建不应低于 0.35m²/人；宽度不应小于 8m，其中应设置老年人、儿童活动场地。

3. 绿地基本布置形式

绿地布置形式较多，一般可概括为 3 种基本形式，即规则式、自由式及混合式。

1）规则式

规则式布置形式布置形状较规则严整，多以轴线组织景物，布置对称均衡，园路多用直线或几何规则线型，各构成因素均采用规则几何型和图案型，如图 10.47 所示。

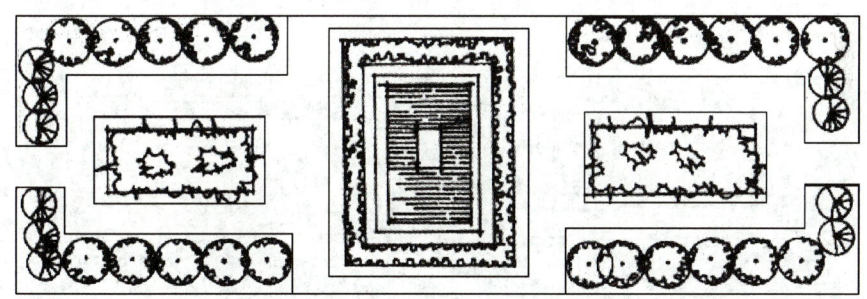

图 10.47　规则式绿地

2）自由式

自由式布置形式以效仿自然景观见长，各种构成因素多采用曲折自然形式，不求对称规整，但求自然生动。这种自由式布局适用于地形变化较大的用地，而且还可运用我国传统造园手法取得较好的艺术效果，如图 10.48 所示。

3）混合式

混合式是规则与自由式相结合的形式，运用规则式和自由式相结合的布局手法，既能和四周环境相协调，又能在整体上产生韵律和节奏，对地形和位置的适应性较高，如图 10.49 所示。

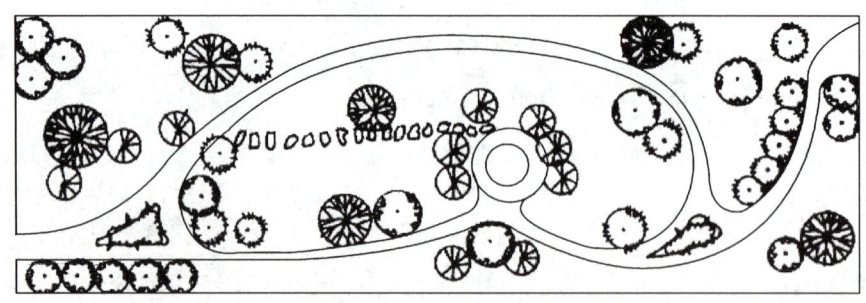

图 10.48 自由式绿地

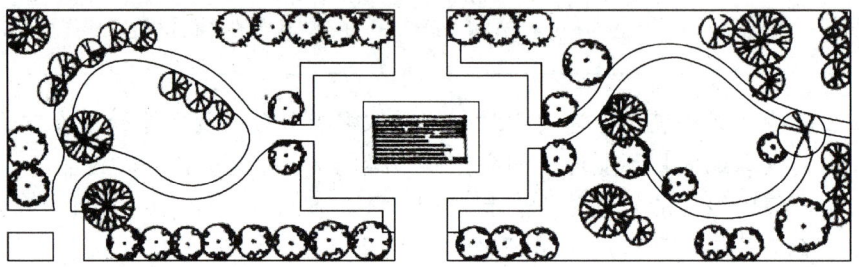

图 10.49 混合式绿地

4. 居住区各类绿地规划的基本要求

1) 公共绿地的规划布置

（1）居住区公园。居住区公园除供居民游憩外，还可设置一些文体活动方面的内容，如画廊、球场、阅览室、露天放映场等。最好与居住区中心结合布置。居住区公园示例如图 10.50 所示。

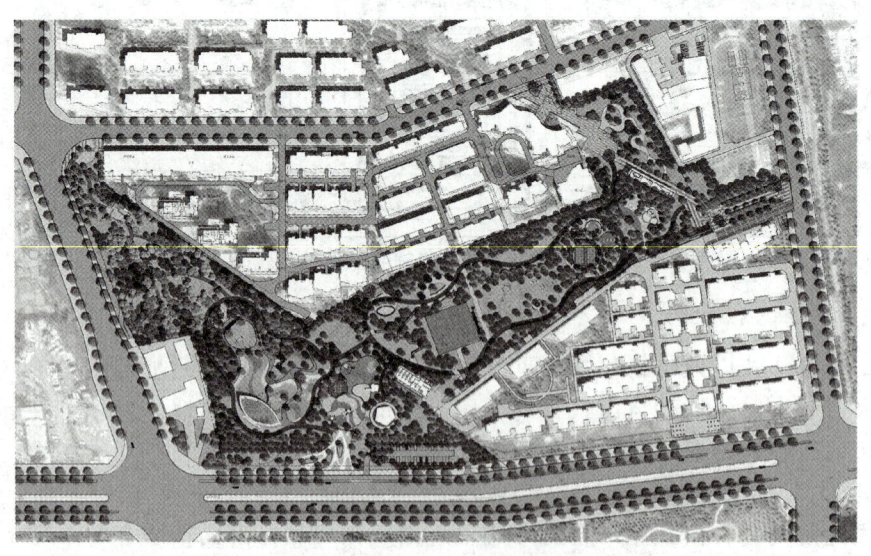

图 10.50 曲江大华社区公园

（2）居住街坊内集中绿地。最接近居民的公共绿地，主要居住街坊内的居民，特别是老年人和幼儿活动和休息的场所。小块公共绿地一般结合住宅组群布置，面积在 1000m²

左右，离住宅入口的最大步行距离在 100m 左右。绿地内以种植乔木为主，适当点缀一些观赏性灌木和花卉，此外还可设置部分场地或硬地及桌、凳等供居民活动和休息。小块公共绿地示例如图 10.51 所示。

图 10.51　加拿大 Ketcheson Neighbourhood Park

2）公共建筑和公用附属绿地的规划布置

公共建筑和公用附属的专用绿地占有很大比重，它们的规划布置除了满足公共建筑本身的功能要求外，还应考虑与周围环境的关系、绿化树种、环境感受、环境措施等因素，使之成为整个居住区绿化系统的有机组成部分。

3）宅旁和庭院绿地的规划布置

宅旁和庭院绿地在进行规划布置时应结合住宅的类型及平面特点、建筑组合形式和宅前道路等因素进行布置，创造宅旁的庭院绿地景观，区分公共与私人空间领域。同时应体现住宅标准化与环境多样化的统一，依据不同的建筑布局做出宅旁及庭院的绿化模范设计。植物的配置应符合地区的土壤及气候条件、居民的爱好及景观变化的要求。同时也应尽力创造特色，使居民有一种归属感。

4）街道绿地的规划布置

在道路两旁进行绿化设计时，要充分了解街道的人、车流量，道路的宽度和结构，道旁的地质和土壤情况，电线杆、灯柱、架空线路、地下管道及电缆埋设物等情况，然后根据这些特点来选择绿化树种、配植方式、株行距、树干高度、绿带宽度及苗木大小等。

5. 居住区植物配置和树种选择

在选择和配置植物时，一般应考虑以下几点。

（1）居住区绿化是大量的普遍的绿化，因此宜选择易管、易长、少虫害和具有地方特色的优良乔木为主,也可选择一些有经济价值的植物。在一些重点绿化地段,如居住区的公共中心,则可选种一些观赏性的乔灌木或少量花卉等植物。

（2）应考虑不同的功能需要,如行道树宜用遮阳好的落叶乔木,儿童游戏场地则忌用有毒或带刺植物,而体育活动场地应避免采用大量扬花、落果、落花的树木。

（3）为了使新建居住区的绿化面貌较快形成,可选用速生和漫长的树木,其中以速生树木为主。

（4）树种配置应考虑四季景色的变化,可采用乔木与灌木、常绿与落叶及不同树姿和色彩变化的树种,搭配组合,以丰富居住区面貌。

10.3.5 居住区竖向规划设计

1. 竖向设计的任务与内容

竖向设计的任务是在分析修建地段地形条件的基础上,对原地形进行利用和改造,使它符合使用,适宜建筑布置和排水,以达到功能合理、技术可行、造价经济、景观优美的要求。竖向设计的具体内容为研究地形的利用与改造,考虑地面排水组织,确定建筑、道路、场地、绿地及其他设施的地面设计标高,并计算土方工程量。

2. 竖向设计的原则

（1）满足各项用地的使用要求（修建、活动、交通、休憩等）。

（2）保证场地良好的排水。

（3）充分利用地形,减少土方工程量。

（4）考虑建筑群体空间景观设计的要求。

（5）便利施工,符合工程技术经济要求。

3. 竖向设计的表示方法

竖向设计的表示方法主要有两种,分别是设计标高法和设计等高线法,如图10.52所示。

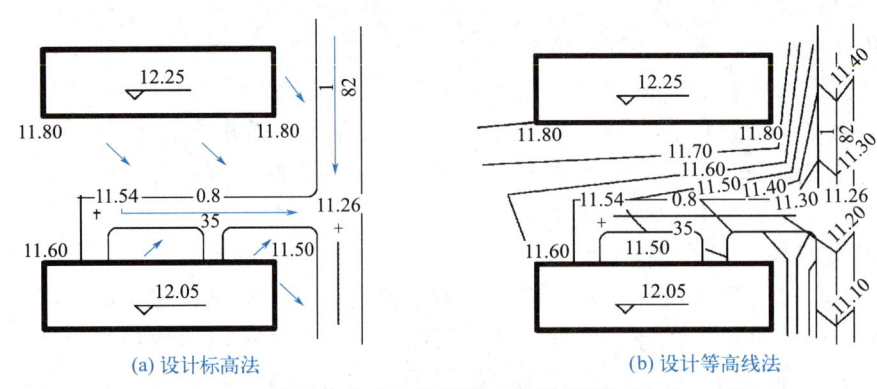

图 10.52 设计标高法与设计等高线法示例（单位：m）

（1）设计标高法。在设计基地上标出足够的设计标高点,并辅以箭头表示地面坡向和排水方向,一般用于平地、地形平缓坡度小的地段,或保留自然地形为主和对室外场地要求不高的情况。用设计标高法表达的竖向设计图，地面设计标高应清楚明了。设计的运作是根据规划总平面图、地形图、周界条件及竖向规划设计要求，来确定区内各项用地控制点标高和建（构）筑物标高，并以箭头表示区内各项用地的排水方向，故又名高程箭头法。

（2）设计等高线法。用设计标高和等高线分别表示建筑、道路、场地、绿地的设计标高和地形。此法便于土方量计算和选择建筑场地的设计标高，容易表达设计地形和原地形的关系和检查设计标高的正误，适合在地形起伏的丘陵地段应用。

4. 地面设计

根据用地性质、功能，结合自然地形，规划地面形式分为平坡式、台阶式和混合式。

（1）平坡式。平坡式是把用地处理成一个或几个坡向的平整面，坡度和标高均无大的变化，用地的自然坡度小于5%的地面形式，如图10.53所示。

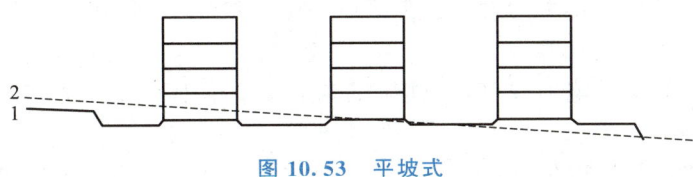

图10.53　平坡式

（2）台阶式。台阶式是由几个标高差较大的平整面连接而成，连接处设挡土墙及护坡，用地的自然坡度大于8%的地面形式，如图10.54所示。

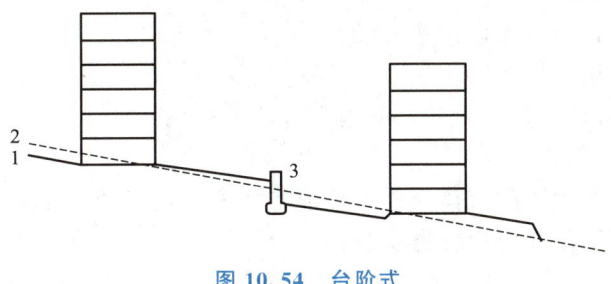

图10.54　台阶式

（3）混合式。采用以上两种方式设计的地面即为混合式。

5. 标高设计

确定设计标高，必须根据用地的地质条件，结合建筑的使用要求和基础情况，并考虑道路、管线的敷设技术要求，以及地面排水的要求等因素，并尽量减少土石方工程量和基础工程量。确定各标高应注意避免室外雨水流入室内，引导室外雨水顺利排除，保证建筑物之间交通运输有良好的联系。

6. 排水设计

在设计标高中应考虑不同场地的坡度要求，以便为场地排水组织提供条件。排水设计是指根据场地地形特点和设计标高，划分排水区域，并进行场地的排水组织。排水方式可以分为以下两种。

（1）暗管排水。多用于面积较大、建筑物和构筑物比较集中、运输线路及地下管线较多、地势较平坦的场地。

（2）明沟排水。多用于建筑物和构筑物较分散、高差变化较多等场地。明沟纵坡一般为0.3‰～0.5‰。明沟断面宽400～600mm，高500～1000mm。明沟边距离建筑物基础不应小于3m，距围墙不小于1.5m，距道路边护脚不小于0.5m。

10.3.6 居住区管线综合规划设计

1. 工程管线的种类

工程管线种类多而复杂，根据不同性能和用途、输送方式、敷设方式、弯曲程度等有不同的分类。

参考案例

1) 按工程管线性能和用途分类

（1）给水管道：包括工业用水、生活用水、消防给水等管道。

（2）排水沟管：包括工业污水（废水）、生活污水、雨水、降低地下水等管道和明沟。

（3）电力线路：包括高压输电、高低压配电、生产用电、电车用电等线路。

（4）电信线路：包括市内电话、长途电话、有线广播、有线电视等线路。

（5）热力管道：包括蒸汽、热水等管道。

（6）可燃或助燃气体管道：包括煤气、乙炔、氧气等管道。

（7）空气管道：包括新鲜空气、压缩空气等管道。

（8）灰渣管道：包括排泥、排灰-排渣、排尾矿等管道。

（9）城市垃圾输送管道。

（10）液体燃料管道：包括石油、酒精等管道。

2) 按工程管线输送方式分类

（1）压力管线：指管道内流体介质由外部施加力使其流动的工程管线。这类管线通过一定的加压设备，将流体介质由管道系统输送给终端用户。给水、煤气、灰渣管道为压力输送。

（2）重力流管线：指管道内流动着的介质由重力作用沿其设置的方向流动的工程管线。这类管线有时还需要中途提升设备将流体介质引向终端。污水、雨水管道为重力自流输送。

3) 按工程管线敷设方式分类

（1）架空线：指通过地面支撑设施在空中布线的工程管线，如架空电力线、架空电话线等。

（2）地铺管线：指在地面铺设明沟或盖板明沟的工程管线，如雨水沟渠、地面各种轨道等。

（3）地埋管线：指在地面以下有一定覆土深度的工程管线，根据覆土深度不同，地下管线又可分为深埋和浅埋两类。

4) 按工程管线弯曲程度分类

（1）可弯曲管线：指通过某些加工措施易将其弯曲的工程管线，如电信电缆、电力电缆、自来水管线等。

（2）不易弯曲管线：指通过加工措施不易将其弯曲的工程管线或强行弯曲会损坏的工程管线，如电力管线、电信管线、污水管线等。

工程管线的分类方法很多，通常根据工程管线的不同用途和性能来划分。各种分类方法反映了管线的特性，是进行工程管线综合时管线避让的依据之一。

按性能和用途划分的管线种类并不是在居住区规划设计中都能用到的，常用的居住区管线主要有6种：给水管线、排水管线、电力管线、电信管线、热力管线、燃气管线。

2. 管线工程的综合要求与技术规范

（1）规划中，各种管线的位置都要采用统一的城市坐标系统及标高系统，管线进出口应与城市管线的坐标一致。如果存在几个坐标系统和标高系统，则必须加以换算，取得统一。

（2）管线综合布置与总平面布置、竖向设计和绿化布置应统一进行。应使管线之间、管线与建（构）筑物之间在平面及竖向上相互协调、紧凑合理。

（3）管线敷设方式应根据管线内介质的性质、地形、生产安全、交通运输、施工检修等因素，经技术经济比较后择优确定。一般宜采用地下敷设的方式。地下管线的走向，宜沿道路或主体建筑平行布置，并力求线型顺直、短捷和适当集中，尽量减少转弯，并应使管线之间及管线与道路之间尽量减少交叉。

（4）应根据各类管线的不同特性和设置要求综合布置。

（5）管线埋设顺序如下。

① 各种管线按照离建筑物的水平顺序，由近及远宜为电力管线或电信管线、燃气管线、热力管线、给水管线、雨水管线、污水管线。

② 按照各类管线的垂直顺序，由浅入深宜为电信管线、热力管线、小于10kV的电力电缆、大于10kV的电力电缆、燃气管线、给水管线、雨水管线、污水管线。

（6）当管道内的介质具有毒性和可燃、易燃、易爆性质时，严禁穿越与其无关的建筑物、构筑物、生产装置及贮罐区等。

（7）管线内的布置应与道路或建筑红线平行。同一管线不宜自道路一侧转到另一侧。

（8）必须在满足生产、安全、检修的条件下节约用地。当技术经济比较合理时，管线应共架、共沟、架空布置。

（9）在山区，管线敷设应充分利用地形，并应避免山洪、泥石流及其他不良地质的危害。

（10）当规划区分期建设时，干线布置应全面规划，近期集中，近远期结合。近期管线穿越远期用地时，不得影响远期用地的使用。

（11）管线综合布置时，干管应布置在用户较多的一侧，或管线分类布置在道路两侧。

（12）综合布置地下管线产生矛盾时，应按下列避让原则处理：①压力管避让自流管；②管径小的避让管径大的；③易弯曲的避让不易弯曲的；④临时性的避让永久性的；⑤工程量小的避让工程量大的；⑥新建的避让现有的；⑦检修次数少的、方便的，避让检修次数多的、不方便的。

（13）充分利用现状管线。改建、扩建工程中的管线综合布置，不应妨碍管线的正常使用。当管线间距不能满足规划规定时，在采取有效措施后，可适当减小。

（14）工程管线与建筑物、构筑物之间及工程管线之间水平距离应符合有关规范的规定。当受道路宽度、断面及现状工程管线位置等因素限制，难以满足要求时，宜采用专项管沟敷设及规划建设某些类别工程管线统一敷设的综合管沟等。

（15）管线共沟敷设应符合下列规定。

① 热力管不应与电力、通信电缆和压力管道共沟。

② 排水管道应布置在沟底。当沟内有腐蚀性介质管道时，排水管道应位于其上面。

③ 腐蚀性介质管道的标高应低于沟内其他管线。

④ 火灾危险性属于甲、乙、丙类的液体，液化石油气，可燃气体，毒性气体和液体及腐蚀性介质管道不应共沟敷设，并严禁与消防水管共沟敷设。

⑤ 凡有困难产生相互影响的管线，不应共沟敷设。

（16）敷设主管道干线的综合管沟应在车行道下，其覆土深度必须根据道路施工和行车荷载的要求、综合管沟的结构强度及当地的冰冻深度等确定。敷设支管的综合管沟应在人行道下，其埋设深度可较浅。

3. 居住区工程管线的综合规划成果

（1）工程管线综合详细规划平面图。该图图纸比例通常采用1∶1000，确定管线在平面上的具体位置，道路中心线交叉点，管线的起讫点、转折点的坐标数据。

（2）管线交叉点的详细标高图。该图用于确定管线的竖向位置，如图10.55和图10.56所示。

（3）道路标准横断面管线布置图，如图10.57所示。

（4）工程管线综合详细规划说明。其中包括所综合的各专业工程详细规划的基本布

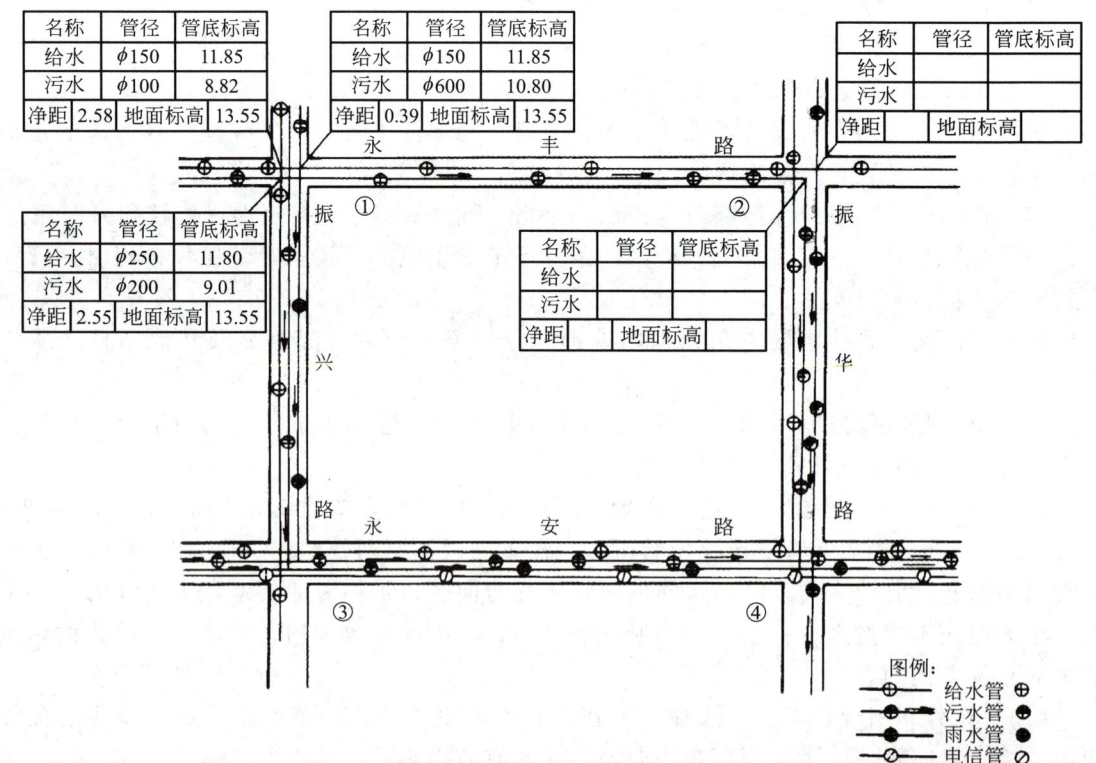

图 10.55　管线交叉点标高

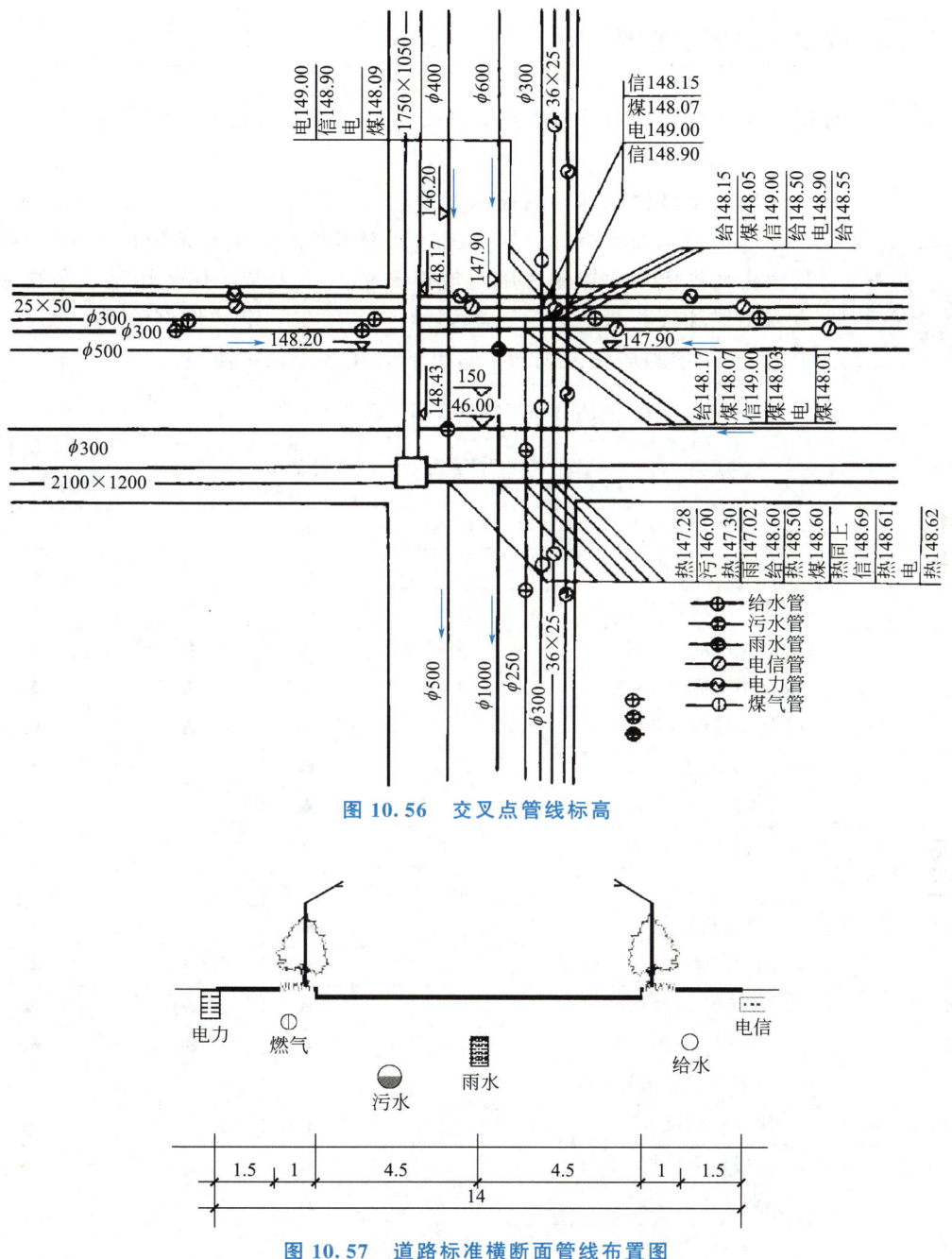

图 10.56 交叉点管线标高

图 10.57 道路标准横断面管线布置图

局、工程管线的布置、国家和当地城市对工程管线综合的技术规范和规定、本工程管线综合详细规划的原则和规划要点，以及必须叙述的有关事宜。对管线综合详细规划中所发现的，目前还不能解决但又不影响当前建设的问题，提出处理意见，并提出对下阶段工程管线设计应注意的问题等。

10.3.7 综合技术经济指标

居住区综合技术经济指标由两部分组成,即土地平衡及主要技术经济指标。

参考案例

1. 规模指标

同城市规模一样,居住区规模也是由用地和人口两方面因素确定的。

(1)用地规模指标。居住区规划用地的总规模包括居住区用地规模和其他用地规模,而居住区用地规模又包括4大类:住宅用地、公建用地、道路用地和公共绿地,这4类用地之间存在一定的比例关系。表10-10中的1~7项为居住区规划中常见的居住区用地平衡表。

表 10-10 综合技术经济指标系列一览表

序号	项目	计量单位	数值	所占比重	人均面积/(m²/人)
1	居住区规划总用地	hm²	▲	—	—
2	1. 居住区用地（R）	hm²	▲	100%	▲
3	①住宅用地（R01）	hm²	▲	▲	▲
4	②公建用地（R02）	hm²	▲	▲	▲
5	③道路用地（R03）	hm²	▲	▲	▲
6	④公共绿地（R04）	hm²	▲	▲	▲
7	2. 其他用地（E）	hm²	▲	—	—
8	居住户（套）数	户（套）	▲	—	—
9	居住人数	人	▲	—	—
10	户均人口	人/户	△	—	—
11	总建筑面积	hm²	▲	—	—
12	1. 居住区用地内建筑总面积	hm²	▲	100%	▲
13	①住宅建筑面积	hm²	▲	▲	▲
14	②公建面积	hm²	▲	▲	▲
15	2. 其他建筑面积	hm²	△	—	—
16	住宅平均层数	层	▲	—	—
17	高层住宅比例	%	▲	—	—
18	中高层住宅比例	%	▲	—	—
19	人口毛密度	人/hm²	▲	—	—
20	人口净密度	人/hm²	△	—	—
21	住宅建筑套密度（毛）	套/hm²	△	—	—
22	住宅建筑套密度（净）	套/hm²	△	—	—
23	住宅面积毛密度	—	▲	—	—
24	住宅面积净密度	—	▲	—	—
25	住宅容积率	—	▲	—	—

续表

序号	项目	计量单位	数值	所占比重	人均面积/$(m^2/人)$
26	居住区建筑面积（毛）密度	—	△	—	—
27	容积率	—	△	—	—
28	停车率	%	△	—	—
29	地面停车率	%	△	—	—
30	住宅建筑净密度	%	▲	—	—
31	总建筑密度	%	△	—	—
32	绿地率	%	▲	—	—
33	拆建比	—	△	—	—
34	土地开发费	万元/hm^2	△	—	—
35	住宅单方综合造价	元/hm^2	△	—	—

注：▲必要指标；△选用指标。

（2）人口及配套设施规模指标。表 10-10 中 8～15 项主要包括居住户（套）数、居住人数、户均人口、总建筑面积（居住区用地内建筑面积和其他建筑面积），反映人口、住宅和配套公共服务设施之间的相互关系。

2. 层数、密度指标

表 10-10 中 16～27 项是层数、密度指标等，主要反映土地利用效率和技术经济效益。

住宅平均层数，即住宅总建筑面积与住宅基底总面积的比值。

高层住宅比例（10 层以上），即高层住宅总建筑面积与住宅总建筑面积的比率（%）。

中高层住宅比例（7～9 层），即中高层住宅总建筑面积与住宅总建筑面积的比率（%）。

人口密度，即每公顷居住区用地上（住宅用地上）容纳的规划人口数量。

人口毛密度，即规划总人口与居住区用地面积的比值。

人口净密度，即规划总人口与住宅用地面积的比值。

住宅建筑套密度，即每公顷居住区用地上（住宅用地上）拥有的住宅建筑套数。

住宅建筑套毛密度，即住宅总套数与居住区用地面积的比值。

住宅建筑套净密度，即住宅总套数与住宅用地面积的比值。

住宅建筑面积毛密度，即住宅总建筑面积与居住区用地面积的比值。

住宅建筑面积净密度，即住宅总建筑面积与住宅用地面积的比值。

居住区建筑面积（毛）密度，即每公顷居住区用地上拥有的各类建筑的总建筑面积。

容积率，等于居住区总建筑面积与居住区用地面积的比值。

3. 环境质量指标

表 10-10 中 28～32 项包括停车率、地面停车率、住宅建筑净密度、总建筑密度、绿地率等，反映居住区整体环境的优劣。

停车率，即居住区内居民汽车的停车位数量与居住总户数的比率。

地面停车率，即居住区内居民停车的地面停车位数量与居住总户数的比率。

住宅建筑净密度，即住宅建筑基底总面积与住宅用地面积的比率。

总建筑密度，即居住区用地内各类建筑的基底总面积与居住区用地面积的比率。

绿地率，即居住区用地范围内各类绿地的总和占居住区用地的比率。

各类绿地包括公共绿地、宅旁绿地、公建专用绿地、道路红线内绿地，满足绿化覆土要求且方便居民出入的地下、半地下建筑屋顶绿地，但不包括其他屋顶、晒台的人工绿地。

 参考案例1  参考案例2  参考案例3

10.3.8 居住区规划设计实例

1. 上海曹杨新村居住区

曹杨新村位于上海市区西北部，中山环路外围。它是上海最早兴建的工人村之一，用地面积为 123hm²，人口规模 2 万户，1952 年开始建设，逐年发展成一个完整的居住区，如图 10.58 所示。

1—银行；2—文化馆；3—商店；4—食堂；5—电影院；6—卫生站；7—医院；8—菜场；9—服务站；10—中学；11—小学；12—幼托；13—公园；14—墓园；15—苗圃；16—污水管理处。

图 10.58 上海曹杨新村居住区平面图

整个居住区分为 8 个村，每村由几个 3~5hm² 的小街坊组成，村内设有商店和菜场，幼托、小学与中学均匀分布在区内，设在街坊外的独立地段上。

居住区中心配置了完善的公共服务设施，由居住区边缘步行到区中心的时间为 7~8 分钟。

居住区的道路网，配合地形，自由灵活地布置。区内道路共分为 5 级：居住区主要道路、次要道路、街坊内车行道、人行道和宅前小路。

住宅类型大部分是两层住宅，住宅群布置考虑了上海地区的朝向要求，结合弯曲的道路、自然的水面和绿地，形成有变化的行列式布局。

区内设公园一座，整个住宅建筑群内设 0.1~0.2hm² 的小绿地，它们和公共绿地组成了居住区的绿地系统。

曹杨新村从 20 世纪 70 年代起，已经对局部住宅进行改建，并增建了 4~6 层住宅及公共服务设施。

2. 北京恩济里居住区

恩济里小区位于北京西郊恩济庄，距市中心区约 10km。小区基地狭长，南北方向长 470m，东西方向长 210m，用地面积 9.98hm²，如图 10.59 所示。

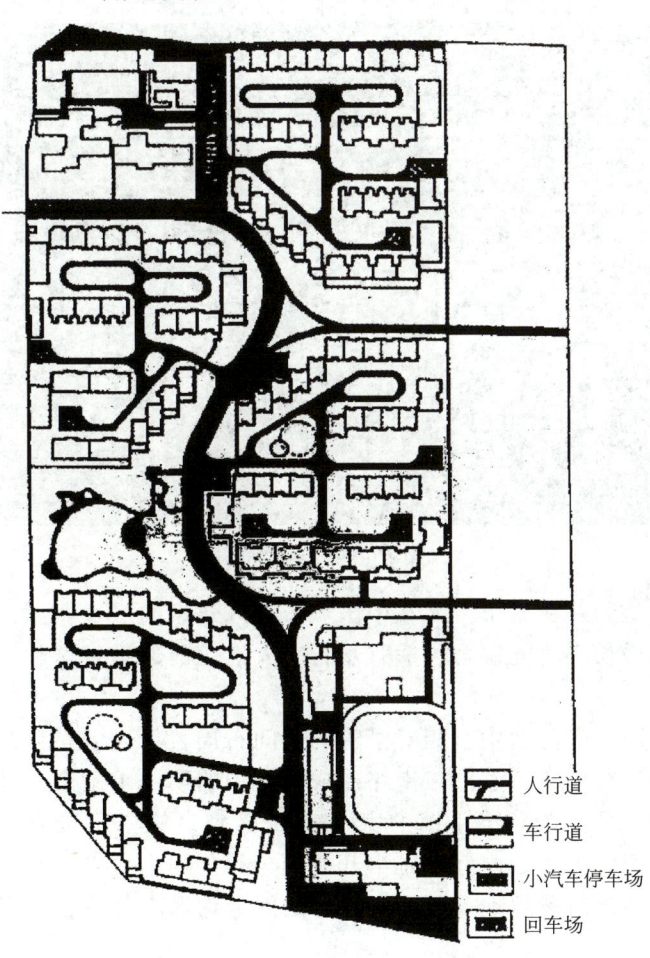

图 10.59 恩济里小区平面图

小区的用地及建筑布局突出以人为本的原则，满足居民对日照、通风、生活、交往、安全等多方面的需求。为了让居民出行便利，主干道结合用地狭长的特点布置了南北向曲线型车行干道，避免外部车辆穿过小区。小区内道路分为3级，主要车行道宽7m，进入住宅组团的尽端路宽4m，宅前道路宽2.5m。

小区内设4个400户左右的住宅组团，沿车行干道两侧布置，由5或6幢住宅围合成院落。每个住宅组团有一个主要入口，还有半地下自行车库设在组团入口，车库顶高出地面形成平台，设计为公共绿地的一部分。

公共设施的分布考虑居民出行流向，主要商业网点设在小区西南角，靠近小区主要人流，方便居民购物。

北端另设辅助商业网点，服务半径均不超过200m。

小学与托幼分别布置在东南端和西北隅，减少对居住的干扰。

3. 安亭新镇

安亭新镇（图10.60）位于上海市区西部，隶属嘉定区，是上海市试点城镇建设率先启动的第一镇，也是上海国际汽车城的核心居住区。整个项目占地约4.9km^2，总居住人口8万人。

图10.60 安亭新镇

安亭新镇建设是国外新城市主义在中国城市住区建设的一次实践。新城市主义所提倡的这种紧凑、精明增长、功能混合、适宜步行、人性化的邻里社区精神，在该项目中都有集中体现。

（1）该项目采用了密度适中、相对紧凑的空间布局。项目的整体规划可以分为三重围合，沪宁高速、三江交汇和一条墨玉南路形成最外围的第一重围合，使得居住区远离城市的喧嚣。第二重围合是一条环绕小镇的宽15m的运河。第三重围合即为街区的围合，由建筑单体构成街区形成内庭，内庭既是半开放的公共空间，也是半私密的专属空间。在重重围合间，是紧凑的建筑和绿地，既为居住者之间的沟通交往提供了条件，又保证了基础设施的高效利用。

(2) 项目采用功能混合的居住模式，配套有包括医院、幼托、小学、中学、大学、体育公园、中心广场、商业、会所、音乐厅、图书馆、博物馆、影剧院在内的完善的公共设施。

(3) 项目采用了曲折多变的街道体系，从而不断给人的视觉以丰富的感受。紧凑的布局方式使路线缩短，对自然环境的耗费减少，交通及其它基础设施的效率提高，营造了适宜步行的交通环境。

(4) 城市森林、中央景观绿化、街区绿地、河滨绿地、垂直绿化等组成了安亭新镇超过 $80hm^2$ 的绿色空间，总绿化率高达 60%。

(5) 项目注重人性化的空间环境的营造。不管是从广场、街道、居住空间的设计，还是每一个建筑细部的处理，都较好地体现对人性的关怀。

(6) 项目在规划设计时考虑土地、建筑、植物、水系、空气各种生态因素和人类活动之间的互动关系，通过新镇区域内生态功能的恢复和保持，确保区域生态环境的可持续性与协调发展。

4. 北京当代 MOMA

当代 MOMA 位于北京香河园北街与左家庄西街交叉口，地处东直门商圈。设计师为著名建筑大师斯蒂芬·霍尔（Steven Holl）。这座综合性公寓占地面积 $6.18hm^2$，总建筑面积达 $22hm^2$，于 2008 年建成。当代 MOMA 由 9 栋塔楼组成，其中 8 栋为公寓，一栋为酒店。其设计灵感源自"野兽派"绘画大师亨利·马蒂斯（Henri Matisse）的画作《舞蹈》，该画描绘了 5 个拉着手跳舞的人，设计师不可能让建筑摆脱地球离心力舞蹈起来，但他巧妙地用天桥把 8 座楼连接起来，既打通了楼与楼之间的空间联系，又打破了人与人之间的交流屏障。此外，天桥还让整个社区的空间立体起来，成为三维空间，这在当时是国内居住区设计中绝无仅有的创举，如图 10.61、图 10.62 所示。

图 10.61　当代 MOMA 设计概念

图 10.63 所示，整个居住区的公共空间主要分为 3 个层次：9 栋不等高的大楼落在一个长形的基地上，第一层设有各种商店和服务设施，环绕着水池；第二层是屋顶花园；第三层则包括 16~19 层的悬浮天桥，它们构成的环状空中布道将 8 栋公寓连为一体。屋顶花园和悬浮天桥（图 10.64）成为不同楼层之间的活动空间，促进人们之间的交流互动，

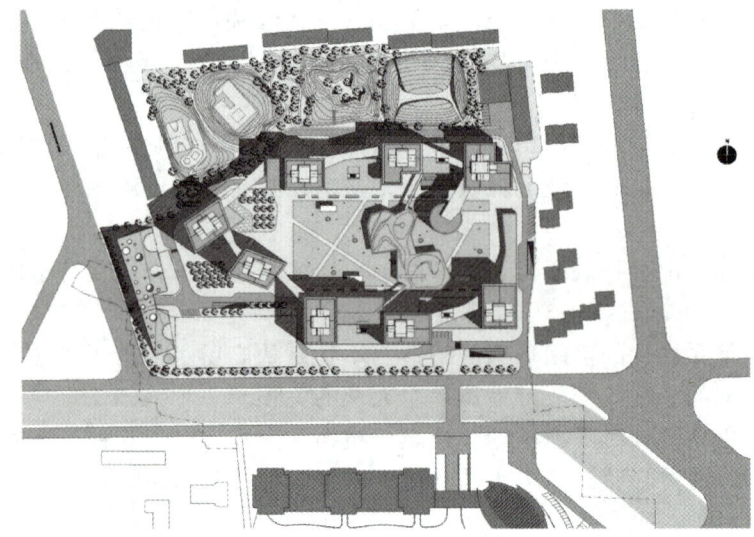

图 10.62 当代 MOMA 平面图

表现出一种类似四合院胡同的新邻里关系。同时它们还提供丰富的使用功能，包括游泳馆、健身房、咖啡厅、酒吧、画廊、图书馆、小型社区聚会场所等，为居民提供便利的生活设施。

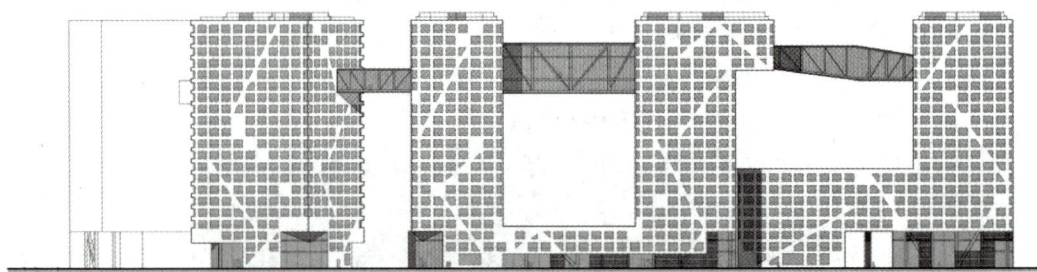

图 10.63 当代 MOMA 沿街立面图

图 10.64 当代 MOMA 悬浮天桥

除上述公共空间，还有一座多放映厅的艺术影院位于社区建筑的围合中心，整座建筑漂浮在水池上。影院一层完全架空，将空间留给社区，并且在社区内，每栋楼朝向社区围合中心的功能空间都可以在不同角度观看水上电影。它既是居民聚会的场所，也是建筑艺术造就的视觉焦点，如图10.65所示。

图10.65　当代MOMA公共空间

当代MOMA的建筑外观也十分独特，其外部采用磨砂氧化铝板，以轻盈的形式减轻了高密度、大体量建筑带来的压迫感。抗震的斜撑在满足结构需求的同时使建筑立面个性十足。

5. 费思密德居住区

费思密德居住区位于密尔顿·凯恩斯新城中心区的南侧，街坊四周由城市干道围合，用地面积约100hm^2，有住宅1650~1700套，居民约1万人，如图10.66所示。

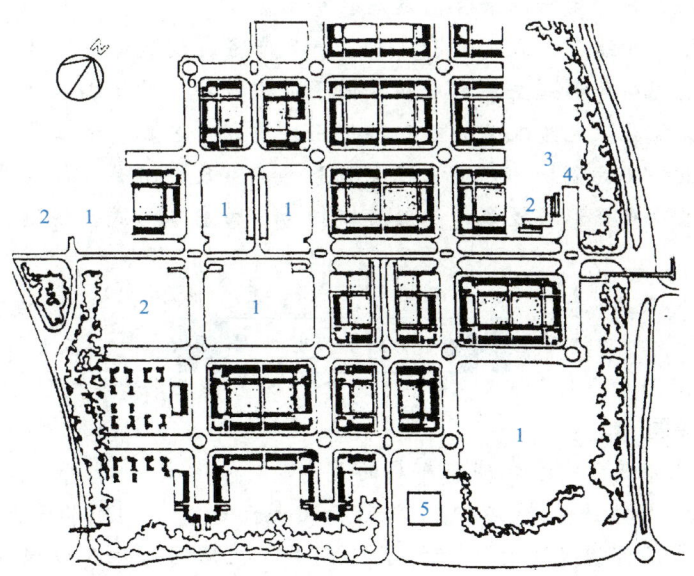

1—住宅保留用地；2—学校用地；3—游戏场；4—亭子；5—电话分局。

图10.66　费思密德居住区规划平面图

住宅区规划布局从建立完善的道路交通系统出发，组成五横三纵的车行道路骨架，并由此将新村划分为约 20 个的地块。整个住宅区四周各设有一个出入口与城市干道相接，并一律采用"丁"字形交叉口，以防机动车流穿行住宅区而影响居民的安静和安全。私人小汽车可直达住宅的底层；区内车行路采用两块板横断面形式，中部设有较宽的绿化分隔带，交叉口处均用圆形花坛作交通岛组织环形交通，既美化了环境，又便于交通管理和安全。

每个布置住宅的地块尺寸为长为 180m，宽为 130m，约可布置住宅 103 套。住宅沿车行道四周呈周边式布置，形成较大的院落半公共空间。整个居住区以此为基本单位，结合地块划分和周围环境重复布置，并在统一中又有适当的变化。

知识链接

居住区规划设计实例赏析

B 社区修建性详细规划设计图纸，详情请见左侧二维码。

小 结

居住是人们生活之必需，居住区规划设计涉及工程技术、城市艺术、经济、社会学等多方面的问题，本章主要介绍了居住区的基本概念、发展历史，居住区规划设计的成果、任务、原则、目标及要求，以及居住区规划设计的一般方法。这一章中需要掌握的知识很多，但关键是将一些理论知识灵活运用到居住区规划设计中，以下是一些必须掌握的基本知识点。

（1）居住区规划总用地包括居住区用地与其他用地两大部分，居住区用地是住宅用地、配套设施用地、城市道路用地和公共绿地 4 类用地的总称。

（2）按照居住区的户数和规模可将居住区划分为 4 级：十五分钟生活圈居住区、十分钟生活圈居住区、五分钟生活圈居住区及居住街坊。

（3）住宅群体平面组合方式主要有 4 种：行列布置、周边布置、点群式布置、混合式布置；住宅群体空间组合形式主要有成组成团、成街成坊、整体式组合。

（4）公共服务设施（也称配套公建）按使用性质分为 8 类：教育类、医疗卫生类、文化体育类、商业服务类、金融邮电类、社会服务类、市政公用类、行政管理及其他。

（5）居住区绿地布置形式较多，一般可概括为 3 种基本形式：规则式、自然式、规则与混合式。

习 题

一、单项选择题

1. 下列古代城市属于街巷制城市布局的是（   ）
   A. 曹魏邺城　　　B. 唐代洛阳　　　C. 汉代长安　　　D. 北宋开封

2. 依据《城市居住区规划设计标准》，下列关于生活圈居住人口规模说法，不正确的是（   ）
   A. 十五分钟生活圈的居住人口规模为 50000～100000 人

B. 十分钟生活圈的居住人口规模为 15000～20000 人

C. 五分钟生活圈的居住人口规模为 5000～12000 人

D. 居住街坊人口规模为 1000～3000 人

3. 机动车道最大纵坡一般不大于（　　）。

A. 3%　　　　B. 4%　　　　C. 6%　　　　D. 8%

4. 一般而言，越接近市中心的住宅区其居住密度（　　），土地资源越紧张的城市其住宅区的居住密度（　　），环境质量标准越高的住宅区其居住密度（　　）

A. 越高、越高、越小　　　　B. 越高、越高、越高

C. 越小、越高、越高　　　　D. 越高、越小、越高

5. 根据住宅防火间距的要求，建筑高度 $H \leqslant 24m$ 时（多层与多层之间），两侧间距应最小满足（　　）的安全距离。

A. 4m　　　　B. 6m　　　　C. 8m　　　　D. 12m

二、多项选择题

1. 住宅群体空间基本组织形式包括（　　）

A. 行列式　　B. 自由式　　C. 点群式　　D. 周边式

2. 居住区用地包括（　　）

A. 住宅用地　　B. 配套设施用地　　C. 城市道路用地　　D. 公共绿地

3. 行列式布局的优点有哪些？（　　）

A. 能使绝大多数居室获得良好的日照

B. 能使绝大多数居室获得良好的通风

C. 布局灵活不呆板

D. 能够形成封闭的院落

三、简答题

1. 简要论述居住区的规划组织结构并画出其结构示意图。

2. 简要介绍居住区规划设计的成果与任务。

3. 绿地的基本布置形式有哪些？画出各种形式的示意图。

4. 重庆地区某居住区，前排房屋檐口标高为 20m，后排房屋底层窗台标高为 1.5m，日照间距系数取 0.8～0.11。试求：①该房屋的日照间距；②该房屋朝向为南偏东 20°的日照间距。

5. 停车场的停车方式有哪些？画出其平面示意图。

6. 简述社区规划与传统居住区规划的区别。

7. 简要论述居住区及其理论的发展过程。

8. 你从小到大生活的居住区有哪些变化？你认为导致这些变化的原因是什么？

在线答题

附录 AI伴学内容及提示词

AI伴学工具：生成式人工智能（GenAI）工具，如DeepSeek、Kimi、豆包、通义千问、文心一言、ChatGPT等。

序号	AI伴学内容	AI提示词
1.	第1章 城市与城市的发展	城市化进程中的核心矛盾是什么？
2.		如何缓解特大城市的"大城市病"？
3.		城市规划的理论基础有哪些？
4.		城乡发展不平衡的根源与对策？
5.		全球化对城市功能布局的影响
6.	第2章 现代城市规划学科的产生与发展	工业革命如何催生现代城市规划学科？
7.		空想社会主义对规划理论有何贡献？
8.		城市规划学科的本体性争议是什么？
9.		新城市主义如何回应郊区蔓延问题？
10.		国土空间规划体系改革对学科的影响？
11.	第3章 国土空间规划体系	国土空间规划如何体现国家战略导向？
12.		中国国土空间规划体系对全球治理的启示？
13.		"多规合一"改革的核心目标是什么？
14.		"三级三类四体系"具体指哪些内容？
15.	第4章 国土空间总体规划	"三条控制线"的动态调整机制是否存在政策空白？
16.		国土空间总体规划如何体现"多规合一"的本质要求？
17.		跨行政区国土空间协同治理的难点是什么？
18.		智慧技术如何赋能规划弹性适应？
19.	第5章 国土空间详细规划	详细规划如何承接国土空间总体规划的约束性指标？
20.		"规划单元"划分如何兼顾行政边界与功能完整性？
21.		宅基地退出后腾挪的建设用地指标，能否跨村域用于文旅项目？
22.		历史城区详细规划如何平衡保护与开发？
23.		产业用地"先租后让"模式中的绩效评估标准如何与详细规划绑定？
24.	第6章 国土空间相关专项规划	灾害防治专项规划如何体现气候适应性？
25.		边境地区专项规划如何统筹安全与发展？
26.		地下空间专项规划如何协调"立体权属"？
27.		矿产资源规划的环境承载力评价是否需单独制定指标体系？
28.		交通、能源等专项规划与国土空间总体规划的强制性内容冲突时，如何建立优先级裁决机制？

续表

序号	AI 伴学内容	AI 提示词
29.	第 7 章 城市设计	城市设计如何对接国土空间规划"三区三线"管控要求？
30.		"15 分钟社区生活圈"标准是否可以动态调整？
31.		AI 辅助设计是否存在同质化风险？
32.		非遗活化利用的空间载体如何创新？
33.		方言保护能否纳入公共空间设计？
34.	第 8 章 城市历史文化 遗产保护与 再利用	传统建筑节能改造产生的碳汇量如何计入双碳目标？
35.		抗震加固如何兼顾结构安全与风貌真实？
36.		"文化线路"保护如何协调多省利益？
37.		《国土空间规划法》如何协调"保护优先"与"合理利用"？
38.		棉纺厂锯齿形屋顶被替换为玻璃幕墙是否触及保护底线？
39.	第 9 章 国土空间规划 管理与实施	省级国土空间规划对市县规划的约束边界？
40.		规划"年度体检"结果如何强制应用？
41.		跨省重点流域规划如何协调？
42.		生态补偿标准如何与规划衔接？
43.		都市圈产业用地指标能否跨市调剂？
44.	第 10 章 居住区规划设计	15 分钟生活圈指标如何适配居家办公趋势？
45.		住宅高度与日照标准的矛盾如何化解？
46.		老旧小区改造中如何平衡电梯加装与结构安全？
47.		社区级碳普惠机制如何设计？
48.		混合用地中的居住环境如何保障？

参 考 文 献

崔功豪，王兴平，2006. 当代区域规划导论 [M]. 南京：东南大学出版社.
董鉴泓，2020. 中国城市建设史 [M]. 4版. 北京：中国建筑工业出版社.
何冬华，邱杰华，袁媛，等，2020. 国土空间规划：面向国家治理现代化的地方创新实践 [M]. 北京：中国建筑工业出版社.
黄焕春，王世臻，2021. 国土空间规划原理 [M]. 南京：东南大学出版社.
利维，2003. 现代城市规划：第5版 [M]. 孙景秋，等译. 北京：中国人民大学出版社.
全国城市规划执业制度管理委员会，2011. 城市规划实务：2011年版 [M]. 北京：中国计划出版社.
全国城市规划执业制度管理委员会，2011. 城市规划原理：2011年版 [M]. 北京：中国计划出版社.
沈玉麟，1989. 外国城市建设史 [M]. 北京：中国建筑工业出版社.
温锋华，沈体雁，崔娜娜，2020. 村庄规划：村域国土空间规划原理 [M]. 北京：经济日报出版社.
吴松涛，周小新，苏万庆，等，2023. 国土空间规划：概念·原理·方法 [M]. 哈尔滨：哈尔滨工业大学出版社.
吴志强，2022. 国土空间规划原理 [M]. 上海：同济大学出版社.
吴志强，李德华，2010. 城市规划原理 [M]. 4版. 北京：中国建筑工业出版社.
张京祥，黄贤金，2024. 国土空间规划原理 [M]. 2版. 南京：东南大学出版社.
张燕，2019. 居住区规划设计 [M]. 2版. 北京：北京大学出版社.
张占录，张正峰，2023. 国土空间规划学 [M]. 北京：中国人民大学出版社.
赵景伟，代朋，张婧，等，2023. 居住区规划设计 [M]. 2版. 武汉：华中科技大学出版社.